최신 개정판

설민석 직강! 한능검 합격 준비는
단꿈자격증 ▼

설민석
한국사
능력검정시험
개념완성

설민석 편저

기본
(4·5·6급)

넌~ 필기하지마 ♥

설쌤의
한(韓)판 정리
단독 수록!

🌐단꿈교육

한국사능력검정시험을 준비하는 모든 분들께

　한국사능력검정시험은 군무원과 7급 공무원, 경찰 공채, 소방공무원 등 많은 공무원 시험에서 한국사 과목을 대체하고 있습니다. 더불어 많은 공기업과 각종 민간기업 채용과 승진 시에도 가산점을 부여하고 있습니다.

　취업 준비 외에도 육군·해군·공군·국군간호사관학교 입시와 일부 대학 입시 진행 시에도 자격이나 가산점을 부여하고 있습니다. 그 외 자기개발을 위해 혹은 한국사를 좋아해서 공부하다가 응시하는 수험생도 증가하고 있습니다.

　회차마다 다양한 출제 경향과 난이도로 시험 준비에 어려움을 겪고 계실 많은 분들께, 지금까지 그랬던 것처럼 가장 빠르고 쉽게 "합격"이라는 두 글자를 선물하겠습니다. 뛰어난 연구진과 함께 오랜 시간 쌓아온 시험 경험과 축적해 온 빅데이터, 그리고 데이터를 분석한 최적의 교재로 원하는 급수의 합격이라는 결과를 만들어 드리겠습니다.

　여러분의 한국사능력검정시험 자격증 취득을 위해 도움이 되도록 제 모든 노하우를 녹여내었습니다.

한국사능력검정시험 취득!
언제나 그랬듯 아무 걱정하지 마십시오.

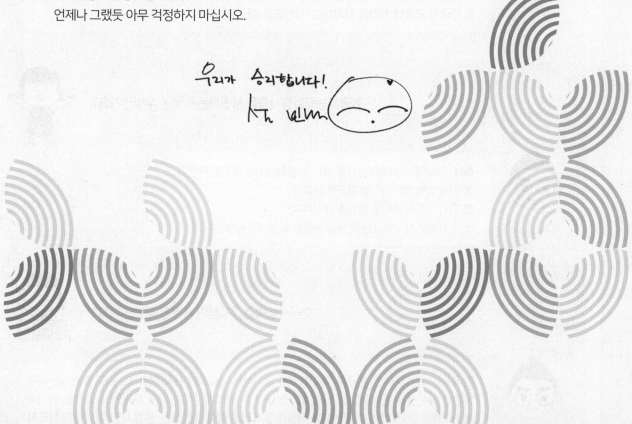
우리가 승리합니다!

한국사능력검정시험이란?

 안녕하세요. 설민석 선생님입니다.
한국사능력검정시험을 본격적으로 준비하기 전에 과연 **'한국사능력검정시험'이란 어떤 시험이고, 어떻게 준비해야 하는지** 알아 볼 거예요. 궁금한 점은 마음껏 물어봐 주세요.

선생님, 한국사능력검정시험은 어떤 시험인가요?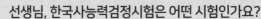

 학교 교육에서 한국사의 위상은 날로 추락하는데, 주변 국가들은 역사 교과서를 왜곡하고 심지어 역사 전쟁을 도발하고 있어요. 지금은 무엇보다 한국사의 위상을 바르게 확립하는 게 시급합니다.

국사편찬위원회는 이러한 현실 속에 한국사능력검정시험을 시행하여, **우리 역사에 대한 패러다임과 한국사 교육의 위상을 강화**하고자 하였답니다.

한국사능력검정시험을 시행하는 목적은 무엇인가요?

 하나, 우리 역사에 대한 관심을 확산 및 심화시키는 계기를 마련하고,
둘, 균형 잡힌 역사의식을 갖도록 하며,
셋, 역사 교육의 올바른 방향을 제시하며,
넷, 고차원적 사고력과 문제 해결 능력을 육성하기 위함입니다.

한국사능력검정시험의 특징은 무엇인가요?

 한국사능력검정시험은 한국사 학습 능력을 측정하는 대표적인 시험이랍니다. 시험 주관처는 국가 기관인 국사편찬위원회로, 매 시험마다 참신한 문항을 개발하기 위해 노력하고 있어요. 응시자 계층이 매우 다양한 점도 특징이지요. 더불어 **합격의 당락을 결정하는 '선발 시험'이 아니라** 한국사 **학습 능력을 인증하는 '인증 시험'**인 점도 꼭 기억해 주세요.

Q 한국사능력검정시험 급수 체계, 어떻게 개편되었을까요?

> 선생님, 한국사능력검정시험 심화 및 기본 시험의 특징을 알려 주세요.

가장 중요한 질문이네요. **심화 및 기본 시험의 급수 체계**부터 확인해 볼까요?

심화 및 기본 시험의 인증 등급은 **1급부터 6급까지 6개 등급**으로 나뉩니다.

시험 종류	심화	기본
인증 등급	1급(80점 이상)	4급(80점 이상)
	2급(70~79점)	5급(70~79점)
	3급(60~69점)	6급(60~69점)
문항 수	50문항(5지 택1형)	50문항(4지 택1형)

❶ **배점 및 합격 점수** : 심화 및 기본 시험의 배점은 100점 만점으로 난도에 따라 문항마다 1~3점으로 차등 배점됩니다. 심화 1급, 기본 4급 합격 점수는 80점 이상입니다.

❷ **문항 수** : 심화 및 기본 시험 모두 객관식 50문항으로 출제되며, 심화 시험은 5지 택1형, 기본 시험은 4지 택1형으로 출제됩니다.

> 아하! 심화 시험과 기본 시험의 급수 체계가 이렇게 상세하게 나뉘는군요! 수험생 본인이 취득하고자 하는 급수를 잘 파악해서 시험을 준비해야겠네요.

한국사능력검정시험 급수 체계, 어떻게 개편되었을까요?

선생님, 심화 시험과 기본 시험은 어떻게 다른가요?

심화 시험은 한국사에 대한 체계적 이해가 필요한 **한국사 심화 과정**이며, **기본 시험**은 기초적인 역사 상식을 바탕으로 하는 **한국사 기본 과정**에 해당합니다.

시험 종류	평가 내용 및 특징
심화	• 한국사의 주요 사건과 개념을 종합적으로 이해하고, 역사 자료를 분석하고 해석하는 능력 • 한국사의 흐름 속에서 시대적 상황 및 쟁점을 파악하는 능력
기본	한국사의 필수 지식과 기본적인 흐름을 이해하는 능력

심화 및 기본 시험의 출제 경향은 어떠한가요?

심화 및 기본 시험에서 **사료 하나에 두 문항이 딸린 새로운 문제 유형**이 등장하였고, 독립운동가 남자현을 단독으로 묻거나 병자호란 때 활약한 김준룡, 만주에서 이륭양행을 운영한 조지 쇼를 선지로 제시하는 등 **이전까지 출제되지 않던 생소한 인물이 출제**되었답니다.

조선 인조 때 발생한 이괄의 난과 같은 빈출 주제를 "왕이 도성을 떠나 공산성으로 피란하였다."라는 낯선 설명으로 표현하기도 하였죠.

문화사에서도 충주 미륵리 석조여래 입상, 「송석원시사야연도」, 「한임강명승도권」처럼 **새로운 불상과 그림이 등장**하여 수험생을 혼란스럽게 하였답니다. 하지만 이런 **낯선 사료는 대부분 오답 선지로 제시되며, 익숙한 빈출 사료가 정답 선지로 제시**되는 경우가 많았습니다.

그뿐만 아닙니다. 수험생이 가장 어려워하는 유형이죠? **사건 발생 시기를 연도별로 세부적으로 구분**하여야 풀 수 있는 고난도 문제가 출제되기도 하였죠.

하지만 너무 걱정하지 마세요. **지금까지 한국사능력검정시험에 등장한 핵심 빈출 키워드만 정확히 학습한다면 쉽게 정답을 찾을 수 있습니다.** 제가 콕 집어 드리는 한국사 핵심 개념과 그간의 기출 유형을 학습한 수험생이라면 반드시 합격할 수 있을 거예요.

네! 열심히 공부해서 한 번에 합격하겠습니다!

Q 한국사능력검정시험 자격증은 어떻게 활용되나요?

선생님 덕분에 열심히 공부해서 한국사능력검정 자격증을 취득했어요!
자격증을 어떻게 활용할 수 있을까요?

선생님이 자세히 알려 줄게요.

먼저 **공무원 시험 및 교원 임용 시험에 응시할 자격**이 부여된답니다.

2급 이상 합격자		3급 이상 합격자
5급 국가공무원 공채 및 외교관후보자 선발시험 응시자격 부여	지역인재 7급 수습 직원 선발시험 추천 자격요건 부여	교원임용시험 응시자격 부여

또한 **국가시험의 한국사 및 국사 과목이 한국사능력검정시험으로 대체**되는 추세입니다.

2급 이상 합격자			3급 이상 합격자				4급 이상 합격자
소방간부 후보생 (2023년 ~)	국가 (지방) 공무원 7급 공채	5급 군무원 공채	소방직 경채·공채 (2023년 ~)	경찰(순경) 공채 (2022년 ~)	7급 군무원 공채	국비유학생, 해외파견 공무원, 이공계 전문 연구요원 선발	9급 군무원 공채

해당 시험의 국사 · 한국사 과목을 한능검으로 대체

사관학교 입시나 공무원 시험에서 가산점을 부여받을 수도 있어요.

입시·시험 가산점 부여		
일부 대학의 수시 모집 및 육군·해군·공군·국군 간호 사관학교 입시 가산점 부여	공무원 경력경채 시험 가산점 부여	일부 공기업 및 민간기업 직원 채용이나 승진 시 반영

자격증이 활용되는 범위가 점차 확대되는 추세네요!
한국사 지식도 얻고 활용할 방법도 많은 한능검 자격증!
모두 설민석 선생님 덕분입니다. 감사합니다.

<설민석 한국사능력검정시험 개념완성 기본> **구성과 특징**을 알아볼까요?

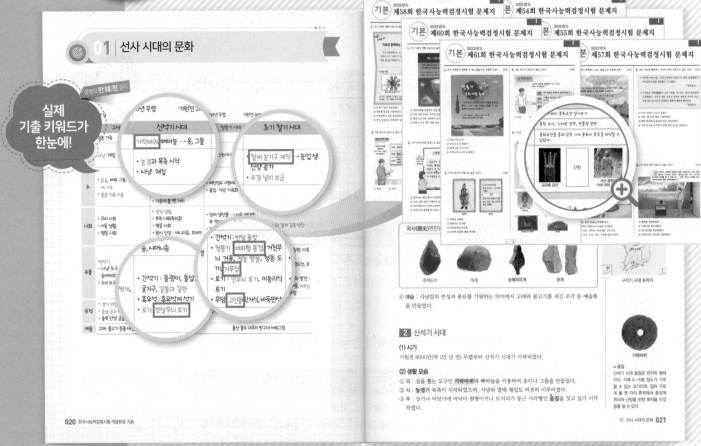

한국사능력검정시험 기출문제 전면 분석

지금까지 치러진 **한국사능력검정 기본 시험만의 출제 경향과 개념을 완벽히 분석**하여, 앞으로 있을 시험에서 한 문제도 빠짐없이 풀어 낼 수 있도록 개념과 자료를 취합하였습니다.

한국사능력검정시험 특성상 다소 생소한 자료가 제시될 수 있지만, 정답 찾기에 필요한 **핵심 키워드는 책에 있는 내용을 벗어나지 않을 것입니다.**

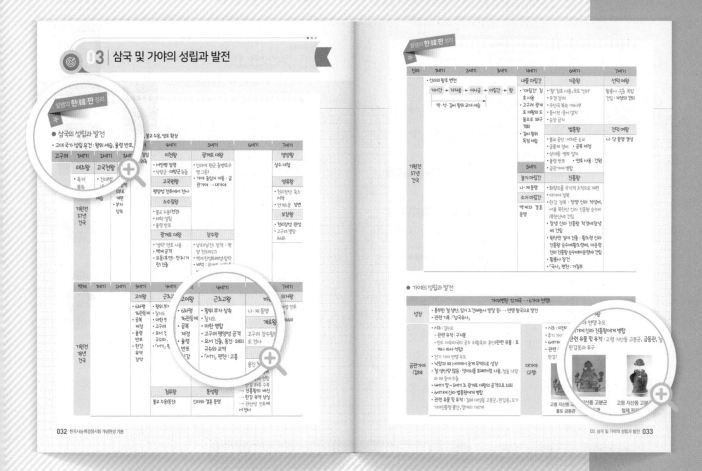

필기하지 마세요! 설쌤의 한(韓)판 정리

설민석 선생님의 현장 강의 판서를 책으로 만난다!

설민석 선생님의 강의 판서를 '설쌤의 한(韓)판 정리'에 동일하게 재현하였습니다. 이로써 수험생이 **필기하는 불필요함은 최대한 줄이고, 한국사 학습에 집중**하도록 구성하였습니다.

'설쌤의 한(韓)판 정리'에는 **한국사능력검정시험에서 반복 출제되는 키워드만 골라 수록**하여 시험에 나오는 빈출 주제를 자연스럽게 학습하도록 하였습니다.

특히 복습할 때나 시험 직전에 '**설쌤의 한(韓)판 정리**'에 강조한 최빈출 주제를 빠르게 정리한다면, 고난도 문항도 겁먹지 않고 척척 풀어 나갈 수 있을 것입니다.

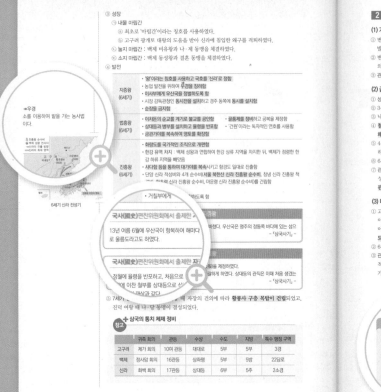

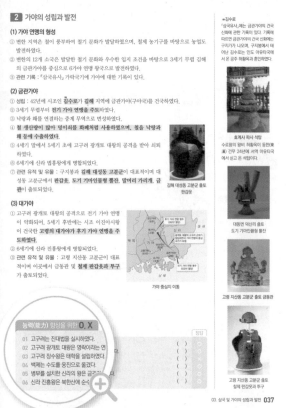

무엇이 출제되나요? 국사(國史)편찬위원회가 출제한 자료

국사편찬위원회에서 주관하는 한국사능력검정시험은 **특정 자료(사진·원문 사료)가 반복 출제되는 경향**을 보입니다. 이에 **빈출 사료**만을 따로 모아 한눈에 볼 수 있도록 구성하였습니다.

풍부한 정보! 날개단 구성

개념 학습을 하는 수험생의 전반적인 이해를 돕기 위하여 **중요 개념에 대한 보충 설명과 어려운 단어의 뜻, 그리고 눈에 익혀 두어야 할 사진 자료**로 구성하였습니다. 수험생이 스스로 학습하거나 복습할 때 유용할 것입니다.

어떤 개념이 반복되나요? 능력(能力)향상을 위한 O, X

기출문제를 살펴보면 **반복 출제되는 선지**가 존재합니다. 이에 따라 지금까지 출제된 모든 기본 시험의 기출문제를 분석하여 **매회 반복적으로 출제되는 선지만을 모아 O, X 문제로 구성**하였습니다.

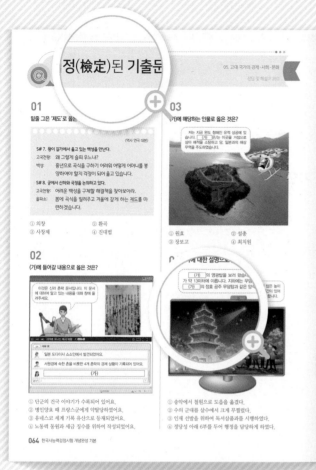

정(檢定)된 기출문

05. 고대 국가의 경제·사회·문화

정답 및 해설 p.263

01

밑줄 그은 '제도'로 옳은

(역사 연극 대본)

S# 7. 왕이 길가에서 울고 있는 백성을 만난다.
고구천왕: 왜 그렇게 슬피 우느냐?
백성: 흉년으로 곡식을 구하기 어려워 어떻게 어머니를 봉
양하여야 할지 걱정이 되어 울고 있습니다.

S# 8. 궁에서 신하와 국정을 논의하고 있다.
고구천왕: 어려운 백성을 구제할 해결책을 찾아보아라.
을파소: 봄에 곡식을 빌려주고 겨울에 갚게 하는 제도를 마
련하겠습니다.

① 의창 ② 환곡
③ 사창제 ④ 진대법

02

(가)에 들어갈 내용으로 옳은 것은?

이것은 신라 촌락 문서입니다. 이 문서
에 기록하고 있는 내용을 대화 창에 올
려주세요.

일본 도다이사 쇼소인에서 발견되었어요

서원경에 속한 촌들 포함한 4개 촌락의 경제 상황이 기록되어 있어요.

① 단군의 건국 이야기가 수록되어 있어요.
② 병인양요 때 프랑스군에게 약탈당하였어요.
③ 유네스코 세계 기록 유산으로 등재되었어요.
④ 노동력 동원과 세금 징수를 위하여 작성되었어요.

03

(가)에 해당하는 인물로 옳은 것은?

저는 지금 완도 청해진 유적 상공에 있
습니다. (가) 은 이곳을 거점으로
삼아 해적을 소탕하고 당, 일본과의 해상
무역을 주도하였습니다.

① 원효 ② 설총
③ 장보고 ④ 최치원

에 대한 설명으로

(가) 의 영광탑을 보러 왔습니
가 약 13미터에 이릅니다. 지하에는 무덤
(가) 의 정효 공주 무덤탑과 같은 양식

① 송악에서 철원으로 도읍을 옮겼다.
② 수의 군대를 살수에서 크게 무찔렀다.
③ 인재 선발을 위하여 독서삼품과를 시행하였다.
④ 정당성 아래 6부를 두어 행정을 담당하게 하였다.

05

(가) 국가에 대한 설명으로 옳은 것은?

(가) 의 문화유산

정림사지 5층 석탑 | 금동 대향로 | 산수무늬

① 진
② 상
③ 지방
④ 골품제라

06

(가)에 들어갈 인물로 옳은 것은?

이곳은 유네스코 세계 유산에 등재된 부석 사원으로
(가) 둘/를 체험하고 있어요. 신라 6두품 출신인
그는 당의 빈공과에 합격하여 관직 생활을 하였으며,
이후 귀국하여 진성 여왕에게 100 조의 개혁안을 올
리기도 하였습니다.

① 강수 ② 설총
③ 최승로 ④ 최치원

07

(가)에 들어갈 문화유산으로 옳은 것은?

문화유산 해설

(가)

문화재 설명

국보 제19호로 지정된 고구
려의 불상으로 경상남도 의령
에서 출토되었다. 전체 높이인
16.2cm이다. 광배에 새겨진 '연
가 7년'이라는 글자로 불상의
제작 시기를 추정할 수 있다.

①
②
③
④

08

(가) 인물에 대한 설명으로 옳은 것은?

(역사 인물 카드)

〈주요 활동〉

(가)

• 모든 진리는 한마음에서 나온
다는 일심 사상을 주장
• 무애가를 지어 불러 불교 대중
화에 기여
• 「대승기신론소」 등을 저술

① 세속 5계를 지었다.
② 십문화쟁론을 저술하였다.
③ 수선사 결사를 제창하였다.
④ 영주 부석사를 건립하였다.

어떤 문제를 풀어보죠? 검정(檢定)된 시험(試驗) 문제

한국사 개념을 학습하였다면 그 다음 단계로 **한국사능력검정시험 기출문제를 풀어 보아야** 합니다.

'지피지기 백전불패'라는 말이 있습니다. **교재로 학습한 한국사 개념이 실제로 시험에 어떻게 출제되는지 파악**한다면 앞으로 어떠한 유형의 문제가 출제되더라도 두려움 없이 척척 풀어 나갈 것입니다.

차례

CONTENTS

II 고려 귀족 사회의 형성과 변천

차례

CONTENTS

차례

CONTENTS

설민석
한국사능력검정시험
개념완성

────────

기본편

I

우리 역사의 형성과
고대 국가의 발전

설쌤의
학습 가이드

오래전 구석기, 신석기, 청동기, 초기 철기 시대 사람들은 어떻게 살았는지 궁금하죠? 사진을 보면서 선생님과 함께 공부해 보아요.

선사 시대의 문화

단군 할아버지가 세운 고조선은 8조법을 만들어 나라를 다스렸어요. 부여, 고구려, 옥저, 동예, 삼한에는 어떠한 풍습이 있었을까요?

고조선과 여러 나라의 성장

고구려, 백제, 신라를 삼국이라고 말해요. 한강 유역을 차지하기 위하여 서로 치열하게 싸운 삼국의 이야기를 알아볼까요?

삼국 및 가야의 성립과 발전

삼국을 통일한 나라는 신라예요. 신라는 어떻게 삼국을 통일하였을까요? 고구려 사람이었던 대조영이 세운 나라, 발해도 함께 알아 보아요.

통일 신라와 발해의 발전

요즘은 대형 마트에서 물건을 사고 영화관에서 영화를 보잖아요? 옛날 사람들도 우리처럼 경제 활동과 문화생활을 했다고 해요. 신기한 유물도 많고 재미있는 이야기도 많아요.

고대 국가의 경제 · 사회 · 문화

01 | 선사 시대의 문화

설쌤의 **한(韓)판** 정리

	구석기 시대 약 70만 년 전	신석기 시대 기원전 8000년 무렵	청동기 시대 기원전 2000~1500년 무렵	초기 철기 시대 기원전 5세기 무렵
의	짐승 가죽	가락바퀴, 뼈바늘 → 옷, 그물		
식	사냥·채집	• 농경과 목축 시작 • 사냥·채집	벼농사(논농사) 시작	• 철제 농기구 제작 → 농업 생산량 증가 • 우경 널리 보급
주	• 동굴, 바위 그늘, 강가의 막집에 거주 • 불을 처음 이용	움집 • 원형 또는 모서리가 둥근 사각형 바닥 • 반지하 • 가운데 불 땐 자리	• 배산임수 지형이나 구릉에 거주 • 움집 : 지상 가옥화	
사회	• 무리 사회 • 이동 생활 • 평등 사회	• 정착 생활 • 부족 사회(족외혼) • 평등 사회 • 원시 신앙 : 애니미즘, 토테미즘, 샤머니즘	• 잉여 생산물 → 사유 재산(빈부 격차) 발생 → 정복 전쟁 • 계급 사회 : 군장(족장)이라는 지배자 등장	철제 무기와 철제 갑옷 생산
유물	뗀석기 • 사냥 도구 : 주먹도끼, 찍개, 슴베찌르개 • 조리 도구 : 긁개, 밀개	• 간석기 : 돌괭이, 돌삽, 농경 굴지구, 갈돌과 갈판 • 흑요석 : 흑요석제 석기 • 토기 : 빗살무늬 토기	• 간석기 : 반달 돌칼 • 청동기 : 비파형 동검, 거친무늬 거울, 청동 방울, 청동 도끼, 거푸집 • 토기 : 민무늬 토기, 미송리식 토기 • 무덤 : 고인돌(탁자식, 바둑판식)	• 한자 사용 : 경남 창원 다호리 붓 • 중국과 교역 증거 : 명도전, 오수전, 반량전 • 독자적인 청동기 문화 발전 : 세형동검, 잔무늬 거울, 거푸집 • 무덤 : 널무덤, 독무덤
유적	• 경기 연천 전곡리 • 충남 공주 석장리 • 충북 단양 금굴	• 서울 암사동 • 제주 고산리	충남 부여 송국리	
예술	고래·물고기 등을 새긴 조각품	조개껍데기 가면, 치레걸이	울산 울주 대곡리 반구대 바위그림	

1 구석기 시대

(1) 시기

약 70만 년 전부터 구석기 시대가 시작되었다.

(2) 생활 모습

① 의 : 짐승 가죽으로 몸을 보호하였다.

② 식 : **사냥**을 하거나 열매를 채집하여 식량을 확보하였다.

③ 주
- ㉠ 주로 **동굴**이나 바위 그늘에 거주하거나 **강가에 막집**을 짓고 살았다.
- ㉡ **불을 처음 이용**하여 동굴 속을 밝히거나 음식을 익혀 먹고 추위를 이겨 냈다.

④ 사회
- ㉠ 무리 사회 : 몸집이 큰 짐승으로부터 몸을 보호하기 위하여 무리를 지어 생활하였다.
- ㉡ 이동 생활 : 사냥과 채집을 하며 이동 생활을 하였다.
- ㉢ 평등 사회 : 경험이 많거나 지혜로운 자가 무리를 이끌었으며, 구성원 간 관계는 평등하였다.

⑤ 유물·유적

유물	뗀석기	사냥 도구	주먹도끼와 찍개, 슴베찌르개 등
		조리 도구	긁개, 밀개 등
유적	경기 연천 전곡리, 충남 공주 석장리, 충북 단양 금굴 등		

국사(國史)편찬위원회에서 출제한 자료 ● **구석기 시대 유물**

| 주먹도끼 | 찍개 | 슴베찌르개 | 긁개 |

⑥ 예술 : 사냥감의 번성과 풍요를 기원하는 의미에서 고래와 물고기를 새긴 조각 등 예술품을 만들었다.

2 신석기 시대

(1) 시기

기원전 8000년(약 1만 년 전) 무렵부터 신석기 시대가 시작되었다.

(2) 생활 모습

① 의 : 실을 뽑는 도구인 **가락바퀴**와 뼈바늘을 이용하여 옷이나 그물을 만들었다.

② 식 : **농경**과 목축이 시작되었으며, 사냥과 열매 채집도 여전히 이루어졌다.

③ 주 : 강가나 바닷가에 바닥이 원형이거나 모서리가 둥근 사각형인 **움집**을 짓고 살기 시작하였다.

● **뗀석기**
구석기 시대 사람들이 처음으로 제작하였으며 사냥을 하거나 동물의 가죽을 벗기는 용도 등으로 사용되었다.

● 구석기 유적

구석기 시대 유적지

가락바퀴

● **움집**
신석기 시대 움집은 반지하 형태이다. 가족 4~5명 정도가 거주할 수 있는 크기이며, 집터 가운데 불 땐 자리 흔적에서 중앙에 취사와 난방을 위한 화덕을 두었음을 알 수 있다.

④ 사회
　　㉠ **정착 생활** : 농경과 목축을 하며 한곳에 정착하는 생활이 시작되었다.
　　㉡ **부족 사회** : 혈연 중심의 씨족 사회가 구성되었는데, 씨족 간에 족외혼이 이루어지며 씨족이 결합하여 부족 사회를 형성하였다.
　　㉢ **평등 사회** : 구석기 시대와 마찬가지로 경험이 많거나 지혜로운 자가 무리를 이끌었다.
　　㉣ 원시 신앙
　　　　ⓐ 샤머니즘 : 영혼이나 하늘을 인간과 연결시켜 주는 무당과 그 주술을 믿는 현상이다.
　　　　ⓑ 토테미즘 : 부족의 기원을 특정한 동식물과 연결시키고 숭배하는 사회 체제 및 종교 형태이다.
　　　　ⓒ 애니미즘 : 자연물이나 자연 현상에 정령이 있다고 믿는 원시 신앙이다.
⑤ 유물·유적

유물	간석기	돌괭이, 돌삽, 농경 굴지구, **갈돌과 갈판** 등
	흑요석	흑요석제 석기
	토기	빗살무늬 토기 등 토기를 사용하기 시작함
유적		서울 암사동, 제주 고산리 등

국사(國史)편찬위원회에서 출제한 자료 ● **신석기 시대 유물**

농경 굴지구　　　　갈돌과 갈판　　　　빗살무늬 토기

⑥ 예술 : 조개껍데기 가면과 치레걸이 등 다양한 예술품을 만들었다.

3 청동기 시대

(1) 시기
기원전 2000년에서 1500년 무렵에 청동기 시대가 시작되었다.

(2) 생활 모습
① 식 : 농경이 더욱 발전하여 **벼농사**(논농사)가 시작되었다.
② 주
　　㉠ 주로 배산임수 지형이나 나지막한 언덕(구릉)에 거주하였다.
　　㉡ 집터는 대체로 원형과 직사각형이었고, 움집은 지상 가옥 형태로 바뀌어 갔다.
③ 사회 변화
　　㉠ 사유 재산 발생 : 농경의 발달로 생긴 잉여 생산물을 개인적으로 소유함에 따라 사유 재산이 발생하였다.
　　㉡ 계급 사회 : 더 많은 재산을 차지하기 위하여 부족 간에 정복 전쟁이 일어났으며, 군장(족장)이라는 **지배자가 등장**하였다.

● 신석기 유적

신석기 시대 유적지

조개껍데기 가면

● **배산임수**
산을 등지고 물을 바라보는 형태의 지형이다.

● **잉여 생산물**
생활에 필요한 것 이상으로 생산된 나머지 생산물이다.

④ 유물·유적

유물	간석기		반달 돌칼 등
	청동기		비파형 동검, 거친무늬 거울, 청동 방울, 청동 도끼, 거푸집 등
	토기		민무늬 토기, 미송리식 토기 등
유적	무덤	고인돌	• 탁자식 고인돌, 바둑판식 고인돌 • 고인돌 규모로 군장의 권력 및 부의 크기를 알 수 있음
		돌널무덤	비파형 동검, 청동 화살촉 등 유물이 출토됨
	대표 유적		충남 부여 송국리 등

국사(國史)편찬위원회에서 출제한 자료 ● 청동기 시대 유물

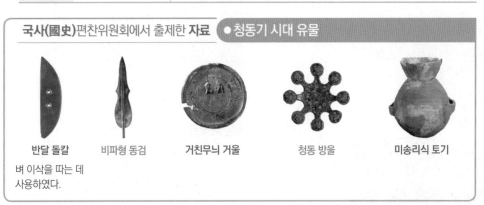

반달 돌칼 / 비파형 동검 / 거친무늬 거울 / 청동 방울 / 미송리식 토기

벼 이삭을 따는 데 사용하였다.

4 초기 철기 시대

(1) 시기
기원전 5세기 무렵부터 철기가 사용되기 시작하였다.

(2) 생활 모습
① 식
   ㉠ **철제 농기구가 제작**되며 농업 생산력이 크게 향상되었다.
   ㉡ 소를 이용한 농경법인 **우경이 널리 시행되었다.**
② 사회 : **철제 무기**와 철제 갑옷이 생산되어 활발한 정복 전쟁이 이루어졌다.
③ 유물
   ㉠ 경남 창원 다호리 유적에서 붓이 출토되어 한자를 사용하였음을 알 수 있다.
   ㉡ 명도전·오수전·반량전은 당시 중국과 활발히 교류하였음을 보여 준다.
   ㉢ **세형동검**·잔무늬 거울·**거푸집**은 한반도에서 독자적인 청동기 문화가 발달하였음을 보여 준다.
④ 무덤 : 널무덤과 독무덤이 제작되었다.
⑤ 예술 : 청동기와 철기 시대에는 사냥과 물고기 잡이의 성공과 풍요를 기원하며 야생 동물이나 고래 등을 바위에 새겼다(예 울산 울주 대곡리 반구대 바위그림).

능력(能力) 향상을 위한 O, X   정답

01 구석기 시대에는 가락바퀴로 실을 뽑았다.   ( )   ×
02 신석기 시대에는 주로 동굴이나 막집에 거주하였다.   ( )   ×
03 청동기 시대에는 우경이 널리 보급되었다.   ( )   ×

민무늬 토기

탁자식 고인돌

바둑판식 고인돌

농경문 청동기

명도전

세형동검 / 거푸집

울산 울주 대곡리 반구대 바위그림

검정(檢定)된 기출문제

01

다음 축제에서 체험할 수 있는 활동으로 적절한 것은?

① 가락바퀴로 실 뽑기
② 뗀석기로 고기 자르기
③ 점토로 빗살무늬 토기 빚기
④ 거푸집으로 청동검 모형 만들기

02

(가) 시대의 생활 모습으로 옳은 것은?

저희 모둠은 (가) 시대의 대표적 문화유산인 고인돌과 민무늬 토기를 소재로 우표를 제작하였습니다.

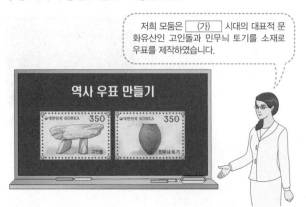

① 우경이 널리 보급되었다.
② 비파형 동검을 제작하였다.
③ 철제 농기구를 사용하였다.
④ 주로 동굴과 막집에서 거주하였다.

03

(가) 시대에 처음 제작된 유물로 옳은 것은?

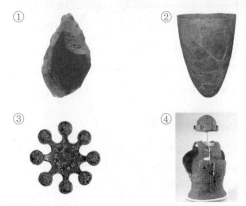

● 고조선의 건국과 발전

단군 조선	기원전 3세기 무렵	위만 조선

기원전 3세기 무렵
- 왕위 세습 : 부왕 → 준왕
- 관직 설치 : 상·대부·장군
- 연(燕)과 대적할 만큼 성장 : 요서 지방(랴오허강을 경계로 연과 대립

위만 조선

위만의 집권(기원전 194년)

위만이 진·한 교체기에 무리를 이끌고 고조선으로 들어와 준왕을 몰아내고 왕위 차지

발전 — 철기 본격 수용, 중계 무역

멸망

한(漢) 무제의 침공 → 1년간 항쟁 → 우거왕 사망·왕검성 함락 → 멸망(기원전 108년)

멸망 이후
- 한 군현 설치(낙랑·임둔·진번·현도)
- 8조법 → 60여 조법

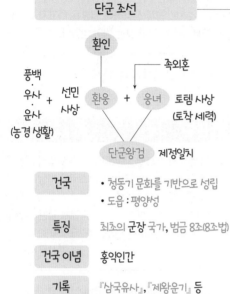

단군 조선

환인
풍백·우사·운사 + 선민 사상 (농경 생활)
족외혼
환웅 + 웅녀 → 토템 사상 (토착 세력)
단군왕검 → 제정일치

건국
- 청동기 문화를 기반으로 성립
- 도읍 : 평양성

특징 — 최초의 군장 국가, 범금 8조(8조법)

건국 이념 — 홍익인간

기록 — 『삼국유사』, 『제왕운기』 등

● 여러 나라의 성장

	정치	경제	제천 행사	풍습
부여	• 5부족 연맹체 : 왕 + 사출도(마가·우가·구가·저가가 통치) • 왕권 미약 : 수해나 가뭄이 들면 책임을 왕에게 묻기도 함	• 반농반목 • 말·주옥·모피	12월 영고	• 순장 • 1책 12법 • 우제점복 • 형사취수제
고구려	• 5부족 연맹체 • 제가 회의를 열어 중대 범죄자 처벌 • 국내성 천도	약탈 경제(부경)	10월 동맹	• 서옥제 • 1책 12법 • 형사취수제
옥저	군장 : 읍군·삼로	소금, 어물		• 민며느리제 • 골장제(가족 공동 무덤)
동예		단궁·과하마·반어피	10월 무천	• 책화 • 족외혼 • 철(凸) 자·여(呂) 자형 집터
삼한	• 목지국의 지배자가 삼한 전체 주도 • 제정 분리 : 군장(신지·읍차), 제사장(천군), 신성 지역(소도), 솟대	• 철제 농기구 사용, 벼농사 발달 • 변한 : 철 생산 많음 → 낙랑·왜 등에 철 수출	5월 수릿날, 10월 계절제	• 두레 • 마한의 토실 • 반움집이나 귀틀집에 거주

1 고조선의 건국과 발전

(1) 고조선의 건국

① 건국 : 최초의 국가인 고조선은 평양성을 도읍으로 삼아 청동기 문화를 바탕으로 성립하였다.

② 사회 : 사회 질서를 유지하기 위하여 범금 8조(8조법)를 두었는데 오늘날 이 중 3개 조목만 전한다.

> ### 국사(國史)편찬위원회에서 출제한 자료 ●8조법
>
> (고조선에는) 백성에게 금하는 법 8조가 있었다. 사람을 죽인 자는 즉시 죽이고, 남에게 상처를 입힌 자는 곡물로 갚는다. 도둑질한 자는 노비로 삼는다. 이를 용서받고자 하는 자는 한 사람마다 50만 전을 내야 한다. 비록 용서를 받아 보통 백성이 되어도 사람들은 이를 수치스럽게 생각하여 결혼을 하고자 하여도 짝을 구할 수 없었다. 이 때문에 백성은 도둑질을 하지 않아서 대문을 닫고 사는 법이 없었다. – 『한서』 –

③ 특징 : 단군 신화를 통하여 홍익인간의 건국 이념 및 선민사상과 함께, 고조선이 농경 사회이며 제정일치 사회임을 알 수 있다.

> ### 국사(國史)편찬위원회에서 출제한 자료 ●단군 신화
>
> 옛날에 환인과 그의 아들 환웅이 있었는데 아버지가 삼위태백(三危太伯)을 내려다보니 가히 널리 인간을 이롭게 할 만하므로(홍익인간) …… 환웅은 무리 3천을 이끌고 태백산 꼭대기의 신령스러운 박달나무 아래에 내려가 풍백, 우사, 운사를 거느리고 곡식, 생명, 형벌 등 인간에게 필요한 360여 가지를 주관하며 사람들을 다스렸다. 그때 곰과 호랑이가 환웅신에게 사람이 되기를 빌었다. …… 그중에서 곰은 삼칠일 동안 금기를 지켜 여자의 몸을 얻었다. …… 이에 환웅이 웅녀와 혼인하여 아이를 낳았으니 이름을 단군왕검이라고 하였다. – 『삼국유사』 –

④ 기록 : 『삼국유사』, 『제왕운기』 등에 따르면 고조선은 단군왕검이 건국하였다고 전한다.

⑤ 고조선의 문화 범위 : 비파형 동검, 미송리식 토기, 탁자식 고인돌의 출토 범위로 고조선의 문화 범위를 알 수 있다.

비파형 동검   미송리식 토기

탁자식 고인돌

(2) 기원전 3세기 무렵 고조선의 발전

① 부왕·준왕과 같은 강력한 왕이 등장하여 왕위를 세습하였다.

② 통치 제도를 정비하여 상(相)·대부(大夫)·장군(將軍) 등 관직을 두었다.

③ 요서 지방(랴오허강)을 경계로 연(燕)과 대적할 만큼 성장하였다.

> ### 능력(能力) 향상을 위한 O, X   정답
>
> 01 고조선은 범금 8조를 만들어 사회 질서를 유지하였다.   (   )   O
> 02 고조선은 평양성을 도읍으로 삼았으며 청동기 문화를 바탕으로 성립하였다.   (   )   O
> 03 고조선은 환웅과 웅녀 사이에서 태어난 단군왕검이 세웠다.   (   )   O

왼쪽 여백

●선민사상
특정 민족이 신에게 선택되었다는 사상이다.

환웅과 풍백·운사·우사

□ 동이족의 분포 지역
□ 고조선의 문화 범위
✿ 고인돌(북방식·탁자식) 분포 지역
↑ 비파형 동검 분포 지역

고조선의 문화 범위

(3) 위만 조선

① 위만의 망명 : 기원전 3세기 말, 중국에서 진과 한이 교체되는 시기(진·한 교체기)에 위만이 무리 1,000여 명을 이끌고 고조선으로 망명하였다. 이에 고조선의 준왕은 위만에게 서쪽 변방을 지키도록 하였다.

② 성립

   ㉠ 위만의 집권 : 준왕에게 신임을 얻은 위만은 독자적인 세력을 확대한 뒤 준왕을 몰아내고 왕위에 올랐다(기원전 194년).

   ㉡ 위만 조선이 고조선을 계승한 증거 : 위만은 상투를 틀고 고조선인의 옷을 입은 채 망명하였고 나라 이름을 그대로 조선이라 하였으며, 토착민 출신을 고위 관직에 등용하였다.

③ 발전과 멸망

위만 조선이 고조선을 계승한 증거

발전	• 철기 문화를 본격 수용하여 철제 농기구와 무기를 제작함 • 한(漢)과 진(辰) 사이에서 중계 무역을 하여 경제적으로 성장함
멸망	• **한 무제의 침략**을 1년간 잘 막아 냈으나 지배층 사이에 내분이 발생함 • 우거왕이 살해되고 **왕검성**이 함락되며 **고조선이 멸망함**(기원전 108년)
멸망 이후	• 한은 옛 고조선 영토에 네 개 군현(낙랑·진번·임둔·현도)을 설치함 • 풍속이 점차 각박해져 범금 8조(8조법)가 60여 조로 늘어남

국사(國史)편찬위원회에서 출제한 자료 ●위만 조선의 성립과 멸망

• 한 초, 연에서 망명한 위만이 고조선의 왕이 되었다.
• 한 무제 원봉 2년에 고조선을 정벌하여 위만의 손자 우거를 죽였다. 그리고 그 지역을 나누어 사군을 설치하였다.
– 『삼국지』 동이전 –

2 여러 나라의 성장

(1) 부여

① 위치 : **만주 쑹화강(송화강) 유역의 평야 지대를 중심으로 성장하였다.**

② 정치

   ㉠ 5부족 연맹체 : 왕 아래에는 가축 이름을 딴 **마가·우가·구가·저가 등 여러 가(加)들이 있어, 이들이 별도로 사출도를 다스렸다.**

   ㉡ 왕권 미약 : 가(加)들이 왕을 선출하였으며, 수해나 가뭄이 들면 왕에게 책임을 묻기도 하였다.

③ 경제

   ㉠ 반농반목 : 밭농사와 목축을 함께 중요시하였다.

   ㉡ 말·주옥·모피 등을 중국에 수출하였다.

④ 제천 행사 : 해마다 **12월에 영고라는 제천 행사를 치렀다.**

⑤ 풍습

   ㉠ 순장 : 왕이 죽으면 많은 껴묻거리와 사람을 함께 묻었다.

   ㉡ 1책 12법 : 남의 물건을 훔치면 훔친 물건의 12배로 배상하도록 하였다.

   ㉢ 우제점복 : 소를 죽여 그 발굽으로 점을 쳤다.

   ㉣ 형사취수제 : 형이 죽으면 아우가 형수를 아내로 맞이하였다.

여러 나라의 성장

12월에 지내는 제천 행사에는 연일 크게 모여서 마시고 먹으며 노래하고 춤추는데, …… 이를 영고라 한다. …… 소를 잡아서 그 발굽으로 길흉을 점친다. …… 도둑질을 하면 물건값의 12배를 변상하게 하였다. 나라에는 군왕이 있고 가축의 이름을 따서 벼슬 이름을 부르고 있다. 여러 족장이 사출도를 나누어 맡아본다.
　　　　　　　　　　　　　　　　　　　　　　　　　　　　　　　－『삼국지』 동이전 －

(2) 고구려

① 성장 : 주몽이 부여에서 남쪽으로 내려와 기원전 37년에 건국하였으며, 압록강 유역의 산악 지대인 졸본에 자리를 잡았다가 평야 지대인 국내성으로 도읍을 옮겼다.

② 정치
　㉠ 5부족 연맹체 : 왕 아래에 상가·고추가 등 대가들이 있었고, 이들은 사자·조의·선인 등 관리를 거느렸다.
　㉡ 귀족 회의 : **제가 회의**에서 나라의 중요한 일을 결정하였다.

③ 약탈 경제 : 전쟁을 치러 전쟁 물품을 획득하거나 피정복민에게 공물을 받아 보충하였고, 집마다 부경이라는 창고가 있었다.

④ 제천 행사 : 해마다 10월에 동맹이라는 제천 행사를 치렀다.

⑤ 풍습
　㉠ **서옥제** : 남자가 처가에 서옥이라는 집을 짓고 살면서 자식을 낳아 그 자식이 장성할 때까지 일해 준 후 아내를 데리고 남자 집으로 돌아갔다.
　㉡ **1책 12법** : 남의 물건을 훔치면 훔친 물건의 12배를 배상하도록 하였다.
　㉢ 형사취수제 : 형이 죽으면 아우가 형수를 아내로 맞이하였다.

●부경
빼앗아 온 식량을 보관하는 작은 창고이다. 주로 옥저나 동예에서 식량을 빼앗아 왔다.

• 말이나 풍습은 부여와 비슷하지만 기질이나 옷차림이 다르다. …… 5족이 있었는데, 처음에는 연노부에서 왕이 나왔으나 점점 약해져서 지금은 계루부가 왕위를 차지하였다.
• 10월에 지내는 제천 행사는 국중 대회로서 동맹이라 부른다. 그 나라의 풍속에 혼인을 할 때에는 말로 미리 정한 다음, 여자 집에서는 본채 뒤에 작은 집을 짓는데 그 집을 서옥이라 부른다. …… 고구려에는 큰 산과 깊은 골짜기가 많고 평원과 연못이 없어서 …… 좋은 밭을 일구어도 배를 채우기에는 부족하였다. 사람들의 성품은 흉악하고 급하여서 노략질하기를 좋아하였다.　　　－『삼국지』 동이전 －

(3) 옥저

① 정치 : 함경도 일대에 자리 잡았으며, **읍군이나 삼로**라는 군장이 자기 부족을 다스렸으나 고구려의 압박을 받아 연맹 왕국으로 발전하지 못하였다.

② 경제 : 바다를 끼고 있어 소금과 어물 등 해산물이 풍부하였으나, 고구려의 공격을 받은 후로는 고구려에 소금과 어물 등을 천 리를 짊어지고 가서 바쳤다.

③ 풍습
　㉠ **민며느리제** : 남자 집에서 며느리가 될 여자아이를 데려와 키운 후, 여자아이가 성인이 되면 여자 집에 예물을 주고 결혼하였다.
　㉡ **골장제** : 가족이 죽으면 시체를 임시로 매장하였다가 나중에 뼈를 추려 가족 공동 무덤인 커다란 목곽에 안치하였다.

나라가 작아 큰 나라의 틈바구니에서 압박을 받다가 마침내 고구려에 예속되었다. ······ 맥포(貊布) · 어염(魚鹽) 및 해산물 등을 천 리나 되는 거리에서 짊어져 나르게 하였다. ······ 나라 사람들이 장사를 지낼 적에는 큰 나무 곽을 만드는데, 길이가 10여 장(丈)이나 되며 한쪽 끝을 열어 놓아 문을 만든다. 사람이 죽으면 시체는 모두 가매장을 하되, 겨우 형체가 덮일 만큼 묻었다가 가죽과 살이 다 썩은 다음에 뼈만 추려 곽 속에 안치한다. ······ 여자 나이 10살이 되기 전에 혼인할 것을 약속하고, 신랑 집에서는 여자를 맞이하여 성장할 때까지 데리고 있다가 아내로 삼는다. 여자가 어른이 되면 친정으로 되돌려 보내고, 친정에서는 예물을 요구한다. 신랑 집은 예물을 치르고 신부를 다시 신랑 집으로 데리고 온다.

― 『삼국지』 동이전 ―

(4) 동예

① 정치 : 강원도 북부 동해안 일대에 자리 잡았으며, **읍군이나 삼로**라는 군장이 자기 부족을 다스렸으나 고구려의 압박을 받아 연맹 왕국으로 발전하지 못하였다.

② 경제 : 명주와 삼베를 짜는 방직 기술이 발달하였고 **특산물로 단궁 · 과하마 · 반어피**가 유명하였다.

③ 제천 행사 : **매년 10월에 무천이라는 제천 행사를 지냈다.**

④ 풍습
  ㉠ **책화** : **읍락 간 경계를 중시하여** 다른 부족의 영역을 함부로 침범하였을 때 노비나 소, 말로 배상하도록 하였다.
  ㉡ 족외혼 : 같은 씨족끼리 결혼하지 않는 풍습이 있었다.

⑤ 집터 : 철(凸) 자 · 여(呂) 자형 집터에서 생활 흔적을 알 수 있다.

해마다 10월이면 하늘에 제사를 지내는데, 밤낮으로 술 마시며 노래 부르고 춤추니 이를 무천(舞天)이라 한다. 또 호랑이를 신(神)으로 여겨 제사 지낸다. ······ 낙랑의 단궁이 그 지역에서 산출된다. 바다에서는 반어피가 나며, 땅은 기름지고 무늬 있는 표범이 많고, 과하마가 나온다. ······ 산천을 중요시하여 함부로 들어가지 않고 동성(같은 씨족)끼리 혼인하지 않는다. 산천마다 각각의 구분이 있어 함부로 서로 건너거나 들어갈 수 없었다. ······ 읍락이 서로 침범하면 항상 생구(生口) · 우마(牛馬)로 죄를 처벌하도록 하였는데, 이를 이름하여 책화(責禍)라고 한다.

― 『삼국지』 동이전 ―

(5) 삼한

① 성립 : 한반도 남부에서 고조선 유이민과 남부 토착 세력이 결합하여 마한 · 진한 · 변한이 성립되었다.

② 정치
  ㉠ 삼한 중에서 마한의 세력이 가장 컸으며, 마한의 소국 중 목지국의 지배자가 스스로를 마한 왕 또는 진왕이라 칭하고 삼한 전체를 주도하였다.
  ㉡ 제정 분리 : **신지 · 읍차** 등 군장이 각 부족을 지배하였고, 이와 별도로 **제사장인 천군**과 **신성 지역인 소도**가 있었다.

③ 경제
  ㉠ 철제 농기구를 사용하였고 벼농사가 발달하였다.
  ㉡ 변한 : **철이 많이 생산되어 덩이쇠를 화폐처럼 사용하였고 철을 낙랑과 왜에 수출하였다.**

● 단궁 · 과하마 · 반어피
단궁은 활, 과하마는 키가 작은 말, 반어피는 바다표범 가죽이다.

철(凸) 자형 집터

여(呂) 자형 집터

● 삼한
한반도 남부의 철기 문화를 바탕으로 발전하였다.

● 소도
천군이 제사를 지내는 신성 지역으로 솟대를 세워 영역을 표시하였다.

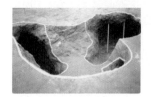

토실

● **귀틀집**
지름이 15cm 정도인 통나무를 우물 정(井) 자 모양으로 쌓아 올려 벽으로 삼은 집이다.

© 벽골제·의림지·수산제 등의 저수지를 만들었고 누에를 쳐서 비단을 생산하기도 하였다.
④ **제천 행사** : **해마다 씨를 뿌리고 난 뒤 5월에 수릿날을 지내고, 가을걷이를 마치는 10월에 계절제를 열었다.**
⑤ **풍습** : 농업이 발달하여 서로 도와 가며 함께 노동을 하는 풍습인 두레가 있었다.
⑥ **주거** : 마한의 토실이나 반움집 또는 귀틀집에 거주하였다.

국사(國史)편찬위원회에서 출제한 자료 ● **삼한**

• 해마다 5월이면 씨뿌리기를 마치고 귀신에게 제사를 지낸다. 무리 지어 모여서 노래와 춤을 즐긴다. 술을 마시고 노는데 밤낮을 가리지 않는다. …… 10월에 농사일을 마치고 나서도 이렇게 한다. 귀신을 믿기 때문에 국읍에 각자 한 사람씩 세워서 천신에 대한 제사를 주관하게 하는데, 이를 천군이라 부른다. 또한 여러 나라에는 각기 별읍이 있으니, 그것을 소도라고 한다. 큰 나무를 세우고 방울과 북을 매달아 놓고 귀신을 섬긴다. 도망하여 그 안으로 들어온 사람은 누구든 돌려보내지 아니하였다.
• (변한) 나라에서 철이 생산되는데 한·예·왜인들이 와서 가져갔다. 시장에서의 매매는 철로 이루어져 마치 중국에서 돈을 사용하는 것과 같으며, 낙랑과 대방의 두 군에도 공급하였다. –『삼국지』 동이전 –

참고 ➕ **부여, 고구려, 삼한의 정치 체제**

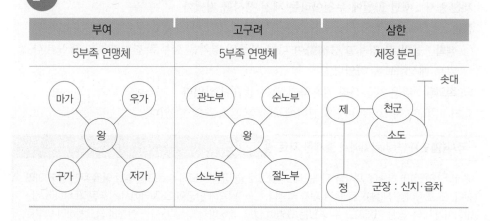

부여	고구려	삼한
5부족 연맹체	5부족 연맹체	제정 분리

검정(檢定)된 기출문제

01

다음 자료에 해당하는 나라에 대한 설명으로 옳은 것은?

> ○ 위서에 이르기를, "지금으로부터 2천여 년 전에 단군왕검이 아사달에 도읍을 정하였다."고 하였다.
> – 『삼국유사』 –
>
> ○ 누선장군 양복(楊僕)이 군사 7천을 거느리고 먼저 왕검성에 도착하였다. 우거가 성을 지키고 있다가 양복의 군사가 적은 것을 알고 곧 나가서 공격하니 양복이 패하여 달아났다.
> – 『삼국유사』 –

① 신성 지역인 소도가 있었다.
② 낙랑, 왜 등에 철을 수출하였다.
③ 화백 회의에서 중요한 일을 결정하였다.
④ 사회 질서를 유지하기 위하여 범금 8조를 만들었다.

02

(가)에 들어갈 내용으로 옳은 것은?

① 소도라고 불리는 신성 지역이 있었다.
② 읍락 간의 경계를 중시한 책화가 있었다.
③ 범금 8조를 통하여 사회 질서를 유지하였다.
④ 여러 가(加)들이 별도로 사출도를 주관하였다.

03

다음 자료에 해당하는 나라를 지도에서 옳게 고른 것은?

> 이 나라에는 여자가 열 살이 되기 전에 혼인을 약속하고, 신랑 집에서는 여자를 데려와 기른 후 성인이 되면 신부 집에 대가를 주고 며느리로 삼는 풍속이 있었다. 또한 가족이 죽으면 뼈만 추려 보관하는 장례 풍습이 있었다.

① (가)
② (나)
③ (다)
④ (라)

04

밑줄 그은 '이 나라'에 대한 설명으로 옳은 것은?

① 범금 8조로 백성을 다스렸다.
② 영고라는 제천 행사를 열었다.
③ 서옥제라는 혼인 풍습이 있었다.
④ 신지, 읍차 등의 지배자가 있었다.

설쌤의 **한(韓)판** 정리

● 삼국의 성립과 발전

• 고대 국가 성립 요건 : 왕위 세습, 율령 반포, 불교 수용, 영토 확장

고구려	1세기	2세기	3세기	4세기	5세기	6세기	7세기
기원전 37년 건국	태조왕 • 옥저 복속 • 계루부 '고'씨 왕위 세습	고국천왕 • 진대법 (을파소의 건의) • 행정적 5부로 개편 • 부자 상속	위의 침입으로 위축	미천왕 • 서안평 점령 • 낙랑군·대방군 축출 고국원왕 평양성 전투에서 전사 소수림왕 • 불교 수용(전진) • 태학 설립 • 율령 반포 광개토 대왕 • '영락' 연호 사용 • 백제 공격 • 요동(후연)·만주(거란) 진출	광개토 대왕 • 신라에 원군 출병(호우명 그릇) • 가야 중심지 이동 : 금관가야 → 대가야 장수왕 • 남하(남진) 정책 : 평양 천도(427) • 백제 한성(위례성) 함락 • 비석 : 광개토 대왕릉비, 충주 고구려비		영양왕 살수 대첩 영류왕 • 천리장성 축조 시작 • 연개소문 정변 보장왕 • 천리장성 완성 • 고구려 멸망 (668)

백제	1세기	2세기	3세기	4세기	5세기	6세기	7세기
기원전 18년 건국			고이왕 • 6좌평 16관등제 • 공복 제정 • 율령 반포 • 한강 유역 장악	근초고왕 • 왕위 부자 상속 • 칠지도 • 마한 병합 • 고구려 평양성 공격 • 요서 진출, 동진·왜의 규슈와 교역 • 『서기』 편찬 : 고흥 침류왕 불교 수용(동진)	비유왕 나·제 동맹 개로왕 고구려 장수왕의 공격으로 전사 문주왕 웅진 천도(475) 동성왕 신라와 결혼 동맹	무령왕 • 22담로에 왕족 파견 • 중국 남조와 교류 성왕 • 사비 천도 • 국호 '남부여' • 중앙 관청 22부, 수도 5부, 지방 5방 정비 • 신라 진흥왕과 연합 → 한강 하류 수복 → 진흥왕의 배신 → 한강 유역 상실 → 관산성 전투에서 전사	의자왕 • 대야성 전투 • 백제 멸망(660)

신라	1세기	2세기	3세기	4세기	6세기	7세기
기원전 57년 건국	• 신라의 왕호 변천 거서간 → 차차웅 → 이사금 → 마립간 → 왕 박·석·김씨 왕위 교대 세습			**내물 마립간** • '마립간' 칭호 사용 • 고구려 광개토 대왕의 도움으로 왜구 격퇴 • 김씨 왕위 독점 세습	**지증왕** • '왕' 칭호 사용, 국호 '신라' • 우경 장려 • 우산국 복속 : 이사부 • 동시전·동시 설치 • 순장 금지	**선덕 여왕** 황룡사 구층 목탑 건립 : 자장의 건의
					법흥왕 • 불교 공인 : 이차돈 순교 • 골품제 정비 • 공복 제정 • 상대등·병부 설치 • 율령 반포 • 연호 사용 : 건원 • 금관가야 병합	**진덕 여왕** 나·당 동맹 결성
				5세기 **눌지 마립간** 나·제 동맹 **소지 마립간** 백제와 결혼 동맹	**진흥왕** • 화랑도를 국가적 조직으로 개편 • 대가야 정복 • 한강 정복 : 단양 신라 적성비, 서울 북한산 신라 진흥왕 순수비(북한산비) 건립 • 창녕 신라 진흥왕 척경비(창녕비) 건립 • 원산만 일대 진출 : 황초령 신라 진흥왕 순수비(황초령비), 마운령 신라 진흥왕 순수비(마운령비) 건립 • 황룡사 창건 • 『국사』 편찬 : 거칠부	

● 가야의 성립과 발전

	가야(변한 12개국 → 6가야 연맹)		
성장	• 풍부한 철 생산, 입지 조건(벼농사 발달 등) → 연맹 왕국으로 발전 • 관련 기록 : 『삼국유사』		
금관가야 (김해)	• 시조 : 김수로 　- 관련 유적 : 구지봉 　- 인도 아유타국의 공주 허황옥과 혼인(관련 유물 : 호계사 파사 석탑) • 전기 가야 연맹 주도 • 낙랑과 왜 사이에서 중계 무역으로 성장 • 철 생산량 많음 : 덩이쇠를 화폐처럼 사용, 철을 낙랑과 왜 등에 수출 • 4세기 말~5세기 초 광개토 대왕의 공격으로 쇠퇴 • 6세기에 신라 법흥왕에게 병합 • 관련 유물 및 유적 : 김해 대성동 고분군, 판갑옷, 도기 기마인물형 뿔잔, 말머리 가리개	대가야 (고령)	• 시조 : 이진아시왕 • 후기 가야 연맹 주도 • 6세기에 신라 진흥왕에게 병합 • 관련 유물 및 유적 : 고령 지산동 고분군, 금동관, 철제 판갑옷과 투구 고령 지산동 고분군　　고령 지산동 고분군 출토 출토 금동관　　　　철제 판갑옷과 투구

1 삼국의 성립과 발전

(1) 고대 국가의 성립

① 연맹 왕국은 왕위 세습, 율령 반포, 불교 수용, 영토 확장 등 여러 조건을 충족시키며 중앙 집권 체제를 갖춘 고대 국가로 발전해 갔다.

② 고대 국가로의 발전 순서 : 고구려, 백제, 신라 순으로 발전하였다.

(2) 고구려

① 성립

태조왕 (1~2세기)	• 옥저를 복속함 • 계루부 고씨가 왕위를 독점 세습함
고국천왕 (2세기)	• 을파소의 건의로 진대법을 시행함 • 부족적 성격의 5부를 행정적 성격의 5부로 개편함 • 왕위 계승을 형제 상속에서 부자 상속으로 바꿈
미천왕 (4세기 초)	서안평을 점령하고 대방군과 낙랑군을 몰아낸 뒤 한반도 서북부 지역을 확보함
고국원왕 (4세기 중반)	평양성 전투에서 백제 근초고왕과 맞서다 전사함

② 발전

소수림왕 (4세기 말)	• 중국 전진에서 불교를 수용함 • 태학을 설립함 • 율령을 반포함
광개토 대왕 (4세기 말~ 5세기 초)	• 최초로 '영락'이라는 독자적인 연호를 사용함 • 백제를 공격하였으며 후연을 격퇴하고 요동으로, 거란을 몰아내고 만주로 진출함 • 신라에 침입한 왜를 격퇴함 : 가야 중심지 변화에 영향을 끼침[금관가야 → 대가야, 관련 유물 '호우명 그릇(호우총 청동 그릇)']
장수왕 (5세기)	• 남하(남진) 정책을 추진하여 도읍을 평양으로 옮김 • 백제의 수도인 한성(위례성)을 함락함 • 광개토 대왕릉비와 충주 고구려비를 건립함

5세기 고구려 전성기

국사(國史)편찬위원회에서 출제한 자료 ●광개토 대왕

영락 10년, 왕이 보병과 기병 도합 5만 명을 보내어 신라를 구원하게 하였다. [고구려군이] 남거성을 거쳐 신라성에 이르니 그곳에 왜적이 가득하였다. 고구려군이 도착하니 왜적이 퇴각하였다.

국사(國史)편찬위원회에서 출제한 자료 ●장수왕

왕이 병력 3만 명을 거느리고 백제를 침략하여 수도 한성을 함락하였다. 백제왕 부여경을 죽이고 남녀 8천여 명을 포로로 잡아 돌아왔다.

③ 7세기 고구려의 상황 : 영양왕 때 을지문덕이 수의 공격을 살수(청천강)에서 막아 냈으며 (살수 대첩) 영류왕 때 연개소문이 정변을 일으켰고, 보장왕 때 고구려가 멸망하였다.

삼국의 성립 순서
김부식의 『삼국사기』에 따르면 신라, 고구려, 백제 순으로 나라가 성립되었다.

● 복속
복종하여 따른다는 의미이다.

● 진대법
봄에 곡식을 빌려주고 가을에 갚게 하여 가난한 백성을 구호하는 제도이다.

● 연호
임금이 즉위한 해부터 매년 연도에 붙이는 칭호이다.

● 호우명 그릇(호우총 청동 그릇)

경주 고분에서 출토된 유물로서 바닥 면에 광개토 대왕을 나타내는 글자가 새겨져 있어 신라와 고구려의 관계를 엿볼 수 있다.

광개토 대왕릉비

● 충주 고구려비

고구려의 한강 유역 진출을 알려주는 비석이다.

(3) 백제

① 성립과 발전

고이왕(3세기)	• 6좌평 16관등제를 마련함 • **공복 제정** : 관등에 따라 관복 색을 정함 • 율령을 반포함 • 한강 유역을 완전히 장악함
근초고왕(4세기)	• 왕위의 부자 상속을 확립함 • **왜에 칠지도를 보냄** • 마한 지역을 정복하고 고구려 평양성을 공격함 • 요서 지역으로 진출하였으며, 중국 산둥반도(동진) 및 일본 규슈 지역과 교류함 • 고흥으로 하여금 『서기』를 편찬하도록 함
침류왕(4세기 말)	중국 동진에서 불교를 수용함

4세기 백제 전성기

② 위기

㉠ 비유왕 : 고구려 장수왕의 남하(남진) 정책에 대항하여 신라 눌지 마립간과 **나·제 동맹**을 체결하였다.

㉡ 개로왕 : **고구려 장수왕의 공격으로 수도 한성(위례성)이 함락당하고 전사하였다.**

㉢ 문주왕 : **수도를 한성에서 웅진(공주)으로 옮겼다.**

㉣ 동성왕 : 신라 소지 마립간과 결혼 동맹을 맺어 나·제 동맹을 더욱 강화하였다.

③ 중흥을 위한 노력

무령왕(6세기)	지방에 22담로를 설치하고 왕족을 파견함
성왕(6세기)	• 사비(부여)로 천도하고 국호를 '남부여'로 고침 • 중앙 관청을 22부, 수도를 5부, 지방을 5방으로 정비함 • 신라 진흥왕과 연합하여 한강 하류 지역을 일시적으로 수복함 • 진흥왕의 배신으로 한강 유역을 상실함 • 관산성 전투에서 전사함

> ● 웅진(공주)
> 백제는 공산성(웅진성)을 수도의 성으로 삼았다. 공산성은 성 안에 쌍수정, 연지 등의 유적이 남아 있고, 2015년 유네스코 세계 유산에 등재되었다.
>
> ● 사비(부여)로 천도
> 웅진(공주)은 방어에는 용이하나 대외 진출이 어려운 곳이었다. 이에 백제 성왕은 대외 진출에 용이한 사비(부여)로 수도를 옮겨 중흥을 꾀하였다.

국사(國史)편찬위원회에서 출제한 자료 ● 성왕

• 왕 16년 봄, 사비(일명 소부리라고 한다)로 도읍을 옮기고 국호를 남부여라고 하였다.
• 왕 32년 가을, 신라를 습격하기 위하여 왕이 직접 보병과 기병 50명을 거느리고 밤에 구천(拘川)에 이르렀는데, 신라 복병과 만나 싸우다가 신라군에게 살해되었다. － 『삼국사기』 －

---

④ 7세기 백제 의자왕의 상황

㉠ **대야성 전투** : 신라를 공격하여 대야성을 비롯한 40여 개 성을 빼앗았다.

㉡ 백제 멸망(660) : **황산벌 전투**에서 **계백**이 활약하였으나, 나·당 연합군의 공격으로 백제가 멸망하였다.

(4) 신라

① 왕호 변천 : 신라왕의 칭호는 거서간(군장), 차차웅(제사장), 이사금(연장자), 마립간(대군장), 왕 순으로 변하였다.

② 왕위 세습

㉠ 신라 초부터 이사금 칭호를 사용할 때까지는 박·석·김씨가 교대로 왕위를 세습하였다.

㉡ 내물 마립간 때부터 김씨가 왕위를 세습하였다.

㉢ 눌지 마립간은 왕위 계승 방식을 부자 상속으로 확립하였다.

③ 성장
  ㉠ 내물 마립간
    ⓐ 최초로 '마립간'이라는 칭호를 사용하였다.
    ⓑ 고구려 광개토 대왕의 도움을 받아 신라에 침입한 왜구를 격퇴하였다.
  ㉡ 눌지 마립간 : 백제 비유왕과 나·제 동맹을 체결하였다.
  ㉢ 소지 마립간 : 백제 동성왕과 결혼 동맹을 체결하였다.
④ 발전

● 우경
소를 이용하여 밭을 가는 농사법
이다.

6세기 신라 전성기

지증왕 (6세기)	• '왕'이라는 칭호를 사용하고 국호를 '신라'로 정함 • 농업 발전을 위하여 우경을 장려함 • 이사부에게 우산국을 정벌하도록 함 • 시장 감독관청인 동시전을 설치하고 경주 동쪽에 동시를 설치함 • 순장을 금지함
법흥왕 (6세기)	• 이차돈의 순교를 계기로 불교를 공인함 · 골품제를 정비하고 공복을 제정함 • 상대등과 병부를 설치하고 율령을 반포함 · '건원'이라는 독자적인 연호를 사용함 • 금관가야를 복속하여 영토를 확장함
진흥왕 (6세기)	• 화랑도를 국가적인 조직으로 개편함 • 한강 유역 차지 : 백제 성왕과 연합하여 한강 상류 지역을 차지한 뒤, 백제가 점령한 한강 하류 지역을 빼앗음 • 사다함 등을 통하여 대가야를 복속시키고 함경도 일대로 진출함 • 단양 신라 적성비와 4개 순수비(서울 북한산 신라 진흥왕 순수비, 창녕 신라 진흥왕 척경비, 황초령 신라 진흥왕 순수비, 마운령 신라 진흥왕 순수비)를 건립함 • 황룡사를 건립함 • 거칠부에게 『국사』를 편찬하도록 함

국사(國史)편찬위원회에서 출제한 자료 ● 지증왕

13년 여름 6월에 우산국이 항복하여 해마다 토산물을 바쳤다. 우산국은 명주의 정동쪽 바다에 있는 섬으로 울릉도라고도 하였다.
— 『삼국사기』 —

국사(國史)편찬위원회에서 출제한 자료 ● 법흥왕

• 정월에 율령을 반포하고, 처음으로 관리들의 공복(公服)을 제정하였다.
• 4월에 이찬 철부를 상대등으로 삼아 나라의 일을 총괄하게 하였다. 상대등의 관직은 이때 처음 생겼는데, 지금의 재상과 같다.
— 『삼국사기』 —

⑤ 7세기 신라의 상황 : 선덕 여왕 때 자장의 건의에 따라 **황룡사 구층 목탑이 건립**되었고, 진덕 여왕 때 나·당 동맹이 결성되었다.

참고 ➕ 삼국의 통치 체제 정비

	귀족 회의	관등	수상	수도	지방	특수 행정 구역
고구려	제가 회의	10여 관등	대대로	5부	5부	3경
백제	정사암 회의	16관등	상좌평	5부	5방	22담로
신라	화백 회의	17관등	상대등	6부	5주	2소경

2 가야의 성립과 발전

(1) 가야 연맹의 형성

① 변한 지역은 철이 풍부하여 철기 문화가 발달하였으며, 철제 농기구를 바탕으로 농업도 발전하였다.

② 변한의 12개 소국은 발달한 철기 문화와 우수한 입지 조건을 바탕으로 3세기 무렵 김해의 금관가야를 중심으로 6가야 연맹 왕국으로 발전하였다.

③ 관련 기록 :『삼국유사』가락국기에 가야에 대한 기록이 있다.

(2) 금관가야

① 성립 : 42년에 시조인 **김수로**가 **김해** 지역에 금관가야(구야국)를 건국하였다.

② 3세기 무렵부터 **전기 가야 연맹을 주도**하였다.

③ 낙랑과 왜를 연결하는 중계 무역으로 번성하였다.

④ **철 생산량이 많아 덩이쇠를 화폐처럼 사용하였으며, 철을 낙랑과 왜 등에 수출하였다.**

⑤ 4세기 말에서 5세기 초에 고구려 광개토 대왕의 공격을 받아 쇠퇴하였다.

⑥ 6세기에 신라 법흥왕에게 병합되었다.

⑦ 관련 유적 및 유물 : 구지봉과 **김해 대성동 고분군**이 대표적이며 대성동 고분군에서 **판갑옷, 도기 기마인물형 뿔잔,** 말머리 가리개, 금관이 출토되었다.

김해 대성동 고분군 출토 판갑옷

(3) 대가야

① 고구려 광개토 대왕의 공격으로 전기 가야 연맹이 약화되어, 5세기 후반에는 시조 이진아시왕이 건국한 **고령의 대가야가 후기 가야 연맹을 주도하였다.**

② 6세기에 신라 진흥왕에게 병합되었다.

③ 관련 유적 및 유물 : 고령 지산동 고분군이 대표적이며 이곳에서 금동관 및 **철제 판갑옷과 투구**가 출토되었다.

가야 중심지 이동

호계사 파사 석탑

수로왕의 왕비 허황옥이 동한(東漢) 건무 24년에 서역 아유타국에서 싣고 온 석탑이다.

대동면 덕산리 출토 도기 기마인물형 뿔잔

고령 지산동 고분군 출토 금동관

고령 지산동 고분군 출토 철제 판갑옷과 투구

능력(能力) 향상을 위한 O, X	정답	
01 고구려는 진대법을 실시하였다.	( )	○
02 고구려 광개토 대왕은 영락이라는 연호를 사용하였다.	( )	○
03 고구려 장수왕은 태학을 설립하였다.	( )	×
04 백제는 수도를 웅진으로 옮겼다.	( )	○
05 병부를 설치한 신라의 왕은 금관가야를 병합하였다.	( )	○
06 신라 진흥왕은 북한산에 순수비를 세웠다.	( )	○

01

(가)~(다)를 일어난 순서대로 옳게 나열한 것은?

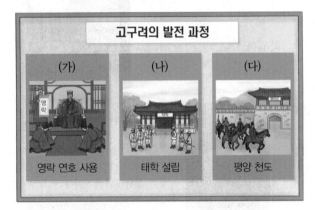

① (가) - (나) - (다)
② (가) - (다) - (나)
③ (나) - (가) - (다)
④ (다) - (나) - (가)

02

(가), (나) 사이의 시기에 있었던 사실로 옳은 것은?

① 고구려가 옥저를 정복하였다.
② 백제가 신라와 동맹을 맺었다.
③ 백제가 관산성 전투에서 패배하였다.
④ 고구려가 안시성에서 당군을 물리쳤다.

03

밑줄 그은 '나'의 업적으로 옳은 것은?

① 녹읍을 폐지하였다.
② 불교를 공인하였다.
③ 독서삼품과를 시행하였다.
④ 북한산에 순수비를 세웠다.

04

(가) 나라의 경제 상황에 대한 설명으로 옳은 것은?

① 낙랑과 왜에 철을 수출하였다.
② 모내기법이 전국적으로 확산되었다.
③ 물가 조절을 위하여 상평창을 두었다.
④ 활구라고도 불린 은병을 제작하였다.

04 | 통일 신라와 발해의 발전

설쌤의 **한(韓)판** 정리

● 신라의 삼국 통일

고구려와 수·당의 전쟁

1. 수의 중국 통일

2. 고구려 vs. 수

① 수 문제의 침공 → 별다른 성과 無
② 수 양제의 침공 → 수의 우중문·우문술 vs. 고구려 을지문덕 → 살수 대첩(612) 고구려 승

3. 수 멸망 → 당 건국   당의 침입에 대비하여 천리장성 축조

4. 고구려·백제·신라의 상황

• 고구려 : 연개소문이 정변을 일으켜 정권을 장악함(642)
• 백제 : 의자왕이 신라를 공격하여 대야성 등 40여 개 성을 빼앗음(642)
• 신라 : 김춘추가 고구려에 도움을 요청하러 갔으나 거절당함(642)

5. 고구려 vs. 당   당 태종 vs. 고구려군 → 안시성 싸움(645) 고구려 승

나·당 동맹 결성   김춘추, 나·당 동맹 성사

백제의 멸망(660)   신라 김유신 vs. 백제 계백 → 황산벌 전투 계백 전사, 신라 승 → 사비성 함락 → 백제 의자왕 항복
→ 웅진도독부 설치(660)

백제 부흥 운동   복신·도침·부여풍(주류성), 흑치상지(임존성), 왜의 지원(백강 전투) 나·당 연합군 승

계림도독부 설치(663)

고구려의 멸망(668)   연개소문 사후 내분, 평양성 함락 → 고구려 보장왕 항복 → 안동도호부 설치(668)

고구려 부흥 운동   검모잠(한성), 고연무(오골성), 안승(금마저, 신라의 지원을 받음)

나·당 전쟁   신라 vs. 당 → 매소성·기벌포 전투 신라 승

신라의 삼국 통일(676)   대동강~원산만 영토 확보

설쌤의 **한(韓)판** 정리

● 통일 신라의 발전

중대(中代)	중앙	• 집사부 중심 : 시중 > 상대등
		• 사정부(감찰 기구) 설치
	지방	• 외사정 파견 + 상수리 제도 시행 : 지방 세력 견제
		• 9주 5소경, 향·부곡 설치

무열왕	문무왕	신문왕	성덕왕	경덕왕	혜공왕
최초의 진골 출신 왕	• 삼국 통일 완성 • 외사정 파견	• 감은사 완성 • 김흠돌의 난 진압 • 만파식적 설화 : 왕권 강화 + 평화 • 관료전 지급·녹읍 폐지 : 귀족 경제 기반 약화 • 중앙 통치 체제 정비 : 집사부 아래 13부 정비 • 지방 행정 정비 : 9주 5소경 • 군사 제도 정비 : 9서당 10정 • 유학 장려 : 국학 설립	정전 지급	녹읍 부활	• 김지정의 난 • 혜공왕 피살

| 하대(下代) | • 왕권 약화 : 시중 < 상대등 |
| | • 진골 귀족의 왕위 쟁탈전 심화 |

원성왕	헌덕왕	흥덕왕	진성 여왕	경순왕
독서삼품과 : 귀족의 반발과 골품제의 모순으로 실패	김헌창의 난 : 진골 귀족 간 왕위 쟁탈전	장보고 : 청해진 설치	• 원종·애노의 난, 적고적의 난 : 농민 봉기 • 최치원 : 빈공과 급제, 「토황소격문」, 『계원필경』, 「시무 10여 조」 • 반신라 세력 대두 : 6두품 + 호족 + 선종 불교	고려에 항복

● 발해의 발전

대조영	• 고구려 유민 + 말갈인 → 동모산에 건국(698) • 국호 '진' → '발해'
무왕	• 돌궐·일본과 친선, 당·신라와 대립 • 장문휴 : 당의 산둥반도(등주) 공격 • 연호 '인안' • 일본에 국서를 보냄
문왕	• 당과 친선 : 당이 설치한 발해관에서 교역 • 신라와 친선 : 신라도 개설 • 중앙 관제 마련 : 3성 6부제 • 주자감 설치 • 천도(중경 → 상경 → 동경) • 연호 '대흥' • 일본에 국서를 보냄
선왕	• 말갈 세력 대부분 복속 → 요동 진출 • 신라와 국경을 접함 • 지방 행정 체제 완비 : 5경 15부 62주 • 전성기에 해동성국이라 불림 • 연호 '건흥'
멸망	거란의 침입으로 멸망(926)

| 고구려 계승 | • 옛 고구려 영토 회복
• 일본에 보낸 국서에 '고려 국왕'이라 칭함
• 온돌 장치, 치미, 연꽃무늬 수막새, 이불병좌상, 발해 석등 등 |

통치 체제 정비

| 중앙 관제 | • 당의 3성 6부제 수용, 운영과 명칭은 독자적
• 정당성의 대내상이 국정 총괄
• 중정대(감찰 기구), 주자감(최고 교육 기관) 설치 |
| 군사 제도 | 10위(중앙), 지방군(지방) |

040 한국사능력검정시험 개념완성 기본

1 신라의 삼국 통일

(1) 고구려와 수·당의 전쟁

고구려와 수의 전쟁	• 중국 남북조 시대를 통일한 수가 고구려 정복의 야욕을 보이자 고구려가 수를 선제공격함 • 수 문제가 고구려를 침공하였으나 별다른 성과를 올리지 못함 • 수 문제의 아들인 수 양제가 113만 대군을 이끌고 고구려를 침공함 • 을지문덕이 살수에서 우중문과 우문술의 30만 별동대를 크게 격파함(살수 대첩, 612)		
천리장성 축조	• 수는 무리한 침략 전쟁으로 멸망하였으며 당이 건국됨 • 고구려는 당의 침입에 대비하여 천리장성을 축조함		
삼국의 정세	고구려	연개소문이 정변을 일으켜 권력을 장악함(642)	
	백제	신라를 공격하여 대야성 등 40여 개 성을 빼앗음	
	신라	김춘추가 고구려로 가서 군사를 청하였으나 거절당함	
고구려와 당의 전쟁	• 당 태종이 대군을 이끌고 고구려를 침략함 • 고구려는 여러 성을 함락당하였으나 안시성 싸움(645)에서 승리하여 당군을 몰아냄		

> **국사(國史)편찬위원회에서 출제한 자료** ●살수 대첩
>
> 을지문덕이 우문술의 군사가 굶주린 기색이 있음을 보고 이들을 피곤하게 만들려고 매번 싸울 때마다 달아났다. …… 가을 7월에 살수(薩水)에 이르러 [적의] 군사가 반쯤 강을 건넜을 때 아군이 뒤에서 적군을 공격하여 우둔위 장군 신세웅을 전사시켰다. ─ 『삼국사기』 ─

(2) 신라의 삼국 통일 과정

① **나·당 동맹** : 김춘추는 당으로 건너가 당과 동맹을 결성하였다.

② **십자 외교** : 7세기 동북아시아에서는 돌궐·고구려·백제·왜가 남북으로 외교를 맺고 수·당과 신라가 동서로 외교를 맺었다.

③ 신라의 삼국 통일

백제 멸망(660)	계백의 결사대가 황산벌 전투에서 김유신이 이끄는 신라군에게 패하고 나·당 연합군이 사비성을 함락시키자 백제 의자왕이 항복함
백제 부흥 운동	• 복신·도침·왕자 부여풍이 주류성, 흑치상지가 임존성에서 부흥 운동을 전개함 • 왜가 수군을 보내 백제를 지원하였으나 백강 전투에서 나·당 연합군에게 패배함

> **국사(國史)편찬위원회에서 출제한 자료** ●백제 부흥 운동
>
> • 복신과 승려 도침이 옛 왕자인 부여풍을 맞이하여 왕으로 세우고, 웅진성에서 머물던 유인원을 포위하였다.
> • 흑치상지가 흩어진 무리들을 모으니, 열흘 사이에 따르는 자가 3만여 명이었다. 소정방의 공격을 흑치상지가 막아 내 승리하고 2백여 성을 되찾으니 소정방이 이길 수 없었다.
> • 유인원, 김법민 등이 육군과 수군을 거느리고 백강 어귀에서 왜의 군사를 상대로 네 번 싸워서 모두 이기고 그들의 배 4백 척을 불살랐다.

고구려 멸망(668)	• 연개소문이 죽은 뒤 권력 다툼과 내분이 일어남 • 나·당 연합군이 평양성을 포위하자 고구려 보장왕이 항복함
고구려 부흥 운동	• 검모잠이 한성에서, 고연무가 오골성에서 부흥 운동을 전개함 • 신라의 지원을 받은 안승이 금마저에서 부흥 운동을 전개함

●을지문덕

고구려를 침략한 수의 장수 우중문에게 다음과 같은 시를 보냈다. "신묘한 계책은 하늘의 이치를 알았고 / 오묘한 계획은 땅의 이치를 다 통하였구려. / 전쟁에 이겨서 공이 이미 높아졌으니 / 만족함을 알고 전쟁을 멈추는 것이 어떠하오."

●살수

오늘날 청천강이다.

●천리장성

천리장성은 고구려 영류왕 때 축조를 시작하여 보장왕 때 완성되었다.

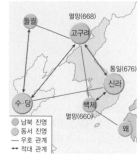

십자 외교

백제와 고구려의 부흥 운동

●한성

오늘날 황해도 재령 지방이다.

나·당 전쟁	• 당이 웅진도독부·계림도독부·안동도호부를 설치하여 한반도 전체를 지배하려는 야욕을 보임 • 신라가 매소성 전투와 기벌포 전투에서 승리함
신라의 삼국 통일(676)	신라가 당군을 몰아내고 대동강에서 원산만에 이르는 영토를 확보함

나·당 전쟁의 전개

2 통일 신라의 발전

(1) 통치 체제의 정비

① 중앙 행정 기구
- ㉠ 왕명을 집행하는 집사부를 중심으로 개편함에 따라 집사부 시중이 국정을 이끌었으며
  상대등의 권한이 약화되었다.
- ㉡ 감찰 기구인 사정부를 두어 관리의 비리를 방지하였다.

② 지방 행정 조직
- ㉠ 중앙에서는 지방을 견제하기 위하여 외사정을 파견하고 상수리 제도를 시행하였다.
- ㉡ 전국을 9주로 나누고 수도의 지리적 치우침을 보완하기 위하여 5소경을 갖추었다.
- ㉢ 향·부곡 등 특수 행정 구역을 설치하였다.

(2) 신라 중대 주요 국왕

① 무열왕 : 최초의 진골 출신 왕이다.
② 문무왕
- ㉠ 668년에 고구려를 멸망시키고 676년에는 당과의 전쟁에서 승리하여 삼국 통일을 완
  성하였다.
- ㉡ 지방 세력을 견제 및 통제하기 위하여 외사정을 파견하였다.

●상수리 제도
지방 세력가나 그 자제를 일정 기간 수도에 와서 거주하게 한 일종의 인질 제도이다.

●신라 중대
김부식은 『삼국사기』에서 신라의 시기를 크게 상대·중대·하대로 구분하였다. 중대는 무열왕부터 혜공왕까지이며, 중대 전후를 상대와 하대로 보았다.

경주 문무 대왕릉
신라 문무왕의 수중 왕릉이다.

③ 신문왕

왕권 강화 정책		・**감은사를 완성함** ・6두품이 왕의 정치적 조언자로 활약함 ・**만파식적 설화** : 나라의 번영과 평화에 대한 염원 및 왕실의 권위 강화를 상징함 ・**관료전을 지급하고 녹읍을 폐지**하여 귀족의 경제 기반을 약화시킴 ・**김흠돌의 난**을 계기로 귀족 세력을 숙청함
통치 체제 정비	중앙 통치 체제	집사부 아래에 중앙 관청으로 13부를 둠
	지방 행정 정비	・효율적인 통치를 위하여 전국을 **9주**로 나눔 ・수도의 치우침을 보완하기 위하여 **5소경**을 설치함
	군사 제도 정비	・**중앙군으로 9서당**을 두어 신라인 외에 고구려인, 백제인 등 피정복민까지 포함시킴 ・지방군으로 10정을 두어 각 주에 1정씩 배치하고, 국경 지대인 한주에만 2정을 배치함
유학 장려		유학 교육을 바탕으로 인재를 양성하기 위하여 **국학을 설립함**

국사(國史)편찬위원회에서 출제한 자료 ● **신문왕의 만파식적 설화**

왕이 행차에서 돌아와 대나무로 피리를 만들어 월성의 천존고(天尊庫)에 간직하였다. 이 피리를 불면, 적병이 물러가고 병이 나으며, 가뭄에는 비가 오고 장마는 개며, 바람이 잦아들고 물결이 평온해졌으므로 이를 만파식적(萬波息笛)이라 부르고 국보로 삼았다. － 『삼국유사』 －

④ 성덕왕 : 백성에게 정전을 지급하였다.
⑤ 경덕왕 : 귀족의 반발로 녹읍이 부활하였다.
⑥ **혜공왕** : 이찬 김지정이 반란을 일으키자 상대등 김양상과 김경신이 함께 군사를 일으켜 이를 진압하였으나, 진압 도중 혜공왕이 피살되었다.

(3) 신라 하대 사회의 동요

① 귀족의 사치와 향락 생활이 심화되자 왕권이 점차 약화되었고, 집사부 시중의 권한보다 상대등의 권한이 강해져 갔다.
② 혜공왕이 피살된 후 진골 귀족 사이에 왕위 쟁탈전이 심화되어 150여 년 동안 왕이 20여 차례 바뀌는 등 혼란이 지속되었다.

(4) 신라 하대 주요 국왕

① 원성왕 : **독서삼품과를 시행**하여 관리를 등용하였으나, 귀족의 반발과 골품제의 모순으로 제대로 시행하지 못하였다.
② **헌덕왕** : 웅천주 도독 김헌창이 난을 일으켰다(김헌창의 난).

국사(國史)편찬위원회에서 출제한 자료 ● **김헌창의 난**

3월에 웅천주 도독 헌창이 아버지 주원이 왕이 되지 못함을 이유로 반란을 일으켜, 국호를 장안이라고 하고 연호를 세워 경운이라 하였다. 무진주·완산주·청주·사벌주의 도독과 국원경·서원경·금관경의 사신(仕臣), 여러 군현의 수령을 협박해 자기 소속으로 삼았다.

③ 흥덕왕 : **장보고가 청해진을 설치하여 해상 무역을 장악하였다.**
④ 진성 여왕(887~897)
　㉠ 농민 봉기 : 농민에 대한 가혹한 수취로 **원종·애노의 난**, 적고적의 난이 발생하였다.

● **관료전**
통일 신라 시기에 관료에게 지급한 토지로 조세 수취만 가능하였다.

● **녹읍**
통일 신라 시기에 관료에게 복무 대가로 지급한 토지로서 조세 수취뿐만 아니라 노동력 징발 권한도 부여하였다.

● **9주**
옛 고구려, 백제 지역에 각각 3주씩 할애하였다. 이를 통하여 민족 융합을 위한 신문왕의 노력을 알 수 있다.

통일 신라의 9주 5소경

● **김헌창의 난**
선덕왕 사후에 무열왕계인 김주원이 왕위에 추대되었으나 내물왕계인 김경신(원성왕)이 즉위하였다. 이에 김주원의 아들 김헌창이 웅주(공주)를 근거지로 반란을 일으켜 국호를 장안(長安), 연호를 경운(慶雲)이라 하였으나 곧 진압되었다.

진성왕 3년, 나라 안의 모든 주군에서 공물과 부세를 보내지 않아 창고가 비고 재정이 궁핍해졌다. 왕이 관리를 보내 독촉하니 곳곳에서 도적이 벌 떼처럼 일어났다. 이때 원종, 애노 등이 사벌주를 근거지로 반란을 일으켰다.

－『삼국사기』－

  ㉡ **최치원**
    ⓐ **6두품 출신**으로 12세에 당으로 유학을 떠나 **빈공과에 급제**하였고, 「토황소격문」 등을 지어 문장가로 이름을 떨쳤다.
    ⓑ 『계원필경』이라는 시문집을 저술하였으며, **진성 여왕에게 국정 전반에 걸친 개혁안인 「시무 10여 조」를 올렸으나** 여왕이 이를 받아들이지 않았다.
  ㉢ 스스로 성주 혹은 장군이라 칭하는 호족이 성장하였다.
  ㉣ 6두품과 선종 승려가 신라 골품제 사회를 비판하며 개혁을 주장하였다.
⑤ 경순왕 : 고려에 항복하였다.

3 발해의 성립과 발전

(1) 발해 건국과 고구려 계승

① **건국** : 고구려 장군 출신 **대조영**은 거란이 반란을 일으켜 당의 통제력이 약해진 틈을 타 고구려 유민과 말갈인을 이끌고 동쪽으로 이동하여 **동모산 기슭에 나라를 세웠다.**
② 국호 : 처음에는 국호를 '진(震)'이라 하였는데, 713년에 '발해'로 바꾸었다.
③ **고구려 계승 표방**
  ㉠ 옛 고구려 영토를 회복하였고 일본에 보낸 국서에 '고려 국왕'이라는 명칭을 사용하였다.
  ㉡ **온돌 장치**, 치미, 고분 양식, **연꽃무늬 수막새**, **이불병좌상**, 돌사자상, **발해 석등** 등이 고구려 문화와 유사하였다.

| 연꽃무늬 수막새 | 이불병좌상 | 돌사자상 | 발해 석등 |

(2) 통치 체제의 정비

① 중앙 행정 조직
  ㉠ **당의 3성 6부를 수용**하였으나 운영 방식(이원적)과 명칭(유교 덕목)은 독자적이었다.
  ㉡ **정당성**을 관장하는 대내상이 국정을 총괄하였다.
  ㉢ 관리를 감찰하기 위하여 중정대를 설치하였고, 최고 교육 기관으로 **주자감**을 두었다.
② 지방 행정 조직 : **지방 행정 조직을 5경 15부 62주 체제로 정비**하였다.
③ 군사 제도 : 중앙군으로 10위를 두어 궁궐과 수도의 경비를 담당하도록 하였고, 지방군은 해당 지방관이 지휘하도록 하였다.

'[ ] : 당의 관제

발해의 3성 6부제

(3) 발해의 주요 국왕

무왕	• 돌궐·일본과 친선 관계를 맺었으며 당 및 신라와 대립함 • 장문휴로 하여금 당의 산둥반도(등주)를 공격하게 함 • '인안'이라는 독자적인 연호를 사용함 • 일본에 국서를 보냄
문왕	• 당과 친선 관계 : 당이 설치한 발해관에서 교류함 • 신라와 친선 관계 : 신라도를 개설하여 교류함 • 3성 6부의 중앙 관제를 마련함 • 주자감을 두고 유교 교육을 함 • 수도를 중경에서 상경으로, 상경에서 동경으로 옮김 • '대흥'이라는 독자적인 연호를 사용함 • 일본에 국서를 보냄 • 가족 관계 : 둘째 딸인 정혜 공주와 넷째 딸인 정효 공주가 있음
선왕	• 말갈을 대부분 복속하고 요동으로 진출함 • 남쪽으로 신라와 국경을 접함 • 지방 행정 체제를 5경 15부 62주로 정비함 • 전성기에 해동성국이라 불림 • '건흥'이라는 독자적인 연호를 사용함

발해의 대외 교류

국사(國史)편찬위원회에서 출제한 자료 ● **장문휴의 산둥반도(등주) 공격에 대한 당의 대응**

당 현종은 (대)문예를 파견하여 유주에 가서 군사를 징발하여 이를 토벌케 하는 동시에, 태복원외경 감사 란을 시켜 신라에 가서 군사를 일으켜 발해의 남쪽 국경을 치게 하였다. 마침 산이 험하고 날씨가 추운 데 다 눈이 한 길이나 내려서 병사들이 태반이나 죽으니, 전공을 거두지 못한 채 돌아왔다. - 『구당서』-

---

국사(國史)편찬위원회에서 출제한 자료 ● **정효 공주 묘지명**

공주는 우리 대흥보력효감금륜성법대왕(문왕)의 넷째 딸이다. …… 아아, 공주는 대흥(大興) 56년 여름 6 월 9일 임진일에 궁 밖에서 사망하니, 나이는 36세였다. 이에 시호를 정효 공주(貞孝公主)라 하였다.

(4) 멸망(926)

발해는 거란의 침입으로 수도가 포위되어 마지막 왕 대인선이 항복하면서 멸망하였다.

능력(能力) 향상을 위한 O, X

			정답
01	을지문덕은 수의 장군 우중문의 부대를 살수에서 물리쳤다.	( )	○
02	고구려는 살수 대첩 이후 안시성에서 당의 군대를 물리쳤다.	( )	○
03	계백이 이끄는 백제군은 황산벌에서 김유신이 이끄는 신라군에게 패배하였다.	( )	○
04	고연무 장군은 오골성에서 백제 부흥 운동을 전개하였다.	( )	×
05	흑치상지는 임존성에서 고구려 부흥 운동을 전개하였다.	( )	×
06	통일 신라 신문왕은 김흠돌의 난을 진압하였다.	( )	○
07	통일 신라 시대에 독서삼품과가 시행되었다.	( )	○
08	발해 국왕들은 인안, 대흥 등의 독자적인 연호를 사용하였다.	( )	○
09	발해 무왕은 당의 등주 지방을 공격하였다.	( )	○
10	발해는 9주 5소경의 지방 행정 체제를 정비하였다.	( )	×

01

다음에서 보도하고 있는 사건이 일어난 시기를 연표에서 옳게 고른 것은?

우리 고구려군이 당군에 맞서 치열하게 싸우고 있습니다. 당군이 성벽보다 높은 흙산을 쌓아 공략을 시도하고 있는데요, 성안에서도 방어 태세를 갖추고 있는 것으로 보입니다. 지금까지 안시성 전투 현장에서 전해 드렸습니다.

391	427	554	612	668
(가)	(나)	(다)	(라)	
광개토 대왕 즉위	고구려 평양 천도	관산성 전투	살수 대첩	고구려 멸망

① (가)　　② (나)　　③ (다)　　④ (라)

02

(가)에 해당하는 인물로 옳은 것은?

모집

고연무 장군이 압록강을 넘어 오골성을 공격하였다지.

고구려 부흥을 위하여 우리도 힘을 보태세.

고구려 부흥군은 당신을 원하고 있다!

(가) 이/가 안승을 왕으로 세워 당에 대항한다네.

① 계백　　② 검모잠　　③ 김유신　　④ 흑치상지

03

(가), (나) 사이의 시기에 있었던 사실로 옳은 것은?

(가) 헌덕왕 14년, 웅천주 도독 김헌창이 아버지 김주원이 왕위에 오르지 못함을 이유로 반란을 일으켜 국호를 장안, 연호를 경운이라 하였다.

(나) 진성왕 8년, 최치원이 시무 10여 조를 올리자 왕이 좋게 여겨 받아들이고 그를 아찬으로 삼았다.

① 원종과 애노가 봉기하였다.
② 김흠돌이 반란을 도모하였다.
③ 이사부가 우산국을 복속하였다.
④ 을지문덕이 살수에서 대승을 거두었다.

04

다음 다큐멘터리에서 볼 수 있는 장면으로 가장 적절한 것은?

★ 다큐멘터리 기획안 ★

해동성국이라 불렸던 ○○

1. 기획 의도 : 대조영이 건국한 ○○의 발전 과정을 주변국과의 관계를 통하여 살펴본다.
2. 장면
   #1. 상경 용천부에 도착한 일본 사신단
   ……

① 6진을 개척하는 김종서
② 처인성에서 싸우는 김윤후
③ 당의 등주를 공격하는 장문휴
④ 정족산성에서 교전하는 양헌수

05 | 고대 국가의 경제 · 사회 · 문화

● 삼국의 경제

귀족 중심 경제	귀족은 공로 및 관직 복무 대가로 녹읍·식읍 등을 받고 해당 토지에 지배권 행사	
농업 중심 경제	철제 농기구 보급, 우경 장려(지증왕), 황무지 개간·수리 시설 확충	
수공업·상업 발달	시장 개설, 동시전·동시 설치(지증왕)	
구휼 제도	진대법 시행(고국천왕)	
수취 제도	도입	중국으로부터 조(租)·용(庸)·조(調) 세법 도입
	조(租, 조세)	곡물과 포 징수
	용(庸, 역)	15세 이상 남자 동원 → 통일 신라 때부터 16세 이상 남자 동원
	조(調, 공납)	특산물 부과
대외 무역	고구려	중국 남북조 및 북방 유목 민족과 교역
	백제	중국 남조 및 왜와 교역
	신라	• 진흥왕 한강 유역 차지 이전 : 고구려와 백제를 통하여 중국과 간접 교역 • 진흥왕 한강 유역 차지 이후 : 당항성에서 중국과 직접 교역

● 통일 신라와 발해의 경제

구분	통일 신라	발해
특징	• 토지 제도 : 관료전 지급(신문왕) → 녹읍 폐지(신문왕) → 정전 지급(성덕왕) → 녹읍 부활(경덕왕) • 수취 제도 : 조세(수확량의 10분의 1 납부), 공납(특산물 납부), 역(16세 이상 남자 동원, 군역 + 요역) • 민정 문서(신라 장적, 신라 촌락 문서) 　- 발견 : 일본 도다이사 쇼소인 　- 목적 : 노동력 동원과 세금 징수 　- 작성 : 촌주가 매년 조사, 3년에 한 번 작성(인구수, 논밭 면적, 소·말·뽕나무 수 등 파악) 　- 특징 : 호는 9등급, 인구는 성별·연령별로 6등급으로 구분	• 밭농사 중심 • 목축 발달 • 특산물 : 솔빈부의 말
상업	경주에 서시·남시 설치	수도 상경 등 도시 및 교통 중심지에 발달
대외 무역	• 당과의 교역 : 신라방·신라촌(신라인 거주지), 신라관(여관), 신라소(관청), 신라원(절) • 일본과의 교역 : 초기에는 무역 제한 → 8세기 이후 무역 확대 • 이슬람과의 교역 : 울산항(신라 하대 국제 무역항)을 통하여 이슬람 상인이 왕래함 • 발해와의 교역 : 신라도 • 장보고 　- 청해진 설치, 황해와 남해의 해상 무역 장악 　- 법화원 설치 : 엔닌의 『입당구법순례행기』	• 당과의 교역 : 발해관 • 일본과의 교역 : 일본도(道), 담비 가죽 수출 • 통일 신라와의 교역 : 신라도

● 고대 국가의 사회

고구려	지배층	• 고씨 + 5부 출신 귀족	• 제가 회의
	형벌	• 반역·항복·패배 : 사형	• 1책 12법
	사회 풍습	• 씩씩한 기풍	• 약탈 경제
	결혼 풍습	• 서옥제, 자유로운 연애와 결혼(예물 無)	• 형사취수제
백제	지배층	• 부여씨 + 8성 귀족	• 정사암 회의
	형벌	• 반역·항복·패배·살인 : 사형 • 뇌물 : 3배 배상, 금고형	• 도둑질 : 귀양, 2배 배상
	사회 풍습	• 상무적 기풍 : 「양직공도」	• 언어와 의복은 고구려와 유사
신라	골품제	골품에 따라 관등 승진·가옥 규모·복색 등 일상생활 규제	
	화랑도 (국선도·풍월도)	• 기원 : 원시 사회의 청소년 집단 • 계층 간 대립과 갈등 조절·완화 • 진흥왕 때 국가적인 조직으로 개편	• 구성 : 화랑(귀족 자제) + 낭도(귀족 + 평민) • 행동 규범 : 원광의 세속 오계
	화백 회의	• 만장일치제 귀족 회의	• 귀족과 국왕 사이 권력 조절
	사회	향·부곡민 : 일반 농민보다 많은 공물 부담	
통일 신라	중대	• 왕권 강화 : 신문왕의 전제 왕권 강화 정책 • 민족 융합 정책 : 9서당 + 9주	• 6두품 : 왕의 정치적 조언자로 활동
	하대	• 귀족의 왕위 쟁탈전 • 농민 봉기 : 원종·애노의 난	• 반신라 세력 대두 : 호족 + 6두품 + 선종 불교
발해	계층 구조	• 지배층 : 주로 고구려계	• 피지배층 : 주로 말갈계
	사회 풍습	고구려와 유사	

● 삼국과 가야 문화의 일본 전파

| 고구려 | • 담징 : 종이와 먹 제조법 전파
• 혜자 : 쇼토쿠 태자의 스승
• 수산리 고분 벽화 : 다카마쓰 고분 벽화에 영향 |

| 백제 | • 오경박사 · 의박사 · 역박사 파견
• 칠지도
• 아직기 : 한자 전파
• 왕인 : 『천자문』, 『논어』 교육
• 노리사치계 : 불경·불상 |

| 신라 | 조선술·축제술 전파 |

| 가야 | 토기 제작 기술 : 일본 스에키 토기에 영향 |

| 삼국 | 금동 미륵보살 반가 사유상 : 일본 고류사 목조 미륵보살 반가 사유상에 영향 |

가야 토기   스에키 토기

● 고대 국가와 서역의 교류

| 고구려 | • 각저총 「씨름도」
• 아프라시아브 궁전 벽화 |

| 신라 | • 원성왕릉 무인상
• 유리그릇 : 황남대총 출토
• 경주 계림로 보검 : 경주 계림로 14호분 출토 |

● 고대 국가의 유교와 학문

고구려	• 태학(소수림왕) : 수도에 설립, 유교 교육 • 경당 : 한학과 무술 교육

백제	오경박사·의박사·역박사 : 유교 경전과 기술학 교육

신라	임신서기석 : 두 청년이 삼 년 안에 유교 경전을 공부하겠다는 내용이 새겨짐

임신서기석

통일 신라	• 국학(신문왕) → 태학(감)(경덕왕) : 박사와 조교를 두어 『논어』와 『효경』을 가르침 • 독서삼품과(원성왕) : 귀족의 반발과 골품제의 모순으로 실패 • 빈공과 응시 : 발해와 경쟁(등제서열 사건) • 김대문 : 『화랑세기』, 『고승전』 등 • 설총(6두품) : 이두 정리, 『화왕계』 저술(신문왕) • 최치원(6두품) : '해운'이라는 호 사용, 12세에 당 유학, 당의 빈공과 급제, 「토황소격문」·「시무 10여 조」(진성 여왕)·『계원 필경』 저술

발해	주자감(문왕) : 유교 교육

● 고대 국가의 역사서

고구려	『유기』 100권 → 『신집』 5권

백제	『서기』(근초고왕, 고흥)

신라	『국사』(진흥왕, 거칠부)

● 고대 국가의 불교

고구려	중국 전진에서 불교 수용(소수림왕)

백제	중국 동진에서 불교 수용(침류왕)

신라	이차돈의 순교로 불교 공인(법흥왕)

통일 신라	원효	• 일심 사상, 화쟁 사상, 원융회통 사상 • 아미타 신앙 : '나무아미타불' → 불교 대중화(무애가) • 『금강삼매경론』·『십문화쟁론』·『대승기신론소』 저술
	의상	• 귀족 출신, 당 유학 후 화엄종 창시 • 부석사, 낙산사 등 여러 절 건립 • 저술 : 「화엄일승법계도」(일즉다 다즉일) → 왕권 뒷받침 • 관음 신앙(현세의 고난에서 구제) + 아미타 신앙 전파
	혜초	『왕오천축국전』(인도와 중앙아시아 풍물에 대한 기록) 저술

이차돈 순교비

통일 신라 하대	선종 유행(9산 선문)

발해	왕실을 중심으로 성행

● 고대 국가의 불상

고구려	백제	신라

금동 연가 7년명 여래 입상	서산 용현리 마애여래 삼존상	경주 배동 석조여래 삼존 입상
	'백제인의 미소'라 불림	

통일 신라	발해

석굴암 본존불상	이불병좌상
정교한 신체 균형	고구려 불상 조각 계승

● 고대 국가의 도교와 풍수지리설

도교	불로장생 + 현세 구복

고구려	• 사신도 : 강서 대묘 「현무도」 등
	• 연개소문의 도교 장려 정책 : 반대 세력 견제 목적

강서 대묘 「현무도」

백제	

산수무늬 벽돌	사택지적비	무령왕릉 지석	백제 금동 대향로
신선 사상이 반영됨			도교와 불교 사상이 함께 표현됨

신라	화랑도(국선도, 풍월도)

풍수지리설	신라 하대 승려 도선이 유입

설쌤의 **한(韓)판** 정리

● 고대 국가의 고분

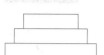
고구려

돌무지무덤 → 굴식 돌방무덤

돌무지무덤의 구조

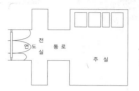
굴식 돌방무덤의 구조와 명칭

무용총 「수렵도」

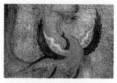
강서 대묘 「주작도」

• 청동기~삼국
• 벽화 X
• 장군총

장군총

• 돌로 널방을 짜고 그 위에 흙을 덮어 봉분을 만든 무덤
• 천장 구조 : 모줄임천장 구조
• 출입구가 있어 도굴이 쉬움
• 벽화 O
  - 천장과 벽에 그림을 그리기도 함
  - 초기에는 생활 모습 그림(안악 3호분, 무용총, 쌍영총, 각저총)
    → 후기에는 상징적 그림(강서 대묘 사신도 중 「주작도」 등)
• 안악 3호분, 무용총, 쌍영총, 각저총, 강서 대묘

백제

한성　(계단식) 돌무지무덤

서울 석촌동 고분군 : 고구려 장군총과 유사, 유이민설 뒷받침

서울 석촌동 돌무지무덤

웅진　굴식 돌방무덤　　　벽돌무덤

• 공주 송산리 1~5호분　　무령왕릉
• 벽화 X　　　　　　　　• 중국 남조(양)의 영향
　　　　　　　　　　　　• 널길과 널방을 벽돌로 쌓음
　　　　　　　　　　　　• 석수(진묘수) 출토

무령왕릉 지석

무령왕릉 내부

사비　굴식 돌방무덤

• 부여 능산리 고분군
• 부여 능산리 근처 절터에서 백제 금동 대향로 출토

백제 금동 대향로

신라

돌무지 덧널무덤

- 평지 위에 나무널과 껴묻거리 상자를 놓고 그 바깥에 나무로 짠 덧널을 설치한 후, 냇돌을 쌓고 그 위를 흙으로 덮음
- 도굴이 어려워 많은 껴묻거리가 남아 있음
- 황남대총, 천마총(「천마도」 출토) 등

돌무지 덧널무덤 구조

「천마도」

통일 신라

화장 유행 : 불교의 영향

굴식 돌방무덤

김유신 묘 : 봉토 주위 둘레돌에 12지 신상 조각

김유신 묘

김유신 묘 둘레돌의 12지 신상

발해

정혜 공주 묘

- 굴식 돌방무덤 : 고구려의 영향
- 벽화 X
- 모줄임천장 구조
- 돌사자상 출토

돌사자상

정효 공주 묘

- 벽돌무덤 : 당의 영향
- 벽화 O
- 평행고임 천장 구조

● 고대 국가의 탑

고구려

주로 목탑 건립, 현존하지 않음

백제

익산 미륵사지 석탑
- 목탑 양식 석탑
- 건립 연대가 명확하게 밝혀진 한국의 석탑 중 가장 크고 오래됨
- 복원 과정에서 금제 사리 장엄구와 봉안기 출토
- 2019년 보수 공사 완료

부여 정림사지 오층 석탑
당 장수 소정방이 새긴 글씨 때문에 '평제탑'이라고도 불림

신라

황룡사 구층 목탑 복원도
- 선덕 여왕 때 자장의 건의로 건립
- 몽골의 제3차 침입으로 소실

경주 분황사 모전 석탑
- 선덕 여왕 때 돌을 벽돌 모양으로 다듬어 제작
- 신라에서 가장 오래된 석탑
- 네 귀퉁이에 돌사자상 배치

통일 신라

중대(中代)

이중 기단의 삼층탑 유행 : 경주 감은사지 동서 삼층 석탑, 경주 불국사 삼층 석탑 등

경주 감은사지 동서
삼층 석탑

신문왕 때 완공된 쌍둥
이 탑

경주 불국사 다보탑

층을 셀 수 없고 계단이
있음

경주 불국사 삼층 석탑
(석가탑)

• 경주 불국사 대웅전 앞
에 있음
• 보수 과정에서 무구정
광대다라니경 출토

구례 화엄사 사사자
삼층 석탑

안동 법흥사지 칠층 전탑

하대(下代)

발해

양양 진전사지 삼층 석탑

기단부와 탑신부에 불상
조각

화순 쌍봉사 철감선사탑

선종의 유행과 함께 건립
된 팔각 원당형 승탑

발해 영광탑

당의 영향을 받은 벽돌탑
(전탑)

● **통일 신라의 종**

• 상원사 동종
• 성덕 대왕 신종

● **고대 국가의 석등**

통일 신라	보은 법주사 쌍사자 석등
발해	고구려 문화를 계승하여 석등 제작

● **고대 국가의 과학 기술**

고구려	백제	신라	통일 신라

천문 : 천문도, 고분 벽화 속 별자리	• 건축 : 공산성, 부소산성, 나성
	• 천문 : 왜에 역박사 파견
	• 금속 기술 : 칠지도, 백제 금동 대향로 제작
		• 천문 : 선덕 여왕 때 경주 첨성 대 건립
		• 금속 기술 : 금관 제작
			• 건축
			  - 신문왕 때 감은사 조성
			  - 김대성이 불국사·석굴암 조성
			• 인쇄술 : 무구정광대다라니경 제작

1 삼국의 경제

(1) 귀족 중심 경제

귀족은 공로와 관직 복무 대가로 녹읍·식읍 등을 받아 해당 토지와 농민에게 지배권을 행사하였다.

(2) 농업 중심 경제

① 철제 농기구가 보급되었다.
② 6세기 신라 지증왕 때 우경을 장려하였다.
③ 황무지를 개간하고 수리 시설을 확충하였다. 그러나 토양이나 작물에 비료를 주는 시비법이 발달하지 못하여 한 해 농사를 짓고 나면 1년 또는 수년 동안 묵혀 두어야 했다.

(3) 수공업과 상업의 발달

6세기 신라 지증왕 때 시장 감독 기구인 동시전과 시장인 동시가 설치되었다.

(4) 빈민 구휼 제도

고구려 고국천왕 때 봄에 곡식을 빌려주고 가을에 추수하여 갚도록 하는 진대법을 시행하였다.

(5) 수취 제도

① 조세 : 재산 정도에 따라 곡물과 포를 거두었다.
② 역 : 군역과 노동력을 동원하는 것으로 15세 이상 60세 이하 남성에게 부과하였으며, 통일 이후에는 16세 이상 60세 이하 남성에게 부과하였다.
③ 공납 : 해당 지역의 특산물을 거두었다.

(6) 삼국의 대외 무역

① 고구려 : 중국 남북조 및 북방 유목 민족과 무역을 하였다.
② 백제 : 중국 남조 및 왜와 무역을 하였다.
③ 신라 : 진흥왕이 한강 유역을 차지하기 전에는 고구려·백제를 거쳐 중국과 간접 교역을 하였으나, 한강 유역을 차지한 뒤에는 당항성에서 중국과 직접 교역하였다.

삼국의 경제 활동

2 통일 신라와 발해의 경제

(1) 통일 신라의 경제

① 토지 제도 : 신문왕은 관리의 복무 대가로 관료전을 지급하고 이후 녹읍을 폐지하였으며, 성덕왕은 백성에게 정전을 지급하였다. 그러나 8세기 후반 경덕왕 때 귀족의 반발로 녹읍이 부활하였다.

국사(國史)편찬위원회에서 출제한 자료	●통일 신라의 토지 제도

- 687년(신문왕 7) 교서를 내려 문무(文武) 관료들에게 토지를 차등 있게 주었다.
- 689년(신문왕 9) 정월에 중앙과 지방 관리들의 녹읍(祿邑)을 폐지하고 해마다 조(租)를 차등 있게 주고 이를 일정한 법으로 삼았다.
　　　　　　　　　　　　　　　　　　　　　　　　　　　　　　　　　　　　　　 – 『삼국사기』 –

② 수취 제도
　㉠ 조세 : 해당 토지에서 수확한 생산량의 10분의 1 정도를 수취하였다.

    ⓒ 공납 : 해당 지역의 특산물을 거두었다.

    ⓒ 역 : 군역과 요역으로 이루어졌으며 16세 이상 60세 이하 남성에게 부과하였다.

③ 민정 문서(신라 장적, **신라 촌락 문서**)

민정 문서

발견	1933년 일본 도다이사 쇼소인에서 발견됨
목적	노동력 동원과 세금 징수를 위하여 작성됨
작성	• 촌주가 매년 조사하여 3년에 한 번 작성함 • 인구수·논밭 면적·가축 수·나무 수 등을 기록함
특징	• 서원경과 인근 4개 촌락의 경제 상황이 기록됨 • 호(戶)는 인구수에 따라 9등급(상상호~하하호)으로 구분함 • 인구는 성별·연령별로 6등급으로 나눔

④ 상업 : 인구와 상품 수요가 증가함에 따라 경주에 추가적으로 서시와 남시를 설치하고 시전을 두어 각 시를 관리·감독하였다.

(2) 발해의 경제

① 농업 : 지형과 추운 날씨에 영향을 받아 주로 밭농사를 지었지만, 일부 지역에서는 벼농사를 짓기도 하였다.

② 목축이 발달하였으며 특히 솔빈부의 말은 주요 수출품이었다.

③ 수취 제도 : 신라와 마찬가지로 조세·공납·역이 있었다.

④ 상업 : 수도인 상경 용천부 등 도시와 교통의 중심지를 기점으로 상업이 발달하였다.

(3) 통일 신라의 대외 무역

당	• 공무역과 사무역이 성행함 • 산둥반도와 양쯔강 하류에 신라방·신라촌(신라인 거주지), 신라관(여관), 신라소(관청), 신라원(절)이 형성됨
일본	적대 관계로 인하여 7세기에는 무역을 제한하였으나 8세기 이후에는 활발히 교류함
이슬람	울산항(신라 하대 국제 무역항)에 이슬람 상인이 왕래함
발해	신라도에서 교류함
장보고	• 9세기에 청해진을 설치하여 해적을 소탕하고 황해와 남해의 해상 무역을 장악함 • 법화원을 세워 운영함

(4) 발해의 대외 무역

당	발해관에서 교류함
일본	일본도(道)에서 활발히 교류하며 일본에 담비 가죽을 수출함
통일 신라	신라도에서 교류함

남북국 시대의 대외 교류

● 법화원
일본 승려 엔닌이 쓴 문헌인 『입당구법순례행기』에 나오는 절로 장보고가 세웠다.

능력(能力) 향상을 위한 O, X		정답
01 고구려 고국천왕은 빈민을 구제하기 위하여 진대법을 시행하였다.	( )	○
02 민정 문서는 노동력 동원과 세금 징수를 위하여 작성되었다.	( )	○
03 통일 신라 신문왕은 관료전을 지급하고 녹읍을 폐지하였다.	( )	○
04 장보고는 청해진을 설치하여 황해와 남해의 해상 무역권을 장악하였다.	( )	○

3 고대 국가의 사회

(1) 고구려의 사회 모습

① 지배층
- ㉠ 계루부 고씨와 5부 출신 귀족으로 구성되었으며 정치를 주도하였다.
- ㉡ 귀족 회의 : **제가 회의**를 열어 국가 중대사를 결정하였다.

② 엄격한 형벌
- ㉠ 반역을 꾀하거나 반란을 일으킨 자는 화형에 처한 뒤 목을 베고(사형) 가족을 노비로 삼았으며, 적에게 항복하거나 패할 경우 사형에 처하였다.
- ㉡ **1책 12법** : 남의 물건을 훔친 자는 12배를 배상하도록 하였다.

③ 사회 풍습 : 씩씩한 사회적 기풍을 지녔으며, 산간 지역이라 식량 생산이 충분하지 못하여 약탈 경제가 발달하였다.

④ 결혼 풍습
- ㉠ **지배층의 혼인 풍습으로 서옥제**와 형사취수제가 있었으며, 평민은 자유롭게 교제하여 혼인하였다.
- ㉡ 남자의 집에서 돼지고기와 술을 보낼 뿐 큰 예물은 보내지 않았다. 신부 집에서 많은 예물을 받을 경우 딸을 팔았다고 여겨 부끄럽게 생각하였다.

(2) 백제의 사회 모습

① 지배층
- ㉠ 부여씨와 8성의 귀족으로 구성되었고 정치를 주도하였다.
- ㉡ 귀족 회의 : **정사암 회의**를 열어 국가 중대사를 결정하였다.

② 엄격한 형벌
- ㉠ **사형** : 반역한 자, 전쟁터에서 항복하거나 패한 자, 살인자는 목을 베었다.
- ㉡ 도둑질한 자는 귀양을 보냄과 동시에 두 배를 물게 하였다.
- ㉢ 관리가 뇌물을 받거나 횡령하면 세 배를 배상하게 하고 죽을 때까지 금고형에 처하였다.

③ 사회 풍습 : 상무적 기풍을 지녔으며 중국 자료에 따르면 키가 훤칠하며 세련되었다고 한다. 언어와 의복은 고구려와 유사하였다.

(3) 신라의 사회 모습

① **골품제** : 신분에 따라 개인의 사회 활동과 정치 활동을 엄격히 규제하였다.

② **화랑도**(국선도, 풍월도)
- ㉠ 기원 : 원시 사회의 청소년 집단에서 기원하였다.
- ㉡ 구성 : 진골 귀족 자제 중에서 선발된 화랑과 귀족·평민을 망라한 낭도로 구성되었다.
- ㉢ 기능 : 계층 간 대립과 갈등을 조절하고 완화하였다.
- ㉣ 행동 규범으로 **원광의 세속 오계를 따랐으며** 진흥왕 때 국가적인 조직으로 개편되었다.

③ 귀족 회의 : 만장일치제로 운영된 **화백 회의**에서 **국가 중대사를 결정**하였으며, 화백 회의는 국왕과 귀족 사이에서 권력을 조절하는 역할을 하였다.

④ 사회 : 향·부곡민은 천민이 아닌 양인이었지만 일반 농민보다 더 많은 공물을 담당하였다.

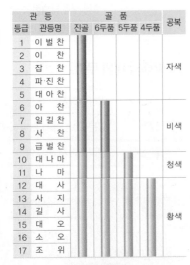

관 등		골 품				공복
등급	관등명	진골	6두품	5두품	4두품	
1	이 벌 찬					
2	이 찬					
3	잡 찬					자색
4	파·진 찬					
5	대 아 찬					
6	아 찬					
7	일 길 찬					
8	사 찬					비색
9	급 벌 찬					
10	대 나 마					청색
11	나 마					
12	대 사					
13	사 지					
14	길 사					황색
15	대 오					
16	소 오					
17	조 위					

골품과 관등표

● **8성의 귀족**
사씨, 연씨, 해씨, 진씨, 협씨, 국씨, 백씨, 목씨이다.

● **정사암 회의**
"호암사에는 정사암이 있다. 백제에서 장차 재상을 의논할 때에는 뽑을 만한 사람 서너 명의 이름을 써서 상자에 넣고 봉하여 바위 위에 두었다가, 얼마 후에 열어 보아 이름 위에 도장이 찍힌 자국이 있는 사람을 재상으로 삼았기 때문에 정사암이라고 하였다."
– 『삼국유사』 –

● **중국 자료**

「양직공도」에 그려진 백제 사신의 모습에서 백제인을 유추할 수 있다.

● **망라**
널리 받아들여 모두 포함함을 이른다.

(4) 통일 신라의 사회 모습

① 신라 중대의 사회

　⊙ 신문왕 때 진골 귀족을 일부 숙청함으로써 전제 왕권이 강화되었다.

　ⓒ 6두품은 학문적 식견과 뛰어난 실무 능력을 지녀 왕의 정치적 조언자로 활동하였다.

　ⓒ 민족 융합 정책

　　ⓐ 9서당 : 신문왕은 중앙군인 9서당에 백제인·고구려인·말갈인까지 포함하였다.

　　ⓑ 9주 : 신문왕은 전국을 9주로 개편하여 옛 삼국 땅에 각각 3개 주를 할애하였다.

② 신라 하대의 사회

　⊙ 진골 귀족 간에 왕위 쟁탈전이 심화되자 중앙 정부의 지방 통제가 약화되었다.

　ⓒ 호족이 독립적인 지배권을 행사하는 한편 6두품과 선종 승려가 신라 골품제 사회를 비판하며 개혁을 주장하였다.

　ⓒ 가혹한 세금 수탈에 반발하여 원종·애노 등이 사벌주(상주)에서 난을 일으켰다.

신라 하대의 혼란상

(5) 발해의 사회 모습

① 지배층 : 지배층은 주로 고구려계, 피지배층은 주로 말갈계로 구성되었다.

② 사회 풍습 : 고구려를 계승하였기 때문에 법률과 풍속은 고구려와 비슷하였다.

발해의 계층

4 고대 국가의 문화

(1) 삼국과 가야 문화의 일본 전파

고구려	• 담징 : 종이·먹 등의 제조 기술을 전함 • 혜자 : 쇼토쿠 태자의 스승이 됨 • 고구려 수산리 고분 벽화가 일본 다카마쓰 고분 벽화에 영향을 줌
백제	• 오경박사·역박사·의박사 등을 파견함 • 칠지도를 전함 • 아직기 : 한자를 전파함 • 왕인 : 『천자문』과 『논어』를 가르침 • 노리사치계 : 불경과 불상을 전함
신라	배 만드는 기술(조선술)과 제방 쌓는 기술(축제술)을 전파함
가야	토기 제작 기술 전파 : 가야 토기가 일본 스에키 토기에 영향을 줌
삼국	금동 미륵보살 반가 사유상은 일본 고류사 목조 미륵보살 반가 사유상에 영향을 줌

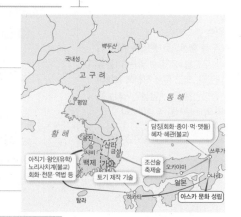

삼국과 가야 문화의 일본 전파

고구려 수산리 고분 벽화　일본 다카마쓰 고분 벽화　가야 토기　일본 스에키 토기　금동 미륵보살 반가 사유상　일본 고류사 목조 미륵보살 반가 사유상

●서역
중국인이 중국 서쪽 지역을 통틀
어 이르던 말이다. 넓게는 서아시
아, 중앙아시아, 인도를 비롯하여
유럽 동부와 아프리카 북부까지
아울렀다.

(2) 고대 국가와 서역의 교류

① 아프라시아브 궁전 벽화 : 고구려 사신으로 추정되는 인물이 그려졌다.

② 각저총 「씨름도」 : 고구려 고분 벽화에 서역인이 등장하였다.

③ 원성왕릉 무인상 : 서역인과 유사한 모습이다.

④ 유리그릇, 경주 계림로 보검 : 경주 황남 대총에서 서역으로부터 유입된 유리그릇이 발견되었고, 경주 계림로 14호분에서 보검이 발견되었다.

아프라시아브 궁전 벽화

각저총 「씨름도」

경주 황남 대총 출토
유리그릇

경주 계림로 보검

(3) 고대 국가의 유교와 학문

임신서기석

① 고구려

　㉠ 수도 : **소수림왕 때 태학을 설립**하여 유교 경전을 가르쳤다.

　㉡ 지방 : **경당**을 세워 **책 읽기와 활쏘기** 등 한학뿐만 아니라 무술도 함께 가르쳤다.

② 백제 : 오경박사 · 의박사 · 역박사를 두어 유교 경전 · 의료 · 천문 등을 가르쳤다.

③ 신라 : 임신서기석에 유교 경전을 3년 안에 공부하겠다는 내용이 새겨져 신라에서 유교 교육이 이루어졌음을 알 수 있다.

④ 통일 신라

　㉠ **신문왕은 유교를 교육하여 인재를 양성하고자 국학을 설립하였다.**

　㉡ 경덕왕은 국학을 태학(감)으로 개칭하고 박사와 조교를 두어 『논어』와 『효경』을 가르쳤다.

　㉢ **원성왕은 독서삼품과를 시행**하여 관리를 채용하고자 하였으나, 진골 귀족의 반발과 골품제의 모순으로 제 기능을 발휘하지 못하였다.

　㉣ 유학자

강수
6두품 출신으로 본명은 '우두'이
나 무열왕이 '강수'라는 이름을
내렸다. 외교 문서 작성에 능하여
「청방인문표」, 「답설인귀서」 등
의 외교 문서를 작성하였다.

　　ⓐ 김대문 : 화랑의 전기를 모은 『화랑세기』, 유명한 고승의 전기를 모은 『고승전』 등을 편찬하였다.

　　ⓑ **설총**

　　　• **원효 대사의 아들**로서 **「화왕계」를 지어 신문왕에게 바쳤다.**

　　　• **이두를 정리**하여 한문 교육에 공헌하였고 유학 경전 보급에 힘썼다.

　　ⓒ **최치원**

　　　• 6두품 출신 학자로서 12세에 **당으로 유학을 떠나 빈공과에 급제**하였다.

　　　• 당에서 황소의 난이 일어나자 이를 토벌하는 격문인 「토황소격문」을 지어 명성을 떨쳤다. **또한 '해운'이라는 호를 사용하였다.**

　　　• 진성 여왕에게 「시무 10여 조」를 올려 개혁을 건의하였다.

　　　• 당에서 지은 작품을 간추린 시문집인 『계원필경』을 저술하였다.

⑤ 발해 : 문왕 때 주자감을 설치하여 유교 경전을 교육하였다.

능력(能力) 향상을 위한 O, X

		정답
01 신라의 골품제는 개인의 일상생활까지 규제하였다.	(　)	○
02 통일 신라 원성왕은 독서삼품과를 시행하였다.	(　)	○
03 최치원은 빈공과에 급제하고 진성 여왕에게 「시무 10여 조」를 올렸다.	(　)	○

(4) 고대 국가의 역사서

① 고구려 : 이전에 편찬된 역사서인 『유기』100권을 간추려 『신집』5권을 편찬하였다.

② 백제 : 근초고왕 때 고흥이 『서기』를 편찬하였다.

③ 신라 : 진흥왕 때 거칠부가 『국사』를 편찬하였다.

(5) 고대 국가의 불교

① 고구려 : 소수림왕 때 중국 전진으로부터 불교를 수용하였다.

② 백제 : 침류왕 때 중국 동진으로부터 불교를 수용하였다.

③ 신라 : **법흥왕 때 이차돈의 순교를 계기로 불교가 공인되었다.**

④ 통일 신라

이차돈 순교비

● 아미타 신앙
누구나 '나무아미타불'만 외우면 내세에 아미타불이 관장하는 서방 정토에 태어날 수 있다는 신앙이다.

원효	• 일심 사상 : 모든 진리는 한마음에서 비롯된다는 사상을 강조함 • 화쟁 사상 : 종파 간 사상적 대립을 극복하고자 함(원융회통) • 불교 대중화 : 아미타 신앙을 전파하고 무애가를 지어 민중에게 불교를 널리 전파함 • 『금강삼매경론』, 『십문화쟁론』, 『대승기신론소』 등을 저술함
의상	• 귀족 출신으로 당에서 화엄학을 유학하고 돌아와 화엄종을 개창함 • 부석사 · 낙산사 등 여러 절을 건립함 • 『화엄일승법계도』 : '일즉다 다즉일(一卽多 多卽一)'이라는 구절로 왕권을 뒷받침함 • 현세의 고난에서 구제받고자 하는 관음 신앙 및 아미타 신앙을 전파함
혜초	『왕오천축국전』 : 인도와 중앙아시아의 풍물을 기록으로 남김
하대	선종 불교가 유행함(9산 선문)

「화엄일승법계도」

⑤ 발해 : 왕실을 중심으로 불교가 융성하였다.

(6) 고대 국가의 불상

① 고구려 : **금동 연가 7년명 여래 입상**이 대표적이다.

② 백제 : '백제인의 미소'라 불리는 **서산 용현리 마애여래 삼존상**이 있다.

③ 신라 : 신라 불상 조각의 정수라 평가되는 **경주 배동 석조여래 삼존 입상**이 있다.

④ 통일 신라 : 신체 균형미가 두드러지는 **석굴암 본존불상**이 있다.

⑤ 발해 : 고구려의 불상 조각 기술을 계승한 **이불병좌상**이 있다.

● 금동 연가 7년명 여래 입상
국보 제119호로 지정된 고구려의 불상으로 경상남도 의령에서 출토되었다. 전체 높이는 16.2cm이다. 뒷면에 새겨진 "연가 7년"이라는 글자로 불상의 제작 시기를 추정할 수 있다.

고구려	백제	신라	통일 신라	발해
금동 연가 7년명 여래 입상	서산 용현리 마애여래 삼존상	경주 배동 석조여래 삼존 입상	석굴암 본존불상	이불병좌상

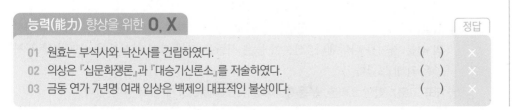

능력(能力) 향상을 위한 O, X

01	원효는 부석사와 낙산사를 건립하였다.	( )	×
02	의상은 『십문화쟁론』과 『대승기신론소』를 저술하였다.	( )	×
03	금동 연가 7년명 여래 입상은 백제의 대표적인 불상이다.	( )	×

(7) 고대 국가의 도교와 풍수지리설

① 도교 : 불로장생이나 현세 구복을 추구하였다.

  ㉠ 고구려

    ⓐ **사신도** : **강서 대묘**를 비롯한 고구려 고분 벽화에 도교의 방위신을 묘사한 사신도가 그려졌다.

    ⓑ 연개소문의 도교 장려 : 연개소문은 반대 세력을 견제하기 위하여 도교를 장려하였다.

  ㉡ 백제

    ⓐ **산수무늬 벽돌** : 벽돌에 새겨진 산봉우리·구름·물·봉황 등에 자연과 더불어 살고자 하는 **도교적 사상**이 담겼다.

    ⓑ 사택지적비 : 백제 귀족인 사택지적이 인생의 무상함을 이야기하는 등 도교적 색채가 담겼다.

    ⓒ 무령왕릉 지석 : 무령왕릉에는 무령왕과 왕비의 무덤을 만들 땅을 토지신에게서 구매하였다는 증서인 매지권이 함께 묻혔는데, 이는 도교식 장례 풍습이다.

    ⓓ **백제 금동 대향로** : 충남 부여 능산리 고분군의 절터에서 출토된 향로로 신선이 사는 봉래산의 이상 세계를 정교하게 형상화하였다.

산수무늬 벽돌

사택지적비

무령왕릉 지석

백제 금동 대향로

  ㉢ 신라 : 화랑도를 '국선도', '풍월도'로 지칭한 데서 신선 사상이 담긴 도교적 색채를 느낄 수 있다.

② 풍수지리설 : 신라 하대에 도선 등이 중국에서 유행하는 풍수지리설을 들여왔다.

(8) 고대 국가의 고분

① 고구려

  ㉠ 전기 : 돌무지무덤

    ⓐ 돌을 쌓아 올린 무덤으로, 청동기 시대부터 4~5세기까지 제작되었다.

    ⓑ 무덤 내부에 벽화가 그려지지 않았다.

    ⓒ 대표 고분 : **장군총**이 대표적이다.

  ㉡ 후기 : 굴식 돌방무덤

    ⓐ 돌로 널방을 짜고 그 위에 흙을 덮어 봉분을 만든 무덤이다.

    ⓑ 천장의 네 귀퉁이에 삼각형 받침돌을 놓아 점차 모서리를 좁혀 나가는 모줄임천장 구조가 나타나기도 한다.

    ⓒ 출입구가 있어 도굴이 쉽기 때문에 오늘날 껴묻거리가 많이 남아 있지 않다.

    ⓓ 천장과 벽에 그림을 그리기도 하였는데, 초기에는 주로 생활 모습을 그렸으나 후기에는 「사신도」 등 상징적인 그림을 그렸다.

    ⓔ 생활 모습을 그린 그림의 인물들은 서로 다른 크기로 묘사되었는데, 이는 각 인물의 신분 차이를 나타낸다. 신분이 높은 사람은 크게 그리고 신분이 비교적 낮은 사람은 작게 그렸다.

    ⓕ 대표 고분 : 안악 3호분, **무용총**, 쌍영총, 각저총, 강서 대묘 등이 있다.

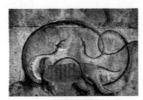
강서 대묘 「현무도」

장군총

모줄임천장 구조

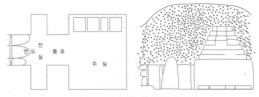
굴식 돌방무덤의 구조와 명칭

안악 3호분

무용총 「수렵도」

쌍영총 「여인도」

각저총 「씨름도」

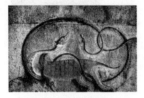
강서 대묘 「현무도」

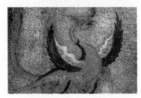
강서 대묘 「주작도」

강서 대묘 「청룡도」

강서 대묘 「백호도」

② 백제

　㉠ 한성 시대 : (계단식) 돌무지무덤이 대표적인 양식이며, 서울 석촌동 고분군은 고구려 장군총과 유사하여 백제 건국 세력이 고구려와 같은 계열임을 뒷받침한다(유이민설).

　㉡ 웅진 시대

　　ⓐ 굴식 돌방무덤 : **공주 송산리** 1~5호분이 대표적이며 벽화가 없다.

　　ⓑ 벽돌무덤 : **무령왕릉**이 대표적이며 중국 남조(양)의 영향을 받아 널길과 널방을 벽돌로 쌓고 그 위에 봉분을 만들었다. 무령왕릉에서 무덤을 지키는 상상의 수호 동물인 석수(진묘수)가 출토되었다.

서울 석촌동 고분군 돌무지무덤

공주 송산리 고분군

무령왕릉 내부

무령왕릉 지석

무령왕릉 석수

　㉢ 사비 시대

　　ⓐ 굴식 돌방무덤이 대표적인 양식이다.

　　ⓑ **부여 능산리 고분군**이 대표적이며 그 중 1호분에는 벽화가 그려졌다.

　　ⓒ **부여 능산리 근처 절터에서 백제 금동 대향로가 출토**되었다.

부여 능산리 고분군

백제 금동 대향로

백제의 금속 공예 기술을 보여 주는 대표적인 문화유산으로서 도교와 불교 사상이 함께 표현되었다.

능력(能力) 향상을 위한 O, X　　　　　정답

01	산수무늬 벽돌은 백제의 문화재이다.	( )	O
02	금동 대향로는 신라의 대표적인 문화재이다.	( )	×
03	무용총 수렵도는 고구려의 벽화이다.	( )	O

금관총 출토 금관

신라의 돌무지 덧널무덤인 금관총에서 출토된 금관이다.

기마 인물형 토기

신라의 무덤에서 출토된 토기로 사람이 말을 타고 있는 모습이 특징이다.

김유신 묘

김유신 묘 둘레돌의 12지 신상

정혜 공주 묘 돌사자상

③ 신라

　㉠ 통일 이전 : 돌무지 덧널무덤, 굴식 돌방무덤이 대표적인 양식이다.

돌무지 덧널무덤	특징	• 평지 위에 나무 널과 껴묻거리 상자를 놓고 그 바깥에 나무로 짠 덧널을 설치한 후, 냇돌을 쌓고 그 위를 흙으로 덮은 무덤 • 도굴이 어려워 많은 껴묻거리가 남아 있음
	대표 고분	• 황남 대총 : 금관을 비롯한 다양한 금 장신구 및 은 제품과 함께 서역 제품으로 보이는 유리잔이 출토됨 • 천마총 : 말안장 양쪽에 달아 늘어뜨리는 말다래(장니)에서 「천마도」가 발견됨

돌무지 덧널무덤 구조　　　「천마도」

　㉡ 통일 이후 : 굴식 돌방무덤이 대표적인 양식이다.

　　ⓐ 불교의 영향으로 화장이 유행하였다.

　　ⓑ 김유신 묘 : 무덤의 봉토 주위 둘레돌에 12지 신상이 조각되었다.

④ 발해

　㉠ 정혜 공주 묘

　　ⓐ 굴식 돌방무덤 : 고구려의 영향을 받았으며 내부에 벽화가 그려지지 않았다.

　　ⓑ 모줄임천장 구조 : 고구려의 영향을 받았다.

　　ⓒ 유물 : 무덤 인근에서 고구려의 영향을 받아 조각된 돌사자상이 출토되었다.

　㉡ 정효 공주 묘

　　ⓐ 벽돌무덤 : 당의 영향을 받았으며 내부에 벽화가 그려졌다.

　　ⓑ 평행고임 천장 구조 : 고구려의 영향을 받았다.

(9) 고대 국가의 탑

① 고구려 : 주로 목탑이 건립되었으나 소실되어 현존하지 않는다.

② 백제

　㉠ 익산 미륵사지 석탑 : 목탑 양식을 계승한 석탑으로 탑을 복원하는 과정에서 금제 사리 장엄구와 봉안기가 출토되었고, 2019년에 보수 공사가 완료되었다.

　㉡ 부여 정림사지 오층 석탑 : 당 장수 소정방이 백제 정벌을 기념하여 1층 탑신부에 새긴 평제문 때문에 '평제탑'이라고도 불린다.

익산 미륵사지 석탑

건립 연대가 명확하게 밝혀진 한국의 석탑 중 가장 크고 오래되었다.

부여 정림사지 오층 석탑

③ 신라

　㉠ 황룡사 구층 목탑 : 선덕 여왕 때 자장의 건의에 따라 건립되었으나 몽골의 침입으로 소실되었다.

　㉡ 경주 분황사 모전 석탑

　　ⓐ 선덕 여왕 때 돌을 벽돌 모양으로 다듬어 제작하였다.

　　ⓑ 신라에서 가장 오래된 석탑이며 탑의 네 귀퉁이에 돌사자상이 놓여 있다.

황룡사 구층 목탑 복원도

경주 분황사 모전 석탑

④ 통일 신라
　㉠ 중대(中代) : **이중 기단의 삼층탑이 유행**하였다.
　　ⓐ **경주 감은사지 동서 삼층 석탑** : 신문왕 때 완공된 쌍둥이 탑이다.
　　ⓑ **경주 불국사 다보탑** : 층을 셀 수 없으며 계단이 있다.
　　ⓒ **경주 불국사 삼층 석탑(석가탑)** : 경주 감은사지 동서 삼층 석탑의 양식을 계승하였고, 내부에서 **현존하는 가장 오래된 목판 인쇄물인 무구정광대다라니경이 발견**되었다.
　　ⓓ **구례 화엄사 사사자 삼층 석탑** : 기단부에 사자 네 마리가 배치되었다.
　　ⓔ 안동 법흥사지 칠층 전탑 : 칠층으로 만든 벽돌 탑이다.

| 경주 감은사지 동서
삼층 석탑 | 경주 불국사
다보탑 | 경주 불국사
삼층 석탑(석가탑) | 구례 화엄사 사사자
삼층 석탑 | 안동 법흥사지
칠층 전탑 |

　㉡ 하대(下代)
　　ⓐ 양양 진전사지 삼층 석탑 : 기단부와 탑신부에 불상을 새겼다.
　　ⓑ **화순 쌍봉사 철감선사탑** : 선종의 유행과 함께 건립된 팔각 원당형 승탑이다.
⑤ 발해 : 당의 영향을 받아 **벽돌탑(전탑)인 발해 영광탑**을 제작하였다.

| 양양 진전사지
삼층 석탑 | 화순 쌍봉사
철감선사탑 |

(10) 통일 신라의 종

상원사 동종, **성덕 대왕 신종**을 제작하였다.

(11) 고대 국가의 석등

① 통일 신라 : 보은 법주사 쌍사자 석등을 제작하였다.
② 발해 : 고구려 양식을 계승하여 **발해 석등**을 제작하였다.

(12) 고대 국가의 과학 기술

① 고구려 : 천문도와 고분 벽화 속 별자리로 천문이 발달하였음을 알 수 있다.
② 백제
　㉠ 건축 : 웅진(공주) 지역에 공산성을, 사비(부여) 지역에 부소산성과 나성 등을, 익산 지역에 미륵사를 건립하였다.
　㉡ 천문 : 왜에 역박사를 파견하여 역법을 가르쳤다.
　㉢ 금속 기술 : **칠지도**, 백제 금동 대향로 등을 제작하였다.
③ 신라
　㉠ 천문 : 선덕 여왕 때 천체 관측을 위하여 경주 **첨성대**를 세웠다.
　㉡ 금속 기술 : 금관 등 다양한 금속 제품을 제작하였다.

칠지도　　경주 첨성대

④ 통일 신라
　㉠ 건축 : **신문왕 때 선왕의 은혜에 감사하는 마음을 담아 감은사를 세우고** 정덕왕 때 **김대성**이 경주 **불국사**와 석굴암을 조성하였다. 또한 경주 동궁과 월지(안압지)가 건립되었다.
　㉡ 인쇄술 : **현존하는 가장 오래된 목판 인쇄물인 무구정광대다라니경**이 제작되었다.

● **경주 불국사 삼층 석탑(석가탑)**
경주 불국사 대웅전 앞에 있는 석탑으로 2층 기단 위에 3층의 탑신을 세웠다.

무구정광대다라니경

발해 영광탑

● **석굴암**
화강암을 쌓아 동굴처럼 만든 사원이다.

01

밑줄 그은 '제도'로 옳은 것은?

〈역사 연극 대본〉

S# 7. 왕이 길가에서 울고 있는 백성을 만난다.

고국천왕: 왜 그렇게 슬피 우느냐?

백성: 흉년으로 곡식을 구하기 어려워 어떻게 어머니를 봉양하여야 할지 걱정이 되어 울고 있습니다.

S# 8. 궁에서 신하와 국정을 논의하고 있다.

고국천왕: 어려운 백성을 구제할 해결책을 찾아보아라.

을파소: 봄에 곡식을 빌려주고 겨울에 갚게 하는 제도를 마련하겠습니다.

① 의창　　　　② 환곡
③ 사창제　　　④ 진대법

02

(가)에 들어갈 내용으로 옳은 것은?

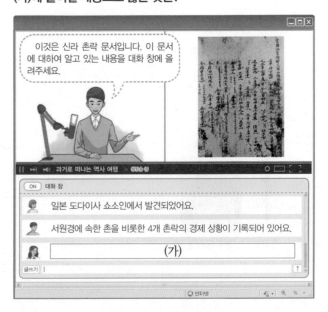

이것은 신라 촌락 문서입니다. 이 문서에 대하여 알고 있는 내용을 대화 창에 올려주세요.

과거로 떠나는 역사 여행

ON 대화 창

일본 도다이사 쇼소인에서 발견되었어요.

서원경에 속한 촌을 비롯한 4개 촌락의 경제 상황이 기록되어 있어요.

(가)

① 단군의 건국 이야기가 수록되어 있어요.

② 병인양요 때 프랑스군에게 약탈당하였어요.

③ 유네스코 세계 기록 유산으로 등재되었어요.

④ 노동력 동원과 세금 징수를 위하여 작성되었어요.

03

(가)에 해당하는 인물로 옳은 것은?

저는 지금 완도 청해진 유적 상공에 있습니다. (가) 은/는 이곳을 거점으로 삼아 해적을 소탕하고 당, 일본과의 해상 무역을 주도하였습니다.

① 원효　　　　② 설총
③ 장보고　　　④ 최치원

04

(가) 국가에 대한 설명으로 옳은 것은?

(가) 의 영광탑을 보러 왔습니다. 벽돌로 쌓은 이 탑은 높이가 약 13미터에 이릅니다. 지하에는 무덤 칸으로 보이는 공간이 있어 (가) 의 정효 공주 무덤탑과 같은 양식으로 추정하기도 합니다.

① 송악에서 철원으로 도읍을 옮겼다.

② 수의 군대를 살수에서 크게 무찔렀다.

③ 인재 선발을 위하여 독서삼품과를 시행하였다.

④ 정당성 아래 6부를 두어 행정을 담당하게 하였다.

05

(가) 국가에 대한 설명으로 옳은 것은?

① 진대법을 시행하였다.
② 상수리 제도를 두었다.
③ 지방에 22담로를 설치하였다.
④ 골품제라는 신분 제도가 있었다.

06

(가)에 들어갈 인물로 옳은 것은?

이곳은 유네스코 세계 유산에 등재된 무성 서원으로 [(가)]을/를 제향하고 있어요. 신라 6두품 출신인 그는 당의 빈공과에 합격하여 관직 생활을 하였어요. 이후 귀국하여 진성 여왕에게 10여 조의 개혁안을 올리기도 하였습니다.

① 강수
② 설총
③ 최승로
④ 최치원

07

(가)에 들어갈 문화유산으로 옳은 것은?

문화유산 해설

(가)

문화재 설명

국보 제119호로 지정된 고구려의 불상으로 경상남도 의령에서 출토되었다. 전체 높이는 16.2cm이다. 뒷면에 새겨진 '연가 7년'이라는 글자로 불상의 제작 시기를 추정할 수 있다.

①
②
③
④

08

(가) 인물에 대한 설명으로 옳은 것은?

역사 인물 카드

〈주요 활동〉

• 모든 진리는 한마음에서 나온다는 일심 사상을 주장
• 무애가를 지어 불러 불교 대중화에 기여
(가)
• 『대승기신론소』 등을 저술

① 세속 5계를 지었다.
② 십문화쟁론을 저술하였다.
③ 수선사 결사를 제창하였다.
④ 영주 부석사를 건립하였다.

설민석
한국사능력검정시험
개념완성

기본편

II

고려 귀족 사회의
형성과 변천

설쌤의

학습 가이드

통일 신라는 사회적 혼란을 정리하지 못하고 후고구려, 후백제, 신라로 나뉘어 후삼국이 성립됩니다. 이후 왕건이 세운 고려가 후삼국을 통일하죠. 고려는 100년마다 이민족의 침입을 받았는데, 거란, 여진, 몽골, 그리고 홍건적과 왜구가 쳐들어왔어요.

고려 시대에는 물건을 살 때 화폐가 쓰였지만 오늘날처럼 전국적으로 유통되지는 못하였죠. 그 이유가 궁금하죠? 또한 고려 시대에는 '향·부곡·소'라고 불리는 지역이 있었어요. 이곳 사람들은 일반 군현민보다 세금을 많이 내는 등 차별을 받았어요.

불교 국가인 고려에서는 불교문화가 특히 발달하였어요. 신기한 모습의 불상과 도자기, 탑 등 여러 유물 사진을 보는 즐거움이 있어요.

고려의 건국과 정치 발전

고려의 경제와 사회

고려의 문화

● 고려의 후삼국 통일

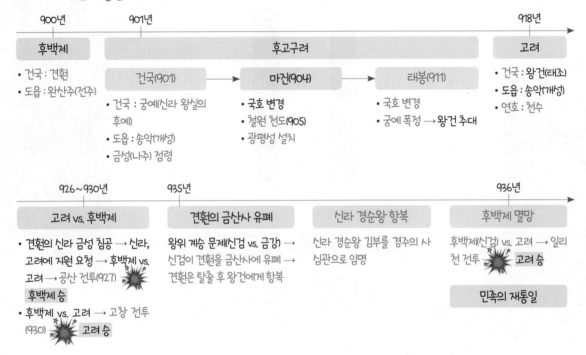

● 지배층의 변천

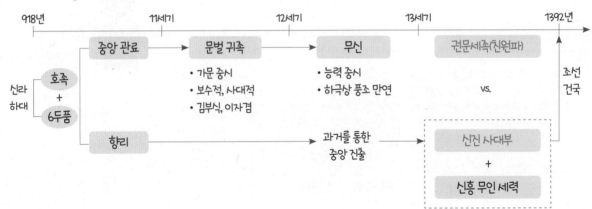

설쌤의 **한(韓)판** 정리

● 고려 정치의 발전

태조 왕건	혜종·정종	광종	성종

태조 왕건
- 호족 통합 정책 : 정략결혼, 사성 정책, 역분전 지급
- 호족 견제 정책 : 사심관 제도, 기인 제도
- 민생 안정 정책 : 흑창 설치
- 훈요 10조
  - 거란을 멀리하라(제4조)
  - 서경을 중시하라(제5조) → 풍수지리의 영향 → 북진 정책 → 영토 확장 : 청천강~영흥만
- 『정계』, 『계백료서』

광종
- 전제 왕권 강화
  - 노비안검법 : 호족 약화, 국가 재정↑
  - 칭제 건원 : 광덕·준풍 등 독자적 연호 사용
- 인재 양성 : 쌍기의 건의로 과거제 시행
- 체제 정비 : 사색(자색·단색·비색·녹색) 공복 제정

성종
- 최승로의 「시무 28조」 수용
→ 중앙 집권적 귀족 정치
  - 외관(지방관) 파견(제7조) : 12목 설치, 지방관 파견
  - 불교 행사 축소(제13조) : 연등회·팔관회 억제
  - 유교 정치 이념 채택(제20조) : 불교는 '수신', 유교는 '치국', 국자감 설치(정비), 경학박사 지방 파견
- 통치 체제 정비
  - 2성 6부 중앙 관제 마련
  - 향리 제도 마련
  - 철전 주조

● 11~12세기 거란과 여진의 침입

11세기   12세기

거란의 제1차 침입	거란의 제2차 침입	여진의 침입

거란의 제1차 침입
- 원인 : 고려의 북진 정책과 친송 정책
- 과정 : 서희와 소손녕의 외교 담판
- 결과 : 고려의 강동 6주 획득

거란의 제2차 침입
- 원인 : 강조의 정변
- 과정 :
  - 현종이 거란의 침입으로 나주 피신
  - 양규의 활약
- 결과 : 현종의 친조 약속

거란의 제3차 침입
- 원인 : 현종의 친조 불이행
- 과정 : 강감찬의 귀주 대첩
- 결과 : 나성(개경)·천리장성(압록강~도련포) 축조

여진의 침입
윤관의 건의로 별무반 조직(신기군·신보군·항마군)
→ 동북 9성 축조
→ 동북 9성 반환
→ 여진의 '금' 건국(1115)
→ 금의 사대 관계 요구
→ 이자겸의 사대 관계 수용
→ 북진 정책 좌절

● 문벌 귀족 사회의 동요

이자겸의 난(1126)
- 배경 : 이자겸의 권력↑ → 인종의 이자겸 제거 계획
- 과정 : 이자겸(+척준경)이 난을 일으킴 → 인종의 척준경 회유 → 이자겸의 난 실패
- 영향 : 문벌 귀족 사회의 분열 심화

묘청의 서경 천도 운동(1135)
- 배경 : 묘청의 서경 천도 주장(풍수지리설) → 금 정벌 주장
- 과정 : 서경 천도 운동 좌절 → 서경에서 묘청의 반란 발생(국호 '대위', 연호 '천개') → 김부식이 이끄는 관군에게 진압

06. 고려의 건국과 정치 발전 **069**

● 무신 정변

| 무신 정변(1170) | 무신들이 차별 대우 등에 반발하여 보현원에서 정변을 일으킴 |

| 무신 집권기 | 무신들이 정권을 장악함 |

이고	이의방	정중부	경대승	이의민	최충헌	최우
		• 중방 : 최고 회의 기구	도방 : 신변 경호	• 천민 출신	• 교정도감 : 국정 총괄 기구	• 삼별초 : 최씨 정권의 사병
		• 망이·망소이의 난(공주 명학소)		• 김사미·효심의 난	• 「봉사 10조」: 개혁안	• 정방 : 인사권 장악
					• 만적의 난	

● 13세기 몽골의 침입과 원 간섭기

13세기 → 원 간섭기

| 몽골의 침입 | |

• 제1차 침입
 - 원인 : 저고여 피살
 - 항전 : 박서 vs. 살리타(귀주성 전투)
 - 결과 : 강화 천도
• 제2차 침입 : 김윤후 vs. 살리타(처인성 전투)
• 민중 항쟁 : 충주 다인철소
• 김윤후의 충주성 전투
• 개경 환도 : 무신 정권 몰락
• 문화재 소실 : 초조대장경, 황룡사 구층 목탑 등
• 문화재 제작 : 재조대장경(팔만대장경)
• 삼별초의 항쟁
 - 진도(배중손) → 제주도 항파두리(김통정)
 - 일본에 외교 문서를 보냄
 - 여·몽 연합군에게 진압됨

영토 상실	쌍성총관부·동녕부·탐라총관부 설치
관제 격하	• 중서문하성 + 상서성 → 첨의부 • 중추원 → 밀직사 • 도병마사 → 도평의사사(도당) : 관제 격하 X
왕실 용어 격하	• 조·종 → 王 • 왕 시호 앞에 '충(忠)' 자 붙임 : 충렬왕, 충선왕 등
내정 간섭	정동행성 : 일본 정벌 기구(태풍으로 일본 정벌 실패) → 내정 간섭 기구로 변함
자원 수탈	• 공녀(결혼도감) • 매(응방), 특산물 징발
영향	• 몽골풍(변발, 발립, 호복, 철릭)·고려양 유행·소주 등장 • 권문세족의 성장 : 고위직 독점

● 공민왕의 개혁 정치와 고려의 멸망

14세기

| 공민왕 | ♡ 노국 대장 공주 | 홍건적과 왜구의 침입 | 우왕·창왕·공양왕 |

• 반원 자주 정책
 - 친원 세력(기철) 제거
 - 원 연호 사용 중지, 몽골풍 금지
 - 정동행성(이문소) 폐지
 - 쌍성총관부 공격, 철령 이북 땅 수복
• 왕권 강화 정책
 - 정방 폐지
 - 전민변정도감 설치, 신돈 등용

• 홍건적의 침입 : 공민왕의 안동(복주) 피신
• 왜구의 침입
 - 화약 무기 제조 : 최무선의 진포 대첩
 - 신흥 무인 세력의 성장 : 최영의 홍산 대첩, 이성계의 황산 대첩
 - 박위의 쓰시마섬(대마도) 정벌

요동 정벌론(최영) vs. 4불가론(이성계) → 위화도 회군 → 우왕·창왕 폐위 → 고려 멸망(공양왕) → 조선 건국

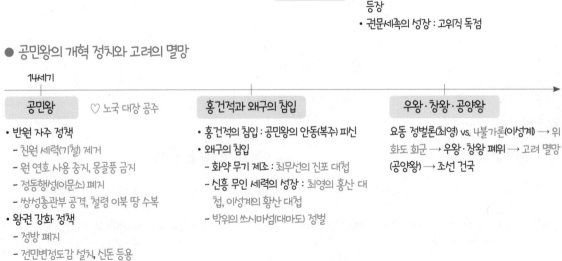

● 고려의 통치 체제

중앙 　2성 6부

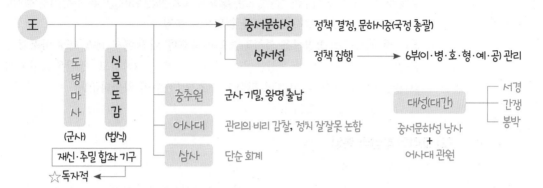

王 ──

도병마사 (군사) ／ 식목도감 (법식)

재신·추밀 합좌 기구
☆독자적 ←

中書門下省(중서문하성)　정책 결정, 문하시중(국정 총괄)

尙書省(상서성)　정책 집행 → 6부(이·병·호·형·예·공) 관리

중추원　군사 기밀, 왕명 출납

어사대　관리의 비리 감찰, 정치 잘잘못 논함

삼사　단순 회계

대성(대간) ── 서경 / 간쟁 / 봉박

중서문하성 낭사
+
어사대 관원

지방 　5도 양계(현종)

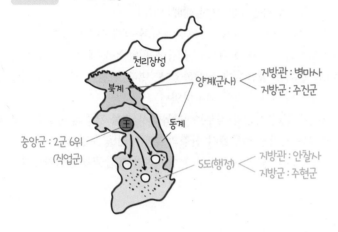

천리장성
북계
양계(군사) < 지방관 : 병마사 / 지방군 : 주진군
王
동계
중앙군 : 2군 6위 (직업군)
5도(행정) < 지방관 : 안찰사 / 지방군 : 주현군

고려 지방 제도의 특징

- 주군·주현 < 속군·속현 多
- 향·부곡·소 : 특수 행정 구역, 천민 X, 차별 大

● 고려의 관리 등용 제도

고려 ──

과거 ──

문과 ──

제술과　문학적 재능, 정책

명경과　유교 경전 이해 능력

승과　불교 경전 이해 능력

잡과　실용 기술학

음서　공신 또는 5품 이상 고위 관료 자손

1 고려의 후삼국 통일

(1) 후삼국의 형성

① 후백제 : **견훤이 후백제를 건국하고 완산주(전주)를 도읍으로 삼았다**(900).

② 후고구려
- ㉠ 궁예가 후고구려를 세우고 송악(개성)을 도읍으로 삼은 뒤(901) 금성(나주)을 점령하였다.
- ㉡ 국호를 '마진'으로 변경하고 **수도를 철원으로 옮겼다**.
- ㉢ **최고 정치 기구로 광평성을 설치하였으며 국호를 '마진'에서 '태봉'으로 바꾸었다.**
- ㉣ 궁예의 실정이 거듭되자 신하들이 왕건을 왕으로 추대하였고, **왕건은 고구려를 계승한다는 의미로 국호를 '고려'라 정하고 연호를 '천수'라 하였다**(918). 이후 왕건은 도읍을 다시 송악으로 옮겼다.

(2) 고려의 후삼국 통일

① 고려와 후백제의 대립
- ㉠ 후백제의 견훤이 신라의 수도 금성을 침공하자 신라의 구원 요청을 받은 고려가 즉시 출병하였다.
- ㉡ **공산 전투(927)** : 신라왕이 수도 금성에서 견훤에게 살해당한 뒤 도착한 **고려군은 대구 공산 일대에서 후백제군과 싸웠지만 크게 패배**하였다.
- ㉢ **고창 전투(930)** : 왕건이 이끄는 고려군은 고창에서 후백제군에게 대승을 거두었다.

② 견훤의 금산사 유폐(935) : 견훤이 넷째 아들인 금강에게 왕위를 계승하려 하자, 첫째 **아들 신검이 금강을 죽이고 견훤을 금산사에 유폐하였다**. 이후 **견훤은 금산사를 탈출하여 왕건에게 항복**하였고, 이에 왕건이 극진히 대우하였다.

③ **신라의 항복(935)** : 왕건은 **신라 경순왕(김부)이 항복하자 그를 경주의 사심관으로 삼았다.**

④ **후백제 멸망(936)** : 고려는 일리천 전투에서 신검의 후백제군을 무찔렀다.

⑤ 민족의 재통일 : 신검이 이끄는 후백제가 멸망하며 **고려가 후삼국을 통일하였다.**

2 고려 정치의 발전

(1) 태조 왕건

호족 통합 정책	정략결혼	유력한 호족의 딸과 혼인 관계를 맺음
	사성 정책	'왕'씨 성을 하사함
	역분전 지급	공신에게 역분전을 지급함
호족 견제 정책	사심관 제도	중앙 고위 관직에 등용된 지방 세력을 출신 지역의 사심관으로 임명하여 지방을 통제함
	기인 제도	지방 호족의 자제를 볼모로 삼아 수도에 머물게 하고 출신지의 일에 대하여 자문하게 함
민생 안정 정책	흑창 설치	빈민을 구제하기 위함
훈요 10조		후대 왕들이 지켜야 할 정책 방향을 제시함 • 거란을 멀리하라(제4조)　　• 연등회와 팔관회를 개최하라(제6조) • 서경을 중시하라(제5조) : 풍수지리설의 영향을 받았으며, **북진 정책을 펼쳐 청천강에서 영흥만에 이르는 국경선을 확보**함
『정계』· 『계백료서』		신하가 지켜야 할 규범을 제시함

견훤
상주 가은현에서 태어났으며 백제 계승을 내세웠다.

궁예
신라 왕실의 후예로서 양길의 부하가 되어 세력을 키운 뒤 후고구려를 세웠고, 스스로 미륵불이라 칭하였다.

개성
개성에는 고려 태조가 창건하여 거처하던 궁궐터인 만월대와 돌로 만든 다리인 선죽교, 천문 관측소인 고려 첨성대가 있다.

고려의 민족 재통일

고창
경상북도 안동이다. 안동에는 고창 전투를 승리로 이끈 고려 공신 삼태사(김선명, 권행, 장정필)의 위패를 모신 사당인 태사묘가 있다.

일리천
경상북도 구미이다.

태조의 북진 정책

(2) 광종

왕권 강화 정책	노비안검법	• 호족에 의하여 **불법으로 노비가 된 자를 다시 양인으로 해방시킴** • 호족 세력의 경제적·군사적 기반을 약화시키고 국가 재정 기반을 안정시키는 데 기여함
	과거제	• **쌍기의 건의를 받아들여 시행함** • 신진 인사를 등용하여 호족의 전횡을 견제하고자 함
	사색 공복 제정	지배층의 위계질서를 확립함
	국왕 권위 강화	황제로 칭하고 '**광덕**'·'**준풍**' 등 독자적 연호를 사용함

(3) 성종

최승로의 「시무 28조」 수용	• 목적 : 중앙 집권적 귀족 정치를 지향함 • 외관 파견(제7조) : 전국 주요 지역에 **12목을 설치하고 지방관을 파견함** • 불교 행사 억제(제13조) : 연등회와 팔관회를 일시적으로 폐지함 • 유교적 정치 이념 채택(제20조) 　㉠ 불교는 '수신', 유교는 '치국' 　㉡ 수도에 국자감을 설치(정비)하고 지방에 경학박사를 파견함
통치 체제 정비	• 2성 6부의 중앙 관제 마련 • 향리 제도 마련 : 지방 중소 호족을 향리로 편입함　　• 철전을 주조함

3 11~12세기 거란과 여진의 침입

(1) 11세기 거란의 침입

거란의 제1차 침입	원인	고려의 북진 정책과 **친송 정책**
	과정	**서희가 적장 소손녕과 외교 담판을 벌임**
	결과	고려가 **강동 6주를 획득함**
거란의 제2차 침입	원인	강조의 정변과 지속적인 친송 정책
	과정	• 현종이 나주로 피신함 • **양규가 활약**하였으며 현종의 친조를 약속받음
	결과	거란이 고려와 강화를 체결한 후 물러감
거란의 제3차 침입	원인	현종의 친조 불이행
	과정	**강감찬이 귀주에서 거란군을 물리침(귀주 대첩)**
	결과	• 고려·송·요 사이에 세력 균형이 이루어짐 • **개경에 나성을 축조**하고 국경 지역에 천리장성을 축조함

거란의 침입

(2) 12세기 여진의 침입

① 여진족 정벌
　㉠ 과정 : 고려 숙종 때 **윤관의 건의로 별무반을 조직하여 여진족을 정벌하였다.**
　㉡ 결과 : **윤관은 동북 9성을 축조**하였으나 여진족의 반환 요청으로 1년 뒤 이를 여진족에게 돌려주었다.

● 친조
왕이 직접 상대국에 가서 인사를 올리는 것이다.

● 요
거란은 건국 초에 나라 이름을 '거란국'이라 칭하였다가 중국식 국호인 '요'로 개칭하여 멸망할 때까지 사용하였다.

● 나성
도성(都城)을 둘러싸는 이중 성곽으로 강감찬의 건의에 따라 만들어졌다. 왕성을 포함하여 외곽의 일반인 거주지까지 넓게 둘러싼다.

「척경입비도」(동북 9성)
윤관은 동북 9성을 쌓은 뒤 고려의 국경임을 나타내기 위하여 비석을 세웠다. 해당 그림은 조선 후기에 그려졌다.

② 여진족의 성장

　　㉠ **금의 건국(1115)** : 여진이 세력을 확장하여 금을 건국하였다.

　　㉡ **금의 사대 관계 요구** : 금은 거란을 멸망시킨 뒤 고려에 군신 관계를 요구하였으며, **이
　　자겸이 이를 수용**하면서 북진 정책이 좌절되었다.

4 문벌 귀족 사회의 동요

(1) 문벌 귀족

① 의미 : 여러 대에 걸쳐 중앙의 고위 관직을 차지한 귀족 가문을 말한다.

② 특징 : 음서와 공음전의 특권을 누렸고 왕실과 혼인 관계를 맺어 외척 가문을 형성하기도
　하였다.

③ 대표 인물 : 이자겸, 김부식 등이 있다.

(2) 이자겸의 난

① 배경 : 이자겸이 왕실과 혼인 관계를 맺어 왕을 능가하는 권력을 휘두르자, 왕과 일부 신
　하가 이자겸을 몰아내려 하였다.

② 과정

　㉠ **이자겸이 스스로 왕이 되고자 부하 척준경과 함께 반란을 일으켰다.**

　㉡ 개경의 궁궐이 불에 타고 왕의 권위가 크게 추락하였다.

　㉢ 인종의 회유를 받은 척준경이 이자겸을 제거하였다.

③ 영향 : 문벌 귀족 사회의 분열을 더욱 심화시켰다.

> **국사(國史)편찬위원회에서 출제한 자료** ● **이자겸의 난**
>
> 내시지후 김찬과 내시녹사 안보린이 동지추밀원사 지녹연, 상장군 최탁, 오탁, 대장군 권수, 장군 고석 등
> 과 함께 이자겸과 척준경을 암살하려고 시도하였으나 이루지 못하였다. 이자겸과 척준경이 군사를 동원
> 하여 궁궐을 침범하였다.　　　　　　　　　　　　　　　　　　　　　　　　　－『고려사』－

(3) 묘청의 서경 천도 운동

① 배경

　㉠ 대내적 배경 : 이자겸의 난으로 민심이 동요하였다.

　㉡ 대외적 배경 : 금과 군신 관계를 체결하였다.

　㉢ **묘청과 정지상 등은 풍수지리설을 근거로 서경 천도를 주장하였다.**

② 과정

개경파와 서경파의 대립	개경파	• 대표 인물 : 김부식 • 금국 정벌을 반대함(사대 관계 유지)	• 서경 천도를 반대함 • 정권 안정을 추구함
	서경파	• 대표 인물 : 묘청, 정지상 • 칭제건원과 금국 정벌을 주장함	• 서경 천도를 주장함
묘청의 봉기		서경 천도 운동이 좌절되자 묘청이 국호를 '대위', 연호를 '천개'라 칭하고 서경에서 반란을 일으킴	
진압		김부식이 이끄는 관군이 반란을 진압함	

③ 영향 : 문벌 귀족 사회의 모순이 더욱 심화되었다.

074 한국사능력검정시험 개념완성 기본

● **이자겸**
경원 이씨인 그의 집안은 할아버
지 이자연 때부터 80년간 왕비
10여 명을 배출하였다. 이자겸은
둘째 딸을 예종에게 시집보내고
외손자인 인종에게 셋째, 넷째 딸
을 시집보내 권력을 휘둘렀다.

● 묘청의 서경 천도 주장

묘청 등이 왕에게 건의하기를, "제가 보건대 서경 임원역(林原驛)의 땅은 음양가들이 말하는 대화세(大華勢)이니 만약 이곳에 궁궐을 세우고 수도를 옮기면 국가의 혼란을 막을 수 있으며 금(金)나라가 공물을 바치고 스스로 항복할 것이며 36개 나라들이 모두 신하가 될 것입니다."라고 하였다.　　　－『고려사』－

5 무신 정변

(1) 무신 정변의 발발
무신에 대한 차별 대우와 의종의 실정으로 보현원에서 **무신 정변이 일어났다**(1170).

● 무신 정변

정중부가 성난 목소리로 한뢰에게 따지기를, "이소응이 비록 무인이기는 하나 벼슬이 3품인데 어째서 이처럼 심하게 모욕을 하는가?"라고 하였다. …… 처음에 정중부와 이의방 등이 약속하여 말하기를, "우리들은 오른쪽 어깨를 드러내고 관모를 벗을 것이다. 그렇게 하지 않은 사람은 모두 죽이자."라고 하였다.

(2) 무신 집권기
① 초기 : 무신들 간에 권력 다툼이 치열하게 전개되어 **무신들이** 이고, 이의방, 정중부, 경대승, 이의민 순으로 **최고 권력자 자리를 차지하였다.**
　　㉠ **정중부** 집권
　　　　ⓐ 최고 무신들로 구성된 회의 기구인 **중방**을 중심으로 고위 무신이 주요 관직을 차지하며 권력 쟁탈전이 심화되었다.
　　　　ⓑ **망이·망소이의 난** : 하층민인 망이·망소이가 무신의 가혹한 수탈에 반발하여 공주 명학소를 중심으로 난을 일으켰다.

● 망이·망소이의 난

망이가 이르기를, "이미 우리 고향을 현(縣)으로 승격시키고 또 수령을 두어 위로하다가 다시 군대를 일으켜 토벌하러 오다니, 차라리 칼날 아래 죽을지언정 끝까지 굴복하지 않고 반드시 개경까지 간 후에야 그만둘 것이다."라고 하였다.

　　㉡ **경대승** 집권 : 정중부를 제거하고 권력을 잡았으며 개인 신변을 경호하기 위하여 도방을 설치하였다.
　　㉢ **이의민** 집권
　　　　ⓐ 천민 출신인 이의민은 이의방 아래에서 활약한 공을 인정받아 대장군 지위에 올랐으나 최충헌에게 살해당하였다.
　　　　ⓑ **김사미·효심의 난** : 운문(경북 청도)에서 봉기한 김사미와 초전(울산)에서 봉기한 효심이 연합하여 반란을 일으켰다.

● 김사미·효심의 난

남쪽 지방에서 적도들이 벌떼처럼 일어났다. 그중 심한 것은 운문에 웅거한 김사미와 초전에 자리 잡은 효심인데, 이들은 유랑하는 무리들을 불러 모아 각 고을을 노략질하였다. 왕이 이를 근심하여 대장군 전존걸을 파견해 장군 이지순 …… 등을 이끌고 가서 토벌하게 하였다.　　　－『고려사』－

● 망이·망소이의 난
망이와 망소이가 난을 일으키자 고려 정부는 명학소를 충순현으로 승격하여 이들을 달래고자 하였다.

무신 집권기 농민과 천민의 봉기

② 최씨 무신 정권의 수립(1196~1258)
　　㉠ 최충헌 집권(1196~1219)
　　　　ⓐ 이의민에게 배척받은 세력을 규합하여 이의민을 제거한 뒤 권력을 독점하였다.
　　　　ⓑ **교정도감** : **최고 정치 기구로 교정도감을 설치하였다.**
　　　　ⓒ 「봉사 10조」 : 명종에게 10개 조항의 사회 개혁안을 올려 혼란스러운 정국을 바로잡고자 하였다.
　　　　ⓓ **만적의 난(1198)** : 최충헌의 사노비 출신인 **만적**은 **개경**에서 공·사노비를 모아 대규모 **신분 해방 운동**을 꾀하였으나 사전에 발각되어 실패하였다.

> **국사(國史)편찬위원회에서 출제한 자료** ●만적의 난
>
> 개경 북산에서 나무하던 노비들이 변란을 모의하였다. …… 약속한 날이 되어 노비들이 모였으나 그 수가 수백 명에 불과하였다. 모의가 성공하지 못할 것을 염려하여 보제사(普濟寺)에서 다시 모이자고 약속하였다. …… 한충유의 노비인 순정이 주인에게 변란을 고하자 한충유가 최충헌에게 알렸다. 마침내 만적 등 100여 명을 체포하여 강에 던져 버렸다.

　　㉡ 최우 집권(1219~1249)
　　　　ⓐ **삼별초** : 최우는 군사 기반을 강화하고자 사병 기관으로 삼별초를 설치하였다.
　　　　ⓑ **정방** : 최우는 모든 관료의 인사 행정을 담당하기 위하여 자신의 집에 정방을 설치하였다.

6 13세기 몽골의 침입과 원 간섭기

(1) 몽골의 침입

고려의 대몽 항쟁

●김윤후
몽골의 침입 때 충주성에서도 활약하였다.

항파두리 항몽 유적지(제주)

몽골의 제1차 침입	원인	몽골의 무리한 조공 요구와 **몽골 사신 저고여의 피살**
	과정	박서가 귀주성에서 적장 **살리타**를 막아 냄
	결과	수도를 강화도로 옮기고 장기 항전을 준비함
몽골의 제2차 침입		**김윤후가 처인성 전투에서 적장 살리타를 사살함**
민중 항쟁		용인 처인부곡과 충주 다인철소에서 몽골에 항쟁함
개경 환도		몽골과 강화를 맺고 무신 정권이 몰락한 이후 개경으로 환도함
문화재 소실		초조대장경 및 **경주의 황룡사 구층 목탑**이 소실됨
문화재 제작		**재조대장경(팔만대장경)을 제작함**
삼별초의 항쟁		• **진도**와 **제주도**를 근거지로 삼고 활동함 • 강화도와 진도에서는 배중손, 제주도에서는 김통정이 지휘함 • 일본에 외교 문서를 보냄 • 고려 정부와 몽골 연합군에게 진압됨

> **국사(國史)편찬위원회에서 출제한 자료** ●김윤후의 활약
>
> 충주성이 몽골에 포위를 당한 것이 무릇 70여 일이 되었으며, …… 김윤후가 병사와 백성들을 독려하며 말하기를, "만약 힘을 다해 싸운다면 귀천을 막론하고 모두 관직과 작위를 제수하겠다."라고 하였다.

(2) 원 간섭기

① 영토 상실 : 원이 철령 이북에 쌍성총관부, 자비령 이북에 동녕부, 제주도에 탐라총관부를 설치하여 고려의 영토가 축소되었다.

② 관제 격하
  ㉠ 중서문하성과 상서성은 '첨의부'로, 중추원은 '밀직사'로 변경되며 관제가 격하되었다.
  ㉡ 도병마사는 이름이 '**도평의사사(도당)**'로 바뀌었는데, 관제가 격하된 것이 아니라 오히려 상설 기관으로서 기능이 확대되었다.

③ 왕실 용어 격하 : 왕이 죽은 뒤 붙이는 호칭인 '조'나 '종'이 '왕'으로 바뀌었다. 왕의 시호 앞에는 '충(忠)' 자를 붙였는데, 충렬왕, 충선왕이 대표적이다.

④ 내정 간섭 : 일본 원정을 위하여 설치한 정동행성이 내정 간섭 기구로 변하였다.

⑤ 자원 수탈
  ㉠ 원은 결혼도감을 설치하여 고려 처녀를 '공녀'라는 이름으로 끌고 갔고, 고려에서는 이를 피하기 위하여 조혼 풍습이 유행하였다.
  ㉡ 원은 매를 징발하기 위하여 응방을 설치하고 금·은·인삼 등 특산물을 수탈하였다.

⑥ 영향 : 원 간섭기가 지속되자 **몽골식 변발과 발립, 호복, 철릭 등 몽골풍**과 고려양이 유행하였고, 증류 방식의 술인 **소주**가 등장하였다. 권문세족은 원을 배경으로 성장하여 고위직을 독점하였다.

원의 내정 간섭과 일본 정벌

● 고려양
고려 말에 원에서 유행한 고려 풍속이다.

7 공민왕의 개혁 정치와 고려의 멸망

(1) 공민왕의 개혁 정치

● 공민왕
노국 대장 공주와 혼인하였다.

개혁 추진	원·명 교체기를 틈타 신진 사대부와 함께 개혁을 추진함	
반원 자주 정책	• 기철 등 친원 세력을 숙청함 • 정동행성이문소를 폐지함	• 원의 연호 사용과 몽골풍을 금지하고 관제를 복구함 • 쌍성총관부를 공격하여 철령 이북 땅을 수복함
왕권 강화 정책	• 정방을 폐지함	• 전민변정도감을 설치하고 신돈을 등용함
교육 정책	성균관을 순수 유교 교육 기관으로 개편함	

(2) 홍건적과 왜구의 침입

① **홍건적의 침입** : 홍건적이 침입하자 공민왕이 안동(복주)으로 피난을 갔으며, **최영이 군대를 지휘하여 홍건적을 물리쳤다.**

② 왜구의 침입 : **최무선이 화약 무기를 제조하여 진포에서 왜구를 물리쳤다(진포 대첩).**

③ 신흥 무인 세력의 성장 : 홍건적과 왜구를 격퇴하는 과정에서 **홍산 대첩의 최영과 황산 대첩의 이성계**등이 성장하였다.

④ 쓰시마섬(대마도) 정벌 : **박위가 왜구의 소굴인 쓰시마섬을 정벌하였다.**

공민왕의 영토 수복

(3) 고려의 멸망

① 명이 철령 이북의 땅을 요구하자 우왕 때 최영이 요동 정벌을 계획하고 이성계에게 요동을 정벌하도록 하였으나, **이성계는 4불가론을 내세워 요동 출병에 반대하였다.**

② **이성계는 위화도에서 회군하여(1388)** 최영을 제거하고 권력을 장악하였다.

③ 이성계는 우왕·창왕을 폐위하고 공양왕으로부터 왕위를 이어받아 **고려를 멸망시키고 조선을 건국하였다(1392).**

● 4불가론
• 작은 나라가 큰 나라를 거역하는 것
• 농번기인 여름에 출병하는 것
• 출병하면 왜구가 노릴 염려가 있는 것
• 장마철에는 활이 제 기능을 발휘하지 못하고, 전염병이 발생할 우려가 있는 것

8 고려의 통치 체제

(1) 중앙 정치 조직

2성 6부제로 정비하였다.

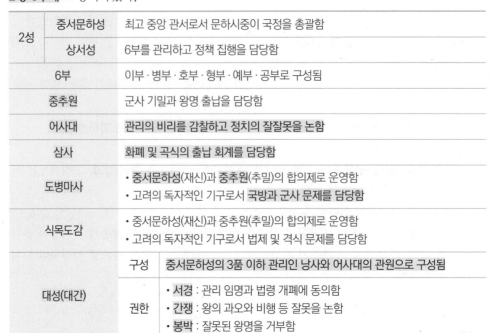

문하
시중 종1품
재신 2품 이상
낭사 3품 이하
중서문하성

판원사 종2품
추밀 2품 이상
승선 3품 이하
중추원

2성	중서문하성	최고 중앙 관서로서 문하시중이 국정을 총괄함
	상서성	6부를 관리하고 정책 집행을 담당함
6부		이부·병부·호부·형부·예부·공부로 구성됨
중추원		군사 기밀과 왕명 출납을 담당함
어사대		관리의 비리를 감찰하고 정치의 잘잘못을 논함
삼사		화폐 및 곡식의 출납 회계를 담당함
도병마사		• 중서문하성(재신)과 중추원(추밀)의 합의제로 운영함 • 고려의 독자적인 기구로서 국방과 군사 문제를 담당함
식목도감		• 중서문하성(재신)과 중추원(추밀)의 합의제로 운영함 • 고려의 독자적인 기구로서 법제 및 격식 문제를 담당함
대성(대간)	구성	중서문하성의 3품 이하 관리인 낭사와 어사대의 관원으로 구성됨
	권한	• 서경 : 관리 임명과 법령 개폐에 동의함 • 간쟁 : 왕의 과오와 비행 등 잘못을 논함 • 봉박 : 잘못된 왕명을 거부함

(2) 지방 행정 조직

① 성종 때 12목을 설치하였으며 현종 때 5도 양계로 정비하였다.

5도(일반 행정 구역)	• 안찰사를 파견함 • 특수 행정 구역(향·부곡·소) : 일반 양민보다 세금을 많이 냈으며 거주 이전의 자유가 없음
양계(군사 행정 구역)	• 병마사를 파견함 • 국방상 요충지에 진을 설치함

고려의 지방 행정 구역

② 허약한 중앙 집권 : 수령이 파견되는 주현보다 파견되지 않는 속현이 더 많았다.
③ 관리가 파견되지 않는 지역에서는 향리가 실질적인 행정을 담당하였다.

(3) 군사 제도

① **중앙군** : 국왕의 친위 부대인 **2군과** 수도와 국경을 방어하는 **6위로 구성되었다.**
② 지방군 : 16세 이상 60세 미만의 양인 장정을 주현군(5도), 주진군(양계)으로 편성되었다.

(4) 관리 등용 제도

① 과거

    ㉠ 제술과·명경과 : 문관을 선발하는 시험으로 제술과는 문학적 재능과 정책을, 명경과는 유교 경전에 대한 이해 능력을 시험 보았다.

    ㉡ 승과 : 불교 경전의 이해 능력을 시험하여 합격한 승려에게 승계를 부여하였다.

    ㉢ 잡과 : 기술관을 뽑는 시험으로 법률·회계·지리 등 실용 기술학을 시험 보았다.

② 음서 : 공신이나 5품 이상 고위 관리의 자손은 과거를 거치지 않고 관직에 나아갈 수 있었다.

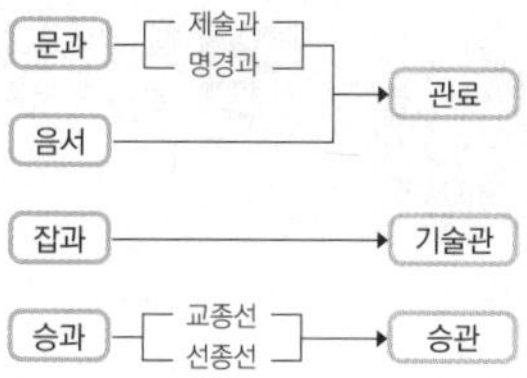

고려의 과거 제도

능력(能力) 향상을 위한 O, X

			정답
01	고려 태조는 쌍기의 건의에 따라 과거제를 시행하였다.	( )	×
02	서희는 거란의 제1차 침입 당시 외교 담판을 통하여 강동 6주를 획득하였다.	( )	○
03	윤관은 별무반을 이끌고 여진을 정벌한 뒤 동북 9성을 축조하였다.	( )	○
04	묘청은 서경 천도와 금국 정벌을 주장하였다.	( )	○
05	김윤후는 처인성과 충주성에서 몽골군에 대항하였다.	( )	○
06	고려 공민왕은 기철 등 친원 세력을 제거하였다.	( )	○
07	최무선은 화약 무기를 제조하여 진포에서 왜구를 막아냈다.	( )	○
08	고려의 중앙 정치 기구인 중추원은 관리의 비리를 감찰하였다.	( )	×

01

(가)에 들어갈 내용으로 가장 적절한 것은?

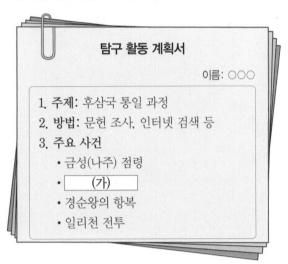

탐구 활동 계획서

이름: ○○○

1. 주제: 후삼국 통일 과정
2. 방법: 문헌 조사, 인터넷 검색 등
3. 주요 사건
   • 금성(나주) 점령
   • (가)
   • 경순왕의 항복
   • 일리천 전투

① 고창 전투
② 진포 대첩
③ 삼별초 항쟁
④ 위화도 회군

02

(가) 왕에 대한 설명으로 옳은 것은?

신라 왕 김부가 항복해 왔습니다.

신라를 경주라 하고, 그를 경주의 사심관으로 임명하라.

(가)

① 훈요 10조를 남겼다.
② 과거제를 시행하였다.
③ 만권당을 설립하였다.
④ 전시과를 마련하였다.

03

(가)에 들어갈 왕의 업적으로 옳은 것은?

학습 주제

(가) , 고려의 통치 체제 마련

시무 28조 수용 | 국자감 정비 | 상평창 설치
경학박사 지방 파견 | 2성 6부제 마련

① 12목 설치
② 집현전 개편
③ 경국대전 편찬
④ 독서삼품과 실시

04

(가)에 들어갈 인물로 옳은 것은?

거란의 3차 침입 때 (가) 이/가 귀주에서 적의 대군을 격파하고 큰 승리를 거두었어요.

① 서희
② 윤관
③ 강감찬
④ 최무선

05

(가) 시기에 있었던 사실로 옳은 것은?

① 김헌창이 난을 일으켰다.
② 최우가 정방을 설치하였다.
③ 묘청이 금 정벌을 주장하였다.
④ 서희가 강동 6주를 획득하였다.

06

(가)에 들어갈 학습 주제로 적절한 것은?

① 몽골의 침입과 항쟁
② 왜구의 침략과 격퇴
③ 여진 정벌과 동북 9성 축조
④ 서양 함대의 침입과 척화비 건립

07

다음 다큐멘터리에서 볼 수 있는 장면으로 적절하지 **않은** 것은?

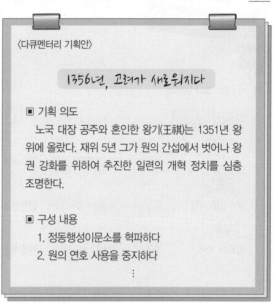

① 수원 화성을 축조하는 백성
② 쌍성총관부를 공격하는 군인
③ 숙청당하는 기철 등 친원 세력
④ 정방 폐지 교서를 작성하는 관리

08

(가)에 들어갈 기구로 옳은 것은?

고려 시대의 중앙 정치 기구로 관리들의 비리를 감찰하고 정치의 잘잘못을 논하였다. 이 기구의 관원은 중서문하성의 낭사와 함께 대간으로 불렸다.

① 어사대　　　　② 의정부
③ 중추원　　　　④ 도병마사

07 | 고려의 경제와 사회

설쌤의 **한(韓)판** 정리

● 고려의 토지 제도

전시과 제도	관리의 복무 대가로 전지와 시지를 지급

	태조	역분전	공을 세운 사람에게 지급	
광종 → 4색 공복 제정	경종	시정 전시과	관품(공복) + 인품	전직·현직 관리
성종 → 관료제 정비	목종	개정 전시과	관품(18등급)	전직·현직 관리
	문종	경정 전시과	관품(18등급)	현직 관리

공음전	5품 이상 관료에게 지급, 세습 가능, 문벌 귀족의 경제 기반
군인전	2군 6위의 중앙군에게 지급, 군역과 함께 자손에게 세습
외역전	향리에게 지급, 직역과 함께 자손에게 세습

● 고려의 경제생활

수취 제도

조세	비옥도에 따라 3등급 구분, 생산량의 1/10 징수, 조운을 이용하여 운송
공납	특산물 징수, 중앙 → 주현 → 속현, 향·부곡·소
역	군역 + 요역, 16세 이상 60세 미만 남성에게 부과

농업

- 소를 이용한 깊이갈이 일반화
- 밭농사에 2년 3작의 윤작법 보급
- 고려 말 일부 남부 지방에서 모내기법(이앙법) 시행 → 조선 후기에 전국으로 확대
- 고려 말 이암이 『농상집요』 소개
- 고려 말 문익점이 원에서 목화를 들여옴
- 고려 말 권문세족의 토지 약탈, 과도한 수취 체제 → 농민이 몰락하거나 노비로 전락

상업·수공업·화폐

상업	시전 상인의 물품 판매, 경시서 설치(상행위 감독)
수공업	관청·소 수공업(전기) → 민간·사원 수공업(후기)
화폐	• 성종 : 건원중보 주조 • 숙종 : 의천의 건의로 삼한통보·해동통보·활구(은병) 등 주조

● 고려의 대외 무역

벽란도

- 예성강 하구의 벽란도가 국제 무역항으로 번성
- 이슬람(아라비아) 상인 왕래(COREA)

● 고려의 사회

고려의 신분 제도

구성	농민(백정) + 상인 + 수공업자 + 향·부곡·소민 + 신량역천인
특징	• 조세·공납·역의 의무가 있음 • 원칙적으로 과거 응시 가능

향·부곡·소민

• 거주 이전 자유 없음
• 일반 군현민보다 더 많은 세금 부담
• 국자감 입학 및 과거 응시 불가능
• 향·부곡민 : 주로 농업에 종사
• 소민 : 주로 수공업에 종사

신량역천인

신분은 양민이나 천역 담당

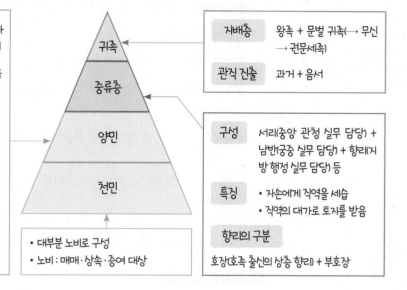

지배층	왕족 + 문벌 귀족(→ 무신 → 권문세족)
관직 진출	과거 + 음서

구성	서리(중앙 관청 실무 담당) + 남반(궁중 실무 담당) + 향리(지방 행정 실무 담당) 등
특징	• 자손에게 직역을 세습 • 직역의 대가로 토지를 받음

향리의 구분

호장(호족 출신의 상층 향리) + 부호장

• 대부분 노비로 구성
• 노비 : 매매·상속·증여 대상

향도	• 매향 활동 • 불교 신앙 조직 → 농민 공동체로 발전

고려의 사회 시책

목적	농민 생활을 안정시켜 체제 유지 도모
사회 제도	• 흑창(태조) : 진대법 계승, 춘대추납의 빈민 구제 기관 • 의창(성종) : 흑창을 확충하여 개편한 기관 • 상평창(성종) : 개경·서경·12목에 설치한 물가 조절 기관 • 구제도감·구급도감 : 재해 시 빈민 구호를 위하여 설치한 임시 기관 • 동·서 대비원 : 개경에 설치한 환자 진료 및 빈민 구휼 담당 기구 • 혜민국 : 의약 담당 기구 • 제위보 : 기금 이자로 빈민을 구제하는 기관

여성의 지위와 가족 제도

여성의 지위

• 여성 호주 가능, 호적에 연령순으로 기재
• 처가살이
• 음서의 혜택이 사위·외손자에게도 적용
• 재가가 비교적 자유롭고 재가녀의 자손 차별 X

가족 제도

• 일부일처제, 재산 균등 상속
• 윤행 : 아들이 없을 때 양자를 들이지 않고 딸이 제사를 지냄

1 고려의 경제

(1) 고려의 토지 제도

① **역분전** : 태조가 후삼국을 통일하는 과정에서 공을 세운 사람에게 지급하였으며 논공행상 성격이 강하였다.

② **전시과 제도** : 관리의 복무 대가로 품계에 따라 전지와 시지를 지급하였다.

시정 전시과(경종)	인품과 관품(광종의 4색 공복 반영)을 고려하여 전직·현직 관리에게 지급함
개정 전시과(목종)	관품(성종의 관료제 정비 반영)만을 고려하여 전직·현직 관리에게 지급함
경정 전시과(문종)	관품만을 고려하여 현직 관리에게만 지급함

③ 토지 종류
- ㉠ 공음전 : 5품 이상 관료에게 지급하였고 자손에게 세습할 수 있어 문벌 귀족의 경제적 기반이 되었다.
- ㉡ 군인전 : 중앙군인 2군 6위의 군인에게 복무 대가로 지급하였으며, 군역과 함께 세습되었다.
- ㉢ 외역전 : 지방 향리에게 지급한 토지로 향리의 직역과 함께 세습되었다.
- ㉣ 이 외에 구분전, 한인전, 내장전, 사원전 등이 있었다.

(2) 고려의 경제생활

① 수취 제도
- ㉠ 조세
  - ⓐ 토지를 비옥도에 따라 3등급으로 나누어 생산량의 10분의 1을 징수하였다.
  - ⓑ 거둔 조세는 조운을 이용하여 개경으로 운반하였다.
- ㉡ 공납 : 중앙 관청에서 필요한 특산물의 종류와 액수를 나누어 주현에 부과하면 주현은 이를 속현과 향·부곡·소에 할당하였다.
- ㉢ 역 : 군역과 요역으로 나뉘며 16세 이상 60세 미만 남자에게 역의 의무를 부과하였다.

② 농업
- ㉠ 소를 이용한 깊이갈이가 일반화되고 시비법도 발달하였다.
- ㉡ 밭농사에서는 2년 3작의 윤작법이 점차 보급되었다.
- ㉢ 고려 말 남부 일부 지방에 모내기법(이앙법)이 보급되기 시작하였다.
- ㉣ 고려 말에 이암이 중국 농서인 『농상집요』를 소개하였다.
- ㉤ 고려 말에 문익점이 목화 씨앗을 원에서 들여와 목화 재배가 시작되었다.
- ㉥ 고려 말에는 권문세족의 토지 약탈과 과도한 수취로 농민이 몰락해 갔다.

국사(國史)편찬위원회에서 출제한 자료 ● 목화의 전래

문익점이 원에 갔다가 돌아오는 길에 목화를 보고 씨 10개를 따서 가지고 왔다.

---

③ 상업 : **시전 상인들이 개경에서 물품을 판매**하고 상행위를 감독하기 위하여 경시서를 설치하였다.

④ 수공업
- ㉠ 전기에는 관청 수공업과 소 수공업을 중심으로 발전하였다.
- ㉡ 후기에는 민간 수공업과 **사원에서 종이와 기와를 만들어 파는** 사원 수공업이 발달하였다.

● 논공행상
공로의 있음과 없음, 크고 작음을 논하여 그에 합당한 상을 내리는 것이다.

● 전지와 시지
전지는 곡식을 거둘 수 있는 논밭이며, 시지는 땔감을 얻을 수 있는 임야이다.

● 구분전
하급 관리와 군인 유가족에게 지급한 토지이다.

● 한인전
6품 이하 관리의 자제 중 관직에 진출하지 못한 이에게 지급한 토지이다.

● 내장전
왕실 경비를 충당하기 위하여 지급한 토지이다.

● 사원전
사원에 지급한 토지이다.

⑤ 화폐

　　㉠ 상업과 수공업이 발달하며 화폐가 주조되었다.

　　㉡ **성종 때 건원중보를 만들었으며**, **숙종** 때 의천의 건의에 따라 삼한통보 · **은병(활구)** · **해동통보** 등을 만들었다.

> **국사(國史)편찬위원회에서 출제한 자료**　●숙종의 화폐 주조
>
> · 왕 6년, 은병을 화폐로 삼았는데, 은 1근으로 만들되 우리나라 지형을 본뜬 것으로 속칭 활구라 하였다.
> · 왕 7년, "화폐를 주조하는 법을 제정하니, 주조한 화폐 15,000관을 재추(宰樞)와 문무 양반 및 군인에게 하사하여 화폐 사용의 시초로 삼으며, 화폐의 명칭은 해동통보로 하라."라고 명하였다.

(3) 고려의 대외 무역

벽란도가 국제 무역항으로 발전하였다.

송	· 수입 : 비단 · 서적 등 왕실과 귀족의 수요품 · 수출 : 금 · 은 · 인삼 등
요(거란), 여진	· 수입 : 은 · 모피 · 말 · 수출 : 농기구 · 곡식 · 문방구
일본	· 수입 : 유황 · 수은 · 수출 : 곡식 · 인삼 · 서적
아라비아 (대식국)	· 수입 : 수은 · 산호 · 고려의 이름(COREA)이 서방에 알려짐

고려의 대외 무역

●건원중보

뒷면에 '동국(東國)'이라는 글자가 새겨져 있다.

●은병(활구)

은 1근을 사용하여 만든 고가의 화폐이며, 입구가 넓어 활구라고도 불렸다.

해동통보

●벽란도
예성강 하류의 나루로서 이곳에는 외국 사신들이 머무르는 관사인 벽란정이 있었다.

2　고려의 사회

(1) 고려의 신분 제도

귀족	지배층	· 왕족과 문 · 무반 관료 · 여러 대에 걸쳐 고위 관료를 배출하며 문벌 귀족을 형성하였다가 이후 무신과 권문세족이 지배층을 이룸
	관직 진출	음서와 과거를 통하여 중앙 관직에 진출함
중류층	구성	서리(중앙 관청의 실무 담당), 향리(지방 행정 실무 담당), 남반(궁중 실무 담당) 등
	특징	· 귀족과 양민의 중간 계층 · 통치 체제 말단에서 행정 실무를 담당함 · 담당 업무를 세습하고 직역의 대가로 토지를 받음
	향리의 구분	상층 향리인 호장과 부호장 등으로 구분함
양민	구성	농민, 상인, 수공업자, 향 · 부곡 · 소민, 신량역천인
	특징	대다수가 백정이라고 불리는 농민으로 구성됨
	향 · 부곡 · 소민	· 거주 이전의 자유가 없음 · 일반 군현 등에 거주하는 사람보다 더 많은 세금을 냄 · 국자감 입학과 과거 응시가 불가능함 · 향 · 부곡민은 주로 농업에 종사하였고, 소민은 주로 수공업에 종사함
	신량역천인	신분은 양민이지만 천한 일을 담당함

천민	구성	대부분 노비(공노비, 사노비)
	특징	노비는 매매·상속·증여의 대상이 됨

(2) 향도

① 불교 신앙을 바탕으로 조직된 단체로서 매향 활동을 하였다.

② 전기에는 주로 사원을 건축하거나 탑과 불상을 조성하는 데 주도적인 역할을 하였는데, 후기에는 서로 돕고 마을 공동체 의식을 주관하는 농민 조직으로 발전하였다.

경남 사천 흥사리 매향비

(3) 고려의 사회 시책

① **흑창** : 태조가 시행한 춘대추납의 빈민 구휼 제도로서 고구려의 진대법과 역할이 동일하였다.

② **의창** : 성종 때 흑창을 확충하여 개편하였다.

> **국사(國史)편찬위원회에서 출제한 자료** ● 의창 설치
>
> 내가 듣건대, 덕이란 오직 정치를 잘 하는 것일 뿐이고, 정치의 요체는 백성을 잘 기르는 데에 있으며, 나라는 사람을 근본으로 삼고 사람은 먹는 것을 하늘로 삼는다고 하였다. 이에 우리 태조께서는 흑창을 설치하셨다. …… 쌀 1만 석을 더 보태고, 그 이름을 의창으로 바꾸도록 하라 . — 『고려사』 —

③ **상평창** : 성종 때 개경·서경·12목에 설치한 물가 조절 기관이다.

④ 구제도감·구급도감 : 각종 재해가 발생할 때 백성을 구호하기 위하여 설치한 임시 기관이다.

⑤ 동·서 대비원 : 가난한 백성을 진료하기 위하여 설치한 기구이다.

⑥ 혜민국 : 의약을 담당하는 기구이다.

⑦ 제위보 : 기금을 마련한 뒤 그 이자로 빈민을 구제하는 기관이다.

(4) 여성의 지위와 가족 제도

① 여성의 지위

ㄱ **여성이 호주가 될 수 있었고** 호적에 연령순으로 게재하였다.

ㄴ 남자가 처가의 호적에 올라 처가살이를 하기도 하였다.

ㄷ 음서 혜택이 사위와 외손자에게도 적용되었다.

ㄹ 비교적 자유롭게 이혼하고 재가할 수 있었으며, 재가녀의 자손이라도 관직 진출 등에 차별을 받지 않았다.

② 가족 제도

ㄱ 일부일처제가 일반적이었고 재산은 아들딸 구분 없이 균등하게 상속되었다.

ㄴ 윤행 : 아들이 없을 때 양자를 들이지 않고 딸이 제사를 지냈다.

● 처가살이

결혼한 남자가 아내의 집에 들어가서 사는 것이다.

● 재가

한번 결혼한 여자가 남편과 사별하거나 이혼한 후 재혼하는 것이다.

> **능력(能力) 향상을 위한 O, X**   정답
>
> 01 건원중보를 발행한 국가에서는 벽란도가 국제 무역항으로 번성하였다.   (   )   O
> 02 은병(활구)을 발행한 국가에서는 시장을 감독하기 위한 동시전을 설치하였다.   (   )   ×
> 03 은병(활구)을 발행한 국가에서는 전시과 제도를 운영하였다.   (   )   O
> 04 상평창은 고려 성종 때 설치된 물가 조절 기관이다.   (   )   O

검정(檢定)된 기출문제

01

다음 발표에 해당하는 국가의 경제 상황으로 옳은 것은?

주제: ○○의 화폐

뒷면에 한자로 동국이라는 글자를 새겨 넣은 것이 특징입니다.

은으로 만들어졌으며, 활구라고도 불렸습니다.

건원중보   은병

① 벽란도가 국제 무역항으로 번성하였다.
② 담배, 인삼 등의 상품 작물이 재배되었다.
③ 관청에 물품을 조달하는 공인이 활동하였다.
④ 시장을 감독하기 위한 동시전이 설치되었다.

02

(가) 국가의 경제 상황으로 옳은 것은?

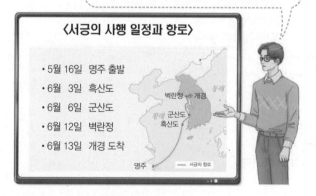

이것은 (가) 을/를 방문한 송의 사신 서긍이 남긴 기록을 바탕으로 만든 사행 일정과 항로입니다. 서긍은 벽란정에서 여독을 푼 뒤 개경으로 들어갔습니다.

〈서긍의 사행 일정과 항로〉

• 5월 16일 명주 출발
• 6월 3일 흑산도
• 6월 6일 군산도
• 6월 12일 벽란정
• 6월 13일 개경 도착

① 모내기법이 전국적으로 보급되었다.
② 보부상이 전국의 장시를 연결하였다.
③ 담배, 면화 등이 상품 작물로 재배되었다.
④ 활구라고도 불린 은병이 화폐로 사용되었다.

03

교사의 질문에 대한 학생의 답변으로 옳지 않은 것은?

고려 시대의 경제 활동에 대하여 말해 볼까요?

① 벽란도에서 국제 무역을 하였어요.

② 농민들이 고추, 담배 등 상품 작물을 재배하였어요.

③ 시전 상인들이 개경에 물품을 판매하였어요.

④ 사원에서 종이와 기와를 만들어 팔았어요.

04

(가)에 해당하는 작물로 옳은 것은?

문익점이 원에 갔다가 돌아오는 길에 (가) 을/를 보고 씨 10개를 따서 가져왔다. 진주에 와서 절반을 정천익에게 주고 기르게 하였으나 단 한 개만 살아남았다. 가을에 정천익이 그 씨를 따니 100여 개나 되었다.

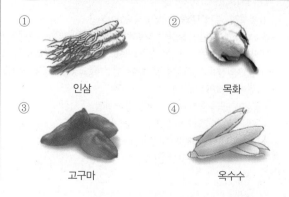

①   ②

인삼   목화

③   ④

고구마   옥수수

08 | 고려의 문화

● 고려의 학문과 사상

유학과 교육 기관의 흐름

고려 전기	고려 중기	고려 후기
• 광종 : 과거제 시행 • 성종 : 최승로의 건의 수용 　[국자감 설치(정비) 등]	• 김부식 : 『삼국사기』 편찬 • 사학의 부흥 vs. 관학 진흥책	• 중렬왕 : 안향(고려에 성리학 소개) • 충선왕 : 이제현(만권당에서 원 학자와 교류) • 공민왕 　- 이색을 성균 대사성으로 발탁 　- 성균관을 순수 유교 교육 기관으로 개편 　- 성균관에서 기술학부 폐지 • 신진 사대부의 성리학 수용

광종 : 과거제 시행 → 성종 : 최승로의 건의 수용 [국자감 설치(정비) 등]
↓
유학부와 기술학부로 구성

사학		관학
• 최충 : 9재 학당(문헌공도) 건립 • 사학 12도 융성	vs.	• 숙종 : 서적포 설치 • 예종 　- 전문 강좌 7재 마련 　- 양현고 설치 　- 청연각·보문각 설치

불교

고려 전기	고려 중기	무신 집권기	고려 후기
• 태조 : 숭불 정책(연등회·팔관회 개최) • 광종 : 승과 시행 • 성종 : 연등회·팔관회 일시 폐지	• 의천 • 국청사 창건 • 해동 천태종 개창 : 교종 > 선종 • 수행 방법 : 교관겸수, 내외겸전	• 요세 : 강진 백련사 결사 • 지눌 　- 정혜결사, 수선사(송광사) 결사 　- 『권수정혜결사문』 : 선 수행·노동·독경 강조 　- 조계종 개창 : 선종 > 교종 　- 수행 방법 : 정혜쌍수, 돈오점수 • 혜심 : 유불 일치설 주장(성리학 수용 토대 마련)	• 보우 : 불교의 폐단을 극복하기 위한 노력 → 실패

대장경의 간행

• 간행 목적 : 부처의 힘으로 국난을 극복하기 위함
• 초조대장경 : 거란의 침입을 물리치려는 염원을 담아 제작 → 몽골의 침입으로 불탐
• 『신편제종교장총록』 : 의천이 송·요(거란)·일본 등 각국의 불교 서적을 모아 만든 목록
• 『교장』 : 의천이 교장도감을 설치하여 『신편제종교장총록』을 바탕으로 『교장』 4,700여 권 간행
• 팔만대장경(재조대장경)
　- 몽골의 침략을 물리치려는 염원을 담아 제작
　- 최씨 무신 정권의 지원을 받음
　- 현재 경남 합천 해인사 장경판전에 보관
　- 유네스코 세계 기록 유산 등재

도교	풍수지리설

도교
- 초제 성행 : 하늘에 제사 지냄
- 복원궁(도교 사원) 설립
- 팔관회(도교 + 민간 신앙 + 불교) 개최

풍수지리설
- 도참사상(미래의 길흉화복을 예언)과 결합하여 유행
- 서경 길지설 : 북진 정책 및 묘청의 서경 천도 운동에 영향
- 한양 명당설 : 이성계가 수도를 정하는 데 영향을 끼침

● 다양한 문화의 발달

금속 활자	『상정고금예문』(1234)	현존하지 않음
	『직지심체요절』(1377)	• 청주 흥덕사에서 간행된 현존하는 가장 오래된 금속 활자본 • 1972년 박병선 박사가 프랑스 국립 도서관에 소장되어 있는 것을 발견
건축	주심포 양식	• 공포가 기둥 위에만 짜인 양식 • 대표 건축물 : 안동 봉정사 극락전, 영주 부석사 무량수전, 예산 수덕사 대웅전
	다포 양식	• 공포가 기둥뿐 아니라 기둥 사이에도 짜인 양식 • 대표 건축물 : 황해도 사리원 성불사 응진전
공예	순수 청자(순청자)	청자 참외 모양 병
	상감 청자	• 상감 기법 : 표면에 무늬를 새겨 파내고 다른 재질의 재료를 넣어 제작하는 고려의 독자적인 기법 • 12~13세기(무신 집권기)에 주류, 원 간섭기에 퇴조
불상	• 하남 하사창동 철조 석가여래 좌상 : 대형 철불 • 안동 이천동 마애여래 입상 • 영주 부석사 소조 아미타여래 좌상 : 신라 계승 걸작	• 논산 관촉사 석조 미륵보살 입상 : 대형 석불, 은진미륵 • 파주 용미리 마애 이불 입상
탑	• 평창 월정사 팔각 구층 석탑 : 宋의 영향 • 개성 경천사지 십층 석탑 : 원의 영향, 현재 서울 국립 중앙 박물관에 전시	
천문과 역법	• 당의 선명력(전기) → 원의 수시력(후기) • 사천대(서운관) 설치 • 고려 첨성대(개경)	
의학	『향약구급방』	우리나라에 현존하는 가장 오래된 의학 서적
화약 무기	최무선의 건의로 화통도감 설치 및 화약·화포 제작 → 진포 대첩에서 왜구 격퇴	
그림	문인화·산수화(전기) → 「천산대렵도」·「수월관음도」(후기)	
수필(패관) 문학	『파한집』(이인로), 『역옹패설』(이제현)	

● 역사서

고려 전기	고려 중기	무신 집권기	원 간섭기
『고려실록』 • 건국 초부터 작성된 실록이 거란의 침입으로 불탐 • 현종 때 태조~목종에 이르는 『7대 실록』을 다시 편찬함 • 현존하지 않음	『삼국사기』(김부식) • 왕명을 받아 편찬 • 유교적 합리주의 사관 • 기전체 • 신라 계승 의식 • 우리나라에 현존하는 가장 오래된 역사서 • 신라 시기 구분 : 상대·중대·하대	• 『동명왕편』(이규보) : 고구려 계승 의식 • 『해동고승전』(각훈) : 우리나라 역대 승려의 이야기	• 『삼국유사』(일연) - 왕력·기이·흥법 등 9편으로 구성 - 불교 + 민간 설화 수록 - 고조선 계승 의식(단군의 고조선 건국 이야기 수록) • 『제왕운기』(이승휴) : 고조선 계승 의식 • 『사략』(이제현) : 대의명분 중시

1 고려의 학문과 사상

(1) 유학과 교육 기관의 흐름

① 전기
- ㉠ 광종 : 과거제를 시행하여 유학에 능한 이들을 선발하고자 하였다.
- ㉡ 성종
  - ⓐ 최승로의 「시무 28조」를 수용하여 유교적 정치 이념을 채택하였다.
  - ⓑ 유학부와 기술학부로 구성된 국자감을 설치(정비)하였다.

② 중기
- ㉠ 김부식 : 보수적이면서 현실적인 유학 학풍을 지녔으며, 왕명을 받아 유교적 합리주의 사관에 따라 『삼국사기』를 편찬하였다.
- ㉡ 사학의 부흥
  - ⓐ 최충 : 해동공자라 불렸으며 9재 학당(문헌공도)을 세워 유학을 가르쳤다.
  - ⓑ 사학 12도 : 9재 학당을 포함한 12개 사학이 융성하였다.
  - ⓒ 사학이 부흥하자 관학이 위축되었다.
- ㉢ 관학 진흥책
  - ⓐ 숙종 : 책을 출판하기 위하여 국립 교육 기관인 국자감에 서적포를 설치하였다.
  - ⓑ 예종 : 국자감에 전문 강좌로 7재를 두어 분야별 유교 교육을 강화하였다. 또한 양현고라는 장학 재단을 설치하고 청연각과 보문각을 두어 학자들이 학문 연구에 몰두하도록 하였다.

③ 후기
- ㉠ 충렬왕 : 안향이 고려에 처음 성리학을 소개하였다.
- ㉡ 충선왕 : 만권당을 설치하여 이제현으로 하여금 원의 학자들과 교류하도록 하였다.
- ㉢ 공민왕 : 이색을 성균 대사성으로 삼고 성균관을 순수 유교 교육 기관으로 개편하였다. 이로써 성균관에서 기술학부는 폐지되었다.
- ㉣ 신진 사대부는 현실 사회 모순을 시정하기 위한 개혁 사상으로서 성리학을 수용하였다.

(2) 불교

대각 국사 의천

보조 국사 지눌

고려 전기	태조	숭불 정책의 일환으로 연등회와 팔관회를 개최함
	광종	승과를 시행함
	성종	연등회와 팔관회를 일시적으로 폐지함
고려 중기	의천	• 국청사를 창건함 • 해동 천태종을 개창하고 교종 중심의 선종 통합을 위하여 힘씀 • 수행 방법으로 교관겸수, 내외겸전을 강조함
무신 집권기	요세	강진에서 백련사를 결성하고 참회와 염불을 강조함
	지눌	• 수선사(송광사)를 중심으로 결사 운동을 전개함 • 정혜결사를 조직하고 『권수정혜결사문』을 지어 선 수행 · 노동 · 독경을 강조함 • 조계종을 개창하고 선종 중심의 교종 통합을 위하여 노력함 • 수행 방법으로 정혜쌍수, 돈오점수를 강조함
	혜심	유불 일치설을 주장하여 성리학을 수용하는 사상적 토대를 마련함
고려 후기		• 불교의 폐단이 심화됨 • 보우 : 교단 정화를 위하여 노력하였으나 실패함

(3) 대장경의 간행

① 간행 목적 : 부처의 힘으로 국난을 극복하기 위하여 대장경을 간행하였다.

② 종류

초조대장경	• 거란의 침입을 물리치려는 염원을 담아 제작함 • 몽골의 침입으로 불타서 인쇄본 일부만 전함
『교장』	의천은 송·요(거란)·일본 등 각국의 불교 경전을 모아 목록에 해당하는 『신편제종교장총록』을 편찬하고, 교장도감을 설치하여 『교장』 4,700여 권을 간행함
팔만대장경 (재조대장경)	• 몽골의 침입을 물리치려는 염원을 담아 제작함 • 최씨 무신 정권의 지원을 받아 제작됨 • 현재 경남 합천 해인사 장경판전에 보관되어 있음 • 유네스코 세계 기록 유산으로 등재됨

(4) 도교

① 왕실에서 국가의 안녕과 왕실의 번영을 기원하며 도교 행사를 열고 하늘에 제사를 지내는 초제를 거행하였다.

② 예종 때 도교 사원인 복원궁을 지어 도교를 보급하였다.

③ 국가적 행사인 **팔관회**는 도교와 불교 및 민간 신앙이 어우러진 행사였다.

(5) 풍수지리설

① 통일 신라 말에 도선이 들여온 풍수지리설이 미래의 길흉화복을 예언하는 도참사상과 결합하여 유행하였다.

② 서경 길지설 : 태조 왕건의 북진 정책과 묘청의 서경 천도 운동에 이론적 근거가 되었다.

③ 한양 명당설 : 이성계가 수도를 한양으로 정할 때 풍수지리설을 참고하였다.

2 다양한 문화의 발달

(1) 금속 활자

① 『상정고금예문』(1234) : 몽골과의 전쟁 도중에 강화도에서 인쇄하였으나 오늘날 전하지 않는다.

② 『직지심체요절』(1377)

　㉠ 청주 흥덕사에서 간행된 세계에서 가장 오래된 금속 활자본이다.

　㉡ 유네스코 세계 기록 유산으로 등재되었으며 프랑스 국립 도서관에 보관되어 있다.

(2) 건축

① **주심포 양식** : 지붕의 무게를 기둥에 전달하고 건물을 치장하는 공포가 기둥 위에만 짜여 있다.

안동 봉정사 극락전

영주 부석사 무량수전
배흘림기둥과 주심포 양식이 특징이며 아미타불이 모셔져 있다.

예산 수덕사 대웅전

팔만대장경(재조대장경)

● 합천 해인사 장경판전

15세기에 건립되었다.

청자 인물형 주전자
도교에서 신성한 과일이라 여기는 복숭아를 손에 들고 있다.

● 『직지심체요절』

1972년 박병선 박사가 발견하여 세상에 알려졌다.

주심포 양식

② 다포 양식
  ㉠ 기둥뿐 아니라 기둥 사이에도 공
    포를 설치하였다.
  ㉡ 조선 시대 건축에 큰 영향을 끼
    쳤다.

다포 양식   황해도 사리원 성불사 응진전

(3) 공예

① 순수 청자(순청자) : 10세기 후반부터 청자 생산이 시작되었고, 11~12세기에는 순수 청자
  (순청자)가 독자적으로 발전하였다. **청자 참외 모양 병이 대표적이다.**

② 상감 청자
  ㉠ **12세기 중엽에 고려만의 독자적 기법인 상감 기법이 개발되었다.**
  ㉡ 12세기부터 13세기 무신 집권기까지 주류를 이루었으나 원 간섭기에 퇴조하였으며,
    점차 분청사기로 바뀌어 갔다.
  ㉢ 전남 강진과 전북 부안이 청자 생산지로 유명하였다.

③ **분청사기** : 원 간섭기에는 북방 가마 기술이 유입되어 청자가 퇴조하였고, 이후 분청사기
  가 등장하여 조선 초까지 유행하였다.

④ 기타
  ㉠ 송의 영향으로 금속 공예가 발달하였는데, 특히 은입사 기술이 발달하였다.
  ㉡ 옻칠한 바탕에 자개를 붙여 무늬를 나타내는 **나전 칠기 공예**도 발달하였다.

나전 칠기 경함

청자 참외 모양 병   청자 상감 운학문 매병   분청사기 조화 어문 편병   청동 은입사 포류수금문 정병

(4) 불상

① 조성 시기와 조성된 지역에 따라 독특한 모습이 나타났다.
② 고려 전기에는 대형 철불이 많이 조성되었는데, 신라를 계승한 걸작도 있었다.
③ 큰 규모에 비하여 조형미가 다소 부족하지만, 소박한 지방 문화를 살펴볼 수 있다.

영주 부석사 소조 아미타여래 좌상   하남 하사창동   논산 관촉사 석조 미륵보살 입상   안동 이천동 마애여래 입상   파주 용미리 마애 이불 입상
신라 양식을 계승한 걸작이다.   철조 석가여래 좌상   대형 석불로서 은진 미륵이라
고 불린다.

(5) 탑

① 신라 양식을 일부 계승하고 독자적인 조형 감각을 가미하여 다양한 형태로 제작되었다.
② 송의 영향을 받아 다각 다층 형태로 제작되기도 하였다.

③ 고려 후기에는 원의 영향을 받아 제작된 탑도 존재하였다.
④ 승탑은 고려 시대에도 여전히 유행하였다.

평창 월정사 팔각 구층 석탑
고려 전기에 송의 영향을 받아 제작된 다각 다층 탑이다.

개성 경천사지 십층 석탑
고려 후기에 원의 영향을 받아 대리석으로 제작된 다각다층 탑이다. 대한 제국 시기에 일본인에게 약탈되었다가 일제 강점기에 다시 돌아왔고, 그 과정에서 베델과 헐버트 등이 많은 노력을 하였다. 현재는 서울 국립 중앙 박물관에 전시되어 있다.

여주 고달사지 승탑

여주 신륵사 다층 전탑
현존하는 유일한 고려 시대 전탑이다.

(6) 천문과 역법

① 고려 전기에는 신라 때부터 쓰던 당의 선명력을 사용하였으며, 고려 후기에는 원의 수시력을 채용하였다. 공민왕 때는 명의 대통력을 사용하였다.
② 천문과 역법을 맡은 관청인 ==사천대(서운관)를 설치하였고, 첨성대에서 천체와 기상 현상을 관측하였다.==

(7) 의학

『향약구급방』은 우리나라에 현존하는 가장 오래된 의학 서적으로서 각종 질병에 대한 처방과 국산 약재 180여 종이 소개되어 있다.

(8) 화약 무기

① 발달 배경 : 고려 말에 왜구가 자주 침입하자 이를 효율적으로 방어할 ==화약 무기 개발==의 필요성이 대두되었다.
② ==최무선의 건의에 따라 화통도감을 설치하고 화약과 화포를 제작하였으며, 이는 진포 대첩 등에서 왜구를 격퇴하는 데 큰 역할을 하였다.==

(9) 그림

① 고려 전기 : 문인화와 산수화를 주로 그렸다.
② 고려 후기 : 공민왕이 「천산대렵도」를 그렸으며, 「수월관음도」 등 불화를 그렸다.

「천산대렵도」

「수월관음도」

(10) 문학

① 고려 전기 : 향가와 한문학이 발달하였으며 대표적인 향가로 균여의 「보현십원가」 11수가 있다.
② 무신 집권기 : 가전체 문학과 수필(패관) 문학이 발달하였으며 대표적인 수필 문학으로 이인로의 『파한집』, 이제현의 『역옹패설』 등이 있다.
③ 고려 후기 : 서민의 정서를 담은 「청산별곡」, 「쌍화점」 등 장가(속요)가 유행하였고, 신진 사대부 사이에서 「관동별곡」, 「죽계별곡」 등 경기체가가 유행하였다.

3 역사서

● 기전체
역사를 본기(제왕), 열전(인물), 지(주제), 표(연표) 등으로 구성하는 서술 방식이다. 『삼국사기』는 본기, 지, 표, 열전으로 구성되어 있다.

『고려실록』	• 거란의 침입으로 태조부터 목종까지 7대의 실록이 불타자 현종 때 『7대 실록』을 다시 편찬함 • 이후에도 실록이 편찬되었으나 임진왜란 때 소실되어 현존하지 않음
『삼국사기』	• 김부식이 인종의 명으로 감수국사가 되어 편찬함 • 유교적 합리주의 사관에 따라 역사를 기전체 형식으로 서술함 • 신라 계승 의식이 반영되었으며, 신라 역사를 상대 · 중대 · 하대로 구분하여 서술함 • 우리나라에 현존하는 가장 오래된 역사서
『동명왕편』	무신 집권기에 이규보가 쓴 서사시로 고구려 계승 의식이 나타남
『해동고승전』	무신 집권기에 각훈이 왕명에 의하여 고승들의 전기를 기록함
『삼국유사』	• 왕력 · 기이 · 흥법 등 9편으로 구성됨 • 원 간섭기에 일연이 불교적 내용뿐만 아니라 민간 설화 등을 수록함 • 단군의 고조선 건국 이야기를 수록하는 등 고조선(단군) 계승 의식이 나타남
『제왕운기』	• 원 간섭기에 이승휴가 편찬함 • 단군의 건국 이야기를 수록하는 등 고조선 계승 의식이 나타남
『사략』	• 원 간섭기 공민왕 때 이제현이 편찬하였으나 현재 사론만 전함 • 정통 의식과 대의명분을 강조함

➕ 역사 서술 방식

참고

구분	내용	역사서
기전체	• 본기(本紀), 열전(列傳), 지(志), 표(表)로 구성됨 • 사마천의 『사기』에서 비롯됨	『삼국사기』
편년체	역사적 사실을 연대순(연월일)에 따라 서술함	『조선왕조실록』
기사 본말체	사건별로 제목을 앞에 세우고, 이와 관련된 기사를 한데 모아 서술함	『연려실기술』
강목체	• 강(綱) : 줄거리 기사를 큰 글씨로 요약하여 서술함 • 목(目) : 구체적인 내용을 서술함	『동사강목』

능력(能力) 향상을 위한 O, X

	정답
01 국자감은 고려 성종 때 설립된 최고 교육 기관이다. ( )	○
02 안향은 성리학을 고려에 처음 소개하였다. ( )	○
03 이제현은 만권당에서 원의 학자와 교류하였다. ( )	○
04 지눌은 수선사 결사 운동을 전개하였다. ( )	○
05 『직지심체요절』은 청주 흥덕사에서 간행된 세계에서 가장 오래된 금속 활자본이다. ( )	○
06 상감 청자는 고려의 대표적인 도자기 중 하나로 표면에 무늬를 새겨 파내고 다른 재질의 재료를 넣어 제작하였다. ( )	○
07 논산 관촉사 석조 미륵보살 입상은 은진 미륵이라고도 불린다. ( )	○

검정(檢定)된 기출문제

01

(가)에 들어갈 문화유산으로 옳은 것은?

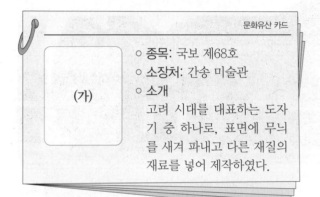

문화유산 카드

(가)

o 종목: 국보 제68호
o 소장처: 간송 미술관
o 소개
고려 시대를 대표하는 도자기 중 하나로, 표면에 무늬를 새겨 파내고 다른 재질의 재료를 넣어 제작하였다.

①

분청사기 철화 어문 항아리

②

백자 철화 끈무늬 병

③

청자 상감 운학문 매병

④

청자 참외모양 병

02

(가)에 들어갈 문화유산으로 옳은 것은?

①

이불병좌상

②

안동 이천동
마애여래 입상

③

석굴암 본존불상

④

서산 용현리
마애여래 삼존상

03

(가)에 해당하는 문화유산으로 옳은 것은?

이달의 뮤지컬

등불처럼 불꽃처럼

청주 흥덕사에서 간행된 금속 활자본인 [(가)]을
프랑스 국립 도서관에서 발견하여 알린 그녀!
조선 왕실의 행사를 기록한 외규장각 의궤의
국내 반환을 위하여 애쓴 그녀!
박병선 박사의 꿈과 열정이
춤과 노래로 펼쳐집니다.

- 일시: 2020년 ○○월 ○○일 오후 7시
- 장소: ◇◇ 문화 센터 대강당

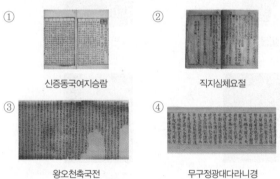

① 신증동국여지승람
② 직지심체요절
③ 왕오천축국전
④ 무구정광대다라니경

04

(가)에 들어갈 문화유산에 대한 설명으로 옳은 것은?

이곳 합천 해인사 장경판전에는 고려 시대에 제작된 [(가)]이/가 현재까지 잘 보존되어 있습니다. 그 이유는 건물의 통풍이 잘 되도록 위아래 창의 크기를 서로 다르게 하였고 안쪽 흙바닥 속에 숯과 횟가루를 넣어 습도를 조절하였기 때문입니다.

① 승정원에서 편찬하였다.
② 시정기와 사초를 바탕으로 제작하였다.
③ 현존하는 가장 오래된 금속 활자본이다.
④ 부처의 힘으로 몽골의 침입을 물리치고자 만들었다.

05

다음 퀴즈의 정답으로 옳은 것은?

1단계 | 본관은 경주로 고려의 유학자이자 정치가이다.

2단계 | 서경에서 묘청이 난을 일으키자 진압군의 원수로 임명되어 이를 평정하였다.

3단계 | 왕명으로 감수국사가 되어 삼국사기를 편찬하였다.

제시된 단계별 힌트를 종합하여 알 수 있는 인물은 누구일까요?

① 양규   ② 일연   ③ 김부식   ④ 이제현

06

(가)~(다) 학생이 발표한 내용을 일어난 순서대로 옳게 나열한 것은?

〈배움 주제: 고려의 교육 기관〉

인재를 양성하기 위하여 국자감이 처음 설치되었어요.

사립 학교인 9재 학당이 세워졌어요.

성균관이 정비되어 유학 교육이 강화되었어요.

(가)   (나)   (다)

① (가) – (나) – (다)   ② (가) – (다) – (나)
③ (나) – (가) – (다)   ④ (다) – (가) – (나)

설민석
한국사능력검정시험
개념완성

기본편

III

조선 유교 사회의
성립과 변화

설쌤의
학습 가이드

조선 시대는 전하는 기록이 많은 만큼 정말 재미있는 이야기도 많아요. 시험에서는 주로 왕의 업적을 묻는 문제가 출제되는데, 선생님의 이야기만 들으면 무조건 맞힐 수 있답니다.

조선 시대 경제사를 학습할 때는 조선 전기와 조선 후기의 특징을 비교해야 해요. 그리고 사회사에서는 서얼의 삶을 이해해 봅시다.

유교 국가인 조선의 유학자를 알아보고 나서, 세종 대왕님이 만든 많은 문화를 배울 거예요. 세종 대왕님은 널리 알려진 훈민정음 외에도 셀 수 없이 많은 발명품을 만드셨답니다.

| 조선의 정치 | 조선의 경제와 사회 | 조선의 문화 |

설쌤의 **한(韓)판** 정리

● 조선의 건국 과정

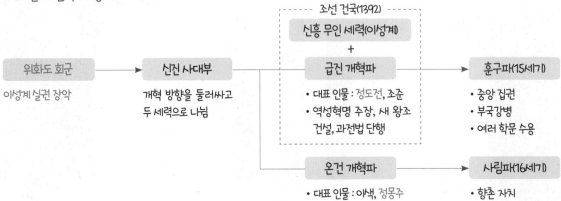

조선 건국(1392)

위화도 회군
이성계 실권 장악

신진 사대부
개혁 방향을 둘러싸고
두 세력으로 나뉨

신흥 무인 세력(이성계)
+
급진 개혁파
• 대표 인물 : 정도전, 조준
• 역성혁명 주장, 새 왕조
  건설, 과전법 단행

훈구파(15세기)
• 중앙 집권
• 부국강병
• 여러 학문 수용

온건 개혁파
• 대표 인물 : 이색, 정몽주
• 역성혁명 반대, 고려 왕조 유지

사림파(16세기)
• 향촌 자치
• 성리학 이외 학문 배격

● 조선 전기 국왕

14세기

태조	정종	15세기		
		태종	세종	문종 → 단종

태조
• 한양 천도 : 경복궁 등 궁궐 건립, 한양에 시전 설치
• 정도전
  - 성리학적 통치 이념 확립
  - 재상 중심 정치 주장
  - 『불씨잡변』 저술
  - 『조선경국전』 저술
  - 제1차 왕자의 난 때 사망

정종
• 개경 천도
• 제2차 왕자의 난 발생

태종
• 한양 재천도
• 전국을 8도로 정비
• 왕권 강화 정책
  - 6조 직계제 시행
  - 사병 혁파
  - 사간원 독립
• 국가 재정 확충
  - 양전 사업 시행, 사원전 몰수
  - 호패법 시행
• 민생 안정 : 신문고 설치

세종
• 왕권과 신권의 조화 : 의정부 서사제 시행
• 유교 정치 이념 추구 : 집현전 설치, 경연 활성화
• 훈민정음 창제
• 대외 정책
  - 여진 : 4군 6진 개척
  - 일본 ㉠ 대마도(쓰시마섬) 정벌 : 이종무
    ㉡ 삼포(부산포·염포·제포) 개항
    ㉢ 계해약조 체결

문종 → 단종
계유정난 발생
→ 수양 대군(세조) 집권

16세기

세조	성종	연산군	중종	명종

세조
• 단종 복위 운동
• 왕권 강화 정책
  : 6조 직계제 재시행, 집현전 폐지
• 유향소·경연 폐지
• 『경국대전』 편찬 시작
• 직전법 시행

성종
• 홍문관 설치 : 집현전 기능 계승
• 유향소를 향청으로 부활
• 경연 활성화
• 사림 등용(김종직 외)
• 『경국대전』 완성
• 폐비 윤씨 사사 사건
• 『해동제국기』(신숙주) 편찬

연산군
• 무오사화
  - 배경 : 김종직의 「조의제문」
• 갑자사화
  - 배경 : 폐비 윤씨 복위 문제
• 중종반정

중종
• 사림 등용(조광조)
• 조광조의 개혁 정치
  - 유향소 폐지 및 향약 시행 주장
  - 현량과 시행 건의
  - 소격서 폐지 주장
• 기묘사화
  - 배경 : 조광조의 위훈 삭제
• 삼포왜란 : 비변사 설치 계기

명종
• 을사사화 : 외척 간 다툼
• 을묘왜변 : 비변사 상설 기구화
• 임꺽정의 난

● 통치 체제 정비

중앙 통치 기구

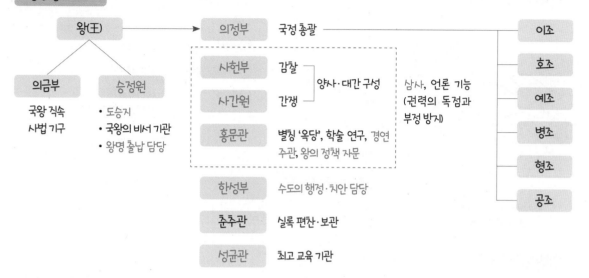

- 왕(王)
  - 의정부 — 국정 총괄 — 이조 / 호조 / 예조 / 병조 / 형조 / 공조
  - 의금부
    - 국왕 직속 사법 기구
  - 승정원
    - 도승지
    - 국왕의 비서 기관
    - 왕명 출납 담당
  - 사헌부 — 감찰
  - 사간원 — 간쟁
    - 양사·대간 구성
  - 홍문관 — 별칭 '옥당', 학술 연구, 경연 주관, 왕의 정책 자문
    - 삼사, 언론 기능 (권력의 독점과 부정 방지)
  - 한성부 — 수도의 행정·치안 담당
  - 춘추관 — 실록 편찬·보관
  - 성균관 — 최고 교육 기관

지방 행정 조직

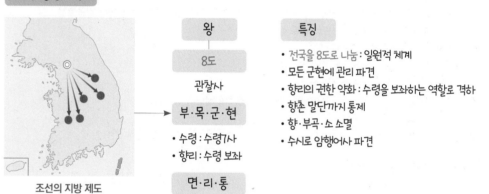

조선의 지방 제도

- 왕
  - 8도
    - 관찰사
  - 부·목·군·현
    - 수령 : 수령7사
    - 향리 : 수령 보좌
  - 면·리·통

특징
- 전국을 8도로 나눔 : 일원적 체계
- 모든 군현에 관리 파견
- 향리의 권한 약화 : 수령을 보좌하는 역할로 격하
- 향촌 말단까지 통제
- 향·부곡·소 소멸
- 수시로 암행어사 파견

유향소
- 향촌 자치 기구
- 사족으로 구성 : 좌수, 별감
- 역할 : 수령 보좌, 향리 감찰

경재소
- 역할 : 유향소 통제, 중앙과 지방의 연락 사무 관장

서원
- 백운동 서원(주세붕) → 소수 서원(이황) : 최초의 사액 서원
- 역할 : 선현 제사, 교육 담당
- 정리 : 영조, 흥선 대원군

향약
- 향촌 자치 규약
- 조광조 시행 주장 → 이황·이이 확산
- 역할 : 풍속 교화, 질서 유지

군사 제도
- 전기
  - 중앙군 : 5위
  - 지방군 : 영진군, 잡색군
- 후기
  - 중앙군 : 5군영(훈련도감·어영청·총융청·수어청·금위영) 체제
  - 지방군 : 속오군 체제

관리 등용 제도
- 과거
  - 문과 : 소과(생진과) → 성균관 → 대과
  - 무과
  - 잡과
- 천거
- 음서

교육 제도
- 관학
  - 성균관 : 한성(서울)에 위치한 최고 교육 기관, 대성전·명륜당
  - 4부 학당 : 한성(서울)에 위치한 중등 교육 기관
  - 향교 : 지방 중등 교육 기관, 교수나 훈도 파견
- 사학
  - 서원 : 사림이 세운 지방의 중등 교육 기관
  - 서당 : 지방의 초등 교육 기관

● 조선의 대외 관계

조선 전기 대외 관계

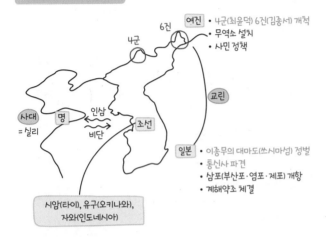

비변사의 변천

- 별칭 : 비국, 주사

(삼)포왜란	(중)종	임시로 설치
(을)묘왜변	(명)종	상설 기구화
(임)진왜란	(선)조	최고 기구화 (의정부·6조 기능 약화)

임진왜란(1592)

| 배경 | • 도요토미 히데요시의 일본 통일 | • 정치적 안정과 세력 확장을 위하여 조선 침략 추진 |

| 전개 과정 | • 초반 왜군 우세 : 부산성·동래성 함락, 신립의 충주 탄금대 전투 패배, 선조의 의주 피신, 명에 원군 요청
• 이순신의 활약 : 옥포 해전, 한산도 대첩 등
• 조·명 연합군의 활약 : 평양성 탈환
• 관군의 활약 : 권율의 행주 대첩, 김시민의 진주 대첩
• 의병의 활약 : 양반 주도 아래 농민 참여
• 주요 의병장 : 곽재우(홍의 장군), 유정(사명 대사), 고경명, 조헌(금산 전투), 정문부 |

| 휴전 | • 왜군과 명의 휴전 협상 | • 훈련도감 설치 : 유성룡의 건의 |

| 정유재란 | • 휴전 결렬 : 왜군 재침입
• 원균의 칠천량 해전 패배
• 도요토미 히데요시 사망, 불리한 전세 → 왜군 철수 | • 이순신의 활약(명량 대첩, 노량 해전) |

| 결과 | • 조선 : 문화재 소실 및 약탈(도자기 등), 국토의 피폐화, 재정 궁핍
• 명 : 원군 파병으로 국방력 약화 초래
• 일본 : 정권 교체(도요토미 히데요시 → 도쿠가와 이에야스, 에도 막부 성립) |

호란의 발발

정묘호란(후금, 1627)

원인	친명배금 정책에 반발
과정	조선의 항전(정봉수, 이립)
결과	형제 관계 체결

병자호란(청, 1636)

원인	청의 군신 관계 요구
과정	척화론(윤집, 김상헌) vs. 주화론(최명길) → 척화론 우세 → 청의 침입 → 임경업의 백마산성 항전, 인조의 남한산성 피신
결과	삼전도의 굴욕(삼전도비), 청과 군신 관계 체결, 소현 세자·봉 림 대군 볼모, 삼학사 사망, 북벌론 대두

● 조선 후기 정치 변동

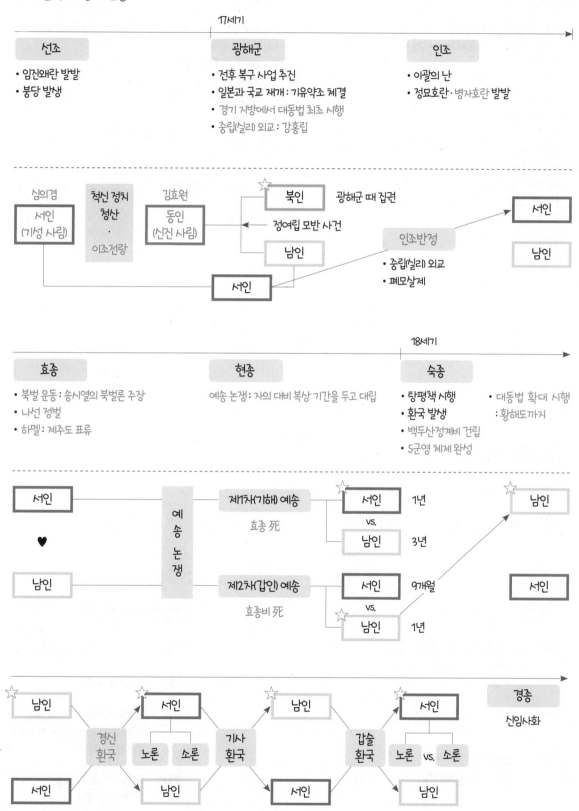

17세기

선조	광해군	인조

- 임진왜란 발발
- 붕당 발생

- 전후 복구 사업 추진
- 일본과 국교 재개 : 기유약조 체결
- 경기 지방에서 대동법 최초 시행
- 중립(실리) 외교 : 강홍립

- 이괄의 난
- 정묘호란·병자호란 발발

심의겸
서인
(기성 사림)

척신 정치
청산
·
이조전랑

김효원
동인
(신진 사림)

북인 — 광해군 때 집권

정여립 모반 사건

남인

인조반정
- 중립(실리) 외교
- 폐모살제

서인

서인

남인

18세기

효종	현종	숙종	

- 북벌 운동 : 송시열의 북벌론 주장
- 나선 정벌
- 하멜 : 제주도 표류

예송 논쟁 : 자의 대비 복상 기간을 두고 대립

- 탕평책 시행
- 환국 발생
- 백두산정계비 건립
- 5군영 체제 완성

- 대동법 확대 시행
  : 황해도까지

서인

♥

남인

예송 논쟁

제1차(기해) 예송
효종 死

서인 — 1년
vs.
남인 — 3년

남인

서인

제2차(갑인) 예송
효종비 死

서인 — 9개월
vs.
남인 — 1년

남인 경종
신임사화

남인

경신
환국

서인

노론 소론

기사
환국

남인

서인

갑술
환국

서인

노론 vs. 소론

남인

설쌤의 한(韓)판 정리

영조

- 탕평책(완론 탕평) 시행
  - 탕평파(탕평 정책에 동의하는 세력)를 중심으로 정국 운영
  - 서원 정리
  - 산림 부정
  - 이조 전랑의 후임자 천거권 폐지
  - 탕평비 건립
- 개혁 정책 추진
  - 균역법 시행
  - 신문고 부활
  - 삼심제 시행, 가혹한 형벌 폐지
- 문물제도 정비 : 『속대전』·『동국문헌비고』 편찬
- 청계천 준설

정조

- 탕평책(준론 탕평) 시행 : 노론·소론·남인 간 균형 유지
- 왕권 강화 정책
  - 규장각·외규장각 설치
  - 장용영(친위 부대) 설치 : 내영, 외영
  - 초계문신제 시행
  - 수원 화성 건설
  - 수령이 향약 주관 → 사림의 영향력 축소
- 개혁 정책 추진
  - 신해통공 : 육의전을 제외한 시전의 금난전권 폐지
  - 서얼에 대한 차별 완화 → 규장각 검서관에 서얼 등용(유득공, 이덕무, 박제가)
- 문물제도 정비 : 『대전통편』 편찬

세도 정치의 전개

특징 소수 가문이 비변사·훈련도감 장악 및 권력 독점

폐단 매관매직 → 탐관오리 증가 → 삼정의 문란 → 농민의 저항(벽서·소청, 항조·거세 → 봉기)

19세기

순조	헌종	철종

홍경래의 난(순조, 1811)

원인 세도 가문의 부패 + 삼정의 문란 + 서북민(평안도민) 차별 대우

주도 몰락 양반·신흥 상공업 세력·광부·빈농

결과 청천강 이북 지역 장악 → 정주성이 함락되며 진압

임술 농민 봉기(철종, 1862)

원인 백낙신의 학정과 삼정의 문란

주도 몰락 양반 유계춘

전개 단성에서 시작 → 진주로 확산 → 북으로는 함흥, 남으로는 제주까지 전국적으로 확산

결과 안핵사 박규수와 암행어사 파견, 삼정이정청 설치

104 한국사능력검정시험 개념완성 기본

1 조선의 건국 과정

(1) 위화도 회군
① 명은 원이 직접 지배하던 철령 이북 땅을 직속령으로 삼겠다고 통보하였다.
② 최영은 이성계에게 요동 정벌을 명하였으나, 요동 정벌에 반대한 이성계는 압록강의 위화도에서 군대를 돌려 최영을 제거하고 **정치권력을 장악하였다**.

(2) 신진 사대부의 분화
① 온건 개혁파
    ㉠ 이색과 **정몽주** 등은 권문세족의 부정부패를 시정하는 일에는 동의하였으나, 고려 왕조를 유지하고자 하였다. 이들은 훗날 사림파로 이어졌다.
    ㉡ 사림파 : 향촌 자치를 추구하였고 성리학 이외 학문을 배격하였다.
② 급진 개혁파
    ㉠ **정도전**과 조준 등은 사전을 혁파하고 역성혁명을 일으켜 새 왕조를 세우고자 하였다. 이들은 훗날 훈구파로 이어졌다.
    ㉡ 훈구파 : 중앙 집권을 추구하였고 성리학뿐만 아니라 여러 학문을 수용하였다.

(3) 과전법 단행(1391)
① 이성계와 급진 개혁파는 권문세족의 토지를 몰수하여 신진 사대부에게 재분배하는 과전법을 단행하였다.
② 과전법 시행으로 권문세족이 몰락하였으며, 신진 사대부의 경제 기반이 마련되고 국가 재정이 확충되었다.

(4) 조선 건국(1392)
① 고조선을 계승한다는 의미에서 국호를 '조선'으로 정하였다.
② 도읍을 한양으로 정하였다.

2 조선 전기 국왕

태조	• 한양으로 도읍을 옮기고 경복궁 등 궁궐을 건립하였으며 한양에 시전을 설치함
	• 정도전의 성리학적 정치 이념이 확립됨
	  ㉠ 재상 중심 정치를 주장함
	  ㉡『불씨잡변』을 지어 불교의 폐단을 비판함
	  ㉢『조선경국전』을 지어 조선 왕조의 통치 규범을 제시함
	  ㉣ 제1차 왕자의 난 때 사망함

정종	• 개경으로 도읍을 옮김 • 제2차 왕자의 난이 일어남

태종	• 한양으로 도읍을 옮김 • 전국을 8도로 정비함
	• 왕권 강화 정책
	  ㉠ 6조 직계제 시행 : 6조에서 의정부를 거치지 않고 곧바로 왕에게 재가를 받도록 함
	  ㉡ 사병을 혁파하여 군사권을 장악함
	  ㉢ 사간원을 독립시켜 대신을 견제함
	• 국가 재정 확충 : 세금과 군역을 확보하기 위하여 양전 사업과 **호패법을 시행**하고 사원전을 몰수함
	• 민생 안정책 : 백성의 억울함을 해소하기 위하여 신문고를 설치함

● 정몽주
고려 말을 대표하는 충신이자 유학자로 호는 포은이다. 성균관 대사성을 역임하였으며 고려 왕조를 지키려다가 이방원에 의하여 피살되었다.

● 6조 직계제

태종과 세조가 왕권을 강화하고자 시행하였다.

● 호패

조선 시대 16세 이상의 남자들이 신분을 증명하기 위하여 몸에 차고 다녔다.

의정부 재상의 권한이 너무 막강하여 없애려고 하였으나, 의정부를 없애기는 어려울 듯하여 이를 개선하고자 앞으로 의정부는 사대문서를 작성하는 일과 중죄수를 심의하는 일만 하도록 하라. 그리고 의정부의 행정 업무는 6조가 나누어 처리하되 먼저 나에게 보고하도록 하라. 내가 직접 보고를 받아 결정하겠노라.
–『태종실록』–

● 의정부 서사제

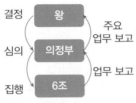

결정 — 왕 — 주요 업무 보고
심의 — 의정부
집행 — 6조 — 업무 보고

세종 및 대부분의 왕이 신권과 왕권을 조화시키고자 시행하였다.

● 사민 정책
백성을 새로 개척한 지역으로 이주시키는 정책이다.

세종	왕권과 신권의 조화 추구	의정부 서사제 시행 : 의정부에서 6조의 업무를 먼저 심의한 뒤 국왕에게 보고하고 국왕의 지시도 의정부를 거쳐 6조에 전달되도록 함
	유교 정치 이념 추구	• 집현전 설치 : 학문과 정책 연구를 담당하도록 함 • 경연을 활성화함　　　　　• 훈민정음을 창제함
	대외 정책	• 여진 : 4군(최윤덕) 6진(김종서)을 개척하고 사민 정책을 시행함 • 일본 　㉠ 이종무에게 대마도(쓰시마섬)를 정벌하도록 함 　㉡ 삼포 개항 : 부산포 · 염포 · 제포를 개항하여 제한된 무역을 허용함 　㉢ 계해약조를 체결함

6조 직계제를 시행한 이후, 모든 업무가 6조에 집중되어 있다. 따라서 업무의 크고 작음과 가볍고 무거움이 제대로 구별되지 않으며, 의정부는 오직 사형수를 심판하는 일만 하게 되므로 재상을 임명한 뜻에 어긋난다. 6조는 모든 업무를 먼저 의정부에 보고하고, 의정부는 협의를 거쳐 나에게 보고하여 명령을 받고 그 내용을 다시 6조에 내려보내 시행하도록 하라.
–『세종실록』–

문종 → 단종	• 세종 이후 즉위한 문종이 일찍 죽자 어린 단종이 즉위하며 재상인 김종서, 황보인 등에게 정치적 권한이 넘어감 • 계유정난 : 단종의 작은아버지인 수양 대군이 정변을 일으켜 권력을 장악함
세조	• 단종 복위 운동이 일어났으나 진압함 • 왕권 강화 정책 　㉠ 6조 직계제를 재시행함 　㉡ 집현전 폐지 : 언관의 활동을 억제하기 위함 • 유향소와 경연을 폐지함 • 『경국대전』 편찬을 시작함　　　　　• 직전법을 시행함
성종	• 홍문관 설치 : 집현전의 기능을 계승함 • 유향소를 향청이라는 이름으로 부활시킴 • 경연을 활성화함 • 김종직 등 사림 세력을 중용함 • 『경국대전』을 완성함 • 폐비 윤씨 사사 사건 : 연산군의 어머니 윤씨를 폐위 및 사사함 • 신숙주가 『해동제국기』를 편찬함
연산군	• 무오사화 　㉠ 원인 : 김종직이 쓴 『조의제문』을 계기로 일어남 　㉡ 결과 : 사림 세력이 화를 입음 • 갑자사화 　㉠ 원인 : 폐비 윤씨 복위 문제를 계기로 일어남 　㉡ 결과 : 사림 세력이 화를 입음 • 중종반정으로 연산군이 쫓겨남

● 중용
중요한 자리에 임용하는 것이다.

● 「조의제문」
김종직이 항우에게 죽은 초의 회왕, 즉 의제를 애도하며 지은 글이다. 김종직은 이 글에서 세조에게 죽임을 당한 단종을 의제에 비유하여 세조의 찬탈을 은근히 비난하였다.

중종	• 사림 세력 등용 : 훈구 세력을 견제하기 위함 • 조광조의 개혁 정치 　㉠ 유향소를 폐지하고 향약 시행을 주장함 　㉡ 현량과 시행을 건의함 　㉢ 소격서 폐지를 주장함 　㉣ 기묘사화 때 사사됨 • 기묘사화 　㉠ 원인 : 조광조의 위훈 삭제 건의를 계기로 일어남 　㉡ 결과 : 조광조 등 사림 세력이 정계에서 축출됨 • 삼포왜란 : 비변사를 임시 기구로 설치하는 계기가 됨
명종	• 을사사화 : 외척 간 권력 다툼으로 발생함 • 을묘왜변 : 비변사를 상설 기구화하는 계기가 됨 • 임꺽정이 난을 일으킴

조광조

● 현량과
현명하고 어진 인재를 추천으로 등용하는 제도이다.

3 통치 체제 정비

(1) 중앙 통치 기구

① **의정부** : 국정을 총괄하는 기구로 재상(영의정·우의정·좌의정)이 주요 관청의 최고 책임을 겸직하며 백관을 통솔하였으며, 정책을 심의하고 결정하였다.

② 6조
　㉠ 이조(인사)·호조(재정)·예조(외교, 교육)·병조(국방)·형조(법률)·공조(건설)로 구성되었다.
　㉡ 명령 집행을 담당하였고 각 조 아래 여러 관청을 두어 행정의 효율성을 극대화하였다.

③ 의금부 : 국왕 직속 사법 기구로 왕권 강화에 기여하였으며, 국가의 큰 죄인을 다스렸다.

④ **승정원** : 국왕 직속 비서 기관으로 **최고 직책은 도승지였으며, 왕권 강화에 기여하며 왕명 출납을 담당하였다.**

⑤ **삼사**
　㉠ 왕권을 견제하고 권력의 독점과 부정을 방지하는 언론 기능을 담당하였다.
　㉡ 주로 벼슬은 높지 않으나 학식과 덕망이 높은 이가 임명되었다.
　㉢ 삼사의 구성

사헌부	관리의 비리를 감찰함	• 두 기관을 합쳐 양사라고도 부름
사간원	왕의 잘잘못을 논함(간쟁)	• 사헌부 관리인 대관과 사간원 관리인 간관을 합쳐 대간이라 부름
홍문관(옥당)	경연을 주관하고 왕의 정책 자문을 담당함	

⑥ **한성부** : **수도 서울(한양)의 행정과 치안을 담당**하였다.

⑦ 춘추관 : 실록 등 역사서의 편찬과 보관을 담당하였다.

⑧ **성균관** : **최고 교육 기관**으로서 유학을 가르쳤다.

● 대간
서경(관리 임명과 법령 개폐에 동의함), 간쟁(왕의 잘못을 논함), 봉박(잘못된 왕명 거부) 권한을 가졌다.

(2) 지방 행정 조직

① **전국을 8도로 나누고** 그 아래에 부·목·군·현을 두었다.

② 모든 군현에 관리를 파견하였다.
　㉠ 각 도에 관찰사를 파견하여 도의 행정을 담당하고 관할 지역 수령을 감찰하도록 하였다.

●수령7사
· 농업과 양잠을 성하게 하는 일
· 호구를 늘리는 일
· 학교를 흥성하게 하는 일
· 군정을 잘 다스리는 일
· 부역을 고르게 하는 일
· 소송을 간소화하는 일
· 간사함과 교활함을 없애는 일

●아전
부·목·군·현의 관청에 딸린 하급 관리이다.

ⓛ 부·목·군·현에는 수령을 파견하였는데, 수령은 국왕의 대리인으로서 행정·사법·군사권을 행사하였다. 또한 수령에게는 수령7사라 하여 공통적으로 힘써야 할 일곱 가지 업무가 있었다.

③ 향리는 수령을 보좌하는 세습적인 성격의 아전으로 격하되었다.

④ 군현 아래에는 말단 행정 조직으로 면·리·통을 두어 국가의 통치력이 일반 백성에게까지 직접 미치도록 하였다.

⑤ 고려 시대에 존재하던 향·부곡·소는 일반 군현으로 승격되거나 통폐합되어 소멸하였다.

⑥ 수시로 암행어사를 파견하였다.

⑦ 유향소

ㄱ 목적 : 향촌 자치를 실현하기 위하여 설치하였다.

ㄴ 좌수와 별감을 선출하여 규약을 만들고 향회를 소집하여 여론을 수렴하였다.

ㄷ 수령을 보좌하고 향리를 감찰하며 풍속을 교화하는 일을 담당하였다.

ㄹ 세조 때 폐지되었다가 성종 때 향청이라는 이름으로 부활하였다.

⑧ 경재소 : 유향소를 통제하고 중앙과 지방의 연락 사무를 관장하였다.

⑨ 서원과 향약 : 향촌 사회에서 사림의 영향력 강화에 기여하였다.

조선의 8도

서원	정의	**사림**이 지방에 세운 사립 교육 기관
	설립	**주세붕이 안향을 기리기 위하여 백운동 서원을 세움**
	변화	이황이 왕에게 소수 서원이라 적힌 편액을 하사받아 백운동 서원의 이름이 소수 서원으로 바뀜(최초의 사액 서원)
	역할	**선현의 제사를 지내고 학문 연구 및 교육을 담당함**
	영향	성리학 연구와 지방 문화 발전에 기여함
	한계	붕당 정치가 변질되는 과정에서 붕당의 근거지가 됨
	정리	영조가 서원 1천여 개를 6백여 개로 정리하였고, 흥선 대원군이 47개만 남기고 철폐함
향약	정의	중종 때 조광조가 시행한 향촌 자치 규약
	확산	이황과 이이에 의하여 보급이 확대됨 ⑩ 이황의 『예안향약』, 이이의 『해주향약』
	역할	4대 덕목을 바탕으로 풍속 교화와 질서 유지 기능을 담당함
	영향	유교 윤리 보급과 향촌 내 사회 질서 유지에 기여함
	한계	지방 유력자가 백성을 위협 및 수탈하는 부작용을 초래함

●4대 덕목
· 덕업상권 : 좋은 일은 서로 권장한다.
· 예속상교 : 사람을 사귈 때 서로 예의를 지킨다.
· 과실상규 : 잘못은 서로 고쳐 준다.
· 환난상휼 : 어려움을 당하면 서로 돕는다.

능력(能力) 향상을 위한 O, X 정답

01 정도전은 『조선경국전』을 저술하였다. ( ) ○
02 태종은 호패법을 시행하였다. ( ) ○
03 세종은 4군 6진을 개척하였다. ( ) ○
04 서원은 조광조가 처음 설립하였다. ( ) ×

(3) 군사 제도

① 군역

    ㉠ 대상 : 16세 이상 60세 미만의 모든 양인 남자에게는 군역의 의무가 있었다.

    ㉡ 현역 군인인 정군과 정군의 비용을 부담하는 보인(봉족)으로 편성되었다.

    ㉢ 현직 관리와 학생, 향리 등은 군역이 면제되었다.

② 군사 조직

    ㉠ 조선 전기

중앙군	궁궐과 한성을 방어하는 5위로 편성됨	
지방군	영진군	지방 요새지인 영·진을 지킴
	잡색군	유사시에 대비한 일종의 예비군임

    ㉡ 조선 후기

중앙군	훈련도감·어영청·총융청·수어청·금위영 등 5군영 체제를 확립함
지방군	• 양반부터 노비까지 모든 신분으로 편성하는 속오군 체제로 개편함 • 농한기에 군사 훈련을 받았으며, 유사시 전쟁에 대비함

> ● 훈련도감
> 임진왜란 도중에 설치된 중앙 핵심 군대로 포수·사수·살수의 삼수병으로 구성되었다. 훗날 서인이 정권을 유지하는 데 기반이 되었다.

(4) 관리 등용 제도

① 과거

    ㉠ 응시 자격 : 원칙적으로 양인 이상이면 누구나 응시가 가능하였다.

    ㉡ 시험 종류

        ⓐ 문과 : 문관을 선발하는 시험으로서 **소과에 합격한 생원, 진사에게 성균관에 입학하거나 대과에 응시할 자격이 주어졌다.**

        ⓑ 무과 : 무관을 선발하는 시험으로서 고려 시대와 달리 정기적으로 시행되었다.

        ⓒ 잡과 : 기술관을 선발하는 시험으로서 외국어를 시험하는 역과, 법률을 시험하는 율과, 의술을 시험하는 의과, 천문학 등을 시험하는 음양과 등이 있었다.

② 천거

    ㉠ 고위 관리의 추천을 받은 인물이 간단한 시험을 거친 후 관직에 올랐다.

    ㉡ 대표적으로 조광조의 건의에 따라 시행된 현량과가 있었다.

③ 음서

    ㉠ 고려 시대보다 혜택받는 대상이 줄어 2품 이상 관리의 자제에게 적용되었다.

    ㉡ 음서로 관직에 나아가도 과거에 합격하지 않으면 고관으로 승진하기 어려웠다.

시험	선발
문과 →	문관
무과 →	무관
잡과 →	기술관

조선의 과거 제도

(5) 교육 제도

① **성균관** : 한성(서울)에 위치한 **최고 교육 기관**으로서 주요 건물로 대성전·명륜당이 있었다.

② **4부 학당** : 한성에 위치한 중등 교육 기관으로서 중학·동학·남학·서학을 말한다.

③ **향교**

    ㉠ 지방민을 교화하기 위하여 부·목·군·현마다 하나씩 설립하였고 중앙에서 교수나 훈도를 파견하였다.

    ㉡ 성현에 대한 제사를 지내고 유생의 교육을 담당하였다.

④ 서원 : 지방의 중등 교육 기관으로 선현에 대한 제사를 담당하였다.

⑤ **서당** : 지방에 위치한 **초등 교육 기관**으로 4부 학당이나 향교에 입학하지 못한 선비와 평민의 자제에게 『천자문』·『동몽선습』·『소학』 등을 **교육**하였다.

(1) 조선 전기 대외 관계

조선 전기 대외 관계

명		• 건국 직후 정도전이 요동 정벌을 추진하여 갈등을 빚음 • 사대 외교 　㉠ 매년 사절을 교환하며 활발하게 교류함 　㉡ 선진 문물을 수용하기 위한 문화 외교인 동시에 중국 중심의 동아시아 질서 속에서 왕권 안정과 평화를 확보하려는 실리 외교였음
여진	강경책	4군 6진 개척 : 최윤덕이 4군, 김종서가 6진을 개척함
	회유책	• 태종 때 경원 · 경성 지역에 무역소를 설치함 • 토착민을 토관으로 삼아 자치를 허용함 • 여진족의 귀순을 장려함
	사민 정책	남쪽에 사는 조선 백성을 북방으로 이주시킴
일본	강경책	세종 때 이종무가 대마도(쓰시마섬)를 정벌함
	통신사 파견	일본 에도 막부의 요청으로 파견된 공식 외교 사절단으로 선진 문화를 전파하는 역할을 함
	회유책	• 삼포 개항 : 부산포 · 염포 · 제포를 개항하여 무역을 허용함 • 계해약조 : 대마도 도주와 조약을 맺어 세견선(무역선)의 규모와 선박의 크기 및 인원 등을 제한하는 대신 식량을 지급함
	기유약조	임진왜란으로 국교가 단절된 후 광해군 때 체결한 조약으로서 **부산포에 왜관을 설치**하여 제한된 무역을 허용함
그 외		• 시암(타이), 유구(오키나와), 자와(인도네시아) 등이 사절을 보내와 교류함 • 특히 유구와 활발하게 교역하여 유구의 문화 발전에 이바지함

조천사와 연행사
명에 파견된 사신을 조천사, 청에 파견된 사신을 연행사라고 불렀다.

4군 6진

통신사의 행로

● 비변사
조선의 중앙 정치 기구로 '비국', '주사'라고도 불린다.

● 임진왜란
유성룡이 쓴 『징비록』을 통하여 임진왜란 당시 전쟁 상황을 자세히 알 수 있다.

(2) 비변사의 변천

① 설치
　㉠ 여진과 왜의 침입에 대응하기 위하여 설치하였다.
　㉡ **중종 때 삼포왜란이 발생하자 임시 기구로 설치되었다.**

② 변천
　㉠ 명종 때 을묘왜변이 발생하자 상설 기구가 되었다.
　㉡ 선조 때 **임진왜란을 거치면서 최고 회의 기구가 되어 국정 전반을 관리하였으며,** 이로써 의정부와 6조가 유명무실해졌다.
　㉢ **세도 정치기의 핵심 권력 기구였으나 흥선 대원군이 집권하면서 폐지되었다.**

(3) 임진왜란(1592~1598)

① 배경
　㉠ 조선 : 붕당 정치로 지배층이 분열되었으며, 200년간 전면적인 전쟁이 일어나지 않아 국방력이 약화되었다.
　㉡ 일본
　　ⓐ 도요토미 히데요시가 일본 전국 시대를 통일한 후 반대 세력의 관심을 밖으로 돌리고 대륙 진출의 야욕을 펼치고자 하였다.
　　ⓑ 명을 공격하는 데 필요한 길을 빌려달라는 명분(정명가도)으로 조선을 침략하였다.

② 전개 과정

초반 왜군 우세	• 부산포와 동래성이 함락당하고 **신립이 충주 탄금대에서 패배**하는 등 관군이 잇따라 패배함 • 한양이 20일 만에 함락되고 선조가 의주로 피난을 떠남 • 명에 원군을 요청함

↓

이순신의 활약	• 옥포 해전을 시작으로 **학익진 전술을 이용한 한산도 대첩 등에서 이순신이 이끄는 수군이 승리를 거둠** • 왜군의 보급로를 차단하고 전라도 곡창 지대를 수호하는 등 제해권을 장악함
관군의 활약	• **평양성 전투** : 조 · 명 연합군을 결성하여 평양성을 탈환함 • **진주 대첩** : 김시민이 진주성 전투에서 왜군을 무찌름 • **행주 대첩** : 권율이 행주산성에서 왜군을 무찌름
의병의 활약	• 익숙한 지형과 그에 맞는 전술로 왜군에게 큰 타격을 줌 • 대표적인 의병장 : 곽재우(홍의 장군), 유정(사명 대사), 휴정(서산 대사), **고경명, 조헌, 정문부** 등

↓

휴전	• 명과 왜군 사이에 휴전 협상이 진행됨 • 조선의 전열 정비 : **유성룡의 건의에 따라 훈련도감을 설치**하고 속오법을 시행하는 등 중앙군과 지방군 편제를 개편함

↓

정유 재란	배경	3년에 걸친 휴전 협상이 결렬되자 왜군이 재침략함
	전개	• **원균이 칠천량 해전에서 패배함** • **이순신이 명량 대첩에서 대승을 거둠** • 도요토미 히데요시가 죽자 왜군이 철수함 • 노량 해전을 마지막으로 전쟁이 끝남

③ 결과
- ㉠ 조선 : 많은 문화재가 소실되거나 약탈당하였으며 백성의 생활이 피폐해졌다.
- ㉡ 명 : 원군 파병으로 국력이 크게 약화되었고 여진족이 세운 후금에게 위협을 받았다.
- ㉢ 일본
  - ⓐ 도요토미 정권이 무너지고 도쿠가와 이에야스가 권력을 잡아 에도 막부가 성립되었다.
  - ⓑ 조선에서 잡아간 학자, 기술자의 기여로 일본 문화가 발전하였다.

(4) 호란의 발발

① 광해군의 정책
- ㉠ 전후 복구 사업 추진 : 양안 및 호적을 작성하고 성곽과 무기를 수리하였다.
- ㉡ **중립 외교 정책 시행**
  - ⓐ 임진왜란으로 명이 쇠약해진 틈을 타 강성해진 여진족은 후금을 건국하고 명을 공격하였다.
  - ⓑ 명이 조선에 원군을 요청하자 광해군은 국가의 안정을 위하여 **명과 후금 사이에서** 실리를 추구하는 **중립 외교를 추진**하였다.
  - ⓒ **인조반정(1623)** : 명에 대한 의리를 주장하는 서인 등이 광해군을 몰아내고 인조를 왕으로 추대하였다.

◉ **동래성**
송상현은 부산의 동래성에서 항전하다가 순절하였다.

관군과 의병의 활약

◉ **진주성 전투**
제1차 진주성 전투에서는 김시민이 활약하여 왜군을 막아 냈고, 제2차 진주성 전투에서는 논개가 적장을 끌어안고 투신하였다.

◉ **조헌**
금산 전투에서 활약하였다.

◉ **유성룡**
- 『징비록』을 저술함
- 이순신을 천거함
- 훈련도감 설치를 건의함
- 유성룡의 학문과 업적을 기리기 위하여 안동에 병산 서원이 세워짐

◉ **학자**
이황의 제자들이 포로로 잡혀가 일본에서 성리학이 발전하는 데 기여하였다.

◉ **기술자**
도자기 기술자 이삼평이 포로로 잡혀가 일본에서 도자기 문화가 발전하는 데 기여하였다.

● 친명배금 정책
명과 친하게 지내고 후금을 배척
하는 외교 정책이다.

● 척화파
대의명분에 따라 끝까지 항전하
고 화친을 배격하자고 주장하는
세력이다.

● 주화파
외교적 교섭을 통하여 문제를 평
화적으로 해결하고자 화친을 주
장하는 세력이다.

삼전도비
병자호란의 결과 청의 요구로 세
워진 비석이다.

② 정묘호란
　ⓐ 배경 : 후금은 **서인 정권의 친명배금 정책**에 반발
　　하여 조선을 침략하였다.
　ⓑ 전개 : 정봉수와 이립 등은 의병을 일으켜 활약하
　　였다.
　ⓒ 결과 : 조선과 후금 사이에 형제 관계가 성립되었다.
③ 병자호란
　ⓐ 배경
　　ⓐ 후금은 국호를 청으로 바꾼 뒤 조선에 군신 관
　　　계를 요구하였다.
　　ⓑ 조선에서 척화파(윤집, 김상헌)와 주화파(최명
　　　길)가 대립하였는데, 척화론이 힘을 얻어 후금
　　　이 요구한 군신 관계를 거부하였다.

정묘호란·병자호란

국사(國史)편찬위원회에서 출제한 자료 ●척화론

명은 우리나라에 있어서 부모의 나라입니다. 형제의 의를 맺어 부모의 은혜를 저버려서야 되겠습니까. 더
구나 임진년의 일은 조그마한 것까지도 모두 황제의 힘입니다. …… 병력이 미약하여 정벌에 나가지 못하
였지만, 차마 이런 시기에 어찌 다시 화의를 제창할 수 있겠습니까.　　　　　　　　　　　－『인조실록』－

국사(國史)편찬위원회에서 출제한 자료 ●주화론

화친을 맺어 국가를 보존하는 것보다 차라리 의를 지켜 망하는 것이 옳다고 하였으나, 이것은 신하가 절
개를 지키는 데 쓰는 말입니다. …… 자기의 힘을 헤아리지 아니하고 경망하게 큰소리를 쳐서 오랑캐들의
노여움을 도발, 마침내는 백성이 도탄에 빠지고 종묘와 사직에 제사 지내지 못하게 된다면 그 허물이 이
보다 클 수 있겠습니까?　　　　　　　　　　　　　　　　　　　　　　　　－ 최명길, 『지천집』－

　ⓑ 전개
　　ⓐ 청이 10만여 명의 대군을 이끌고 쳐들어오자 **임경업이 백마산성에서 항전하였다.**
　　ⓑ **인조는 남한산성으로 피신하여 45일간 항전하였다.**
　ⓒ 결과
　　ⓐ **인조가 삼전도에서 굴욕을 당하고 청과 군신 관계를 체결하였다.**
　　ⓑ **소현 세자, 봉림 대군과 함께 백성 수만 명이 청으로 끌려갔다.**
　　ⓒ 청에 끌려간 삼학사(윤집, 오달제, 홍익한)는 끝까지 항전하다가 심양(선양)에서 참
　　　형을 당하였다.
　　ⓓ 청에게 복수하자는 북벌론이 대두되었다.

능력(能力) 향상을 위한 O, X　　　　　　　　　　　　　　　　　　　　　　　　정답

01 조선 세종 때 이종무가 4군 6진을 개척하였다.　　　　　　　　　　　（　）　　×
02 임진왜란 당시 권율이 행주산성에서 일본군을 물리쳤다.　　　　　　　（　）　　○
03 병자호란의 결과 조선 인조가 삼전도의 굴욕을 당하였다.　　　　　　　（　）　　○

(1) 붕당 정치의 전개

선조	재위 시기	임진왜란이 발발함 • 훈련도감을 설치함 • 비변사가 최고 회의 기구가 됨
	붕당 정치	붕당이 시작됨 • 사림이 이조 전랑직과 척신 정치 청산을 두고 동인과 서인으로 나뉨 • 이후 정여립 모반 사건을 계기로 동인이 북인과 남인으로 나뉨
광해군	재위 시기	• 양안을 작성하는 등 전후 복구 사업을 추진함 • 기유약조를 체결하여 일본과 국교를 재개함 • 경기 지방에서 대동법을 처음 시행함 • 명과 후금 간 중립(실리) 외교 : 명의 요청에 따라 군대를 파견하되 강홍립에게 후금에 항복하도록 함 • 중립(실리) 외교와 폐모살제 등을 이유로 인조반정이 일어나 쫓겨남
	붕당 정치	• 광해군 집권 당시 북인이 정국을 주도함 • 인조반정으로 북인 정권이 몰락함
인조	재위 시기	• 이괄이 난을 일으킴 • 정묘호란과 병자호란이 발발함
	붕당 정치	• 서인과 남인이 연합하여 정국을 운영함 • 서인이 우세한 가운데 남인이 참여하는 정치 형태
효종	재위 시기	• 송시열 등이 북벌 운동을 추진함 • 나선 정벌 : 청의 요청에 따라 러시아를 정벌하기 위하여 조총 부대를 파견함 • 하멜이 제주도에 표류하여 13년간 억류되었다가 네덜란드로 돌아감
	붕당 정치	서인과 남인이 연합하여 정국을 운영함
현종	재위 시기	예송 논쟁 발생 • 제1차 예송(기해예송) ㉠ 효종이 사망하자 자의 대비가 상복을 입는 기간으로 서인은 1년, 남인은 3년을 주장함 ㉡ 서인의 1년설이 채택됨 • 제2차 예송(갑인예송) ㉠ 효종비가 사망하자 자의 대비가 상복을 입는 기간으로 서인은 9개월, 남인은 1년을 주장함 ㉡ 남인의 1년설이 채택됨
	붕당 정치	서인과 남인이 대립함 • 제1차 예송(기해예송) 직후 : 서인이 정국을 주도함 • 제2차 예송(갑인예송) 직후 : 남인이 정국을 주도함

● **이조 전랑직**
직위는 낮지만 인사권을 가진 직책이었다. 사림은 이조 전랑직을 두고 대립하며 동인과 서인으로 분화되었다.

● **척신 정치**
외척 세력이 정치 전면에 나아가 정권을 장악하는 정치 형태로서 선조 이전 명종 때 이루어졌다.

● **정여립 모반 사건**
서인 정여립이 동인으로 옮겨 가자 서인 정철이 정여립을 역모죄로 몰았고, 이 사건을 계기로 동인이 큰 화를 입었다.

● **폐모살제**
어머니를 폐위하고 형제를 죽인다는 뜻으로 광해군은 새어머니인 인목 대비를 폐하고 이복동생인 영창 대군을 죽였다.

● **송시열**
• 생몰 : 1607~1689년
• 호 : 우암
• 조선 효종과 함께 북벌을 주장함
• 예송 논쟁에서 허목과 대립함
• 서인이 분열하며 노론의 영수로 활약함

● **예송 논쟁**
효종과 효종비가 사망하자 이들의 국장과 관련하여 자의 대비(인조의 계비)가 상복을 입는 기간을 두고 서인과 남인 사이에 벌어진 논쟁이다.

능력(能力) 향상을 위한 **O, X**   정답

01 선조 때 이조 전랑직을 두고 사림이 동인과 서인으로 나뉘었다.	( )	O
02 광해군 때 경기 지방에서 대동법을 시행하였다.	( )	O
03 효종 때 나선을 정벌하였다.	( )	O
04 현종 때 서인과 남인은 예송 논쟁을 벌였다.	( )	O

탕평파 육성

● 탕평비

"두루 원만하고 치우치지 않음이
군자의 공정한 마음이요, 치우치
고 두루 원만하지 못함이 소인의
사사로운 마음이다."라는 글이 새
겨져 있다.

● 정조
아버지인 사도 세자의 묘를 참배
하러 가기 위하여 만안교를 만들
었으며 용주사를 세워 사도 세자
의 명복을 빌었다. 봉수당에서는
어머니 혜경궁 홍씨의 회갑연을
열었다.

● 규장각
왕실 도서관이자 학문 연구 기관
으로 정조의 개혁 정치를 뒷받침
하였다.

수원 화성

● 육의전
조선 시대에 나라에 필요한 물품을
공급한 여섯 종류의 큰 상점이다.

● 규장각 검서관
서얼 출신 이덕무, 유득공, 박제
가 등이 등용되었다.

김만덕
조선 정조 때 유통업으로 많은 부
를 축적한 뒤 전 재산을 기부한
여성이다.

(2) 붕당 정치의 변질

숙종	재위 시기	• 5군영 체제 완성 : 금위영이 설치되며 훈련도감 · 어영청 · 총융청 · 수어청 · 금위영의 5군영 체제가 완성됨 • 희빈 장씨의 아들인 경종을 세자로 책봉함 • 탕평책 : 붕당 간 세력 균형 유지와 정국 안정을 위하여 시행하였으나, 편당적 인사로 환국의 빌미를 제공함 • 환국 발생 : 총 세 차례(경신환국, 기사환국, 갑술환국)에 걸쳐 일어남 • 백두산정계비를 건립하고 대동법을 황해도까지 확대 시행함

	붕당 정치의
	변질
		• 경신환국 직후
		  ㉠ 남인이 축출되고 서인이 정국을 주도함
		  ㉡ 서인이 노론과 소론으로 분화됨
		• 기사환국 직후 : 서인이 축출되고 남인이 정국을 주도함
		• 갑술환국 직후
		  ㉠ 남인이 축출되고 서인이 정국을 주도함
		  ㉡ 서인에서 분화된 노론과 소론 간 대립이 격화됨

경종	붕당 정치	신임사화 : 소론이 노론을 탄압함

(3) 탕평 정치

		이인좌의 난을 진압함
영조	탕평 정책	• 완론 탕평 : 탕평파(탕평 정책에 동의하는 세력)를 중심으로 정국을 운영함 • 붕당의 근거지인 서원을 철폐함 • 산림의 존재를 부정하고 이조 전랑의 권한을 약화시킴 • 탕평의 의지를 알리기 위하여 성균관 앞에 탕평비를 건립함
	개혁 정책	• 균역법 시행 : 농민의 군포 부담을 2필에서 1필로 줄여 줌 • 신문고 부활 : 백성의 억울함을 풀어 주기 위함 • 삼심제를 시행하고 가혹한 형벌을 폐지함
	문물제도 정비	• 『속대전』과 『동국문헌비고』를 편찬함 • 청계천 준설 이후에는 준천사를 설치하여 청계천을 꾸준히 관리함
정조	탕평 정책	준론 탕평 : 왕을 중심으로 노론 · 소론 · 남인이 세력 균형을 유지함
	왕권 강화 정책	• 규장각 설치 : 자신의 권력과 정책을 뒷받침하기 위함 • 외규장각을 설치함 • 장용영 설치 : 내영과 외영으로 구성된 국왕의 친위 부대 • 초계문신제 시행 : 유능한 관리를 재교육함 • 수원 화성 건설 : 정치적 이상을 담음 • 수령이 향약을 직접 주관하도록 하여 사림의 영향력을 줄임
	개혁 정책	• 신해통공 : 채제공의 건의에 따라 육의전을 제외한 시전 상인의 금난전권을 폐지함 • 서얼 차별 완화 : 서얼을 규장각 검서관에 등용함
	문물제도 정비	『대전통편』을 편찬함

왕
┌──┴──┐
규장각   장용영
↓   ↓
도서관   친위 부대
↓   ↓
정치적 기구 군권 장악
정조의 왕권 강화 정책

능력(能力) 향상을 위한 O, X

정답

01 조선 숙종 때 백두산정계비가 건립되었다. ( )   O

02 정조 때 육의전을 제외한 시전 상인의 금난전권이 폐지되었다. ( )   O

(4) 세도 정치의 전개

① 세도 정치의 특징

　㉠ 정조 이후 순조·헌종·철종 대에 걸쳐 나타난 정치 형태이다.

　㉡ 왕의 외척인 안동 김씨와 풍양 조씨 등 소수 가문이 비변사와 훈련도감 등을 장악하여
　　권력을 독점하였다.

② 세도 정치의 폐단

　㉠ 정치적 기강이 무너져 과거 시험 부정, 매관매직 등 비리가 만연하였다.

　㉡ 탐관오리의 수가 증가하고 삼정(전정·군정·환곡)이 문란해져 농민의 삶이 어려워졌다.

③ 농민의 저항

　㉠ 초기에는 벽서·소청과 항조·거세 등 소극적인 형태로 저항하였다.

　㉡ 점차 농민 봉기라는 적극적인 형태로 사회 개혁을 요구하였다.

④ 농민 봉기 발생

홍경래의 난 (1811, 순조)	원인	• 세도 가문의 부패와 삼정의 문란으로 백성의 삶이 피폐해짐 • 서북민(청천강 이북민, 평안도민)에 대한 차별 대우에 반발함
	주도 세력	몰락 양반 홍경래와 우군칙, 김창시가 신흥 상공업 세력과 광산 노동자, 빈농 등을 규합하여 봉기함
	전개	청천강 이북 지역을 5개월 동안 장악함
	결과	관군이 정주성을 함락하며 진압됨
임술 농민 봉기 (1862, 철종)	원인	탐관오리(백낙신 등)의 학정과 삼정의 문란
	주도 세력	몰락 양반 유계춘 등이 주도함
	전개	• 단성에서 시작하여 진주 농민 봉기로 확산됨 • 북으로는 함흥, 남으로는 제주까지 전국적으로 확산됨
	결과	• 안핵사 박규수와 암행어사가 파견됨 • 삼정의 문란을 바로잡기 위하여 삼정이정청이 설치됨

19세기 농민 봉기

국사(國史)편찬위원회에서 출제한 자료 ●홍경래의 난

평서대원수는 급히 격문을 띄우노니 관서 사람들은 모두 이 격문을 들으라. …… 조정에서는 관서를 버림이 분토(糞土)와 다름없다. 심지어 권세 있는 집의 노비들도 관서 사람을 보면 반드시 '평안도 놈'이라고 말한다. …… 지금, 임금이 나이가 어려 권세 있는 간신배가 그 세를 날로 떨치고, 김조순·박종경의 무리가 국가 권력을 갖고 노니, 어진 하늘에 재앙을 내린다.
　　　　　　　　　　　　　　　　　　　　　　　　　　　　　　　　- 『패림』 -

국사(國史)편찬위원회에서 출제한 자료 ●임술 농민 봉기

임술년 2월 진주 백성 수만 명이 머리에 흰 수건을 두르고 손에는 나무 몽둥이를 들고 무리를 지어 진주 읍내에 모여 서리들의 가옥 수십 호를 불사르고 부수어서, 그 움직임이 결코 가볍지 않았다.
　　　　　　　　　　　　　　　　　　　　　　　　　　　　　　　　- 『임술록』 -

● 소청
관청에 가서 호소하는 일이다.

● 항조·거세
소작료를 내지 아니하거나 깎으려고 항거하는 운동(항조), 납세를 거부하는 행동(거세)이다.

● 학정
포학하고 가혹한 정치를 말한다.

● 안핵사
조선 후기에 지방에서 발생한 민란을 수습하기 위하여 중앙에서 파견한 임시 벼슬이다.

능력(能力) 향상을 위한 O, X

			정답
01	서북민에 대한 차별 대우에 반발하여 임술 농민 봉기가 일어났다.	(　　)	×
02	임술 농민 봉기는 몰락 양반 유계춘 등이 주도하였다.	(　　)	O

검정(檢定)된 기출문제

01

(가)에 들어갈 인물로 옳은 것은?

(앞면)

• 조선 개국 공신
• 조선의 통치 기준과 운영 원칙을 제시한 조선경국전을 저술함
• 불씨잡변을 지어 불교 교리를 비판함

(뒷면)

① 이이
② 송시열
③  정도전
④ 정몽주

02

(가)에 들어갈 내용으로 옳은 것은?

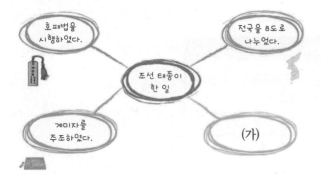

호패법을 시행하였다.

전국을 8도로 나누었다.

조선 태종이 한 일

계미자를 주조하였다.

(가)

① 균역법을 시행하였다.
② 직전법을 실시하였다.
③ 5군영 체제를 완성하였다.
④ 6조 직계제를 시행하였다.

03

밑줄 그은 '이 왕'의 업적으로 옳은 것은?

우리 모둠에서는 존경하는 인물로 이 왕을 선정하였습니다.

역 사 인 물 발 표 회

△△ 모둠

★ 선정 이유 ★
• 훈민정음을 창제하였다.
• 농사직설을 편찬하였다.

① 4군 6진을 개척하였다.
② 경국대전을 완성하였다.
③ 대동여지도를 제작하였다.
④ 백두산정계비를 건립하였다.

04

(가) 왕의 정책으로 옳은 것은?

조선 제7대 국왕 [(가)] 의 모습을 담은 밑그림이 공개되었습니다. 이것은 일제 강점기에 어진 모사본을 옮겨 그리는 과정에서 제작되었습니다. [(가)] 은/는 6조 직계제를 다시 시행하는 등 왕권 강화를 위하여 노력하였습니다.

○○ 박물관 [(가)] 의 어진 밑그림 첫 공개

① 경복궁을 중건하였다.
② 직전법을 실시하였다.
③ 초계문신제를 시행하였다.
④ 5군영 체제를 완성하였다.

05

(가)에 들어갈 내용으로 옳은 것은?

① 경신환국
② 무오사화
③ 인조반정
④ 임오군란

06

다음 대화 이후에 전개된 사실로 옳은 것은?

① 기묘사화가 일어났다.
② 신진 사대부가 등장하였다.
③ 수양 대군이 권력을 장악하였다.
④ 사림이 동인과 서인으로 나뉘었다.

07

밑줄 그은 '왕'의 정책으로 옳은 것은?

① 장용영을 창설하였다.
② 집현전을 설치하였다.
③ 척화비를 건립하였다.
④ 경국대전을 반포하였다.

08

밑줄 그은 '거사'에 대한 설명으로 옳은 것은?

① 강화도 초지진에서 항전하였다.
② 서경 천도와 금국 정벌을 주장하였다.
③ 제물포 조약이 체결되는 결과를 가져왔다.
④ 서북 지역민에 대한 차별에 반발하여 일어났다.

10 | 조선의 경제와 사회

● 토지 제도의 변화

고려 말(1391)	세조	성종	명종
과전법	**직전법**	**관수 관급제**	**직전법 폐지**
• 관리의 복무 대가로 경기 지방 토지에 한하여 전·현직 관리에게 토지의 수조권 지급 • 수신전·휼양전 명목으로 세습	• 지급 토지 부족 현상 발생 • 현직 관리에게만 지급 • 수신전·휼양전 폐지	관리의 수조권 남용 → 정해진 양보다 많이 거둠 → 지방 관청에서 수확 후 지급	수조권 폐지, 녹봉만 지급

● 수취 체제의 변화

조선 전기		조선 후기	
조세(전세)	수확량의 1/10 징수(1결당 최대 30두) → 연분9등법·전분6등법(세종)	영정법 (인조)	• 풍흉에 관계없이 1결당 4~6두 징수 • 부가세 증가 : 운송비, 수수료 등
역	군역 + 요역 → 조선 후기로 가면서 군역 대신 군포를 냄 → 군포 징수 과정에서 문제 발생	균역법 (영조)	• 군포 2필 → 1필 징수 • 부족분 충당 : 결작(지주에게 1결당 2두 징수) 및 선박세·어염세·선무군관포 징수
공납	• 집집마다 지역 특산물 징수 • 방납의 폐단 발생 : 공물을 대신 납부하고 높은 이자를 붙여 받음	대동법 (광해군)	• 선혜청에서 담당 • 특산물 대신 쌀·베·동전 등으로 납부하도록 함 • 지주에게 1결당 12두 징수 • 경기도 시행(이원익의 건의) → 충청도·전라도 시행(김육의 건의) → 전국 시행 • 공인 등장 : 관청에 물품을 납품

● 조선 전기·후기 경제

	조선 전기	조선 후기
농업	• 수리 시설 확충, 개간 장려 • 세종 때 『농사직설』 간행 및 보급 • 남부 일부 지역에 모내기법 보급, 직파법 시행	• 모내기법의 전국적 보급 → 노동력 절감 → 광작 유행, 지주의 직접 경영 증가 → 농민의 계층 분화 • 상품 작물 재배 : 인삼·면화·담배·채소 등
상업	• 농본억상 정책 • 평시서 설치 : 상행위 감독 • 대외 무역 : 나라에서 무역 통제	• 장시·포구의 발달 : 보부상·객주·여각 등 활동 • 시전 상인(금난전권 행사) → 금난전권 폐지 • 사상의 성장 : 경강상인·송상·만상·내상·유상 • 대외 무역 : 개시(공무역), 후시(사무역)
수공업	관영 수공업 중심	• 민영 수공업 발달　　　• 선대제 수공업 성행
광업	국가 직영	민영 광산 증가 : 덕대제 시행
화폐	조선통보 등 주조 → 제대로 유통 X	상업 발달과 대동법 시행 → 숙종 때 상평통보 전국 유통, 전황 발생

● 조선의 신분 제도

양천제와 반상제

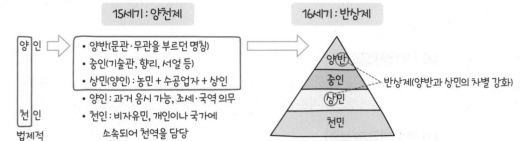

| 15세기 : 양천제 | 16세기 : 반상제 |

양인 ➡
- 양반(문관·무관을 부르던 명칭)
- 중인(기술관, 향리, 서얼 등)
- 상민(양인) : 농민 + 수공업자 + 상인
- 양인 : 과거 응시 가능, 조세·국역 의무
- 천인 : 비자유민, 개인이나 국가에 소속되어 천역을 담당

천인

법제적

(양반 / 중인 / 상민 / 천민 피라미드) ---- 반상제(양반과 상민의 차별 강화)

신분 질서의 동요

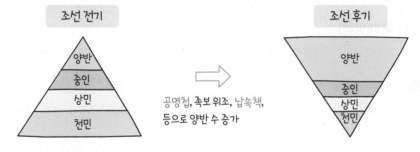

| 조선 전기 | 조선 후기 |

(양반 / 중인 / 상민 / 천민 삼각형) ➡ 공명첩, 족보 위조, 납속책, 등으로 양반 수 증가 (역삼각형)

신분별 특징

양반
- 각종 국역 면제
- 과거·음서·천거(현량과) 등으로 관직에 진출

중인
- 넓은 의미 : 양반과 상민의 중간 신분, 향리와 서얼까지 포함
- 좁은 의미 : 잡과로 선발된 역관·의관 등 기술관
- 구성 : 기술관 및 향리, 서얼 등
- 대대로 직역 세습, 같은 신분끼리 결혼
- 신분 상승 운동 전개 : 서얼은 성공, 중인은 실패
- 서얼 : 중인과 같은 처우를 받아 중서라 불림, 문과 응시 금지, 간혹 무관직에 등용, 정조 때 규장각 검서관으로 등용

상민
- 평민 또는 양인으로도 불림
- 조세·역의 의무를 짐
- 신량역천 : 신분은 양인이나 그 역이 천한 사람 예 봉수군, 역졸 등
- 농업·수공업·상업 등에 종사하며 농민이 대다수

천민
- 대부분 노비로 구성
- 노비는 매매·상속·증여 대상이었음
- 조선 후기 순조 때 공노비 6만 6천여 명을 해방시킴
- 백정·광대·무당 등도 천민으로 간주
- 조선 후기 영조 때 노비종모법이 시행됨

향전의 발생

발생
- 구향(기존 양반 세력) vs. 신향(사회·경제적 변화에 따라 새로이 양반이 된 세력)
- 신향이 수령과 결탁하여 향촌 사회의 주도권 차지

결과
- 구향은 문중 중심의 사원과 사우를 세우고 동족 마을 형성
- 수령과 향리의 권한 강화 → 세도 정치기 수령과 향리의 농민 수탈 심화

1 토지 제도의 변화

(1) 과전법(공양왕 3년, 1391)

① 조준, 정도전의 건의로 경기 지방 토지에 한하여 **전·현직 관리에게 토지의 수조권을 지급하였다.**

② 사람이 죽거나 반역하면 반환하는 것이 원칙이나 수신전 및 휼양전이라는 이름으로 세습되었다.

(2) 직전법(세조)

① 배경 : 세습되는 토지가 늘어나 새롭게 임명한 관리에게 줄 토지가 부족해졌다.

② 현직 관리에게만 토지를 지급하고 수신전과 휼양전을 폐지하였다.

(3) 관수 관급제(성종)

① 배경 : 현직 관리가 수조권을 남용하여 과다하게 수취하였다.

② 지방 관청에서 그 해의 수확량을 조사하여 거둔 뒤 이를 관리에게 나누어 주었다.

(4) 직전법 폐지(명종)

수조권을 폐지하고 녹봉만을 지급하였다.

(5) 변화

과전법이 제정되고 직전법이 폐지되는 과정에서 토지를 사적으로 소유하고자 하는 관리의 욕구와 국가의 토지 지배력이 점차 증가하였다.

2 수취 체제의 변화

	조선 전기	조선 후기
조세 (전세)	• 수확량의 10분의 1(1결당 최대 30두)을 거둠 • 세종 때 연분9등법, 전분6등법을 시행하여 1결당 최고 20두에서 최하 4두를 거둠	인조 때 영정법을 시행함 • 풍흉에 관계없이 1결당 4~6두를 거둠 • 부가세가 늘어 농민의 부담도 커짐
역	• 16세 이상 60세 미만의 정남에게 부과함 • 군역과 요역으로 구분함 • 조선 후기로 가면서 군역 대신 군포를 징수하였는데, 징수 기관이 통일되지 않아 이중, 삼중으로 징수하는 폐단이 발생함	영조 때 균역법을 시행함 • 군포 부담을 2필에서 1년에 1필로 줄여 줌 • 줄어든 재정 수입을 채우기 위하여 결작이라는 이름으로 지주에게 1결당 2두씩 거두고 선박세·어염세·선무군관포를 거둠
공납	• 각 지역 특산물을 현물로 거둠 • 중앙 관청에서 각 군현에 종류와 수량을 할당하면 군현에서 집집에 할당하여 거둠 • 조선 후기로 가면서 공물을 대신 납부하고 그 대가를 챙기는 방납의 폐단이 발생함	광해군 때 처음 대동법을 시행함 • 선혜청에서 담당함 • 토산물 대신 쌀·베·면포·동전 등을 징수함 • 지주에게 1결당 12두를 거둠 • 이원익의 건의로 경기도에서 시행하였고, 김육의 건의로 충청도와 전라도에서 시행하였는데, 지주의 거센 반대로 전국적으로 시행하는 데 100년이 걸림 • 공인이 등장하는 계기가 됨 • 선대제 수공업이 발달함 • 상품 화폐 경제가 발달하는 배경이 됨

● 수신전
과전을 받는 관리가 사망한 경우 재혼하지 않은 부인에게 지급한 토지이다.

● 휼양전
과전을 받는 관리 부부가 모두 죽고 자녀가 어릴 경우 그 자녀에게 지급한 토지이다.

● 녹봉
국가가 관리에게 봉급으로 준 쌀·보리·명주·베·돈 따위이다.

● 연분9등법
풍흉 정도에 따라 토지를 9등급으로 나누어 토지 1결당 최고 20두에서 최하 4두를 조세로 납부하도록 한 제도이다.

● 전분6등법
토지를 비옥도에 따라 6등급으로 나누어 조세를 납부하도록 한 제도이다.

● 부가세
농민은 각종 수수료와 운송비를 더하여 실제 전세보다 많은 금액을 부담하였다.

● 선무군관
영조 때 부농의 자제 중에서 선발한 무관직이다. 이들은 평상시에는 매년 군포 1필을 내며 무예를 익혔고 유사시에 소집되어 군사를 지휘하였다.

(1) 농업

① 조선 전기

  ㉠ 중농 정책을 시행하여 수리 시설을 확충하고 개간을 장려하였다.

  ㉡ **세종** 때 우리 풍토에 맞는 농사법을 정리한 농서인 『**농사직설**』**을 간행 및 보급**하였다.

  ㉢ 조·보리·콩의 2년 3작이 널리 행해졌다.

  ㉣ 남부 일부 지방에 모내기법이 도입되었지만 대부분 지역에서는 직파법으로 농사를 지었다.

  ㉤ 일정 비율로 소작료를 내는 타조법에 따라 지대를 납부하였다.

② 조선 후기

  ㉠ **모내기법(이앙법)이 전국적으로 보급되어 노동력이 절감되었다.**

  ㉡ 광작이 유행하였으며 지주의 직접 경영이 증가하였다.

  ㉢ 농민의 계층 분화 : 일부 농민은 부농으로 성장하였지만 많은 농민이 경작지를 잃고 영세 상인이 되거나 임노동자가 되었다.

  ㉣ **인삼·면화·담배·채소 등 상품 작물 재배가 확대되었다.**

  ㉤ 지대를 일정 액수로 정하여 납부하는 도조법이 등장하였다.

국사(國史)편찬위원회에서 출제한 자료 ● 상품 작물 재배

모시, 삼[麻], 오이, 참외 등 온갖 채소와 약재 농사도 잘 지으면 밭 한 고랑에서는 얻는 이익이 헤아릴 수 없이 크다. 한성 내외 및 번화한 도시의 파 밭, 마늘 밭, 배추 밭, 오이 밭 10무(畝) 넓이에서 거두는 수입이 수만 전(錢), 즉 수백 냥을 헤아린다. 황해도·평안도의 담배 밭, 함경도의 삼[麻] 밭, 한산의 모시 밭, 전주의 생강 밭, 강진의 고구마 밭, 황주의 지황(地黃) 밭에서 얻는 이익은 상상(上上) 등급의 논에 비해 10배에 달한다.
                                          – 『경세유표』 –

---

(2) 상업

① 조선 전기

  ㉠ 농본억상 정책이 시행되어 상업이 크게 발전하지 못하였다.

  ㉡ 시전 상인은 왕실이나 관청에 물품을 공급하였다.

  ㉢ 정부는 평시서를 두어 상행위를 통제하였다.

  ㉣ 대외 무역 : 나라에서 무역을 통제하였으며 특히 사무역을 엄격히 감시하였다.

② 조선 후기

  ㉠ 유통 경제가 발달하면서 **장시의 수가 점차 늘었으며** 포구 상거래도 활발히 이루어졌다.

  ㉡ **보부상은 전국의 장시를 하나의 유통망으로 연계**시켰으며, 객주와 여각은 포구와 큰 장시에서 활동하였다.

  ㉢ 난전의 활동으로 시전 상인이 피해를 입자 국가에서 시전 상인에게 금난전권을 부여하였다. 하지만 **정조 때 육의전을 제외한 일반 시전 상인의 금난전권을 폐지하였다.**

  ㉣ **경강상인(한강)**, 송상(개성), **만상**(의주), **내상[동래(부산)]**, 유상(평양) 등 사상이 성장하였다.

  ㉤ **국가에 필요한 물품을 조달하는 공인**은 특정 물품의 독점권을 확보하여 큰 부를 축적하였다.

  ㉥ 공인과 사상은 축적한 부를 바탕으로 독점적 도매상인인 도고로 성장하였다.

● 평시서
경시서가 세조 때 평시서로 개칭되었다.

● 보부상
봇짐장수와 등짐장수를 통틀어 이르는 말이다. 보부상은 조선 전기에도 존재하였다.

● 객주와 여각
운송업·숙박업·금융업에 종사하며 물품 매매를 중개하는 사람이다.

● 금난전권
허가받지 않고 물건을 파는 난전을 금지할 수 있는 권리이다.

● 송상
전국에 송방이라는 지점을 두었다.

조선 후기 상업과 무역 활동

● 공장안
장인을 등록한 문서이다.

● 장인세
수공업자가 내는 세금이다.

조선통보

상평통보

● 전황
동전 부족 현상이다.

ⓐ 대외 무역

　ⓐ **국경 지대**를 중심으로 **개시 무역**과 **후시 무역**이 이루어졌다.

　ⓑ 국가가 공식 허용한 개시 무역은 교역 품목과 물량이 통제되었으므로 상인은 사적으로 이루어지는 후시 무역으로 교역량을 늘려 갔다.

　ⓒ 후시 무역이 확대되며 대청 무역을 주도하는 만상, **대일 무역을 주도하는 내상**, 그리고 이들 사이에서 중계 무역을 하는 송상이 크게 성장하였다.

(3) 수공업

① 조선 전기 : 관영 수공업을 중심으로 장인을 공장안에 등록하고 각 관청에 소속시켜 물품을 제작하도록 하였다.

② 조선 후기

　㉠ 민간 수공업의 발달

　　ⓐ 국가에 장인세를 바치며 활동하는 수공업자가 증가하였다.

　　ⓑ 18세기 후반에 장인 등록제가 폐지되어 민간 수공업이 발전하였다.

　㉡ 선대제 수공업의 발달 : 수공업자가 물품을 제조할 자금과 원료를 미리 받고 물품을 제작하여 공급하는 선대제 수공업이 발달하였다.

(4) 광업

① 조선 전기 : 국가에서 직접 경영하였다.

② 조선 후기

　㉠ 민영 수공업의 발달로 광산물 수요가 급증하였다.

　㉡ 청과의 무역이 성행하며 결제 수단인 은의 수요가 증가하였다.

　㉢ 17세기 이후 정부가 개인에게 광산 채굴을 허용하였다.

　㉣ 광산 전문 경영인인 덕대가 상인 물주로부터 자본을 조달받아 채굴업자인 혈주와 노동자를 고용하는 형태(덕대제)로 운영되었다.

　㉤ 몰래 광산을 개발하는 잠채가 성행하였다.

> **국사(國史)편찬위원회에서 출제한 자료**　● 조선 후기 광업의 발달
>
> 황해도 관찰사의 보고에 따르면, 수안에는 본래 금광이 다섯 곳이 있었다. …… 금년 여름 새로이 39개소의 금혈을 팠는데, 550여 명의 광꾼이 모여들었다. 도내의 무뢰배들이 농사를 짓지 않고 다투어 모여들 뿐만 아니라, 다른 지방에서 이익을 쫓는 무리들도 소문을 듣고 몰려온다.　－『비변사등록』－

(5) 화폐

① 조선 전기 : 조선통보 등 여러 화폐가 제작되었지만 제대로 유통되지 않았다.

② 조선 후기

　㉠ 상공업이 발달하고 대동법이 시행되어 **숙종 때 상평통보가 널리 유통되었다.**

　㉡ 지주나 대상인이 동전을 재산 축적과 고리대에 이용하며 동전이 제대로 유통되지 않아 전황이 발생하기도 하였다.

> **국사(國史)편찬위원회에서 출제한 자료**　● 상평통보
>
> 허적과 권대운 등이 (돈을 유통시키자고) 청하였다. 왕이 신하들에게 물으니, 신하들이 모두 그 편리함을 말하였다. 왕이 그대로 따르고, 호조·상평청·진휼청 등에 명하여 상평통보를 주조하되 돈 400문(文)을 은 1냥의 값으로 정하여 시중에 유통하게 하였다.　－『숙종실록』－

4 조선의 신분 제도

(1) 양천제

① 15세기에는 모든 사회 구성원을 자유민인 양인과 비자유민인 천인으로 구분하는 양천제를 법제화하였다.

② 양인은 조세와 국역의 의무를 졌으며 과거에 응시하고 벼슬을 하는 데 법적으로 제한이 없었다.

③ 천인은 각종 천역을 담당하였으며 벼슬에 나아가는 것이 불가능하였다.

(2) 반상제

① 16세기 이후 지배층인 양반과 피지배층인 상민을 구별하는 반상제가 일반화되었다.

② 양천제는 여전히 법적인 규정으로만 존재하였다.

(3) 신분 질서의 동요

① 부유한 상민은 **공명첩을 사거나** 족보를 구매 또는 위조하여 불법적으로 양반 신분을 취득하였다.

② 노비도 군공을 세우거나 **납속책**으로 양인이 되기도 하였다.

③ 조선 후기에는 상민 수가 줄고 양반 수가 급증하여 양반 중심의 신분 질서가 크게 동요하였다.

공명첩

● **납속책**

조선 정부가 부족한 국가 재정을 보충하고자 곡물이나 돈 등을 받고 그 대가로 신분을 상승시켜 주거나 벼슬을 내린 정책이다.

(4) 신분별 특징

양반		• 각종 국역을 면제받음 • 과거와 음서, 천거(현량과)를 통하여 관직에 진출함
중인	넓은 의미	양반과 상민의 중간 신분을 뜻하며 향리, 서얼까지 포함함
	좁은 의미	잡과를 거쳐 선발된 역관과 의관 등 기술관을 가리킴
	구성	기술관, 향리, 서얼 등
	특징	• 대대로 직역을 세습하고 같은 신분끼리 혼인함 • 신분 상승 운동을 전개하였으나 서얼을 제외하고 성과를 거두지 못함
	서얼	• 중인과 같은 처우를 받아 중서라 불림 • 문과 응시는 불가능하였지만 간혹 무관직에 등용됨 • 정조 때 규장각 검서관으로 등용됨
상민	구성	농민·수공업자·상인 등으로 대다수가 농민으로 구성됨
	특징	• 평민 또는 양민으로 불림 • 조세와 역의 의무를 짐 • 과거를 치르고 관직에 나아갈 수 있으나 실제로는 쉽지 않았음
	신량역천	신분은 양인이지만 천역을 담당함
천민		• 대다수가 노비로 구성되었으며 노비는 재산으로 간주되어 매매·상속·증여의 대상이 됨 • 백정·광대·무당 등도 천민으로 간주됨 • 조선 후기 영조 때 노비종모법이 시행됨 • 조선 후기 순조 때 공노비 6만 6천여 명이 해방됨

● **노비종모법**

노비의 신분과 소속은 모친을 따라 정하도록 한 법이다.

국사(國史)편찬위원회에서 출제한 자료 ●노비종모법

경기도 암행어사 김상성이 …… 금년 이후로는 모든 노비의 양처(良妻) 소생은 공천(公賤), 사천(私賤)을 막론하고 어미의 신분을 따르게 할 것을 청하므로, 임금이 대신들에게 물으니 우의정 조문명이 힘주어 찬성하였다. 전교하기를, "어사가 전달한 바를 들으니, …… 금년부터 태어난 사람은 율령의 첫 번째로 정하여 공천, 사천을 막론하고 어미의 신분을 따르게 하라."라고 하였다.
　　－『영조실록』－

(5) 향전의 발생

① 배경 : 양 난 이후 양반 수가 크게 증가하고 경제적으로 몰락한 양반(잔반)이 늘어나 양반의 권위가 점차 약화되었다.

② 발생

　㉠ 새로이 등장한 신향은 우세한 경제력을 바탕으로 구향의 향촌 사회 지배권에 도전하였다.

　㉡ 구향은 양반 신분을 나타내는 청금록과 향안을 증거로 제시하며 신향에 대항하였다.

향전의 발생

　㉢ 신향은 수령과 결탁하여 향안에 이름을 올리고 향회를 장악하였다.

③ 결과

　㉠ 구향은 문중을 중심으로 서원과 사우를 세우고 동족 마을을 형성하였다.

　㉡ 수령을 견제하는 역할을 하던 향회는 수령이 세금을 부과할 때 의견을 묻는 자문 기구로 전락하였다.

　㉢ 향촌 사회에서 구향의 영향력이 약화되고 수령과 향리의 영향력이 강해지자, 세도 정치기에 수령과 향리가 농민을 극심하게 수탈하였다.

●청금록
조선 시대에 성균관·향교·서원 등에 있던 유생의 명부이다.

●향안
향족(鄕族)의 명부이다.

●사우
조상이나 선현의 영정·신주를 모셔 두고 제사를 올리는 곳이다.

국사(國史)편찬위원회에서 출제한 자료 ●향전

영덕의 오래된 가문은 모두 남인이며, 이른바 신향(新鄕)은 모두 서리와 품관의 자손으로 자칭 서인이라고 하는 자들이다. 근래 신향이 향교를 주관하면서 구향(舊鄕)과 마찰을 빚었다. 주자의 영정이 비에 손상되자 신향배들은 구향이 죄를 물을까 걱정하여, 남인에게 죄를 전가할 계획을 세우고는 주자와 송시열의 초상을 숨기고, "남인이 송시열의 영정을 봉안하는 것을 꺼려 야음을 틈타 영정을 훔쳐 갔다."라고 하였다.
　　－『승정원일기』－

국사(國史)편찬위원회에서 출제한 자료 ●조선 후기 향촌 사회의 모습

근래 세상의 도리가 점점 썩어 가서 돈 있고 힘 있는 백성들이 군역을 피하고자 간사한 아전, 임장(호적을 담당하는 하급 임시직)과 한통속이 되어 뇌물을 쓰고 호적을 위조하여 유학이라고 거짓으로 올리고 면역하거나 다른 고을로 옮겨 가서 스스로 양반 행세를 한다. 호적이 밝지 못하고 명분의 문란함이 지금보다 심한 적이 없었다.
　　－『일성록』－

능력(能力) 향상을 위한 O, X　　　　　　　　　　　　　　　　　　　　　정답

01　대동법 시행의 결과 공인이 등장하였다.　　　　　　　　　　　　　（　　）　　○

02　균역법 시행에 따라 부족해진 군포를 충당하기 위하여 지주에게 결작을 징수하였다.　（　　）　　○

03　조선 후기에 납속을 통하여 신분 상승이 가능하였다.　　　　　　　　（　　）　　○

검정(檢定)된 기출문제

01

다음 퀴즈의 정답으로 옳은 것은?

한국사 골든벨

제시된 단계별 힌트를 통하여 알 수 있는 제도는 무엇일까요?

1단계	선혜청에서 주관
2단계	특산물 대신, 쌀, 베, 동전으로 납부
3단계	토지 결수를 기준으로 공납을 부과

① 과전법 ② 균역법
③ 대동법 ④ 영정법

02

다음 가상 뉴스가 보도된 시기의 경제 상황으로 옳은 것은?

오늘 전하께서 군포를 2필에서 1필로 감면하라고 하셨습니다. 이로 인하여 부족해진 국가 재정을 보충할 대책도 마련하라고 명하셨습니다. 앞으로 어떤 방안이 결정될지 주목됩니다.

속보 **군역제 개편 결정**

① 당백전이 유통되었다.
② 동시전이 설치되었다.
③ 목화가 처음 전래되었다.
④ 모내기법이 전국으로 확산되었다.

03

(가)에 해당하는 제도로 옳은 것은?

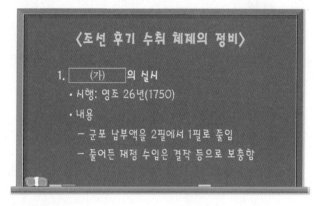

〈조선 후기 수취 체제의 정비〉

1. (가) 의 실시
 • 시행: 영조 26년(1750)
 • 내용
  – 군포 납부액을 2필에서 1필로 줄임
  – 줄어든 재정 수입은 결작 등으로 보충함

① 균역법   ② 대동법
③ 영정법   ④ 직전법

04

다음 퀴즈의 정답으로 옳은 것은?

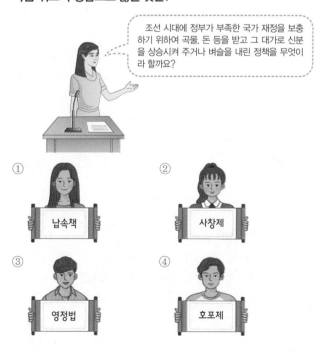

조선 시대에 정부가 부족한 국가 재정을 보충하기 위하여 곡물, 돈 등을 받고 그 대가로 신분을 상승시켜 주거나 벼슬을 내린 정책을 무엇이라 할까요?

① 납속책   ② 사창제
③ 영정법   ④ 호포제

11 | 조선의 문화

설쌤의 **한(韓)판** 정리

● 유학의 흐름

조선 전기			
	훈구파 vs. 사림파	훈구파	성리학 외 타 학문 수용, 국가 통치 이념으로 『주례』 중시
		사림파	성리학 이외의 학문 수용 X, 국가 통치 이념으로 『춘추』 중시
	이황 vs. 이이	이황	'이' 강조(주리론), 이상주의적 경향, 『주자서절요』·『성학십도』 저술, 일본 성리학에 영향을 줌, 기대승과 사단 칠정 논쟁, 예안 향약 만듦
		이이	'기' 강조(주기론), 현실적·개혁적, 『동호문답』(수미법 주장)·『성학집요』 저술

조선 후기

- 돈암 서원 건립 : 김장생을 기리기 위함
- 성리학의 절대화: 예학 발달, 예송 논쟁 등의 폐단 발생
- 새로운 학문의 대두
  - 윤휴·박세당: 주자의 경전 해석에 이의 제기
  - 양명학: 성리학 비판, 지행합일의 실천성 강조, 강화학파(정제두) 형성
  - 실학: 민생 안정, 부국강병 달성

실학의 등장			
	중농학파 (경세치용)	유형원	『반계수록』 저술, 균전론(신분에 따른 토지 차등 분배), 양반 문벌제도·과거제·노비 제도 비판
		이익	『곽우록』·『성호사설』 저술, 한전론(영업전 설정)·육좀론 주장
		정약용	『목민심서』·『경세유표』 저술, 여전론 → 정전제 주장
	중상학파 (이용후생)	유수원	『우서』 저술, 사농공상의 직업적 평등과 전문화 주장
		홍대용	『의산문답』 저술, 지전설과 무한우주론(중국 중심의 세계관 비판) 주장, 혼천의 제작
		박지원	『열하일기』·『양반전』·『허생전』 저술, 수레와 선박 이용·화폐 유통의 필요성 주장
		박제가	『북학의』 저술, 수레와 선박 이용·소비론 주장

● 불교

조선 전기

- 건국 직후 : 도첩제를 시행하여 승려 수 제한
- 세종 : 『월인천강지곡』(불교 찬가를 실은 책) 만듦
- 세조 : 서울 원각사지 십층 석탑 건립, 간경도감 설치

조선 후기

사림파가 집권하며 불교의 사회적 위상 하락

● 도교와 민간 신앙

도교

• 재정 낭비를 막기 위하여 도교 행사 축소, 사원 정리
• 강화 마니산 참성단에서 초제 거행

민간 신앙

• 풍수지리설·도참사상 : 한양 천도 및 양반의 묘지 선정에 영향
• 무격신앙·삼신 신앙 등 : 백성들 사이에서 유행

● 새로운 사상의 등장

『정감록』

가혹한 삶을 구원하고 새로운 세상을 열
진인의 출현 예고

미륵 신앙

현세에서 얻지 못한 구원을 바람

서학(천주교)

• 중국을 다녀온 사신들이 서학으로 소개
• 18세기 후반 정약용 등 일부 남인 계열
  실학자가 신앙으로 받아들임
• 제사 거부 → 정부의 탄압(신해박해,
  신유박해, 황사영 백서 사건 등)

동학

• 서학을 배격한다는 뜻
• 최제우 창시
• 인내천(인간의 존엄성과 평등성 강조), 시
  천주 → 양반 중심의 신분 질서 혼란 초래
  → 탄압(혹세무민의 죄로 최제우 사형),
  경전『동경대전』간행

● 조선 전기·후기 문화

	조선 전기	조선 후기
역사서	• 『조선왕조실록』 　- 태조 ~ 철종까지의 역사를 편년체로 저술 　- 국왕이 죽은 후 춘추관을 중심으로 실록청 설치 → 사초· 　　시정기 등을 종합하여 편찬 　- 유네스코 세계 기록 유산 등재 **15세기** • 『고려국사』(정도전) : 조선 건국의 정당성 확보 • 『고려사』: 고려사를 기전체로 자주적으로 서술 • 『고려사절요』: 고려사를 편년체로 서술 • 『동국통감』(서거정 등) : 성종 때 고조선 ~ 고려 말까지 　역사를 서술함 **16세기** • 『동국사략』(박상) • 『기자실기』(이이) : 단군보다 기자 중시	• 『승정원일기』 　- 승정원에서 편찬, 승정원 업무 내용을 일지 형식으로 　　작성 　- 유네스코 세계 기록 유산 등재 • 『동사강목』(안정복) • 『발해고』(유득공) : '남북국' 용어 처음 사용 • 『동사』(이종휘) : 고구려사 연구 • 『연려실기술』(이긍익) • 『해동역사』(한치윤) • 『금석과안록』(김정희) : 서울 북한산비가 진흥왕 순수비임을 　밝힘
지도	• 「혼일강리역대국도지도」(태종) : 동양에서 현존하는 가장 　오래된 세계 지도 • 「팔도총도」(작자 미상) • 「팔도도」(태종)	• 「동국지도」(정상기) : 최초로 100리 척 사용 • 「대동여지도」(김정호) 　- 산맥·하천·포구·도로망 등 표시 　- 10리마다 눈금 표시 　- 22첩 목판 지도 → 대량 생산 가능
지리서	• 『신찬팔도지리지』(세종) • 『동국여지승람』(성종) → 『신증동국여지승람』(중종)	• 『택리지』(이중환) : 인문 지리서 • 『아방강역고』(정약용)
윤리·의례서· 백과사전	• 『삼강행실도』(세종) : 충신·효자·열녀의 행적을 그림과 글 　로 설명 • 『국조오례의』(성종) : 여러 국가 행사에 필요한 의례 정비 • 『이륜행실도』(16세기) : 연장자와 연소자, 친구 사이의 윤리 　강조	• 『지봉유설』(이수광) : 우리나라와 중국 문화 정리 • 『동국문헌비고』(영조) : 우리나라 역대 문물 정리 • 『자산어보』(순조, 정약전) : 흑산도 근해 해산물 기록

	조선 전기	조선 후기
천문과 역법	• 「천상열차분야지도」(태조) : 고구려 천문도를 바탕으로 제작 • 혼천의·간의(세종) • 『칠정산』(세종) : 한양을 기준으로 천체 운동 계산	• 시헌력 도입(효종, 김육) • 지전설(김석문·홍대용·정약용 등) : 중국 중심 세계관 비판
기술	• 금속 활자 : 주자소·계미자(태종), 갑인자(세종) • 앙부일구·자격루·측우기·혼천의·간의(세종, 장영실)	• 청으로부터 세계 지도인 「곤여만국전도」, 천리경(망원경), 자명종 전래 • 정약용 : 『기기도설』을 참고하여 거중기 제작, 배다리 설계
의학서	• 『향약집성방』(세종) : 우리 풍토에 맞는 약재 및 치료 방법 정리 • 『의방유취』(세종) : 의학 백과사전	• 『동의보감』(광해군, 허준) • 『침구경험방』(허임) • 『마과회통』(정약용) • 『동의수세보원』(이제마) : 사상 의학 확립
농서	• 『농사직설』(세종, 정초 등) : 우리 풍토에 맞는 농사법 소개 • 『금양잡록』(성종, 강희맹)	• 『농가집성』(신속) • 『색경』(박세당) • 『산림경제』(홍만선) • 『해동농서』(서호수) • 『임원경제지』(서유구)
무기	• 거북선(태종) • 화차·신기전(문종)	• 비격진천뢰(선조) • 벨테브레이(박연) : 인조 때 제주도 표류, 훈련도감 소속으로 서양식 대포 제조법 전수
건축	**15세기** • 궁궐, 관청, 성곽을 중심으로 건립 • 경복궁 근정전, 창덕궁 돈화문, 서울 숭례문, 종묘 정전, 합천 해인사 장경판전 등 **16세기** 서원	**17세기** • 불교의 사회적 지위 향상과 양반 지주층의 경제적 성장 반영 • 김제 금산사 미륵전, 구례 화엄사 각황전, 보은 법주사 팔상전 **18세기** • 부농과 상인의 지원으로 장식성이 강한 사원 건립 • 논산 쌍계사 대웅전, 부안 개암사 대웅보전 • 수원 화성(정조) : 유네스코 세계 문화유산, 『화성성역의궤』 **19세기** 경복궁 근정전(중건), 경복궁 경회루

15세기

경복궁 근정전

창덕궁 돈화문

종묘 정전

합천 해인사 장경판전

16세기

경주 옥산 서원

안동 도산 서원

17세기

구례 화엄사 각황전

보은 법주사 팔상전

18세기

논산 쌍계사 대웅전

수원 화성

19세기

경복궁 경회루

	조선 전기	조선 후기
문학	『동문선』(성종, 서거정) : 역대 시문 중 뛰어난 것만 뽑아서 편찬	• 한글 소설 : 『홍길동전』, 『춘향전』 • 전기수 활동 • 사설시조 : 형식에 얽매이지 않고 감정을 솔직히 표현 • 시사 : 중인들의 시 모임
음악	• 아악 체계화(세종, 박연) •『용비어천가』(세종) •『악학궤범』(성종)	춘향가 등의 판소리와 탈놀이 유행
공예	분청사기(15세기) → 백자(16세기)	청화 백자
글씨		추사체(김정희)
그림	**15세기** 「몽유도원도」(안견), 「고사관수도」(강희안) **16세기** 「송하보월도」(이상좌), 「초충도」(신사임당), 「묵죽도」(이정), 「월매도」(어몽룡)	**18세기** • 진경산수화 - 「인왕제색도」·「금강전도」(정선) - 「영통동구도」(강세황) • 풍속화 - 「씨름」·「서당」·「무동」·「대장간」·「자리짜기」(김홍도) - 「단오풍정」·「주유청강」·「월하정인」·「미인도」(신윤복) - 「반상도(노상알현도)」·「야묘도추」(김득신) - 「자화상」(윤두서) **19세기** • 민화 : 「까치와 호랑이」 • 기타 : 「세한도」(김정희)

15세기

「몽유도원도」(안견)

「고사관수도」(강희안)

18세기

「인왕제색도」(정선)

「영통동구도」(강세황)

「씨름」(김홍도)

「서당」(김홍도)

「단오풍정」(신윤복)

16세기

「묵죽도」(이정)

19세기

「까치와 호랑이」

「세한도」(김정희)

1 유학의 흐름

(1) 조선 전기

① 훈구파와 사림파

훈구파	• 성리학 외에도 불교·도교·풍수지리설 등 다양한 사상에 개방적임 • 『주례』를 국가의 통치 이념으로서 중시함
사림파	• 불교와 도교 등 성리학 외 사상을 배척함 • 『춘추』를 국가의 통치 이념으로서 중시함

② **이황**과 **이이**

이황	• 주리론 : 인간 심성의 근원인 '이'를 강조함 • 성향 : 근본적이고 이상주의적인 성향이 강함 • 『주자서절요』를 편찬함 • 『성학십도』 : 군주 스스로 인격과 학식의 수양을 위하여 노력할 것을 강조함 • 일본의 성리학 발전에 이바지함 • 기대승과 사단 칠정 논쟁을 벌임	이황
이이	• 주기론 : '이'보다는 '기'의 역할을 강조함 • 성향 : 현실적이고 개혁적인 성향을 보임 • 『동호문답』 : 통치 체제의 정비와 수취 제도의 개혁 방안(수미법 등)을 제시함 • 『성학집요』 : 현명한 신하가 왕의 수양을 도와주어야 한다고 주장함	이이

(2) 조선 후기

① 김장생을 기리기 위하여 돈암 서원을 건립하였다.

② 성리학의 절대화

　㉠ 17세기에 성리학 이론을 윤리 강령이나 행동 규범으로 구체화한 예학이 발달하였다.

　㉡ 지나치게 형식만을 중시하였고 예에 대한 붕당 간 입장 차이가 정쟁이 되는 폐단(예송 논쟁 등)이 나타났다.

　㉢ 사회·경제적 변화를 외면하고 성리학적 질서를 강화하여 성리학은 더 이상 현실 문제를 해결할 수 없었다.

③ 새로운 학문의 대두

　㉠ 윤휴·박세당 : 주자의 경전 해석에 이의를 제기하였다.

　㉡ 양명학

　　ⓐ 성리학의 비현실성을 비판하며 지행합일의 실천성을 강조하였다.

　　ⓑ 18세기 초에 정제두가 양명학을 본격적으로 연구하며 강화학파를 형성하였다.

　㉢ 실학

　　ⓐ 17~18세기의 사회·경제적 변동에 따른 해결책을 구상하는 과정에서 등장한 새로운 학문 경향이자 사회 개혁론이다.

　　ⓑ 민생 안정과 부국강병을 달성하기 위하여 사회 전반에 걸쳐 개혁을 주장하였다.

　　ⓒ 방법론에 따라 중농학파와 중상학파로 나뉘었다.

이황
• 안동 도산 서원에 이황의 위패가 모셔져 있다.
• 풍기 군수와 성균관 대사성 등의 관직을 역임하였다.
• 예안 향약을 만들었다.

『성학십도』

이이
강릉 오죽헌에서 태어났다.

이의를 제기
윤휴와 박세당은 주자의 경전 해석에 이의를 제기하며 사회 문제를 해결하기 위한 방안을 『육경』과 제자백가 등에서 찾으려고 노력하였다. 그러나 송시열 등 서인에게 사문난적(주자의 유교 교리에 어긋나는 언행으로 유교의 질서와 학문을 어지럽히는 이들을 지칭함)으로 몰렸다.

(3) 실학의 등장

① 중농학파

특징	• 경세치용 학파라고도 불림 • 농촌 사회 안정을 중시함	• 농업 중심 개혁론을 제시함 • 토지 제도를 개혁하여 자영농을 육성하자고 주장함	
대표 학자	저서	주장	
유형원	『반계수록』	• **균전론** : 농민, 선비, 관리 등 신분에 따른 토지의 차등 분배를 주장함 • 양반 문벌제도 · 과거 제도 · 노비 제도를 비판함	
이익	『성호사설』, 『곽우록』	• 한전론 : 자영농을 육성하기 위하여 영업전 설정을 주장함 • 육좀론 : 노비 제도 · 과거 제도 · 양반 문벌제도 등 나라를 좀먹는 여섯 가지 폐단을 비판함	
정약용	『목민심서』, 『경세유표』	• **여전론** : 마을 단위로 토지를 공동 소유 및 경작하여 노동량에 따라 수확량을 분배하는 공동 농장 제도를 주장함 • 정전제 : 전국의 토지를 국유화하여 정전을 편성한 후 그중 9분의 1은 공전으로 만들어 조세를 충당하고 나머지는 농민에게 분배하는 제도를 주장함	

● 영업전
매매할 수 없는 토지이다.

국사(國史)편찬위원회에서 출제한 자료 ● 이익의 한전론

국가는 마땅히 한 집의 생활에 맞추어 재산을 계산해서 토지 몇 부(負)를 1호의 영업전으로 하여, 당 제도처럼 한다. 땅이 많은 자는 빼앗아 줄이지 않고 미치지 못하는 자도 더 주지 않으며, 돈이 있어 사고자 하는 자는 비록 천백 결이라도 허락하여 주고, 땅이 많아서 팔고자 하는 자는 다만 영업전 몇 부 이외에는 허락하여 준다. 　　　　　　　　　　　　　　　　　　　　　　－『곽우록』－

국사(國史)편찬위원회에서 출제한 자료 ● 정약용의 여전론

1여마다 여장을 두며, 무릇 1여의 인민이 공동으로 경작하도록 한다. …… 여민이 농경하는 경우, 여장은 매일 개개인의 노동량을 장부에 기록하여 두었다가 가을이 되면 오곡의 수확물을 모두 여장의 집에 가져온 다음에 분배한다. 이때 국가에 바칠 세와 여장의 봉급을 제하며, 그 나머지를 가지고 노동 일수에 따라 여민에게 분배한다. 　　　　　　　　　　　　　　　　　　　　　　－『여유당전서』－

② 중상학파

특징	• 북학파 또는 이용후생 학파라고도 불림	• 상공업 진흥과 기술 혁신을 중시함	
대표 학자	저서	주장 및 활동	
유수원	『우서』	사농공상의 직업적 평등과 전문화를 주장함	
홍대용	『의산문답』	• **지전설 · 무한우주론** : 중국 중심 세계관을 비판함　• 혼천의를 제작함	
박지원	『열하일기』, 『양반전』,『허생전』	• **수레와 선박의 이용을 주장함** • 화폐 유통의 필요성을 강조함	
박제가	『북학의』	• 소비론 : 소비 촉진을 통한 생산력 증대를 역설함 • 수레와 선박의 이용을 주장함	

● 사농공상
선비, 농부, 수공업자, 상인을 이르는 말로 반상제와 별개로 백성을 나누던 네 가지 계급 관념이다.

국사(國史)편찬위원회에서 출제한 자료 ● 박제가의 소비론

비유컨대 재물은 대체로 우물과 같은 것이다. 퍼내면 차고, 버려두면 말라 버린다. 그러므로 비단옷을 입지 않아서 나라에 비단 짜는 사람이 없게 되면 여공이 쇠퇴하고, 쭈그러진 그릇을 싫어하지 않고 기교를 숭상하지 않아서 장인이 작업하는 일이 없게 되면 기예가 망하게 된다. 　　　　　　　　－『북학의』－

2 불교

(1) 조선 전기

① 건국 직후 도첩제를 시행하여 승려 수를 제한하였다.

② 세종 때 불교 찬가를 실은 책인 『월인천강지곡』을 만들었다.

③ 세조 때 원각사지 십층 석탑을 세우고 간경도감을 설치하여 불경을 간행하였다.

(2) 조선 후기

성리학 외 사상을 배척하는 사림파가 집권하며 불교의 사회적 위상이 약화되었다.

3 도교와 민간 신앙

(1) 도교

① 재정 낭비를 막기 위하여 도교 행사를 축소하고 사원을 정리하였다.

② 단군이 하늘에 제사를 지냈다는 전설이 깃든 **강화 마니산 참성단**에서 초제를 거행하였다.

(2) 민간 신앙

① 풍수지리설이 한양 천도와 양반 사대부의 묘지 선정에 영향을 주었다.

② 무격신앙, 삼신 신앙 등이 백성들 사이에서 유행하였다.

4 새로운 사상의 등장

(1) 『정감록』

가혹한 삶을 구원하고 새로운 세상을 열어 줄 진인의 출현을 예고하였다.

(2) 미륵 신앙

현세에 얻지 못한 행복을 미륵 신앙으로 해결하고자 하였다.

(3) 서학

① 의미 : **천주교를 서학이라고 불렀다.**

② 수용 : 16세기 말에서 **17세기 무렵 중국을 왕래하던 사신이 서양 문물로 소개하였다.**

③ 확산 : 18세기에 현실 개혁을 꿈꾸던 정약용·정약전 등 일부 남인 계열 실학자가 점차 신앙으로 받아들였다.

④ 탄압 : 정부는 제사를 거부하는 등 **유교적 질서를 부정한다는 이유로 천주교를 탄압하였다**(신해박해, **신유박해**, 황사영 백서 사건 등).

● 신유박해
이승훈을 비롯한 여러 천주교 신자들이 유교 윤리를 어겼다는 이유로 서소문에서 처형되었다. 2014년 8월 16일 프란치스코 교황이 서소문 순교 성지를 방문하였다.

(4) 동학

① 의미 : 서학을 배격한다는 뜻에서 붙여진 이름이다.

② 창시 : **몰락 양반인 최제우가 동학을 창시하였다.**

③ 교리 : **사람이 곧 하늘이라는 인내천 사상과 시천주 사상**을 내세워 인간의 존엄성과 평등성을 강조하였다.

④ 경전 : 『동경대전』을 기본 경전으로 삼았다.

⑤ 탄압 : 정부는 세상을 어지럽히고 백성을 속인다(혹세무민)는 죄명으로 최제우를 처형하였다.

5 역사서의 편찬

(1) 조선 전기

『조선왕조실록』	• 목적 : 선(先)대의 역사를 후대에 남기기 위하여 편찬함 • 태조부터 철종까지의 역사를 편년체로 서술함 • 국왕 사후에 춘추관을 중심으로 실록청을 설치하고 **사초와 시정기 등을 종합하여 편찬함** • 1997년에 유네스코 세계 기록 유산에 등재됨

●『조선왕조실록』

전주 사고(史庫) 등 여러 사고에서 보관하였는데, 임진왜란 이전에는 4곳에 나누어 보관하였다가 임진왜란 이후 5곳에 나누어 보관하였다.

(2) 15~16세기

시기	역사서	특징
15세기	『고려국사』	정도전이 조선 건국의 정당성을 확보하고자 저술함
	『고려사』	기전체로 고려사를 자주적으로 서술함
	『고려사절요』	편년체로 고려사를 자주적으로 서술함
	『동국통감』	성종 때 서거정 등이 고조선부터 고려 말까지 역사를 서술함
16세기	『동국사략』	박상이 개국 공신(급진 개혁파)을 비판하고 온건 개혁파를 칭송하는 내용을 서술함
	『기자실기』	이이가 단군보다 기자를 중시하는 인식을 바탕으로 편찬함

국사(國史)편찬위원회에서 출제한 자료 ●『고려사』 서문

이 책을 편찬하면서 범례는 사마천의 『사기』를 따랐고, 기본 방향은 직접 왕에게 물어서 결정하였습니다. 「본기」라고 하지 않고 「세가」라고 한 것은 대의명분의 중요함을 보인 것입니다. 신우, 신창을 「세가」에 넣지 않고 「열전」으로 내려놓은 것은 왕위를 도적질한 사실을 엄히 밝히려 한 것입니다.

(3) 조선 후기

『승정원일기』	• **승정원에서 편찬**하였으며, 승정원의 업무 내용을 일지 형식으로 작성함 • 유네스코 세계 기록 유산에 등재됨	
『동사강목』	안정복이 고조선부터 고려 말까지의 역사를 서술함	
『발해고』	• 유득공이 발해사를 서술함 • 처음으로 '남북국'이라는 용어를 사용함	한반도 중심의 사관을 극복하고 우리 역사의 무대를 만주 지방까지 확대함
『동사』	이종휘가 고구려사를 중심으로 서술함	
『연려실기술』	이긍익이 조선의 정치와 문화를 객관적으로 실증적으로 정리함	
『해동역사』	한치윤이 고조선부터 고려까지의 역사를 실증적으로 서술함	
『금석과안록』	김정희가 편찬하였으며 서울 북한산비가 신라 진흥왕 순수비임을 밝힘	

국사(國史)편찬위원회에서 출제한 자료 ●유득공의 『발해고』

부여씨가 망하고 고씨가 망한 다음, 김씨가 남방을 차지하고 대씨가 북방을 차지하고는 발해라 하였으니, 이것을 남북국이라 한다. 남북국에는 마땅히 남북국사가 있어야 할 터인데, 고려가 편찬하지 않은 것은 잘못이다. 저 대씨가 어떤 사람인가? 바로 고구려 사람이다. 그들이 차지하고 있던 땅은 어떤 땅인가? 바로 고구려 땅이다.
　　　　　　　　　　　　　　　　　　　　　　　　　　　　　－『발해고』－

6 지도와 지리서

(1) 조선 전기

① 지도

⊙ 「**혼일강리역대국도지도**」(태종) : 현존하는 동양에서 가장 오래된 세계 지도이다.

⊙ 「팔도총도」(작자 미상) : 조선 전기에 제작된 지도이다.

⊙ 「팔도도」(태종) : 전국 지도로 세종 때 이를 보완하여 다시 간행하였다.

② 지리서

⊙ 「신찬팔도지리지」(세종) : 최초의 관찬 지리서이다.

⊙ 「**동국여지승람**」(성종) : 군현의 연혁·지세·인물·풍속 등을 자세히 기록하였다.

⊙ 「**신증동국여지승람**」(중종) : 『동국여지승람』을 보충하여 편찬한 지리서이다.

「혼일강리역대국도지도」

(2) 조선 후기

① 지도

⊙ 「**동국지도**」(영조) : 정상기가 최초로 100리 척을 사용하여 제작하였다.

⊙ 「**대동여지도**」(철종)

ⓐ **김정호**가 산맥·하천·포구·도로망 등을 표시하여 제작하였다.

ⓑ **10리마다 눈금을 표시**하였으며, **22첩의 목판으로 제작**하여 대량 생산이 가능하였다.

② 지리서

⊙ 「**택리지**」(영조) : **이중환**이 각 지역의 자연환경·물산·풍속·인심 등을 기록한 인문 지리서이다.

⊙ 「아방강역고」(순조) : 정약용이 편찬한 지리서이다.

「대동여지도」

7 윤리·의례서와 백과사전

(1) 조선 전기의 윤리·의례서

『삼강행실도』(세종)	충신·효자·열녀의 행적을 그림과 글로 설명한 윤리서
『국조오례의』(성종)	국가의 여러 행사를 유교의 예법에 맞게 정한 의례서
『이륜행실도』(중종)	연장자와 연소자, 친구 사이의 윤리를 강조한 윤리서

국사(國史)편찬위원회에서 출제한 **자료** ●『삼강행실도』

천하의 공통된 도(道)가 다섯인데, 삼강(三綱)이 맨 위에 있으니 실지로 경륜의 큰 법이요, 모든 교화의 근원이다. …… 우리 주상 전하가 근신(近臣)에게 명하기를, "삼대의 정치는 모두 인륜을 밝혔는데 후세에는 교화가 차츰 해이해져서 백성이 서로 화목하지 못하니 …… 내가 그 가운데 훌륭한 것을 뽑아서 그림을 그리고 찬을 지어서 안팎에 반포하고자 하니, ……."라고 하였다.

(2) 조선 후기 백과사전

『지봉유설』	이수광이 우리나라와 중국의 문화를 정리하여 편찬한 최초의 백과사전
『동국문헌비고』(영조)	우리나라의 역대 문물제도를 정리한 백과사전
『자산어보』(순조)	**정약전**이 흑산도 근해의 해산물을 직접 조사하여 기록한 책

8 과학 기술

(1) 천문과 역법

① 조선 전기

    ㉠ 「천상열차분야지도」(태조) : 고구려의 천문도를 바탕으로 제작하였다.

    ㉡ **혼천의**·간의(세종) : 천체의 운행과 위치 등을 측정하기 위하여 만들었다.

    ㉢ **「칠정산」(세종) : 이순지 등이 한양을 기준으로 천체 운동을 정확하게 계산하기 위하여 편찬한 역법서이다.**

혼천의

간의

② 조선 후기

    ㉠ **효종 때 김육이 서양 역법서인 「시헌력」을 도입하였다.**

    ㉡ 김석문과 홍대용, 정약용 등이 지전설을 주장하며 중국 중심 세계관을 비판하였다.

(2) 기술

① 조선 전기

    ㉠ 금속 활자 : **태종 때** 주자소를 설치하고 **계미자를 주조하였으며, 세종 때 갑인자** 등을 주조하였다.

    ㉡ 제지술 : 태종 때 다양한 종이를 전문적으로 생산하는 관청인 조지소를 설치하였다.

    ㉢ 관측기구 : 세종 때 **장영실**이 **앙부일구(해시계)·자격루(물시계)·측우기·혼천의**·간의를 제작하였다.

② 조선 후기

    ㉠ 서양 문물의 전래 : 청으로부터 「**곤여만국전도**」, 천리경, 자명종 등이 전래되었다.

    ㉡ **정약용** : 서양 기술 서적인 「**기기도설**」을 참고하여 **거중기를 제작**하였고, 배다리를 설계하였다.

조선 전기			조선 후기
앙부일구(해시계)	자격루(물시계)	측우기	거중기

앙부일구(해시계)
그림자로 시간을 측정하는 기구로 동지나 하지와 같은 절기도 알 수 있다.

「천상열차분야지도」

「천상열차분야지도」

● **「칠정산」**
「칠정산내편」과 「칠정산외편」으로 나뉘어 편찬되었다.

● **장영실**
노비 출신이라는 한계를 극복하고 자격루와 혼천의 등 다양한 기구 제작에 참여하여 조선의 과학 기술이 발전하는 데 기여하였다.

혼천의

● **「곤여만국전도」**

중국에서 가져온 세계 지도를 보고 1708년에 제작한 지도이다. 조선인들은 이 지도를 보고 서양 세계에 대한 새로운 지식을 얻을 수 있었다.

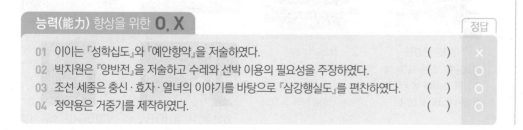

능력(能力) 향상을 위한 O, X

정답

01 이이는 「성학십도」와 「예안향약」을 저술하였다. ( )   ×

02 박지원은 「양반전」을 저술하고 수레와 선박 이용의 필요성을 주장하였다. ( )   ○

03 조선 세종은 충신·효자·열녀의 이야기를 바탕으로 「삼강행실도」를 편찬하였다. ( )   ○

04 정약용은 거중기를 제작하였다. ( )   ○

•『동의보감』

중국과 우리나라 의서를 망라하여 전통 의학을 집대성하였다.

허준

신기전

(3) 의학서

① 조선 전기

『향약집성방』(세종)	우리 풍토에 알맞은 약재와 치료 방법을 정리한 의서
『의방유취』(세종)	의학 백과사전

② 조선 후기

『동의보감』(광해군)	허준이 편찬한 의서로 2009년 유네스코 세계 기록 유산으로 등재됨
『침구경험방』	허임이 침구술을 집대성하여 편찬한 의서
『마과회통』	정약용이 홍역 증세와 치료법을 저술한 의서
『동의수세보원』	이제마가 사상 의학을 확립한 의서

(4) 농서

① 조선 전기

『농사직설』(세종)	정초 등이 우리 풍토에 맞는 농사법을 소개하고자 편찬한 농서
『금양잡록』(성종)	강희맹이 편찬한 농서

② 조선 후기 : 신속의 『농가집성』, 박세당의 『색경』, 홍만선의 『산림경제』, 서호수의 『해동농서』, 서유구의 『임원경제지』 등이 편찬되었다.

(5) 무기

① 조선 전기 : 병선 제조 기술이 발달하여 태종 때 거북선을 제작하였다. 문종 때 개발된 화차(火車)는 신기전이라는 화살 100개를 잇따라 발사할 수 있는 일종의 로켓포였다.

② 조선 후기 : 선조 때 이장손이 **비격진천뢰**를 발명하였다. 인조 때 제주도에 표류한 벨테브레이(박연)는 조선으로 귀화하였으며, 훈련도감에 소속되어 서양식 대포의 제조법과 조종법을 가르쳤다.

9 건축

(1) 조선 전기

① 15세기

㉠ 궁궐·관청·성곽을 중점적으로 세웠다.

㉡ 신분에 따라 건물의 크기와 장식을 제한하여 국왕의 권위를 높이고 신분 질서를 유지하고자 하였다.

서울 숭례문

평양 보통문

종묘 정전

강진 무위사 극락보전

경복궁 근정전

경복궁은 조선 태조 때 건립된 조선의 법궁으로 북궐이라고도 불렸다.

창덕궁 돈화문

창덕궁은 태종 때 이궁으로 세워졌으며 유네스코 세계 문화유산에 등재되었다.

합천 해인사 장경판전

서울 원각사지 십층 석탑

② 16세기 : 불교의 가람 배치 양식과 주택 양식이 결합된 서원을 많이 세웠다.

경주 옥산 서원

안동 도산 서원
퇴계 이황이 제자들을 가르쳤던 장소에 세워진 서원이다.

(2) 조선 후기

① 17세기 : 불교의 사회적 지위 향상과 양반 지주층의 경제적 성장을 반영한 건축물을 지었다.

김제 금산사 미륵전

구례 화엄사 각황전
통층 구조이다.

보은 법주사 팔상전
현존하는 유일한 조선 시대 목탑으로 통층 구조이다.

● **보은 법주사 팔상전**
내부에는 석가모니 생애를 여덟 장면으로 그린 불화가 있으며, 현재 우리나라에 남아 있는 가장 오래된 오층 목탑이다.

② 18세기 : 부농과 상인의 지원을 받아 장식성이 강한 사원을 세웠으며, 정조가 수원 화성을 건립하였다. 『화성성역의궤』에 수원 화성 공사가 기록되었다.

논산 쌍계사 대웅전

부안 개암사 대웅보전

수원 화성
유네스코 세계 문화유산에 등재되었다.

③ 19세기 : 흥선 대원군이 **경복궁의 근정전**과 경회루를 중건하였다.

경복궁 근정전
조선 시대에 왕과 신하가 함께 나랏일을 보던 장소이다.

경복궁 경회루
조선 시대에 나라에 경사가 있거나 사신이 왔을 때 연회를 베풀던 장소이다.

10 문예 활동

조선 전기에는 주로 양반 문화를 중심으로 발달하였으나, 조선 후기에는 서민 의식이 성장하며 서민 문화가 발달하였다.

(1) 문학

조선 전기	성종 때 서거정이 역대 시문 중 빼어난 것을 골라 『동문선』을 편찬함
조선 후기	• 『홍길동전』, 『춘향전』 등 한글 소설이 유행함 • 소설을 전문적으로 읽어주는 낭독가인 전기수가 활발히 활동함 • 형식에 얽매이지 않고 감정을 솔직히 표현한 사설시조가 발달함 • 중인층의 시 모임인 시사 활동이 활발해짐

(2) 음악

조선 전기	• 세종 때 박연이 아악을 체계화하였으며, 『용비어천가』가 편찬됨 • 성종 때 의궤와 악보를 정리한 『악학궤범』이 편찬됨
조선 후기	「흥부가」, 「춘향가」 등 판소리와 탈놀이(탈춤)가 유행함

(3) 공예

① 조선 전기

ㄱ 고려 후기부터 조선 전기까지는 소박한 무늬와 정형화되지 않은 멋을 보여 주는 **분청사기가 유행하였다.**

ㄴ 16세기에 유행한 **백자**는 담백하고 깨끗한 순백의 고상함이 선비의 취향과 어울려 널리 이용되었다.

ㄷ 철화 기법으로 끈무늬를 표현한 **백자 철화 끈무늬 병**이 만들어졌다.

분청사기 조화 어문 편병

② 조선 후기

ㄱ 경제력이 커진 민간에서 순백의 백자 사용이 증가하였다.

ㄴ 흰 바탕에 푸른색으로 그림을 그린 **청화 백자**를 많이 제작하였다.

순백자 병   백자 철화
끈무늬 병   청화 백자
대나무무늬 각병

(4) 글씨

조선 후기에 **김정희가 독특한 필법인 추사체를 창안하였다.**

김정희의 추사체

(5) 그림

① 조선 전기

ㄱ 15세기 : 유교 사상 외 학문에도 포용적인 입장을 취하여 도교나 노장 사상 분위기가 반영된 그림을 그렸다.

「몽유도원도」(안견)   「고사관수도」(강희안)

안평 대군이 꿈에서 본 이상 세계에 대한 이야기를 듣고 안견이 그린 그림이다. 현재 일본 덴리 대학 중앙 도서관에 소장되어 있다.

ㄴ 16세기 : 선비의 정신세계를 상징하는 사군자를 표현한 문인화를 주로 그렸다.

「송하보월도」(이상좌)   「초충도」(신사임당)   「묵죽도」(이정)   「월매도」(어몽룡)

●신사임당
율곡 이이의 어머니이다.

② 조선 후기

　㉠ 18세기

　　ⓐ 겸재 정선, 강세황 등이 중국 화풍을 모사하는 그림에서 벗어나 독자적인 화풍인 **진경산수화를 많이 그렸다.**

「인왕제색도」(정선)

「금강전도」(정선)

「영통동구도」(강세황)

　　ⓑ **단원 김홍도**, 혜원 신윤복, 김득신 등이 그린 풍속화가 발달하였다.

「씨름」(김홍도)

「서당」(김홍도)

「무동」(김홍도)

「대장간」(김홍도)

「자리짜기」(김홍도)

「단오풍정」(신윤복)

「주유청강」(신윤복)

「월하정인」(신윤복)

「미인도」(신윤복)

「반상도(노상알현도)」
(김득신)

「야묘도추」(김득신)

「자화상」(윤두서)

　㉡ 19세기 : 민중의 소망을 투영한 민화가 발달하였고, 독특한 필법과 채색이 유행하였다.

「까치와 호랑이」

「세한도」(김정희)

검정(檢定)된 기출문제

01

(가) 인물의 활동으로 옳은 것은?

이곳은 도산 서원 상덕사로 (가) 의 위패를 모신 사당입니다. 그는 풍기 군수, 성균관 대사성 등의 관직을 역임하였으며 예안 향약을 만들었습니다.

① 거중기를 설계하였다.
② 대마도를 정벌하였다.
③ 성학십도를 저술하였다.
④ 대동여지도를 제작하였다.

02

(가)에 들어갈 인물로 옳은 것은?

이 작품은 (가) 이/가 북경에 갔을 때 우정을 나눈 청의 화가 나빙이 선물한 것입니다. (가) 은/는 4차례나 연행길에 올라 청의 지식인들과 교유하였고, 청의 제도와 문물을 소개한 북학의를 저술하였습니다.

① 이익   ② 김정희   ③ 박제가   ④ 유성룡

03

다음 가상 인터뷰의 주인공에 대한 설명으로 옳은 것은?

선생님께서 주장하신 토지 개혁론은 무엇인가요?

나는 마을 단위로 농민이 함께 경작하고 세금을 제외한 나머지 생산물을 일한 양에 따라 분배하자는 여전론을 주장하였습니다.

① 동학을 창시하였다.
② 추사체를 창안하였다.
③ 목민심서를 저술하였다.
④ 사상 의학을 확립하였다.

04

밑줄 그은 '역법서'로 옳은 것은?

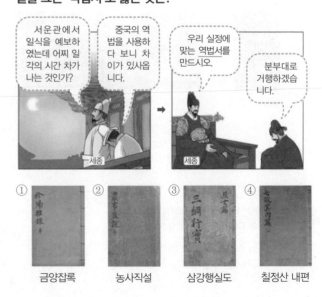

서운관에서 일식을 예보하였는데 어찌 일각의 시간 차가 나는 것인가?

중국의 역법을 사용하다 보니 차이가 있사옵니다.

우리 실정에 맞는 역법서를 만드시오.

분부대로 거행하겠습니다.

세종

세종

① 금양잡록   ② 농사직설   ③ 삼강행실도   ④ 칠정산 내편

05

(가) 종교에 대한 설명으로 옳은 것은?

□□신문

제△△호　　　　　　　　2014년 ○○월 ○○일

교황, 서소문 성지 방문

프란치스코 교황은 지난 8월 16일 서울특별시의 서소문 순교 성지를 방문하였다. 이곳은 200여 년 전, 유교 윤리를 어겼다는 이유로 이승훈을 비롯한 [(가)]을/를 믿는 사람들을 처형한 곳이다. 교황은 순교자들을 애도하며 이곳에 세워진 현양탑에 헌화하였다.

① 중광단 결성을 주도하였다.
② 기관지로 만세보를 발간하였다.
③ 초기에는 서학으로 소개되었다.
④ 동경대전을 기본 경전으로 삼았다.

06

다음 대화가 이루어진 시기의 상황으로 옳지 <u>않은</u> 것은?

① 중인층의 시사 활동이 활발하였다.
② 춘향가 등의 판소리가 성행하였다.
③ 기존 형식에서 벗어난 사설시조가 유행하였다.
④ 단군의 건국 이야기를 담은 제왕운기가 저술되었다.

07

다음 특별전에서 볼 수 있는 작품으로 옳은 것은?

특별전
우리 산천을 담다
우리나라 산천을 소재로 한 조선 후기 진경산수화의 아름다움을 느껴 보세요.
2020.○○.○○. ~ ○○.○○.
△△박물관 특별 전시실

① 수렵도

② 인왕제색도

③  몽유도원도

④  고사관수도

08

다음 학생이 생각하고 있는 책으로 옳은 것은?

광해군 때 허준이 편찬하였어.

당시 중국과 우리나라 의서를 망라하여 전통 의학을 집대성하였지.

2009년 유네스코 세계 기록 유산으로 등재되었어.

① 동의보감　　② 목민심서
③ 열하일기　　④ 향약집성방

설민석
한국사능력검정시험
개념완성

기본편

IV

국제 질서의 변동과 근대 국가 수립 운동

설쌤의
학습 가이드

삼정의 문란으로 살기 힘들었던 조선 후기에는 이상한 모양의 배들이 바다에 떠다니고 있었어요. 고종의 아버지인 흥선 대원군은 이 상황을 어떻게 이겨 냈을까요?

> **제국주의 열강의 침략적 접근과 조선의 대응**

조선은 외국과 근대적 조약을 맺고 본격적으로 외국의 문물을 받아들이는데요, 이 과정에서 임오군란과 갑신정변이 발생했어요. 어떠한 사건인지 알아볼까요?

> **문호 개방과 근대적 개혁의 추진**

외세의 침략에 대항하여 나라를 지키고자 여러 운동이 벌어집니다. 동학 농민 운동과 독립 협회의 활동 등 나라를 지키기 위한 우리나라 사람들의 피와 땀을 느낄 수 있습니다.

> **구국 운동과 근대 국가 수립 운동의 전개**

일제는 우리나라를 어떻게 침략하였고 또 우리나라에게서 무엇을 빼앗았을까요? 일제에 대항하여 일어난 각 의병의 특징과 나라를 지키고자 결성된 여러 단체의 특징을 배울 거예요.

> **일제의 침략과 국권 수호 운동의 전개**

조선은 문호를 개방하면서 경제적·사회적·문화적으로 많은 변화를 겪었습니다. 우리가 알아야 할 대표적인 변화상을 설명해 드립니다.

> **개항 이후의 경제와 사회·문화의 변화**

● 19세기 조선의 국내외 상황

19세기
순조   헌종   철종

국내 상황
• 세도 정치와 삼정의 문란
• 홍경래의 난, 임술 농민 봉기
• 동학·천주교 확산

대외 상황
이양선 출몰

철종이 후사 없이 사망 → 고종이 12세로 즉위 → 고종의 생부 흥선 대원군이 섭정

● 흥선 대원군의 대내 정책

흥선 대원군

왕권 강화 정책
• 비변사 혁파 → 의정부 기능 회복, 삼군부 부활
• 경복궁 중건
  - 당백전 발행 → 물가 상승 초래
  - 원납전 징수, 백성 강제 동원
• 『대전회통』·『육전조례』 편찬

고종=12살   흥선대원군

민생 안정 정책
• 만동묘 철폐
• 서원 철폐
  - 47개소만 남김
  - 국가 재정 확충, 민생 안정
• 삼정의 개혁
  - 전정 → 양전 시행(은결 색출)
  - 군정 → 호포제 시행
  - 환곡 → 사창제 시행

● 통상 수교 거부 정책과 양요

── 1866년 ──

병인박해
흥선 대원군이 러시아를 견제하고자 프랑스와 교섭하였으나 교섭이 이루어지지 않음 → 프랑스 선교사 9명과 천주교 신도 8천 명이 처형당함

제너럴셔먼호 사건
미국 상선 제너럴셔먼호가 통상 요구를 거절당하자 횡포를 부림 → 평양 관민이 제너럴셔먼호를 불태움

병인양요
원인	병인박해를 빌미로 프랑스 극동 사령관 로즈 제독이 강화도를 침략함
활약	• 문수산성(한성근) • 정족산성(양헌수)
약탈	외규장각 의궤

── 1868년 ──

오페르트 도굴 사건
독일 상인 오페르트가 흥선 대원군과 통상을 흥정하기 위하여 남연군 묘를 도굴하려다 미수에 그침

── 1871년 ──

신미양요
원인	미국이 제너럴셔먼호 사건을 빌미로 강화도를 침략함
활약	광성보(어재연)
약탈	수(帥)자기

척화비 건립
외세의 침략을 일시적으로 저지하였으나, 근대화 지체를 초래함

1 19세기 조선의 국내외 상황

(1) 국내

① 안동 김씨, 풍양 조씨 등 소수의 외척 가문이 비변사와 훈련도감을 장악하고 요직을 차지하는 세도 정치가 전개되었다.
② 지배층과 관리들이 관직을 사고파는 등 부정부패가 심화되었다.
③ 삼정의 문란으로 홍경래의 난, 임술 농민 봉기 등이 발생하였다.
④ 백성들 사이에 동학과 서학(천주교) 등 여러 사상이 확산되었다.

(2) 대외

해안가에 이양선이 출몰함에 따라 사회 불안이 고조되었다.

(3) 흥선 대원군의 집권

철종이 후사 없이 사망하자 신정 왕후 조씨(조 대비)에 의하여 고종이 12세로 즉위하였고, 어린 고종을 대신하여 친부인 흥선 대원군이 집권하였다.

2 흥선 대원군의 대내 정책

왕권 강화 정책	비변사 혁파	세도 정치의 핵심 기구인 비변사를 혁파하고 의정부와 삼군부의 기능을 부활시킴
	경복궁 중건	• 목적 : 왕실의 권위를 다시 세우기 위함 • 폐해 ㉠ 재정 확보를 위하여 당백전을 발행하여 물가 상승을 초래함 　　　　㉡ 양반의 묘지림을 벌목하고 원납전을 징수함 　　　　㉢ 백성을 강제로 공사에 동원함
	법전 편찬	『대전회통』과 『육전조례』를 편찬함
민생 안정 정책	만동묘와 서원 철폐	• 서원의 폐단 　㉠ 농민을 수탈하고 면세 혜택을 누림　　㉡ 붕당의 근거지가 됨 • 서원 철폐 결과 　㉠ 서원 600여 개 중 47개만 남기고 철폐함 　㉡ 왕권 강화와 국가 재정 확충, 민생 안정 등 여러 효과를 거둠
	삼정의 문란 개혁	• 전정 개혁 : 양전 사업을 시행하여 숨겨진 땅을 색출함 • 군정 개혁 : 호포제를 시행하여 양반에게도 군포를 부과함 • 환곡 개혁 : 사창제를 시행함

당백전

● 만동묘
조선 숙종 30년(1704)에 건립된 사당으로, 임진왜란 때 조선에 원군을 파견해 준 명의 신종에게 제사를 지냈다.

국사(國史)편찬위원회에서 출제한 자료 ●만동묘 철폐

대원군은 먼저 만동묘를 없애고, 또 서원이 폐를 끼치는 것을 미워하여 각 도에 서원을 철폐하도록 명하였다. 선비들 수만 명이 대궐 앞에 엎드려 만동묘와 서원을 다시 세울 것을 청하자 대원군이 크게 노하여 법사(法司)의 병졸들에게 그들을 한강 밖으로 몰아내도록 하였다.　　　　　　　－『대한계년사』－

국사(國史)편찬위원회에서 출제한 자료 ●서원 철폐

대원군이 명을 내려 나라 안 서원을 죄다 허물고 서원의 유생들을 쫓아 버리도록 하였다. …… 대원군이 크게 노하여 말하기를 "진실로 백성에게 해 되는 것이 있으면 비록 공자가 다시 살아난다 하더라도 나는 용서치 않겠다……."라고 하였다.

3 통상 수교 거부 정책과 양요

병인박해 (1866)	원인	흥선 대원군이 러시아 견제를 목적으로 프랑스를 이용하고자 프랑스 선교사와 교섭하였으나 실패함
	결과	프랑스 선교사 9명과 국내 천주교 신도 8천 명을 학살하는 등 천주교를 탄압함
제너럴셔먼호 사건 (1866)	원인	미국 상선 제너럴셔먼호가 평양에서 통상을 요구하다 거절당하자 마을을 약탈하고 인명을 살상함
	결과	**평양 관민이 박규수의 지휘 아래 제너럴셔먼호를 불태움**
병인양요 (1866)	원인	**프랑스 극동 사령관 로즈 제독이 병인박해를 구실로 강화도를 침략함**
	활약	• 문수산성에서 한성근 부대가 활약함 • 정족산성에서 양헌수 부대가 활약함
	결과	**외규장각 의궤 등 각종 문화재를 약탈당함**
오페르트 도굴 사건 (1868)	원인	독일 상인 오페르트가 조선에 통상을 요구하였으나 거절당함
	경과	**오페르트가 통상을 흥정하기 위하여 남연군 묘를 도굴하려다 미수에 그침**
	결과	서양 배척과 쇄국 정책이 강화됨
신미양요 (1871)	원인	**미국이 제너럴셔먼호 사건을 빌미로 강화도를 침략함**
	활약	**어재연 부대가 광성보(손돌목 돈대)에서 항전함**
	결과	어재연 장군의 수(帥)자기를 약탈당함
척화비 건립 (1871)	외세의 침략을 일시적으로 저지하였으나 근대화를 지연시킴	

● 남연군
흥선 대원군의 아버지이다.

어재연 장군의 수(帥)자기

양이침범 비전즉화주화매국
계아만년자손
병인작신미립

척화비

국사(國史)편찬위원회에서 출제한 자료 ● 제너럴셔먼호 사건

이를 야기한 배는 …… 경고와 위협에도 불구하고 대동강을 거슬러 올라 평양까지 갔다. …… 그리하여 격침 명령이 내려졌고, 배는 불덩어리를 실은 뗏목과 함께 타 버렸으며 선원들은 육지에 오르자마자 목숨을 잃었다.
– 『대한제국멸망사』 –

국사(國史)편찬위원회에서 출제한 자료 ● 척화비 건립

이때에 이르러서는 돌을 캐어 종로에 비석을 세웠다. 그 비면에 글을 써서 이르기를 "서양 오랑캐가 침범하는데 싸우지 않으면 즉 화친하는 것이요, 화친을 주장함은 나라를 팔아먹는 짓이다."라고 하였다. 또, 옆에 작은 글자로 …… "병인년에 비문을 짓고 신미년에 세운다."라고 하였다. – 『대한계년사』 –

능력(能力) 향상을 위한 O, X 　정답

01 세도 정치기에 안동 김씨 등 소수의 외척 가문이 권력을 독점하였다. ( ) ○
02 흥선 대원군은 삼정의 문란을 개혁하고자 삼정이정청을 설치하였다. ( ) ×
03 흥선 대원군은 민생을 안정시키기 위하여 서원을 정리하였다. ( ) ○
04 병인양요 때 프랑스군이 외규장각 도서인 의궤를 약탈하였다. ( ) ○
05 신미양요 때 정족산성에서 양헌수 장군이 활약하였다. ( ) ×

01

다음 다큐멘터리에서 볼 수 있는 장면으로 가장 적절한 것은?

〈다큐멘터리 기획안〉

흥선 대원군, 통치 체제를 정비하다

- ■ 기획 의도: 1863년 고종의 즉위로 실권을 장악한 흥선 대원군이 추진하였던 정책을 조명한다.
- ■ 내용
  1. 왕권 강화를 위한 통치 체제의 재정비
  2. 민생 안정과 국가 재정 확충을 위한 노력

① 서원 철폐에 반대하는 양반
② 배재 학당에서 공부하는 학생
③ 탕평비 건립을 바라보는 유생
④ 만민 공동회에서 연설하는 백정

02

다음 대화가 이루어진 시기에 볼 수 있는 모습으로 적절한 것은?

이것이 당백전일세. 우리가 원래 사용하던 엽전 한 닢의 백 배에 해당한다는데, 실제 가치는 훨씬 못 미치네.

맞네. 이 당백전의 남발로 물가가 크게 올라 백성들의 형편이 매우 어려워지고 있다네.

① 원에 공녀로 끌려가는 여인
② 원산 총파업에 참여하는 노동자
③ 독립운동가를 감시하는 헌병 경찰
④ 경복궁 중건 공사에 동원되는 농민

03

밑줄 그은 '이 사건'의 배경으로 옳은 것은?

지금 보고 있는 것은 양헌수 장군이 이 사건 당시 정족산성에서 프랑스군과 벌인 전투를 기록한 문헌입니다.

정족산성 접전 사실

① 병인박해가 일어났다.
② 영국이 거문도를 점령하였다.
③ 오페르트가 남연군 묘를 도굴하려 하였다.
④ 서인 정권이 친명 배금 정책을 추진하였다.

04

밑줄 그은 '이 사건'에 대한 설명으로 옳은 것은?

이곳은 어재연 장군의 생가입니다. 미군이 통상을 강요하며 강화도를 침략한 이 사건 당시 그는 광성보에서 맞서 싸우다 전사하였습니다.

① 삼국 간섭이 일어나는 배경이 되었다.
② 제너럴셔먼호 사건이 빌미가 되었다.
③ 운요호의 초지진 공격으로 시작되었다.
④ 제물포 조약이 체결되는 계기가 되었다.

설쌤의 **한(韓)판** 정리

● 조선의 문호 개방

1860년대	1870년대	1876년	1882년	1884년	1885년
흥선 대원군 집권	흥선 대원군 하야	강화도 조약	조·미 수호 통상 조약	갑신정변	영국의 거문도 점령
• 대내적 : 왕권 강화 • 대외적 : 통상 거부	최익현 탄핵 상소 → 고종의 친정		임오군란		한반도 중립화론 대두

강화도 조약(조·일 수호 조규, 1876)

배경 흥선 대원군 하야, 통상 개화론자(박규수·오경석·유홍기) 등장, 서계 문제 → 일본 내 정한론 대두, 운요호 사건 발생

과정 신헌(조선)·구로다(일본) 협의

내용
<제1관> 조선은 자주국 → 청의 종주권 부인
<제4관> 부산 외에 두 개(인천·원산) 항구 개항
<제7관> 해안 측량권
<제10관> 치외 법권(영사 재판권)
<제12관> Forever → 불평등 관계를 영원히 지속

성격 조선이 외국과 맺은 최초의 근대적 조약, 불평등 조약

조·일 수호 조규 부록

• 일본 외교관의 자유 여행 허용   • 간행이정 10리
• 개항장에서 일본 화폐 유통 허용

↓ 개정

수호 조규 속약

간행이정 50리 → 2년 후 100리

조·일 무역 규칙(조·일 통상 장정)

무항세, 무관세, 양곡의 무제한 유출

↓ 개정

(개정)조·일 통상 장정(1883)

관세 적용, 방곡령, 최혜국 대우 규정

조·미 수호 통상 조약(1882)

배경
• 청의 알선
• 제2차 수신사 김홍집이 황준헌의 『조선책략』 유포(친중국·결일본·연미방)

내용
<제1관> 거중 조정 → 가쓰라·태프트 밀약으로 배반
<제4관> 치외 법권(영사 재판권, 불평등 요소)
<제5관> 최초의 관세 조항
<제14관> 최초의 최혜국 대우 조항(불평등 요소)

성격 조선이 서양과 맺은 최초의 근대적 조약, 불평등 조약

결과 보빙사 파견(1883)

기타 열강과의 조약 체결

영국(1883)	• 높은 관세율과 아편 문제로 조약 비준 지연 • 청의 중재로 체결
독일(1883) 이탈리아(1884)	청의 알선
러시아(1884)	• 임오군란으로 지연 • 러시아 공사 베베르에 의하여 직접 수교
프랑스(1886)	• 천주교 포교 문제로 지연 • 청의 중재로 체결

설쌤의 **한(韓)판** 정리

● 개화사상과 위정척사 운동의 전개

개화파의 계보

임오군란(1882)

개화사상의 선구자		급진 개화파	• 인물 : 김옥균, 박영효, 서광범, 홍영식 • 목표 : 일본의 메이지 유신을 본받은 급진적 개혁(문명개화론) • 특징 : 스스로를 '개화당'·'독립당'이라 부름
• 박규수 • 오경석 : 『해국도지』, 『영환지략』 • 유홍기	vs.	온건 개화파	• 인물 : 김윤식, 김홍집, 어윤중 • 목표 : 청의 양무운동을 본받은 점진적 개혁(동도서기론)

정부의 개화 정책

	제도 개혁	일본	청
정치	통리기무아문 설치(1880) : 실무 담당 12사를 두고 개화 관련 정책 총괄	**수신사** • 제1차 수신사(1876) : 김기수 파견 • 제2차 수신사(1880) : 김홍집 파견, 황준헌의 『조선책략』 국내 유입	**영선사(1881)** • 김윤식 외 유학생 및 기술자 파견 • 톈진 기기국에서 근대 무기 제조법 및 군사 훈련법 학습, 정부의 지원 부족으로 1년 만에 조기 귀국 → 기기창 설치
군사	• 5군영 → 2영(무위영, 장어영) • 신식 군대 별기군 창설(1881)	**조사 시찰단(1881)** • 박정양 외 12명을 암행어사로 가장하여 비밀리에 파견 • 근대 시설 및 문물 시찰 후 보고	**미국** **보빙사(1883)** • 서양에 파견된 최초의 사절단 • 민영익, 유길준 등 파견 • 미국의 선진 영농 기술 도입, 우정총국 창설

위정척사 운동의 전개

1860년대	1870년대	1880년대	1890년대
• 성격 : 통상 반대 • 인물 : 이항로·기정진(척화주전론)	• 성격 : 개항 반대 • 인물 : 최익현(왜양일체론)	• 성격 : 개화 반대 • 인물 : 이만손(「영남 만인소」)	• 성격 : 항일 의병 • 인물 : 유인석, 이소응

● 임오군란과 갑신정변

1882년	1884년	1885년
임오군란	**갑신정변**	**거문도 사건**

	임오군란		갑신정변	거문도 사건
배경	구식 군인에 대한 차별 대우, 개화 정책에 대한 반발	배경	김옥균의 차관 도입 실패, 일본의 지원 약속	영국이 러시아의 남하를 막고자 거문도를 불법 점령
전개	구식 군인 봉기 → 흥선 대원군 재집권 → 군인들이 일본 공사관(일본인 교관 살해) 및 창덕궁 습격 → 2영·별기군·통리기무아문 폐지 → 5군영 부활 → 청군의 난 진압	전개	우정총국 개국 축하연에서 민씨 세력 제거 → 개화당 정부 수립 → 14개조 정강 발표 → 청의 개입 → 3일 만에 실패로 끝남	**한반도 중립화론 대두 (유길준, 부들러)**
결과	• 흥선 대원군 청으로 압송(위안스카이) • 청 : 내정 간섭 심화, 고문 파견(마젠창, 묄렌도르프), 조·청 상민 수륙 무역 장정 체결 • 일본 : 제물포 조약(일본 공사관에 경비군 주둔 허용), 수호 조규 속약(간행이정 10리 → 50리 → 2년 뒤 100리) 체결	결과	• 일본 : 한성 조약(배상금 지불) 체결 • 청·일본 : 톈진 조약(양국 군대 동시 철수, 파병 시 상호 통보) 체결	

1 조선의 문호 개방

(1) 강화도 조약(조·일 수호 조규, 1876)

① 배경

    ㉠ 흥선 대원군이 **최익현의 탄핵 상소**로 물러나며 통상 수교 거부 정책이 완화되었다.

    ㉡ 박규수·오경석·유홍기 등 통상 개화론자가 문호 개방을 주장하였다.

    ㉢ 서계 사건을 빌미로 일본 내에 조선을 정벌하여야 한다는 정한론이 대두되었고, 이에 **일본은 강화도 초지진과 영종도를 공격하는 운요호 사건**을 일으켰다(1875).

    ㉣ 조선 측 대표 신헌과 일본 측 대표 구로다 사이에 조약 관련 협의가 진행되었다.

② 내용

> 제1관　조선은 자주국이며 일본과 똑같은 권리를 갖는다. → 청의 종주권을 부인하려는 의도
> 제4관　조선국은 부산 외에 두 곳을 개항하고, 일본인이 와서 통상을 하도록 허가한다.
> 　　　　　→ 부산(경제적 목적), 원산(군사적 목적), 인천(정치적 목적)
> 제7관　조선국 연해의 도서와 암초를 조사하지 않아 매우 위험하다. 일본국 항해자가 자유로이 해안을 측량하도록 허가한다. → 해안 측량권 규정(불평등 요소)
> 제10관　일본국 인민이 조선국 항구에서 죄를 지었거나 조선국 인민에게 관계되는 사건은 모두 일본국 관원이 심판한다. → 치외 법권(영사 재판권) 규정(불평등 요소)
> 제12관　위 11조관을 영원히 신의로써 준수하며 변경할 수 없다.
> 　　　　　→ 불평등 조약 관계를 영원히 지속하려는 의도

③ 성격 : **조선이 외국과 맺은 최초의 근대적 조약**이자 불평등 조약이다.

④ 부속 조약

    ㉠ 조·일 수호 조규 부록

        ⓐ 일본 외교관이 조선에서 자유롭게 여행하도록 허용하였다.

        ⓑ 개항장 사방 10리 안에서 일본인의 통행과 상업 행위를 인정하였다.

        ⓒ 개항장에서 일본 화폐 유통을 허용하였다.

        ⓓ 1882년에 발생한 임오군란 직후 수호 조규 속약을 맺으며 간행이정 조항이 개정되었다(10리 → 50리 → 2년 뒤 100리).

    ㉡ 조·일 무역 규칙(조·일 통상 장정)

        ⓐ 양곡의 무제한 유출·무관세·무항세 조항이 포함되었다.

        ⓑ 1883년에 조·일 통상 장정이 개정되며 관세 적용, 방곡령·최혜국 대우 조항이 포함되었다.

(2) 조·미 수호 통상 조약(1882)

① 배경

    ㉠ **청의 알선** : 청은 러시아와 일본을 견제하고 조선에 대한 종주권을 국제적으로 인정받기 위하여 **미국과 조선의 수교를 알선**하였다.

    ㉡ **『조선책략』 내용 유포** : 제2차 수신사 김홍집은 청의 외교관 황준헌(황쭌셴)이 쓴 『조선책략』을 국내에 들여왔다.

> **국사(國史)편찬위원회에서 출제한 자료 ●『조선책략』**
>
> 조선을 위하여 시급히 힘써야 할 일은 러시아에 대한 방비로, 그것은 '친중국(親中國)·결일본(結日本)·연미국(聯美國)'하여 자강을 도모함이다.

● 최익현의 탄핵 상소
최익현은 흥선 대원군을 비판하는 상소를 올렸다가 제주도로 유배되었다.

● 서계 사건
서계는 외교 문서를 말한다. 흥선 대원군은 서계에 일본이 황제 국가임을 나타내는 문구가 있고, 조선 정부가 보내 준 인장을 사용하지 않았다는 이유로 서계 접수를 거부하였다.

● 최혜국 대우
통상 조약이나 항해 조약을 체결한 나라가 상대국에 대하여 가장 유리한 혜택을 받는 나라와 동등한 대우를 하는 일을 말한다.

② 내용

제1관	조선과 미국 인민은 각각 영원히 화평우호를 지키되 만약 타국이 불경하는 일이 있게 되면 1차 조사를 거친 뒤에 서로 도와 잘 조처함으로써 그 우의를 표시한다. → 거중 조정을 의미함. 이후 미국은 일본과 가쓰라·태프트 협정을 맺어 조선을 배반함
제4관	조선 백성이 미합중국 국민에게 범행을 하면 조선 당국이 조선 법률에 따라 처벌한다. 미합중국 국민이 조선 인민을 때리거나 재산을 훼손하면 미합중국 영사나 권한을 가진 관리만이 미합중국 법률에 따라 체포하고 처벌한다. → 치외 법권(영사 재판권) 규정(불평등 요소)
제5관	일용품의 수출입품에 관한 관세율은 종가세 10%를 초과하지 않으며 사치품 등에 대해서는 30%를 넘지 못하는 협정세율을 정한다. → 최초의 관세 조항
제14관	조약을 체결한 뒤에 통상무역, 상호 교류 등에서 본 조약에 부여되지 않은 어떠한 권리나 특혜를 다른 나라에 허가할 때에는 자동적으로 미국 관민에게도 똑같이 준다. → 최초의 최혜국 대우 조항(불평등 요소)

③ 성격 : **조선이 서양과 맺은 최초의 근대적 조약**이자 불평등 조약이다.
④ 결과 : 조선은 미국 공사 부임에 답하여 **1883년** 미국에 **보빙사를 파견**하였다.

(3) 기타

① 조선은 일본, 미국, 영국, 독일, 이탈리아, 러시아, 프랑스 순으로 조약을 체결하였다.
② **프랑스와는 천주교 선교의 자유를 인정하는 문제로 인하여 가장 늦게 조약을 체결하였다.**

2 개화사상과 위정척사 운동의 전개

(1) 개화사상의 선구자

① 중국과 일본이 서양에 문호를 개방하던 시기에 우리나라에서는 북학파의 실학사상을 바탕으로 개화사상이 형성되었다.
② 박규수·오경석·유홍기 등은 서양의 제도나 문물을 받아들여야 한다고 주장하였다.
③ 역관인 오경석은 세계 지리와 서양 문물을 소개하는 서적인 『해국도지』와 『영환지략』을 청에서 들여와 한의사인 유홍기에게 전하였다.
④ 박규수의 지도를 받은 김홍집·김옥균·박영효·서광범 등은 훗날 개화파로 성장하였다.

(2) 급진 개화파와 온건 개화파

개화파는 임오군란(1882) 이후 청에 대처하는 방식과 개화 방법을 둘러싸고 급진 개화파와 온건 개화파로 나뉘었다.

급진 개화파	인물	김옥균, 박영효, 서광범, 홍영식 등
	목표	일본의 메이지 유신을 모델로 삼아 조선을 근대적 국가 체제로 개혁하고자 함
	특징	• 청과의 사대 관계 청산과 문명개화론을 주장함 • 스스로를 독립당(개화당)이라 부름
온건 개화파	인물	김윤식, 김홍집, 어윤중 등
	목표	청의 양무운동을 모델로 삼아 점진적인 개화를 추진하고자 함
	특징	• 청과의 전통적인 관계를 중시하고 동도서기론을 주장함 • 사대당(수구당)이라고도 부름

별기군

(3) 정부의 개화 정책

① 정치
　　㉠ 외교·통상 및 **개화와 관련된 정책을 총괄하는 통리기무아문을 설치하였다**(1880).
　　㉡ 통리기무아문 아래에 실무를 담당하는 12사를 두었다.
② 군사
　　㉠ 5군영을 무위영·장어영의 2영으로 개편하였다.
　　㉡ **신식 군대인 별기군을 창설하였다**(1881).
　　㉢ 일본인 교관 호리모토 레이조가 별기군의 근대식 훈련을 지도하였다.
③ 해외 사절단 파견

● 보빙사

서양에 파견된 최초의 사절단이다.

● 유길준

보빙사의 일원으로서 귀국하지 않고 미국에 남아 유학 생활을 하였다. 대표적인 저서로 『서유견문』, 『노동야학독본』이 있다.

일본	수신사	· 제1차 수신사(1876) : 김기수를 파견함 · 제2차 수신사(1880) : **김홍집이 『조선책략』을 들여옴**
	조사 시찰단(1881)	· 박정양 외 12명을 파견함 · 근대 시설 및 문물을 시찰하고 돌아와 보고서를 작성함 · 『조선책략』의 국내 유포로 개화 반대 여론이 심해지자 암행어사를 가장하여 비밀리에 파견함
청	영선사(1881)	· 김윤식과 유학생 및 기술자를 파견함 · 톈진 **기기국에서 청의 근대식 무기 제조법**과 군사 훈련법을 학습함 · 정부의 지원 부족으로 1년 만에 조기 귀국함 · **기기창을 설치하는 계기가 됨**
미국	보빙사(1883)	· **조·미 수호 통상 조약** 체결 이후 **민영익, 유길준** 등을 파견함 · 미국의 선진 영농 기술을 도입하고 우정총국을 설치하는 계기가 됨

> **국사(國史)편찬위원회에서 출제한 자료** ● 영선사
>
> 통리기무아문에서 아뢰기를, "무기 제조법을 배워 오는 일과 관련하여 …… 사신의 호칭을 영선사라고 부르고, 무기 제조는 먼저 공도(工徒)들을 파견하여 만드는 법을 배우고, 기술은 교사를 초청해서 연습하며, 군들들을 정해서 보내기로 한 일은 당분간 보류한다는 내용으로 상세히 말을 구성해서 보내도록 하는 것이 어떻겠습니까?"라고 하니, 모두 윤허하였다.
> – 『고종실록』 –

(4) 위정척사 운동의 전개

① 1860년대 통상 반대 운동
　　㉠ 상황 : 서양 열강이 통상을 요구하였고 병인양요, 제너럴셔먼호 사건, 오페르트 도굴 사건 등 여러 사건이 발생하였다.
　　㉡ 주요 인물 : 병인양요 당시 **이항로**와 기정진 등이 척화주전론을 주장하며 **흥선 대원군의 통상 수교 거부 정책을 지지하였다.**

> **국사(國史)편찬위원회에서 출제한 자료** ● 이항로의 상소
>
> 양이의 화(禍)가 금일에 이르러서는 비록 홍수나 맹수의 해일지라도 이보다 심할 수 없겠사옵니다. 전하께서는 부지런히 힘쓰시고 경계하시어 안으로는 관리들로 하여금 바다를 건너오는 적을 징벌케 하옵소서.
> – 『화서집』 –

② 1870년대 개항 반대 운동
　　㉠ 상황 : 최초의 근대적 조약인 강화도 조약이 체결되었다.

ⓛ 주요 인물 : 강화도 조약이 체결되기 직전에 **최익현**을 비롯한 유생들이 **일본과 서양 오랑캐가 같다는 왜양일체론**을 주장하며 개항 반대 운동을 전개하였다.

● 최익현
강화도 조약 체결에 반대하는 상소인 「오불가소(지부복궐척화의소)」를 올린 후 흑산도로 유배되었다.

> **국사(國史)**편찬위원회에서 출제한 **자료** ● 최익현의 「오불가소」(왜양일체론)
>
> 일단 강화를 맺고 나면 저 적들의 욕심은 물화를 교역하는 데 있습니다. …… 저들이 비록 왜인이라고는 하지만 본질적으로는 서양 오랑캐와 다를 것이 없습니다. 강화가 이루어지면 사악한 서적과 천주교가 다시 들어와 나쁜 기운이 온 나라를 덮게 될 것입니다.

③ 1880년대 개화 반대 운동
   ㉠ 상황 : 제2차 수신사 김홍집이 가져온 『**조선책략**』이 국내에 유포되었다.
   ㉡ 주요 인물 : 영남 지역 유생들은 『조선책략』 유포에 반발하며 이만손을 중심으로 「영남 만인소」를 올렸다.

> **국사(國史)**편찬위원회에서 출제한 **자료** ● 이만손의 「영남 만인소」
>
> 중국은 우리가 신하로서 섬기는 바이며 해마다 옥과 비단을 보내는 수레가 요동과 계주를 이었습니다. 신의와 절도를 지키고 속방의 직분을 지킨 지 벌써 2백 년이나 되었습니다. …… 이제 무엇을 더 친할 것이 있겠습니까? 일본은 우리에게 매어 있던 나라입니다. 삼포왜란이 어제 일 같고 임진왜란의 숙원이 가시지 않았습니다. …… 미국은 우리가 본래 모르던 나라입니다. 잘 알지 못하는데 공연히 타인의 권유로 불러들였다가 그들이 재물을 요구하고 우리의 약점을 알아차려 어려운 청을 하거나 과도한 경우를 떠맡긴다면 장차 이에 어떻게 응할 것입니까?
>   – 『일성록』 –

④ 1890년대 항일 의병 운동
   ㉠ 상황 : 을미사변이 발생하고 단발령이 공포되었다.
   ㉡ 주요 인물 : 유인석과 이소응 등이 항일 의병 운동을 전개하였다.

3 임오군란과 갑신정변

(1) 임오군란(1882)

① 배경
   ㉠ 개항 이후 일본으로 쌀이 무제한 유출되며 쌀값이 폭등하여 백성의 생활이 어려워지고 불만이 높아졌다.
   ㉡ **구식 군인에 대한 차별 대우**
      ⓐ 구식 군인들은 신식 군대인 별기군에 비하여 차별 대우를 받아 불만이 컸다.
      ⓑ 구식 군인들은 13개월이나 밀린 봉급 중 한 달 치를 받았으나, 선혜청 창고지기의 농간으로 양이 턱없이 부족하였고 모래나 쌀겨가 반이 넘게 섞여 있었다.

② 전개
   ㉠ **구식 군인들**이 선혜청 당상 민겸호의 저택을 파괴하고 정부 고관을 살해하였다.
   ㉡ 구식 군인들은 흥선 대원군을 찾아가 도움을 요청하였고, 군란은 점차 민씨 정권과 개화 정책에 대한 반발로 확대되었다.
   ㉢ 구식 군인들은 별기군의 **일본인 교관을 살해**하고 **일본 공사관을 습격**하였으며, 명성 황후를 살해하기 위하여 창덕궁을 습격하였다. 이에 고종은 사태를 수습하고자 흥선 대원군에게 정권을 넘겼다.
   ㉣ 재집권한 흥선 대원군은 통리기무아문과 별기군을 폐지하고 2영을 5군영으로 바꾸었다.

ⓜ 피신한 명성 황후는 청에 파병을 요청하였고, **청이 조선에 군대를 보내 난을 진압**하였다.
ⓑ 청은 난의 책임을 물어 흥선 대원군을 톈진으로 납치하였고, 민씨 정권이 재집권하였다.

③ 결과

조선과 청	• 위안스카이가 흥선 대원군을 청으로 압송함 • **청의 내정 간섭 심화** : 조선에 청군을 주둔시키고 **고문을 파견함(마젠창, 묄렌도르프)** • 조·청 상민 수륙 무역 장정 체결 : 청 상인의 내륙 진출을 허용함
조선과 일본	• **제물포 조약 체결** : 일본 공사관에 경비군 주둔을 허용함 • 수호 조규 속약 체결 : 간행이정을 50리로 넓히고, 2년 뒤 100리로 확대하기로 함

국사(國史)편찬위원회에서 출제한 자료 ● 조·청 상민 수륙 무역 장정

〈전문〉 오직 이번에 체결하는 장정은 청이 속방을 우대하는 뜻에서 상정한 것이고, 각 대등 국가 간의 일체 동등한 혜택을 받는 예와 다르다.
제1조 청의 상무위원을 서울에 파견하고 조선 대관을 톈진에 파견한다. 청의 북양 대신과 조선 국왕은 대등한 지위를 가진다.
제4조 베이징과 한성, 양화진에서 상점을 열어 무역을 허락하되, 양국 상민의 내지 행상을 금한다. 다만 내지 행상이 필요한 경우 지방관의 허가서를 받아야 한다.

국사(國史)편찬위원회에서 출제한 자료 ● 제물포 조약

제3조 조선국은 5만 원을 내어 일본 관리들의 유족 및 부상자에게 주도록 한다.
제4조 흉도들의 포악한 행동으로 인하여 일본국이 입은 손해와 공사를 호위한 해군과 육군의 군비 중에서 50만 원을 조선국에서 부담한다.
제5조 일본 공사관에 군사 약간을 두어 경비를 서게 한다. 병영을 설치하거나 수리하는 일은 조선국이 맡는다.

---

(2) 갑신정변(1884)

① 배경
　㉠ 김옥균이 부족한 국가 재정과 정치 자금 문제를 해결하기 위하여 일본으로부터 차관을 도입하려 하였으나 실패하였고, 이에 급진 개화파의 정치적 입지가 약화되었다.
　㉡ 청·프 전쟁을 계기로 조선에 주둔하던 청군 중 일부가 철수하였고 일본이 지원을 약속하였다.

② 전개 과정
　㉠ 급진 개화파는 **우정총국 개국 축하연**을 이용하여 정변을 일으켜 고종과 명성 황후를 경우궁으로 피신시켰다.
　㉡ 급진 개화파는 민씨 고관들을 제거하고 권력을 장악하는 데 성공하였다.
　㉢ 개화당 정부를 수립하고 14개조 정강을 마련하여 국가 체제 개혁을 도모하고자 하였다.
　㉣ **청군이 개입하자** 일본군이 약속을 어기고 철수함으로써 **정변은 3일 천하로 막을 내렸다.**
　㉤ 정변이 실패하자 일부는 고종의 호위를 담당하였으며, 나머지 급진 개화파 인사들은 일본 공사관을 통하여 망명을 시도하였다.

갑신정변을 주도한 급진 개화파
왼쪽부터 박영효, 서광범, 서재필, 김옥균이다.

갑신정변 전개도

ⓗ 이 과정에서 청군의 공격으로 일본 공사관이 불탔으며, 김옥균·박영효·서광범·서재 필 등은 일본으로 망명하였다.

1. 청에 잡혀간 흥선 대원군을 돌아오도록 하며, 청에 행하던 조공의 허례를 폐지한다.
   → 청에 대한 사대 관계 폐지
2. 문벌을 폐지하여 평등의 권리를 세우고, 능력에 따라 관리를 임명한다. → 문벌 폐지, 평등권
3. 토지에 대해 매기던 조세법을 개혁하여 관리의 부정을 막고 백성을 보호하며 국가 재정을 넉넉하게 한
   다. → 근본적인 토지 개혁이 아닌 조세 개혁
8. 급히 순사를 두어 도둑을 방지한다. → 근대적 경찰 제도 도입
9. 혜상공국(惠商工局)을 폐지한다.
11. 4영을 합하여 1영으로 하되, 영중에서 장정을 선발하여 근위대를 설치한다.
12. 모든 국가 재정은 호조에서 관할한다. → 국가 재정 일원화
13. 대신과 참찬은 의정부에 모여 정치상의 명령이나 법령을 의결한다.
    → 입헌 군주제에 입각한 내각제 수립

③ 결과

조선과 청	청의 내정 간섭이 심화됨
조선과 일본	**한성 조약 체결** : 일본의 배상금 지불 및 공사관 신축 비용 부담 요구를 수용함
청과 일본	**톈진 조약 체결** : 청·일 양국이 군대를 동시에 철수하고, 앞으로 조선에 군대를 파견할 때 상대국에게 미리 알리도록 규정함

(3) 갑신정변 이후의 상황

① 조선에 대한 청의 내정 간섭이 심화되었다.
② **거문도 사건** : **영국**은 러시아의 남하 정책을 견제하기 위하여 **거문도를 불법 점령**하였다 (1885~1887).
③ 한반도 중립화론 : 유길준과 독일 부영사 부들러는 조선을 중립국으로 하자는 한반도 중 립화론을 제기하였다.

우리나라의 형세는 실로 벨기에와 불가리아 양국의 전례(典例)와 견줄 만하다. 불가리아가 중립 조약을 체결한 것은 유럽 여러 대국들이 러시아를 막으려는 계책에서 나온 것이었고, 벨기에가 중립 조약을 체결한 것은 유럽의 여러 대국이 서로 자국을 보전하려는 계책이었다. 이를 가지고 논한다면, 우리나라가 아 시아의 중립국이 된다면 실로 러시아를 방어하는 큰 기틀이고 또한 아시아의 여러 대국이 서로 보전하는 정략이 될 수 있다.

능력(能力) 향상을 위한 **O, X**   정답

01	운요호 사건을 계기로 강화도 조약이 체결되었다.	( )	○
02	강화도 조약은 조선이 외국과 체결한 최초의 근대적 조약이다.	( )	○
03	청의 알선으로 조·미 수호 통상 조약이 체결되었다.	( )	○
04	조·미 수호 통상 조약 체결 이후 보빙사가 파견되었다.	( )	○
05	조선 정부는 개화 정책을 총괄하기 위한 기구로 기기창을 설치하였다.	( )	×
06	이만손 등은 『조선책략』의 국내 유포에 반발하여 영남 만인소를 올렸다.	( )	○
07	임오군란의 결과 조선과 일본 사이에 제물포 조약이 체결되었다.	( )	○

● 거문도
전라남도 여수시 삼산면에 소재 한 섬으로, 러시아의 남하에 위기 를 느낀 영국이 2년간 불법 점거하 였다. 점거 당시 영국군은 거문도 를 '포트 해밀턴(Port Hamilton)' 이라 불렀다.

검정(檢定)된 기출문제

01

(가) 조약 이후에 있었던 사실로 옳은 것은?

주제: (가) 의 체결

조선책략의 내용이 유포되고 청이 적극적으로 알선하여 조약이 체결되었습니다.

서양 국가와 맺은 최초의 근대적 조약이었습니다.

조선책략

조약 체결 장면

① 보빙사가 파견되었다.
② 별기군이 창설되었다.
③ 탕평비가 건립되었다.
④ 통리기무아문이 설치되었다.

02

(가)에 들어갈 내용으로 옳은 것은?

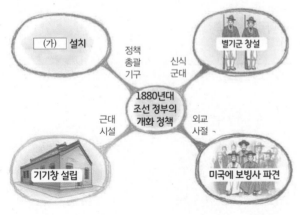

(가) 설치

정책 총괄 기구

별기군 창설

신식 군대

1880년대 조선 정부의 개화 정책

근대 시설

외교 사절

기기창 설립

미국에 보빙사 파견

① 교정청   ② 군국기무처
③ 도평의사사   ④ 통리기무아문

03

다음에서 설명하는 사건의 영향으로 옳은 것은?

특강 주제: 개화 정책을 둘러싼 갈등

신식 군대인 별기군에 비하여 차별 대우를 받던 구식 군인들은 밀린 봉급을 겨와 모래가 섞인 쌀로 지급받게 되었습니다. 이들은 결국 분노하여 난을 일으켰고, 일부 백성들도 이에 합세하였습니다.

① 운요호 사건이 일어났다.
② 통리기무아문이 설치되었다.
③ 외규장각 도서가 약탈되었다.
④ 청의 내정 간섭이 심화하였다.

04

다음 시나리오의 상황 이후에 전개된 사실로 옳은 것은?

S#15. 한성의 궁궐 안
　일본에 조사 시찰단으로 파견되었다가 약 4개월 만에 돌아온 홍영식이 고종과 대화를 나누고 있다.

고　종: 일본의 제도가 장대하고 정치가 부강하다고 하는데 시찰해 보니 과연 그러하더냐?
홍영식: 그렇습니다. 일본의 부강은 모두 밤낮을 가리지 않고 부지런히 노력한 결과입니다. 일본이 이룬 것을 볼 때 우리도 노력하면 충분히 가능할 것입니다.

① 삼정이정청이 설치되었다.
② 어재연 부대가 미군에 맞서 싸웠다.
③ 구식 군인들이 임오군란을 일으켰다.
④ 평양 관민이 제너럴셔먼호를 불태웠다.

14 구국 운동과 근대 국가 수립 운동의 전개

설쌤의 **한(韓)판** 정리

● 동학 농민 운동

1860년대	1870년대	1890년대	1894년
동학 창시(1860)	**교세 확장**	**교조 신원 운동**	**고부 민란**

동학 창시(1860)
최제우(제1대 교주)
• 시천주 강조
• 혹세무민 죄로 처형

교세 확장
최시형(제2대 교주)
• 사인여천 강조
• 포접제
• 『동경대전』·『용담유사』 간행

교조 신원 운동
• 삼례 집회(1892)
• 서울 복합 상소 운동(1893)
• 보은 집회(1893) : 척왜양창의 등 정치적 요구 주장

고부 민란

배경	고부 군수 조병갑의 학정(만석보 사건)
전개	전봉준 등 사발통문 작성 → 고부 관아 점령 → 조선 정부는 안핵사 이용태를 파견
결과	안핵사 이용태의 학정

제1차 동학 농민 운동	**전주 화약**	**제2차 동학 농민 운동**

제1차 동학 농민 운동

성격	반봉건
주도	남접의 전봉준
전개	① 무장·백산 봉기 : 4대 강령·격문(보국안민, 제폭구민) 발표 ② 황토현·황룡촌 전투 승리

전주 화약
③ 농민군의 전주성 점령
④ 조선 정부의 청군 파병 요청
⑤ by 톈진 조약 : 청군(아산만), 일본군(인천) 상륙
⑥ 전주 화약 체결
  - 정부 : 교정청 설치
  - 농민군 : 집강소 설치, 폐정 개혁 12개조 제시

제2차 동학 농민 운동

성격	반외세

⑦ 청·일 양국 군대 철수 요구 → 일본의 경복궁 점령
⑧ 청·일 전쟁 발발 + 제1차 갑오개혁 시행
⑨ 남·북접 집결 → 공주 우금치 전투 패배, 전봉준 체포

● 갑오·을미개혁의 추진

1894년		1895년		
제1차 갑오개혁	**제2차 갑오개혁**	**청·일 전쟁 종식**	**친러 내각 수립**	**을미개혁**
• 제1차 김홍집 내각 + 흥선 대원군 섭정 • 군국기무처 설치	• 제2차 김홍집·박영효 연립 내각 • 군국기무처 폐지	시모노세키 조약 체결 → 삼국 간섭(러·독·프)	제3차 김홍집 내각 → 을미사변	• 제4차 김홍집 내각 • 아관 파천으로 중단

제1차 갑오개혁	제2차 갑오개혁	을미개혁
• '개국' 연호 사용 • 궁내부 설치(왕실 사무 분리) • 6조 → 8아문 • 과거제 폐지 • 재정의 일원화(탁지아문) • 은 본위제 시행, 도량형 통일 • 신분제공·사 노비제) 폐지 • 조혼 금지, 과부 재가 허용 • 연좌제 금지	• 홍범 14조 반포 • 의정부 + 8아문 → 내각 + 7부로 개편 • 지방 8도 → 23부로 개편 • 재판소 설치(사법부 독립) • 육의전 폐지 • 훈련대·시위대 설치 • 교육입국 조서 반포 → 한성 사범 학교 설립, 여러 관제 마련	• '건양' 연호 사용 • 중앙에 친위대, 지방에 진위대 설치 • 단발령 시행 • 태양력 채택 • 종두법 시행 • 우편 사무 재개 • 소학교 설립

● 독립 협회

창립 배경
• 아관 파천으로 열강의 이권 침탈 가속화
• 서재필 주도로 『독립신문』 발간 → 서재필·이상재 주도로 독립 협회 창립

활동 ── **초기**
• 강연회와 토론회 개최
• 영은문 철거 → 독립문 건립
• 모화관 → 독립관으로 개조
• 고종 환궁 요구

── **말기**

자주 국권	만민 공동회 개최, 러시아의 절영도 조차 요구 저지
자유 민권	언론·출판·집회·결사·신체의 자유 요구
자강 개혁	• 관민 공동회 개최 → 헌의 6조 채택 • 의회 설립 운동 : 중추원 관제 반포(입헌 군주제에 입각한 의회 설립 목표)

해산 황국 협회의 만민 공동회 습격

● 대한 제국과 광무개혁

대한 제국 수립(1897) 고종의 경운궁(덕수궁) 환궁 → 환구단에서 황제 즉위식 거행

국호·연호 국호 '대한 제국', 연호 '광무'

광무개혁 구본신참의 원칙

정치	• 대한국 국제 선포 • 한·청 통상 조약 체결	**군사**	원수부 설치
경제	• 양전 사업 시행 → 지계 발급(지계아문) • 식산흥업 정책 : 회사 설립 • 근대 시설 도입	**교육**	• 상공 학교·기예 학교 등 실업 학교 설립 • 유학생 파견

의의 자주적으로 추진한 근대화 개혁

한계 황제권 강화에 초점

1 동학 농민 운동

(1) 동학의 창시와 탄압

① 창시(1860) : 몰락 양반인 **최제우**가 경주에서 **시천주** 등 사상을 내세우며 여러 종교의 장점을 모아 인간의 존엄성과 평등성을 강조하는 **동학을 창시하였다.**

② 탄압 : 조선 정부는 '세상을 어지럽히고 백성을 속인다(혹세무민)'는 죄를 씌워 제1대 교주 최제우를 처형하였다.

③ 교세 확장

　㉠ 탐관오리의 횡포와 청과 일본의 경제적 침투가 심해지는 가운데 농민 사이에서 동학이 확산되었다.

　㉡ 제2대 교주 최시형

　　ⓐ 교조 최제우의 시천주 사상을 확장하여 사람을 하늘처럼 섬기라는 뜻의 '사인여천'을 강조하였다.

　　ⓑ 포접제를 시행하여 교세를 확장하였다.

　　ⓒ 동학 교리를 정리하여 『**동경대전**』·『용담유사』를 간행하였다.

동학의 교세 확장

● **시천주**
최제우가 세운 동학의 근본 사상으로, 마음속의 한울님을 모신다는 뜻이다.

● **포접제**
동학교도를 관리하기 위하여 만든 조직으로, 교주를 중심으로 그 아래에 조직을 두는 형태이다.

(2) 교조 신원 운동

① 삼례 집회(1892) : 동학교도들이 억울하게 죽은 교조 최제우의 누명을 벗겨달라고 요구하며 삼례에서 교조 신원 운동을 전개하였다.

② 서울 복합 상소 운동(1893) : 손병희를 포함한 동학 대표 40여 명이 경복궁 앞에서 복합 상소 운동을 전개하였다.

③ 보은 집회(1893) : 동학교도들이 교조 신원, 동학 탄압 중지 등 종교적인 요구뿐만 아니라 탐관오리 숙청, 외세 축출(척왜양창의) 등 정치적인 요구를 주장하였다.

(3) 제1차 동학 농민 운동

① 고부 민란

배경	만석보 사건 : 고부 군수 조병갑이 만석보를 완공한 뒤 물에 세금을 강제로 징수하는 등 학정을 일삼음
전개	전봉준 등이 사발통문을 돌려 세력을 모아 고부 관아를 습격하고 만석보를 파괴함
결과	조선 정부는 민란을 조사하기 위하여 안핵사 이용태를 파견함

② 제1차 동학 농민 운동의 배경

　㉠ 안핵사 이용태가 고부 민란 관련자를 탄압하며 죄 없는 농민을 체포하고 재산을 약탈하였다.

　㉡ 남접 전봉준의 주도로 반봉건 성격을 지닌 제1차 동학 농민 운동이 발발하였다.

③ 전개

　㉠ 무장·**백산 봉기** : 4대 강령과 '**보국안민**', '**제폭구민**' 내용이 담긴 격문을 발표하였다.

　㉡ **황토현·황룡촌 전투**에서 승리하였다.

　㉢ **농민군이 전주성을 점령**하자 조선 정부는 청에 파병을 요청하였다.

　㉣ 청군이 아산만에 상륙하자, 일본군도 톈진 조약에 의거하여 인천에 상륙하였다.

● **사발통문**

사발을 엎어 그린 원을 따라 이름을 적어 주도자가 누구인지 알 수 없도록 하였다.

● **'보국안민', '제폭구민'**
보국안민은 나랏 일을 돕고 백성을 편하게 한다는 뜻이고 제폭구민은 폭도를 제거하고 백성을 구한다는 의미이다.

● 전주
• 견훤이 세운 후백제의 도읍이
있던 곳
• 태조 이성계의 어진을 소장한
경기전이 있는 곳
• 동학 농민군이 정부와 화약을
맺은 곳

④ 전주 화약

ⓘ 농민군과 관군은 외국 군대 철수와 폐정 개혁을 조건으로 **전주 화약을 체결**하였다.

ⓛ **조선 정부는 교정청을 설치**하였고, **농민군은 전라도 군현에 집강소를 설치하여 폐정 개혁 12개조를 제시하였다.**

ⓒ 조선 정부는 청과 일본에 군대를 철수하라고 요구하였으나, 일본은 경복궁을 무력으로 점령하고 청·일 전쟁을 일으켰다.

국사(國史)편찬위원회에서 출제한 자료 ● 폐정 개혁 12개조

제1조 동학교도는 정부와의 원한을 씻고 모든 정사에 협력한다.
제2조 탐관오리는 그 죄상을 조사하여 엄중히 징벌한다. → 탐관오리 징계
제3조 횡포한 부호(富豪)를 엄중히 징벌한다.
제4조 불량한 유림과 양반의 무리를 징벌한다.
제5조 노비 문서를 소각한다. → 노비제 폐지
제6조 7종의 천인 차별을 개선하고, 백정이 쓰는 평량갓은 없앤다. → 사회적 차별 폐지
제7조 젊어서 과부가 된 여성의 개가를 허용한다. → 여성의 재가 허용
제8조 무명잡세를 일체 거두지 않는다.
제9조 관리 채용에는 지벌을 타파하고 인재를 등용한다. → 문벌 폐지
제10조 왜와 통하는 자는 엄중히 징벌한다.
제11조 공채이든 사채이든 기왕의 것은 모두 무효로 한다.
제12조 토지는 균등히 나누어 경작한다. → 토지 제도 개혁 　　　　 -『동학사』-

---

(4) 제2차 동학 농민 운동

배경	반외세 : 일본이 경복궁을 기습 점령하고 청·일 전쟁을 일으킴
제2차 농민 봉기	전봉준 등 동학 농민군이 삼례에 집결하여 제2차 봉기를 일으킴
남·북접 집결	남접과 북접이 논산에 집결하여 연합 부대를 형성함
공주 우금치 전투	농민군이 무기의 열세를 극복하지 못하고 일본군과 관군의 연합 부대에게 패배함
실패	전봉준 등 지도자가 체포되며 실패함
잔여 세력의 활동	동학 잔여 세력은 을미의병에 가담하거나 영학당·활빈당 등 무장 결사를 조직하여 투쟁함

(5) 한계

① 근대 국가 건설을 위한 구체적인 방안을 제시하지 못하였다.
② 농민층을 제외한 계층의 광범위한 지지가 부족하였다.

능력(能力) 향상을 위한 O, X　　　　　　　　　　　　　　　　 정답

01 동학 농민군은 백산에서 4대 강령을 발표하였다.　　　　　　(　) 　 ○
02 동학 농민군은 황토현 전투에서 관군을 상대로 승리하였다.　　(　) 　 ○
03 제1차 동학 농민 운동의 결과 전주 화약이 체결되었다.　　　 (　) 　 ○
04 전주 화약 체결 이후 농민군은 집강소를 설치하여 폐정 개혁을 추진하였다. (　) 　 ○

2 갑오·을미개혁의 추진

(1) 제1차 갑오개혁

① 추진

    ㉠ 흥선 대원군을 섭정으로 하는 제1차 김홍집 내각이 수립되었다.

    ㉡ 친일 성향의 **김홍집** 내각은 **개혁을 위하여 초정부적 개혁 기구인 군국기무처를 설치하였다.**

② 내용

정치	• 중국의 연호를 폐지하고 '개국' 연호를 사용함 • 궁내부를 설치하여 왕실과 정부의 사무를 분리함 • 6조를 8아문으로 개편하고 **과거제를 폐지함**
경제	• 재정을 탁지아문으로 일원화함 • 은 본위 화폐 제도를 시행함 • **도량형을 통일**하고 조세의 금납화를 단행함
사회	• **공·사 노비제(신분제)를 폐지함** • **조혼을 금지**하고 과부의 재가를 허용함 • **연좌제를 금지함**

(2) 제2차 갑오개혁

① 추진

    ㉠ 청·일 전쟁에서 승세를 잡은 일본은 조선에 적극 간섭하기 시작하였다.

    ㉡ 일본은 개혁에 소극적이던 흥선 대원군을 물러나게 하고 군국기무처를 폐지한 뒤 갑신정변 때 일본에 망명한 박영효를 귀국시켜 **김홍집**·박영효 연립 내각을 출범시켰다.

    ㉢ 고종이 개혁의 기본 방향을 밝힌 홍범 14조를 발표하였다.

> **국사(國史)편찬위원회에서 출제한 자료** ● 홍범 14조
>
> 1. 청국에 의존하는 생각을 끊어 버리고 자주독립하는 기초를 세운다.
> 3. 임금은 각 대신과 의논하여 정사를 하되, 종실, 외척의 간섭을 용납하지 않는다.
> 4. 왕실 사무와 국정 사무는 나누어 서로 혼동하지 않는다.
> 6. 납세는 법으로 정하고 함부로 세금을 거두지 않는다.
> 7. 조세의 징수와 경비 지출은 모두 탁지아문에서 관할한다.
> 10. 지방 제도를 개정하여 지방 관리의 직권을 제한한다.
> 11. 총명한 젊은이들을 파견하여 외국의 학술, 기예를 견습시킨다.
> 12. 장교를 교육하고 징병을 실시하여 군제의 근본을 확립한다.
> 14. 문벌을 가리지 않고 인재 등용의 길을 넓힌다.

② 내용

정치	• 의정부와 8아문을 각각 내각과 7부로 개편함 • **지방 제도 개편** : 8도의 행정 구역을 23부로 바꿈 • **사법부 독립** : 재판소를 설치하여 사법권을 행정권으로부터 분리함
경제	상공업의 활성화를 위하여 육의전을 폐지함
군사	훈련대와 시위대를 조직함
교육	• **교육입국 조서를 반포함** • **한성 사범 학교**를 설립하고 외국어 학교 관제를 반포함

● **군국기무처**

의정부 산하에 설치되어 개혁을 추진하였던 정책 의결 기구로서 총재는 영의정 김홍집이 겸임하였고, 20명 내외 인원으로 구성되었다.

● **은 본위 화폐 제도**

일정량의 은을 화폐 단위로 하는 본위 화폐 제도이다.

● **도량형**

길이·부피·무게, 또는 이를 재고 다는 기구나 그 단위법이다.

● **탁지아문**

홍범 14조에 탁지아문으로 표기된 이유는 홍범 14조가 발표된 시기에는 아직 8아문이 7부로 개편되지 않았기 때문이다.

(3) 제2차 갑오개혁의 중단

① 청·일 전쟁의 종식

    ㉠ 제2차 갑오개혁이 진행되는 가운데 청·일 전쟁이 일본의 승리로 끝났다.

    ㉡ **일본은 시모노세키 조약을 체결하여 청으로부터 랴오둥반도를 할양받았다.**

② 삼국 간섭과 친러 내각 구성

    ㉠ **삼국 간섭 : 러시아가 독일, 프랑스와 함께 일본에 랴오둥(요동)반도 반환을 요구하였다.**

    ㉡ 일본이 삼국 간섭에 굴복하여 랴오둥(요동)반도를 청에 반환하였다.

    ㉢ 고종은 일본을 견제하기 위하여 친러 정책을 펼쳤다.

    ㉣ 제2차 갑오개혁을 주도하던 박영효는 실각하여 일본으로 망명하였고, 친러적 성격의 제3차 **김홍집** 내각이 출범하였다.

③ **을미사변(1895)** : 친러 정책에 위협을 느낀 일본은 친러 정책을 주도한 **명성 황후를 살해하는 만행을 저질렀다.**

(4) 을미개혁

① 추진 : 을미사변으로 친러 내각이 붕괴되고, 제4차 **김홍집** 내각이 수립되었다.

② 내용

정치	기존의 '개국' 연호 대신 '건양'이라는 연호를 사용함	
군사	중앙에 친위대, 지방에 진위대를 설치함	
사회	• 단발령을 시행함 • 종두법을 시행함	• 태양력을 채택함 • 우편 사무를 재개함
교육	소학교를 설립함	

③ 개혁 중단

    ㉠ 을미의병 : 을미사변과 단발령 시행으로 전국에서 의병이 일어났다.

    ㉡ **아관 파천(1896)** : 을미사변 이후 신변의 위협을 느낀 고종은 거처를 러시아 공사관으로 옮겼다.

국사(國史)편찬위원회에서 출제한 자료 ● 아관 파천

아침 7시가 될 무렵 왕과 세자는 궁녀들이 타는 가마를 타고 몰래 궁을 떠났다. 탈출은 치밀하게 계획된 것이었다. 1주일 전부터 궁녀들은 몇 채의 가마를 타고 궐문을 드나들어서 경비병들이 궁녀들의 잦은 왕래에 익숙해지도록 하였다. 그래서 이른 아침 시종들이 두 채의 궁녀 가마를 들고 나갈 때도 경비병들은 특별히 신경 쓰지 않았다. 왕과 세자는 긴장하며 러시아 공사관에 도착하였다.   – F. A. 매켄지의 기록 –

---

(5) 갑오·을미개혁의 의의

① 일본이 강요한 측면도 있으나 조선의 개화 관료들이 자주적으로 진행하였다.

② 갑신정변과 동학 농민 운동의 요구를 일부 수용하였다.

(6) 갑오·을미개혁의 한계

민중의 지지를 확보하지 못하였고 국방력 강화나 상공업 진흥 등의 개혁에는 소홀하였다.

능력(能力) 향상을 위한 O, X   정답

| 01 | 조선 정부는 제1차 갑오개혁을 추진하기 위하여 통리기무아문을 설치하였다. | ( ) | × |
| 02 | 과거제를 폐지한 개혁 때 공·사 노비제도도 폐지되었다. | ( ) | O |

러 독 프
삼국 간섭

3 독립 협회

(1) 창립 배경
① 아관 파천으로 열강의 이권 침탈이 가속화되었다.
② 갑신정변 실패 이후 미국으로 망명하였던 서재필이 귀국하여 중추원 고문으로 임명되었다.
③ **서재필은 손상된 나라의 권위를 회복하고 민중의 지지를 확보하고자 이상재, 윤치호 등 많은 관료 및 개화 지식인과 함께 『독립신문』을 창간하였다.**

『독립신문』

> **국사(國史)편찬위원회에서 출제한 자료** ● 『독립신문』 창간
>
> 우리가 이 신문을 출판하는 것은 이익을 보려는 것이 아니므로 가격을 저렴하게 하였고, 모두 한글로 써서 남녀 상하 귀천이 모두 보게 했으며 …… 또 한쪽에 영문으로 기록하는 것은 외국의 인민이 조선의 …… 실제 사정을 알게 하고자 함이다.　　　　　　　　　　　　　　　 – 『독립신문』 –

④ 독립문 건설을 추진하는 과정에서 독립 협회가 창립되었다(1896).

(2) 독립 협회의 활동(1896~1898)

시기		내용
초기		• 강연회와 토론회를 개최하는 등 민중을 계몽하기 위하여 노력함 • 영은문을 허물고 독립문을 세움 • 모화관을 독립관으로 개조함 • 고종의 환궁을 요구함
말기	자주 국권	만민 공동회 개최 : 러시아의 내정 간섭과 이권 침탈을 규탄함 • 러시아의 절영도 조차 요구를 저지함 • 러시아의 군사 교련단과 재정 고문을 철수시킴 • 한·러 은행을 폐쇄시킴
	자유 민권	• 신체의 자유권과 재산권 보호 및 언론·출판·집회·결사의 자유를 요구함 • 국민 참정권 운동을 전개함
	자강 개혁	• 관민 공동회 개최 : 관민(관선 25명 + 민선 25명)이 정부에 헌의 6조를 건의하고 황제의 재가를 받음 • 의회 설립 운동 전개 : 고종이 중추원을 의회 형태로 개편하는 중추원 관제를 반포함

독립문

(3) 해산
① 수구 세력은 독립 협회가 왕정을 폐지하고, 공화정을 시행하려 한다고 모함하였다.
② 고종은 보부상 단체인 황국 협회와 군대를 동원하여 만민 공동회를 습격하고 강제로 해산시켰다.

(4) 의의
① 열강의 침략으로부터 주권을 수호하고 자유 민권을 신장시킴으로써 자강 개혁을 이루고자 하였다.
② 민중 계몽으로 민중에 기초한 사회 전반의 근대화 운동을 전개함으로써 갑신정변과 갑오 개혁의 한계를 극복하였다.

(5) 한계
러시아를 적극 견제하였지만, 미국·영국·일본에는 우호적인 태도를 취하였다.

4 대한 제국과 광무개혁

(1) 대한 제국의 수립(1897)

① 아관 파천 이후 열강의 이권 침탈과 러시아의 내정 간섭이 심해지자 고종의 환궁을 요구하는 여론이 높아졌다.

② 고종은 1년여의 러시아 공사관 생활을 마치고 경운궁(덕수궁)으로 환궁하였다.

③ 고종은 **환구단에서 황제 즉위식을 거행**하고 국호를 '대한 제국', 연호를 '광무'라 정하였다.

환구단

> **국사(國史)편찬위원회에서 출제한 자료 ● 고종의 황제 즉위**
>
> 지금 자주 독립의 위치에서 조칙(詔勅)으로 명령을 내리고 연호를 쓰고 있으니 이미 황가(皇家)의 제도를 시행한 것입니다. …… 자주적인 우리나라는 마땅히 황제라고 칭해야 하는데, 어찌하여 폐하께서는 황제의 자리에 오르지 않습니까?　　　　　　　　　　　　　　－『고종실록』－

(2) 광무개혁

●**구본신참**
옛 법을 근본으로 새로운 제도를 참작하는 것이다.

① **구본신참** : 전통적인 제도를 바탕으로 새로운 제도를 받아들이는 점진적 개혁을 추진하였다.

② 내용

정치	• **대한국 국제를 선포함**　　• 청과 대등한 입장에서 한·청 통상 조약을 체결함 • 간도 관리사로 **이범윤**을 파견함
경제	• 양전 사업 시행 : 지계아문에서 **토지 소유권 증서인 지계를 발급함** • 식산흥업 정책 : 근대적 공장 및 회사를 설립함 • 근대 시설 도입 : 전화를 가설하고 전차·경인선을 개통하는 등 통신 및 교통 시설을 확충함
군사	• 원수부를 설치하여 황제가 군사권을 장악함 • 서울의 시위대와 지방의 진위대 군사 수를 늘림
교육	• 상공학교·기예학교·광무학교 등 실업 학교와 외국어 학교를 설립함 • 유학생을 파견함

지계

양무호
광무개혁 때 일본으로부터 도입한 최초의 근대식 군함이다.

> **국사(國史)편찬위원회에서 출제한 자료 ● 대한국 국제**
>
> 제1조　대한국은 만국이 공인한 자주독립 제국이다.
> 제2조　대한 제국의 정치는 만세 불변의 전제 정치이다.
> 제3조　대한국 대황제는 무한한 군권을 누린다.
> 제6조　대한국 대황제는 법률을 제정하여 그 반포와 집행을 명하고, 대사·특사·감형·복권을 명한다.
> 제9조　대한국 대황제는 선전·강화 및 제반 조약을 체결한다.

(3) 의의

국가의 자주 독립과 근대화를 지향하였다.

(4) 한계

황제권 강화에 초점을 두어 민권을 보장하는 데까지는 나아가지 못하였다.

> **능력(能力) 향상을 위한 O, X**　　　　　　　　　　　　　　　　　정답
>
> 01　만민 공동회를 개최한 단체는 러시아의 절영도 조차 요구를 저지하였다.　( )　○
> 02　고종은 광무개혁을 시행하여 신식 군대인 별기군을 창설하였다.　( )　×

01

(가)에 대한 설명으로 옳은 것은?

□□신문

제△△호   2019년 ○○월 ○○일

(가) 의 국가 기념일, 5월 11일로 지정되다

정부는 농민군이 황토현에서 관군을 물리친 5월 11일(음력 4월 7일)을 국가 기념일로 지정하였다.

황토현 전적비

(가) 은/는 1894년 제 폭구민과 보국안민을 기치로 부패한 정치를 개혁하고 외세에 맞서 싸우기 위하여 봉기한 사건이다.

① 별기군을 창설하는 계기가 되었다.
② 대구에서 시작하여 전국으로 확산되었다.
③ 조선 총독부의 탄압과 방해로 실패하였다.
④ 집강소를 중심으로 폐정 개혁안을 실천하였다.

02

(가) 시기에 있었던 사실로 옳은 것은?

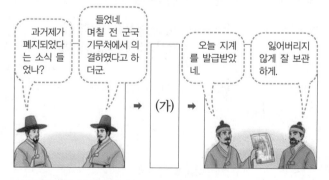

과거제가 폐지되었다는 소식 들었나?

들었네. 며칠 전 군국 기무처에서 의결하였다고 하더군.

(가)

오늘 지계를 발급받았네.

잃어버리지 않게 잘 보관하게.

① 당백전이 발행되었다.
② 동시전이 설치되었다.
③ 속대전이 편찬되었다.
④ 태양력이 채택되었다.

03

(가) 단체의 활동으로 옳은 것은?

우리 대조선국이 독립국이 되어 세계 여러 나라와 어깨를 나란히 하니, 우리 동포 이천만이 오늘날 맞이한 행복이다. 여러 사람의 의견으로 **(가)** 을/를 조직하여 옛 영은문 자리에 독립문을 새로 세우고, 옛 모화관을 고쳐 독립관이라 하고자 한다. 이는 지난날의 치욕을 씻고 후손들에게 본보기를 보여 주고자 함이다.

① 형평 운동을 전개하였다.
② 만민 공동회를 개최하였다.
③ 한국광복군을 창설하였다.
④ 한글 맞춤법 통일안을 제정하였다.

04

(가)에 들어갈 문화유산으로 옳은 것은?

역사 돋보기

(가)

1897년 고종이 하늘에 제사 지내고 황제 즉위식을 거행한 장소이다. 국권 피탈 이후 일제가 헐어 버렸고, 현재는 부속 건물인 황궁우가 남아 있다.

①
종묘

②
광혜원

③
사직단

④
환구단

15 | 일제의 침략과 국권 수호 운동의 전개

설쌤의 **한(韓)판**정리

● 일제의 국권 침탈

← 1904년 →			← 1905년 →	
러·일 전쟁	한·일 의정서	제1차 한·일 협약	열강의 승인	제2차 한·일 협약(을사늑약)
일본과 러시아의 대립 심화 → 대한 제국의 국외 중립 선언 → 러·일 전쟁 발발	내용 : 군사 기지 사용권	고문 통치 • 재정 고문(메가타) • 외교 고문(스티븐스)	• 가쓰라·태프트 밀약 체결 • 제2차 영·일 동맹 • 포츠머스 조약 체결	• 내용 : 통감 통치(통감부 설치, 초대 통감 이토 히로부미), 외교권 박탈 • 반발과 저항 : 민영환·조병세 자결, 장지연 「시일야방성대곡」 발표, 을사의병, 나철 등이 자신회 조직

← 1907년 →				← 1909~1910년 →
헤이그 특사 파견	고종의 강제 퇴위	한·일 신협약(정미 7조약)	군대 해산	기유각서(1909)
• 목적 : 을사늑약 체결의 부당함을 알리기 위함 • 파견 : 이준·이상설·이위종	• 원인 : 헤이그 특사 파견 • 순종에게 양위	차관 통치, 통감의 권한 강화(통감이 각 부에 일본인 차관 임명)	대한 제국 군대 해산 → 박승환 자결	사법권 박탈 한·일 병합 조약(1910)

● 항일 의병 운동

을미의병(1895)	→	을사의병(1905)	→	정미의병(1907)

을미의병(1895)		을사의병(1905)		정미의병(1907)	
배경	을미사변, 단발령	배경	을사늑약	배경	고종의 강제 퇴위, 군대 해산
주도	유인석 + 동학의 잔여 세력	주도	최익현 + 신돌석(평민 의병장)	인물	이인영, 허위 등
해산	단발령 철회와 고종(국왕)의 권고로 해산	특징	최초로 평민 의병장이 활약	특징	해산된 군인의 합류로 전투력 강화, 국제법상 교전 단체로 인정할 것을 요구
				전개	13도 창의군 조직 → 서울 진공 작전 전개 → 실패

● 항일 의거 활동

장인환·전명운	안중근	이재명
샌프란시스코에서 스티븐스 저격(1908)	• 단지 동맹 조직 • 하얼빈에서 이토 히로부미 저격(1909) • 『동양평화론』 저술	명동 성당에서 이완용 처단 시도(1909) → 실패

● 애국 계몽 운동

| 농광 회사 | 일제의 토지 침탈을 막고자 설립 |

| 보안회 | 일제의 황무지 개간권 요구 저지 |

| 헌정 연구회 | 입헌 정치 체제 연구 |

| 대한 자강회 | • 전국에 지회 설치, 월보 간행
• 고종의 강제 퇴위 반대 운동 전개 → 강제 해산 |

신민회

| 조직 | 안창호·양기탁을 중심으로 비밀 결사 형태로 조직 |

| 인물 | 안창호, 양기탁, 이승훈, 윤치호 등 |

| 활동 | • 교육 진흥 : 이승훈의 오산 학교(정주)·안창호의 대성 학교(평양) 설립
• 산업 진흥 : 태극 서관·자기 회사 운영
• 군사적 실력 양성 : 국외에 신흥 강습소(신흥 무관 학교) 설립 추진
• 목표 : 국권 회복과 공화 정체의 근대 국가 건설
• 해체 : 일제의 105인 사건 날조 |

| 서북 학회 | 야학·강습소 운영 |

| 기호흥학회 | 기호 학교 설립 |

● 간도와 독도

| 간도 | • 조선 숙종 때 백두산정계비 건립
• 대한 제국 때 이범윤을 간도 관리사로 파견
• 간도 협약(1909) 체결 : 을사늑약으로 외교권이 박탈된 상황에서 일본과 청이 협약을 맺음 |

| 독도 | • 신라 지증왕 때 이사부의 우산국과 부속 도서 복속
• 『세종실록지리지』 : 우산, 무릉 등 기록
• 조선 숙종 때 안용복의 독도 수호
• 일본 정부의 「태정관 지령」
• 대한 제국 고종 황제가 칙령 제41호 선포("석도")
• 러·일 전쟁 도중 일본이 불법으로 편입 |

러·일 전쟁 (1904. 2.)	• 러시아와 일본 사이에 전쟁 기운이 감돌자 대한 제국 정부가 국외 중립 선언을 함 (1904. 1.) • 일본이 러시아와 전쟁을 일으킴
한·일 의정서 (1904. 2.)	일본이 한국 내에서 군사 기지를 마음대로 사용(군사 기지 점거)하도록 하는 내용 이 포함됨
제1차 한·일 협약 (1904. 8.)	• 전세가 유리해지자 일본이 한국의 재정·외교 고문을 추천한다는 협약을 강요함 • 재정 고문으로 메가타, 외교 고문으로 스티븐스가 파견됨
열강의 승인	열강이 일본의 한반도 지배를 승인함 • 일본이 미국과 가쓰라·태프트 밀약을 체결함(1905. 7.) • 일본이 영국과 제2차 영·일 동맹을 맺음(1905. 8.) • 일본이 러시아와 포츠머스 조약을 체결함(1905. 9.)
제2차 한·일 협약 (을사늑약, 1905. 11.)	• 일부 대신이 강력히 반대하였으나 일본은 이완용 등 을사오적을 앞세워 강제로 조약을 체결함 • 일본이 대한 제국의 외교권을 박탈함 • 통감부가 설치되고 초대 통감으로 이토 히로부미가 부임함 • 반발과 저항 　㉠ 민영환·조병세 등이 자결함 　㉡ 장지연이 「시일야방성대곡」이라는 논설을 발표함 　㉢ 을사의병이 일어남 　㉣ 나철 등이 을사오적 처단을 위하여 자신회 등을 조직하여 활동함
헤이그 특사 파견 (1907)	• 목적 : 을사늑약 체결의 부당함을 국제 사회에 알리기 위함 • 파견 : 호머 헐버트의 건의에 따라 만국 평화 회의가 열리는 네덜란드 헤이그에 이준·이상설·이위종을 특사로 파견함
고종 강제 퇴위 (1907)	• 원인 : 고종이 헤이그에 특사를 파견함 • 일본이 고종을 강제 퇴위시키고 순종을 즉위시킴
한·일 신협약 (정미 7조약, 1907)	통감의 권한이 강해져 통감이 각 부처에 일본인 차관을 임명함(차관 통치)
군대 해산(1907)	일본이 대한 제국의 군대를 해산시키자 박승환 대대장이 자결함
기유각서(1909)	일본이 대한 제국의 사법권을 박탈함
한·일 병합 조약 (경술국치, 1910)	• 이완용과 통감 데라우치가 조약을 체결함 • 일본이 대한 제국의 국권을 빼앗고 조선 총독부를 설치함

국사(國史)편찬위원회에서 출제한 자료 ● 제2차 한·일 협약(을사늑약)

제1조　일본국 정부는 도쿄에 있는 외무성을 통하여 금후 한국의 외국과의 관계 및 사무를 관리 감독·지
휘하고, 일본국의 외교 대표자 및 영사(領事)는 외국에 있는 한국의 신민 및 그 이익을 보호한다.
제2조　일본국 정부는 한국과 타국 간에 현존하는 조약의 실행을 완수하는 임무를 담당하고 한국 정부는
지금부터 일본국 정부의 중개를 거치지 않고서는 국제적 성질을 가진 어떤 조약이나 약속을 맺지
않을 것을 서로 약속한다.
제3조　일본 정부는 그 대표자로 하여금 한국 황제 폐하의 밑에 1명의 통감을 두되, 통감은 오로지 외교
에 관한 사항을 관리하기 위하여 서울에 주재하고, 직접 한국 황제 폐하를 궁중에서 알현할 권리
를 가진다.

● **을사오적**
을사늑약 체결에 서명한 다섯 매
국노로 이지용, 이완용, 이근택,
박제순, 권중현이다.

민영환

● **「시일야방성대곡」**
이날을 목 놓아 통곡한다는 의미
를 지닌 논설이다.

● **호머 헐버트**
육영 공원의 교사로 초빙되어 우
리나라와 처음 인연을 맺었다.
1905년 일제에 의하여 을사늑약
이 강제로 체결되자, 그 부당성을
알리기 위하여 파견된 헤이그 특
사의 활동을 지원하였다.

헤이그에 파견된 특사
왼쪽부터 이준, 이상설, 이위종이다.

2 항일 의병 운동과 의거 활동

(1) 의병 운동

을미의병 (1895)	배경	을미사변, 단발령 시행
	주도	유인석, 이소응 등
	특징	동학 농민군의 잔여 세력이 참여함
	해산	아관 파천 이후 고종이 단발령을 철회하고 해산 권고 조칙을 내리자 대부분 해산함
	해산 이후	활빈당 등 무장 결사를 조직하여 투쟁을 이어감
을사의병 (1905)	배경	제2차 한·일 협약(을사늑약) 체결
	주도	최익현, 신돌석 등
	특징	최초의 평민 의병장 신돌석이 태백산 일대에서 활약함(태백산 호랑이라 불림)
정미의병 (1907)	배경	고종의 강제 퇴위, 군대 해산
	참여	유생, 해산 군인, 노동자, 농민 등 다양한 계층이 참여함
	특징	• 해산 군인의 참여로 전투력이 강화됨 • 이인영을 총대장, 허위를 군사장으로 하는 13도 창의군을 결성함 • 각국 영사관에 의병을 국제법상 합법적 교전 단체로 승인해 줄 것을 요청함 • 서울 진공 작전 : 동대문 밖 30리까지 진격하였으나 패퇴함
남한 대토벌 작전(1909)	배경	서울 진공 작전 이후 의병은 호남 지역을 중심으로 저항함
	전개	일본은 호남을 봉쇄하고 집중 공격을 가함
	결과	국내 의병 활동이 위축되고 일부 의병은 간도나 연해주로 이동함

(2) 항일 의거 활동

① 장인환·전명운 : 미국 샌프란시스코에서 외교 고문 스티븐스를 저격하였다.

② **안중근**

　㉠ 단지 동맹을 맺고, 만주 하얼빈에서 침략의 원흉인 이토 히로부미를 처단하였다.

　㉡ 뤼순 감옥에서 순국하기 전까지 『동양평화론』을 저술하였다.

③ 이재명 : 명동 성당에서 이완용을 칼로 저격하였으나 처단하지는 못하였다.

능력(能力) 향상을 위한 O, X　　　　　　　　　　　　　　　　　　정답

01 고종 황제는 을사늑약 체결에 반발하여 헤이그 특사를 파견하였다.　( )　○

02 헤이그 특사 파견 이후 고종 황제가 강제 퇴위되었다.　( )　○

03 을사의병을 이끌던 최익현은 쓰시마섬에 유배되어 순국하였다.　( )　○

04 안중근은 『동양평화론』을 저술하였다.　( )　○

윤희순

여성의 의병 참여를 독려하기 위하여 「안사람 의병가」를 만들었으며, 의병을 주제로 여러 편의 가사를 지어 의병의 사기를 높이려 하였다.

● 최익현(1833~1906)

을사늑약이 체결되자 제자들과 함께 태인에서 의병을 일으켜 활약하였다. 그러나 관군과 마주치자 같은 백성끼리 싸울 수 없다며 항전을 중단하고 체포되어 쓰시마섬에 유배되어 순국하였다.

정미의병

● 장인환·전명운

장인환과 전명운은 서로 알지 못하는 사이였으나, 같은 날에 스티븐스를 저격하는 의거를 이루었다. 이 의거는 『샌프란시스코 크로니클』 등에 발표되어 한국의 독립 의지를 세계에 알리는 계기가 되었다.

3 애국 계몽 운동

(1) 목적
사회 진화론 등 신학문을 수용한 지식인층은 민족 교육 시행과 산업 육성으로 민족의 실력을 양성한 뒤 이를 바탕으로 국권을 회복하고자 하였다.

(2) 주요 단체
① **농광 회사**(1904) : 일제의 토지 침탈을 막고자 설립되었다.
② **보안회**(1904) : 일제의 황무지 개간권 요구를 저지하는 데 성공하였다.
③ **헌정 연구회**(1905) : 근대적 입헌 정치 체제 수립을 목적으로 활동하였다.
④ **대한 자강회**(1906)
　㉠ 헌정 연구회를 계승하여 교육과 산업 진흥 등 실력 양성을 통한 국권 수호 운동을 전개하였다.
　㉡ 전국에 지회를 설치하고 월보를 간행하였다.
　㉢ **고종의 강제 퇴위 반대 운동**을 벌이다가 일제의 탄압으로 해산되었다.
⑤ **신민회**(1907)

조직		안창호, 양기탁의 주도로 이승훈, 윤치호 등과 함께 **비밀 결사 형태로 조직함**
활동	실력 양성	• 민족 교육 시행 : 정주에 오산 학교(이승훈), 평양에 대성 학교(안창호)를 세움 • 민족 산업 육성 : 이승훈이 평양에 태극 서관과 자기 회사(도자기) 등을 설립함
	독립군 기지 건설	**남만주 삼원보**에 독립군을 양성할 목적으로 **신흥 강습소(신흥 무관 학교)를 세움**
목표		공화 정체의 근대 국가 건설을 지향함
해체		**105인 사건(1911)을 계기로 와해됨**

> **국사(國史)**편찬위원회에서 출제한 **자료**　●**105인 사건 판결문**
>
> 주문　피고 윤치호, 양기탁, 이승훈, …… 6명을 각 징역 10년에 처한다.
> 이유　피고 이승훈은 오산 학교를 창립하고 …… 안창호 등과 서로 호응하여 신민회라 칭하는 한편으로 구(舊) 청국 영토 내에 있던 서간도에 무관 학교를 설립하고 청년에게 군사 교육을 실시하여 …… 국권 회복에 이바지하는 것을 목적으로 비밀 단체를 조직하였다.

⑥ **서북 학회** : 야학과 강습소를 열어 계몽 운동을 전개하였다.
⑦ **기호흥학회** : 기호 학교를 설립하여 계몽 운동을 전개하였다.

●105인 사건
일제가 데라우치 총독 암살 미수 사건을 조작하여 신민회 회원 105명을 감옥에 가둔 사건이다.

능력(能力) 향상을 위한 O, X　　　　　　　　　　　　　　　　　　　정답

01　보안회는 일제의 황무지 개간권 요구를 저지하였다.	( )	○
02　신민회는 신흥 무관 학교를 설립하였다.	( )	○
03　신민회를 이끌던 안창호는 대성 학교를 설립하였다.	( )	○
04　신민회는 태극 서관과 자기 회사를 설립하였다.	( )	○

4 간도와 독도

(1) 간도

① **조선 숙종**은 청과 국경 문제가 발생하자 박권을 파견하여 국경을 정하고 **백두산정계비를 세웠다.**

> **국사(國史)**편찬위원회에서 출제한 **자료** ● 백두산정계비
>
> 목극등(穆克登)이 샘이 갈라지는 곳에 자리 잡고 말하기를, "이곳이 분수령이라 할 수 있다."라고 하며, 경계를 정하고 돌을 깎아 비석을 세웠다. 그 비문에는 '오라총관(烏喇總管) 목극등이 …… 국경을 조사하기 위해 여기에 이르러 살펴보니, 서쪽은 압록강이며 동쪽은 토문강이므로 분수령 위에다 돌에 새겨 표를 삼는다.'라고 쓰여 있다. – 『만기요람』 –

백두산정계비 추정 위치

② 19세기 후반에 간도로 이주하는 사람이 늘어나며 귀속 분쟁이 발생하자, **대한 제국은 이범윤을 간도 관리사로 파견**하고 간도를 함경도의 행정 구역으로 편입하였다.

③ 간도 협약(1909)

　㉠ 을사늑약 체결로 외교권이 일본으로 넘어간 상태에서 일본과 청이 협약을 체결하였다.

　㉡ 일본은 간도를 청의 영토로 인정해 주는 대가로 만주의 철도 부설권과 탄광 채굴권 등을 얻었다.

(2) 독도

우리나라의 가장 동쪽에 위치한 섬이다.

① 신라 지증왕은 **이사부**를 파견하여 **우산국**과 부속 도서를 복속하였다.

② 『세종실록지리지』에 울릉도와 독도가 '우산', '무릉' 등으로 기록되어 있다.

> **국사(國史)**편찬위원회에서 출제한 **자료** ● 『세종실록지리지』의 독도 관련 기록
>
> …… 우산과 무릉 두 섬은 울진현의 정동쪽 바다에 있는데, 두 섬은 서로의 거리가 멀지 않아 날씨가 맑으면 바라볼 수 있다.

③ **조선 숙종 때 안용복이 일본으로 건너가 울릉도와 독도가 조선 땅임을 확인받았다.**

④ 일본 메이지 정부의 최고 기관인 태정관에서 독도와 일본은 관련이 없다는 「태정관 지령」을 내렸다(1877).

⑤ **대한 제국 고종 황제는 칙령 제41호를 반포하여 울릉도를 군으로 승격시키고 독도가 우리 땅임을 선포하였다.**

> **국사(國史)**편찬위원회에서 출제한 **자료** ● 칙령 제41호
>
> 제1조 　울릉도를 울도라고 개칭하여 강원도에 부속하고 도감을 군수로 개정하여 관제 중에 편입하고 군의 등급은 5등으로 할 것
> 제2조 　군청의 위치는 태하동(台霞洞)으로 정하고 구역은 울릉전도(鬱陵全島)와 죽도(竹島)·석도(石島)를 관할할 것

⑥ 일본은 러·일 전쟁 도중에 독도를 불법적으로 자국 영토에 편입시켰다.

> **능력(能力) 향상을 위한 O, X** 　　　　　　　　　　　　　　　　　　정답
>
> 01 조선 숙종 때 청과 국경을 정하는 백두산정계비를 세웠다. 　(　) 　O
> 02 고종 황제는 칙령 제41호를 내려 독도가 우리 땅임을 선포하였다. 　(　) 　O

01

밑줄 그은 '새 조약'에 대한 설명으로 옳은 것은?

> 나인영은 진술하기를 "광무 9년 11월에 우리 대한 제국의 외교권을 일본에 넘겨준 <u>새 조약</u>은 일본의 강제에 따른 것으로 황제 폐하가 윤허하지 않았고, 참정대신이 동의하지도 않았습니다. 슬프게도 5적 이지용, 이근택, 박제순 등이 제멋대로 가(可)하다고 쓰고 속여 2천만 민족을 노예로 내몰았습니다."라고 하였다.

① 운요호 사건을 계기로 체결되었다.
② 최혜국 대우를 처음으로 규정하였다.
③ 통감부가 설치되는 결과를 가져왔다.
④ 외국과 맺은 최초의 근대적 조약이었다.

02

(가)~(다)를 일어난 순서대로 옳게 나열한 것은?

(가)	(나)	(다)
		역사 신문

역사 신문
제△△호 ○○○○년 ○○월 ○○일
박승환 대대장, 군대 해산에 항의하며 순국하다

역사 신문
제△△호 ○○○○년 ○○월 ○○일
헤이그 특사, 을사늑약의 부당성을 폭로하다

역사 신문
제△△호 ○○○○년 ○○월 ○○일
고종, 일본에 의하여 강제 퇴위되다

① (가) – (나) – (다)
② (가) – (다) – (나)
③ (나) – (다) – (가)
④ (다) – (가) – (나)

03

(가)에 들어갈 인물로 옳은 것은?

역사 탐방 계획서
1. 주제: [(가)]의 유배지를 찾아서
2. 기간: 2020.○○.○○. ~ ○○.○○.
3. 코스: 제주도 → 흑산도 → 쓰시마섬

제주도
흥선 대원군을 비판하는 상소를 올렸다가 유배된 곳

흑산도
일본과의 조약 체결에 반대하는 상소를 올렸다가 유배된 곳

쓰시마섬
항일 의병 운동을 전개하다가 일본에 의하여 유배된 곳

① 허위
② 신돌석
③ 유인석
④ 최익현

04

교사의 질문에 대한 학생의 답변으로 옳은 것은?

> 화면의 사진은 1907년 영국 기자 매켄지가 의병들을 취재하면서 찍은 것입니다. 당시 의병 활동에 대하여 말해 볼까요?

① 13도 창의군을 결성하였어요.
② 정부에 헌의 6조를 건의하였어요.
③ 백산에 집결하여 4대 강령을 발표하였어요.
④ 곽재우, 고경명 등이 의병장으로 활약하였어요.

05

(가) 인물에 대한 설명으로 옳은 것은?

역사 신문

제△△호   ○○○○년 ○○월 ○○일

(가) 의 넋을 기리는 일본인들

일본 미야기현 다이린사에는 이토 히로부미를 처단한 후 뤼순 감옥에서 순국한 (가) 을/를 기리는 비석이 세워져 있다. 이 절에서 매년 열리는 추모 법회에는 한국인들뿐만 아니라 그의 사상에 감명받은 일본인들도 참여하고 있다.

① 대종교를 창시하였다.
② 동양 평화론을 집필하였다.
③ 조선 혁명 선언을 작성하였다.
④ 파리 강화 회의에 파견되었다.

06

다음 주장을 펼친 단체로 옳은 것은?

① 권업회   ② 근우회
③ 보안회   ④ 토월회

07

(가) 단체의 활동으로 옳은 것은?

(가) , 애국 계몽 운동을 펼치다

안창호

안창호, 양기탁 등이 중심이 되어 조직한 비밀 결사로, 국권 회복과 공화 정체의 근대 국가 건설을 목표로 하였다.

이를 위하여 국내에서는 교육 진흥, 국민 계몽, 산업 진흥을 강조하였다. 국외에서는 독립운동 기지 건설을 통한 군사적 실력 양성을 꾀하였다.

일제가 날조한 105인 사건으로 국내 조직이 해산되었다.

① 독립신문을 창간하였다.
② 한성 사범 학교를 설립하였다.
③ 태극 서관, 자기 회사를 운영하였다.
④ 일본의 황무지 개간권 요구를 저지하였다.

08

밑줄 그은 '이 섬'으로 옳은 것은?

① 독도   ② 진도
③ 거문도   ④ 제주도

16 | 개항 이후의 경제와 사회 · 문화의 변화

● 개항 이후의 경제

강화도 조약 체결 이후
- 조·일 수호 조규 부록 : 간행이정 10리 → 거류지 무역 발달(객주·여각·보부상 등 이득)
- 조·일 무역 규칙(조·일 통상 장정) : 무관세·무항세·양곡의 무제한 유출 → 미·면 교환 체제 → 쌀 부족

일본 상인	영국산 면제품 →	조선
	← 쌀, 콩, 쇠가죽	

임오군란 이후
- 조·청 상민 수륙 무역 장정 : 청 상인의 내지 통상 허용
- (개정) 조·일 통상 장정 : 관세, 방곡령, 최혜국 대우

⇨
- 청과 일본 상인 간 상권 경쟁 심화
- 상권 수호 운동 전개 : 황국 중앙 총상회 조직

청·일 전쟁 이후
청·일 전쟁에서 일본 승 → 일본 상인의 조선 무역 독점

● 열강의 이권 침탈

러시아 삼림 채벌권

일본
- 경인선 완공(1899)
- 경부선 완공(1905)
- 경의선 완공(1906)
- 동양 척식 주식회사 설립(1908)

미국
- 전기 시설
- 한성 전기회사 설립

청 전선

화폐 정리 사업(1905)

주도	제1차 한·일 협약으로 재정 고문이 된 메가타
내용	상평통보·백동화를 일본 제일은행권으로 교환 → 갑·을·병종 등 등급에 따라 교환
결과	• 금 본위제 시행 • 한국 경제가 일본에 예속됨

● 경제적 구국 운동

방곡령 선포

배경	조·일 무역 규칙의 양곡의 무제한 유출 조항 → 국내 곡물 부족 현상 발생
시행	(개정) 조·일 통상 장정 체결 → 시행 1개월 전 방곡령 선포 가능

함경도 방곡령 사건(1889)

함경도 관찰사 조병식이 1개월 전 선포한다는 규정을 어겨 방곡령을 철회하고 배상금을 지불한 사건

국채 보상 운동(1907)

배경	일본의 차관 제공으로 대한 제국 재정 악화
전개	• 대구에서 **김광제·서상돈** 등을 중심으로 시작 • 국채 보상 기성회 주도 • 금주·금연, 비녀·가락지 모으기
특징	『대한매일신보』 등 언론 기관 참여
실패	일본 통감부의 방해로 실패

설쌤의 **한(韓)판** 정리

● 근대 문물의 수용과 문화 발전

근대 문물의 수용

	1880년대	1890년대	1900년대
출판	박문국(1883)		
의료	광혜원(선교사 알렌이 세운 최초의 서양식 병원, 1885) → 제중원		세브란스 병원(1904)
교통		• 경인선(1899) • 전차(서대문 ~ 청량리, 1899)	• 경부선(1905) • 경의선(1906)
전기	경복궁 전등 가설(1887)	한성 전기 회사(1898)	
통신	• 우정총국 : 갑신정변으로 업무 중단 • 한성 전보 총국 : 전보(1885)	• 우체사(1895) • 전화(1898)	
건축		• 독립문(1897) • 명동 성당(1898)	• 손탁 호텔(1902) • 덕수궁 석조전(1909)
기타	• 기기창(무기 생산, 1883) • 전환국(화폐 주조) : 백동화 발행(1892)		원각사(1908)

언론 기관의 발달

신문명	발행	문체	특징
『한성순보』 (1883 ~ 1884)	박문국	순 한문	• 열흘에 한 번씩 발행된 우리나라 최초의 신문 • 국내외 시사 문물 소개
『한성주보』 (1886 ~ 1888)	박문국	국한문 혼용체	최초로 상업적 광고 게재
『독립신문』 (1896 ~ 1899)	서재필	순 한글, 영문	• 최초의 순 한글·민간 신문 • 한글판과 영문판 두 종류로 발행
『황성신문』 (1898 ~ 1910)	남궁억	국한문 혼용체	• 유생층 대상 • 장지연의 「시일야방성대곡」 최초 게재
『제국신문』 (1898 ~ 1910)	이종일	순 한글	서민층과 부녀자 대상
『대한매일신보』 (1904 ~ 1910)	베델, 양기탁	국한문 혼용체, 순 한글, 영문	• 항일 의병 운동에 호의적, 항일 논조 • 장지연의 「시일야방성대곡」 게재 • 국채 보상 운동 지원
『만세보』 (1906 ~ 1907)	오세창	국한문 혼용체	천도교 기관지
『경향신문』 (1906 ~ 1910)	드망즈	순 한글	천주교 기관지

• 신문지법(1907) : 일제의 언론 탄압

근대 교육 기관 설립

1880년대

- 원산 학사 : 덕원부 주민이 세운 최초의 근대식 학교, 문무일치 교육
- 동문학 : 통역관 양성
- 육영 공원 : 미국인 강사 헐버트·길모어 초빙, 상류층 자제 교육
- 개신교 학교 : 배재 학당(아펜젤러), 이화 학당(스크랜튼), 경신 학교(언더우드)

갑오개혁 이후

교육입국 조서 반포
→ 한성 사범 학교 등 각종 관립 학교 설립

광무개혁 시기

- 실업 학교 설립
- 찬양회 조직

을사늑약 전후

- 애국 계몽 운동 : 대성 학교, 오산 학교 등 설립
- 일제가 사립 학교령(1908)을 제정하여 탄압

국학 연구

한국어 연구

- 조선 광문회 : 고전 정리
- 유길준의 『서유견문』 : 국한문 혼용체 보급에 기여
- 국문 연구소(1907) : 주시경·지석영 등

한국사 연구

- 신채호의 『독사신론』 : 역사 서술의 주체를 민족으로 설정
- 신채호의 『을지문덕전』·『이순신전』, 박은식의 『천개소문전』·『안중근전』 등 영웅 전기 발간 : 애국심 고취

문예의 새 경향

신체시

최남선의 「해에게서 소년에게」

신소설

『혈의 누』, 『자유종』, 『금수회의록』, 『추월색』 등

창가

「경부 철도가」 등

신극

최초의 서양식 극장인 원각사에서 「은세계」·「치악산」 등 신극 공연

번역서

『걸리버 여행기』, 『이솝 우화』, 『천로역정』, 『월남망국사』 등

종교계의 변화

유교

박은식의 유교 구신론

불교

한용운의 『조선 불교 유신론』

천도교

손병희의 동학 → 천도교 개칭

대종교

단군 숭배 사상, 나철·오기호 창시, 중광단 → 북로 군정서

개신교

서양 의료 보급과 교육 분야에 공헌

천주교

조·프 통상 조약 체결로 선교의 자유 획득, 보육원과 양로원 운영

1 개항 이후의 경제

(1) 강화도 조약 체결 이후

조·일 수호 조규 부록 (1876)	내용	일본 상인의 활동 범위를 개항장에서 10리 이내로 제한(간행이정 10리)하고 개항장에서 일본 화폐 사용을 허가함
	영향	• 개항장을 중심으로 거류지 무역이 발달함 • 조선의 중개 상인인 객주·여각·보부상 등은 이득을 봄
조·일 무역 규칙 (조·일 통상 장정, 1876)	내용	• 무관세 : 일본 상인은 관세를 내지 않음 • 무항세 : 일본 선박은 항세를 내지 않음 • 양곡의 무제한 유출 : 일본 상인은 쌀과 잡곡을 무제한 구입할 수 있음
	영향	• 미 ↔ 면 교환 체제 : 일본 상인은 주로 영국산 면제품을 싸게 구입하여 조선에 비싸게 파는 중계 무역으로 생긴 이익으로 곡물을 대량 수입해 감 • 조선 내에 쌀 부족 현상이 발생하여 쌀값이 폭등함 • 조선 농촌의 면직물 공업이 타격을 입음

> ● 거류지
> 조계와 같은 의미로 개항장에서 외국인이 거주하거나 무역을 할 수 있도록 규정한 지역이다.

(2) 임오군란 이후

① 조·청 상민 수륙 무역 장정(1882) : 지방관의 허가를 받은 청 상인은 내지 통상이 가능하였다.
② (개정) 조·일 통상 장정(1883) : 최혜국 대우 조항으로 일본 상인도 청 상인과 동일하게 내지 통상이 가능해졌다.
③ 영향
　㉠ 청 상인과 일본 상인 간에 상권 경쟁이 점차 심화되었고, 객주·여각·보부상과 같은 중개 상인이 몰락하는 등 조선 상인 대부분은 생계의 위협을 받았다.
　㉡ 시전 상인은 **황국 중앙 총상회를 조직하여 상권 수호 운동을 주도하였다**(1898).

(3) 청·일 전쟁 이후의 상황

일본은 청·일 전쟁에서 승리하며 조선 내에서 무역을 독점하였다.

2 열강의 이권 침탈

(1) 러시아

압록강 삼림 채벌권, 두만강 삼림 채벌권 등을 가져갔다.

(2) 일본

① 경인선·경부선·경의선 등 **주로 철도 부설권에 관심을 가졌다.**
② 1908년에 **동양 척식 주식회사를 설립하여 토지 약탈을 본격화하였다.**

(3) 미국

전기 시설에 관심을 가졌으며 한성 전기 회사를 설립하였다.

(4) 청

전선에 관심을 가졌다.

철도	부설	완공	이양
경인선	1896	1899	미 → 일 (1897)
경의선	1896	1906	프 → 대한 제국 → 일 (1904)
경부선	1898	1905	일
경원선	1898	1914	대한 제국 → 일 (1904)

주요 철도 부설 및 완공 연도

백동화

일본 제일 은행에서 발행한
십 원짜리 지폐

(5) 화폐 정리 사업(1905)

주도	제1차 한·일 협약 체결에 따라 재정 고문이 된 메가타가 주도함
내용	• 상평통보, 백동화 등 대한 제국의 화폐를 일본의 제일 은행권으로 교환함 • 백동화는 질에 따라 갑·을·병종으로 등급을 나누어 교환함
결과	• 금 본위제가 시행됨 • 대한 제국의 화폐 가치가 하락하여 국내 상인이 큰 타격을 입음 • 일본으로부터 차관을 도입하면서 조선의 경제가 일본에 예속됨

> **국사(國史)편찬위원회에서 출제한 자료** ● 화폐 정리 사업(1905)
>
> 기간을 정하여 구화폐를 교환하는 것에 대한 건
> ......
> 제3조 구 백동화의 교환과 환수는 광무 9년 7월 1일부터 시작한다.
> 제4조 구 백동화의 교환을 끝내는 기한은 만 1년 이상으로 탁지부 대신이 편의에 따라 정한다.
> 제5조 구 백동화의 교환 기간이 끝난 후에는 그 통용을 금지한다. 단, 통용을 금지한 후 6개월 동안에는 조세 납부에 쓸 수 있게 한다.

3 경제적 구국 운동

(1) 방곡령 선포

① 배경 : 조·일 무역 규칙(조·일 통상 장정)의 양곡의 무제한 유출 조항에 따라 쌀이 일본으로 계속 유출되어 국내의 곡물이 부족해지고 쌀값이 폭등하였다.
② 시행 : (개정) 조·일 통상 장정(1883)을 체결함에 따라 시행 1개월 전에 외교 담당 관청에 통보할 경우 방곡령을 선포할 수 있게 되었다.
③ 함경도 방곡령 사건(1889) : 함경도 관찰사 조병식이 방곡령을 선포하였으나 일본은 1개월 전 통보하는 규정을 위반하였다는 구실로 방곡령을 철회시키고 배상금을 요구하였다.

(2) 국채 보상 운동(1907)

배경	일제는 근대 시설물 설립에 필요한 자금이라는 구실로 차관을 강요하여 대한 제국의 재정을 악화시킴
전개	• 대한 제국의 국채 1,300만 원을 갚고자 대구에서 김광제·서상돈 등이 조직한 국채 보상 기성회의 주도로 시작되어 전국으로 확산됨 • 금주·금연, 비녀·가락지 모으기 등 모금 운동을 전개함
특징	• 『대한매일신보』, 『황성신문』, 『제국신문』 등 언론 기관이 적극적으로 지원함 • 그간 사회 운동에서 소외되었던 여성도 국채 보상 운동을 주도하며 민족적인 경제 구국 운동으로 확대됨
실패	양기탁이 공금을 횡령하였다고 모함하는 등 일본 통감부의 방해와 탄압으로 실패함

> **능력(能力) 향상을 위한 O, X** [정답]
>
> 01 함경도 관찰사 조병식은 방곡령을 선포하였으나 1개월 전 통보하는 규정을 위반하여 일본에 배상금을 지불하였다. ( ) O
> 02 국채 보상 운동은 평양에서 시작되어 전국으로 확산되었다. ( ) X
> 03 국채 보상 운동은 『대한매일신보』 등 언론의 지원을 받았다. ( ) O

4 근대 문물의 수용과 문화 발전

(1) 근대 문물의 수용

① 1880년대

 ㉠ 출판 : 조선 정부는 박문국을 건립하여 개화 정책과 신문물을 홍보하기 위한 관보로서 『한성순보』(1883)와 『한성주보』(1886) 등을 발행하였다.

 ㉡ 의료 : **미국인 선교사 알렌의 건의를 받아들여 최초의 서양식 병원인 광혜원(제중원) 이 설립되었다(1885).**

 ㉢ 전기 : 경복궁 내 건청궁에 처음으로 전등이 설치되었다(1887).

 ㉣ 통신

  ⓐ **우정총국을 설치하여 근대적 우편 제도를 도입하려 하였으나, 우정총국 개국 축하 연 때 갑신정변이 일어나 업무가 중단되었다.**

  ⓑ 청과 일본이 전신을 도입하였으며, 주로 청이 전신선을 가설하였다.

  ⓒ 한성 전보 총국을 설립하여 전보를 통신 수단으로 사용하기 시작하였다(1885).

 ㉤ 영선사가 배워 온 기술을 바탕으로 **근대식 무기 공장인 기기창을 설치하였다(1883).**

 ㉥ 화폐 주조를 전담하는 기구인 전환국을 건립하여(1883) **백동화**를 발행하였다(1892).

② 1890년대

 ㉠ 교통

  ⓐ 서울과 인천을 연결하는 철도인 경인선이 개통되었다(1899).

  ⓑ 한성 전기 회사의 주도로 서대문과 청량리 구간에 전차가 가설되었다(1899).

 ㉡ 전기 : 황실이 자본을 투자하여 한성 전기 회사를 설립하였다(1898).

 ㉢ 통신

  ⓐ 우체사가 설치되면서 갑신정변 때 중단된 우편 업무가 재개되었다.

  ⓑ 경운궁에 처음으로 전화가 가설되어(1898) 전화를 공무 수행에 이용하였다.

 ㉣ 건축 : 독립문과 고딕 양식의 **명동 성당**이 건립되었다.

③ 1900년대

 ㉠ 의료 : 개신교에서는 제중원을 인수하여 최초의 근대식 사립 병원인 세브란스 병원을 세웠다.

 ㉡ 교통 : 일본이 경부선(1905), 경의선(1906)을 개통하였다.

 ㉢ 건축 : 민간 호텔인 손탁 호텔 및 **덕수궁 석조전** 등이 건립되었다.

 ㉣ 기타 : 최초의 서양식 극장인 원각사가 설립되었다(1908).

● 광혜원(제중원)

광혜원은 1885년에 설립되고 얼마 후 제중원으로 개칭되었다.

명동 성당

● 덕수궁 석조전
고종의 접견실 등으로 사용하기 위하여 지어졌으며 당시 건축된 서양식 건물 중 가장 규모가 크다.

능력(能力) 향상을 위한 O, X   정답

01 미국인 알렌의 건의로 최초의 서양식 병원인 광혜원(제중원)이 건립되었다.   (   )   O

02 조선 정부는 우정총국을 설립하여 근대식 우편 제도를 도입하려 하였으나 갑신정변 으로 중단되었다.   (   )   O

(2) 언론 기관의 발달

『한성순보』 (1883~1884)	• 박문국에서 열흘에 한 번씩 순 한문으로 발행된 우리나라 최초의 신문 • 국내외 시사 문물을 소개함
『한성주보』 (1886~1888)	• 박문국에서 국한문 혼용체로 발행됨 • 최초로 상업적 광고가 실림
『독립신문』 (1896~1899)	서재필의 주도로 순 한글과 영문으로 발행된 우리나라 최초의 순 한글·민간 신문
『황성신문』 (1898~1910)	• 남궁억이 유생층을 대상으로 삼아 국한문 혼용체로 발행함 • 장지연의 「시일야방성대곡」을 최초로 게재함
『제국신문』 (1898~1910)	이종일이 서민층과 부녀자를 대상으로 순 한글로 발행함
『대한매일신보』 (1904~1910)	• 영국인 베델과 양기탁 등이 발행함 • 국한문 혼용체·순 한글·영문으로 발행함 • 항일 의병 운동에 대해 호의적인 기사를 실음 • 장지연의 「시일야방성대곡」을 게재함 • 국채 보상 운동을 적극 지원함
『만세보』 (1906~1907)	• 오세창 등이 창간한 천도교 기관지 • 민중 계몽을 위하여 노력하였으며, 국한문 혼용체로 발행함
『경향신문』 (1906~1910)	드망즈 등이 순 한글로 발행한 천주교 기관지
탄압	일제는 신문지법을 제정(1907)하여 언론을 탄압함

(3) 근대 교육 기관 설립

1880년대	원산 학사 (1883~1945)	• 덕원부 주민이 세운 최초의 근대식 사립 학교 • 문무일치 교육 : 근대 학문과 무술을 가르침
	동문학 (1883~1886)	영어, 일본어 등을 교육하여 통역관을 양성함
	육영 공원 (1886~1894)	• 미국인 교사 헐버트와 길모어, 벙커 등을 초빙함 • 영어·수학·자연과학 등 신학문을 가르침 • 현직 관료(좌원)나 고관 등 상류층의 자제(우원)를 대상으로 교육함
	개신교 학교	• 배재 학당(1885, 선교사 아펜젤러) • 이화 학당(1886, 선교사 스크랜튼) : 우리나라 최초의 여성 교육 기관 • 경신 학교(1885, 선교사 언더우드)
갑오개혁 이후		교육입국 조서 반포 이후 교원을 양성하기 위하여 한성 사범 학교를 설립하였고, 각종 관립 학교를 세움
광무개혁		• 상공학교, 기예 학교 등 실업 학교를 설립함 • 여성 운동 단체인 찬양회가 조직되어 여학교 설립 운동을 추진함
을사늑약 전후		• 대성 학교·오산 학교 : 애국 계몽 운동 단체인 신민회가 설립함 • 사립 학교령(1908) : 일제가 사립 학교 설립과 운영을 통제하고자 제정함

「한성순보」

「대한매일신보」

베델

(4) 국학 연구

① 한국어 연구
  - ㉠ 조선 광문회 : 최남선과 박은식 등이 조직하여 민족의 고전을 정리하고 간행하였다.
  - ㉡ 유길준의 『서유견문』 : 국한문 혼용체 보급에 기여하였다.
  - ㉢ 국문 연구소(1907) : 주시경과 지석영 등이 국어 문법을 연구하고 정리하였다.

② 한국사 연구
  - ㉠ 신채호는 『독사신론』을 발표하여 역사 서술의 주체를 민족으로 설정하였다.
  - ㉡ 신채호는 『을지문덕전』·『이순신전』 등의 영웅 전기문을 저술하였고, 박은식은 『천개소문전』·『안중근전』 등을 편찬하여 애국심을 고취하였다.

(5) 문예의 새 경향

① 신체시 : 최남선의 『해에게서 소년에게』와 같은 신체시가 쓰였다.

② 신소설 : 이인직의 『혈의 누』, 이해조의 『자유종』, 안국선의 『금수회의록』, 최찬식의 『추월색』 등 신소설이 쓰였다.

③ 창가 : 『경부철도가』 등 서양식 악곡에 우리말 가사를 붙여 부르는 창가가 유행하였다.

④ 신극 : 최초의 서양식 극장인 원각사에서 『은세계』, 『치악산』 등 신극을 공연하였다.

⑤ 번역서 : 『걸리버 여행기』, 『천로역정』, 『월남망국사』 등 외국 서적이 번역되었다.

이인직의 『혈의 누』(좌)
이해조의 『자유종』(우)

안국선의 『금수회의록』

(6) 종교계의 변화

① 유교 : 박은식이 유교 구신론을 주장하였다.

② 불교 : 한용운이 『조선 불교 유신론』을 저술하여 불교의 자주성을 회복하고자 하였다.

③ 천도교 : 손병희가 동학을 천도교로 개칭하였다.

④ 대종교
  - ㉠ 나철과 오기호가 단군 신앙을 부활시켜 창시하였다.
  - ㉡ 중국 만주에서 대종교도인 서일 등이 항일 무장 단체인 중광단을 설립하였고(1911), 중광단은 이후 북로 군정서로 발전하였다.

⑤ 개신교 : 서양 의술 보급과 근대 교육 발전에 공헌하였다.

⑥ 천주교
  - ㉠ 조선과 프랑스가 조·프 수호 통상 조약을 체결하여 선교의 자유를 획득하였다.
  - ㉡ 보육원과 양로원을 운영하였다.

능력(能力) 향상을 위한 O, X   정답

01 『독립신문』은 순 한글과 영문으로 발행된 신문이다.   (   )   ○
02 『대한매일신보』는 영국인 베델과 양기탁 등이 발행한 신문이다.   (   )   ○
03 육영 공원은 미국인 교사 헐버트와 길모어 등을 초빙하였다.   (   )   ○
04 한용운은 조선 불교 유신론을 내세웠다.   (   )   ○
05 나철과 오기호 등은 단군 신앙을 부활시켜 천도교를 창시하였다.   (   )   ×

01

다음 검색창에 들어갈 용어로 옳은 것은?

오전 11:10

검색

통합 검색 백과사전 웹문서 동영상 이미지

연관 검색어

• 조일 통상 장정 • 함경도 • 배상금 • 조병식

백과사전

조선의 지방관이 직권으로 그 지방에서 생산된 곡식을 타지방이나 타국으로 유출하는 것을 금하는 조치를 말한다. 개항 후 함경도와 황해도에서 시행되기도 하였다. ……

○○ 백과

① 단발령   ② 방곡령   ③ 삼림령   ④ 회사령

02

(가)에 해당하는 신문으로 옳은 것은?

한국사 사전

검색어 | ◆ | (가)   ▼

검색 결과

• 1896년 서재필 등이 창간
• 한글판과 영문판으로 발행
• 우리나라 최초의 민간 신문

① 독립신문   ② 제국신문   ③ 해조신문   ④ 대한매일신보

03

(가)에 들어갈 내용으로 옳은 것은?

이것은 대구에 세워진 국채 보상 운동 기념비입니다. 이 민족 운동에 관한 내용을 대화창에 올려 주세요.

과거로 떠나는 역사 여행

대화창

국채 보상 기성회가 주도하였어요.

당시 여성들은 비녀와 가락지를 모아 성금으로 내기도 하였어요.

(가)

글쓰기 |

① 근우회의 후원으로 확산되었어요.
② 조선 총독부의 방해로 실패하였어요.
③ 김홍집 등이 중심이 되어 활동하였어요.
④ 대한매일신보 등 언론의 지원을 받았어요.

04

(가)에 들어갈 근대 교육 기관으로 옳은 것은?

1886년 신입생 모집

영재들이여
신학문을 가르치는 공립 학교
(가) 으로 오라!

1. 선발 인원: 35명
2. 지원 자격
   - 좌원: 7품 이하 젊은 현직 관리
   - 우원: 15~20세의 양반 자제
3. 교과목: 영어, 수학, 자연 과학 등
4. 교사: 헐버트, 길모어, 벙커 등

① 서전서숙   ② 배재 학당   ③ 육영 공원   ④ 이화 학당

설민석
한국사능력검정시험
개념완성

기본편

V

V

일제의 강점과
민족 운동의 전개

설쌤의
학습 가이드

1910년 8월 29일, 일본은 우리나라의 주권을 빼앗아 통치를 시작했습니다. 시험에서는 1910년대부터 1940년대까지 일제가 각 시대에 시행한 정책을 묻습니다.

전국에서 울려 퍼진 '대한 독립 만세', 일본을 공포에 떨게 한 3·1 운동을 살펴보고, 3·1 운동의 결과로 수립된 대한민국 임시 정부를 배워 볼 거예요.

당하기만 할 수는 없습니다. 일제의 탄압 속에서 우리나라를 위하여 싸운 독립운동가의 투쟁의 역사를 절대 잊어서는 안 돼요.

일제의 식민 정책과 민족의 수난

3 · 1 운동과 대한민국 임시 정부

무장 독립 전쟁의 전개

일제로부터 벗어나기 위한 우리 민족의 노력을 배우는 단원이죠. 총과 칼로 싸우는 무장 투쟁과 함께 우리의 실력을 양성하기 위한 다양한 노력도 있었답니다.

나라는 없어졌으나 우리 민족은 절대 죽지 않았습니다. 우리 민족이 우리말과 역사를 없애려는 일본에 대항하고 우리의 문화를 수호하기 위하여 펼친 노력을 살펴볼 거예요.

국내의 사회 · 경제적 민족 운동

민족 문화 수호 운동

17 | 일제의 식민 정책과 민족의 수난

설쌤의 한(韓)판 정리

● 1910년대 일제의 식민 통치

	식민 통치 정책		경제 수탈	교육 정책
1910년대 무단 통치 (1기)	• 조선 총독부 설치 • 중추원 설치 : 조선 총독부 자문 기구 • 헌병 경찰 제도 - 경무총감부 신설 - 경찰범 처벌 규칙·즉결 처분권 → 한국인 처벌 • 헌병 경찰·일반 관리·교원의 제복 및 칼 착용 • 조선 태형령(1912) • 언론·출판·집회·결사의 자유 박탈 → 신문 폐간 등		• 토지 조사 사업(1910~1918) - 명분 : 근대적 토지 소유권 확립 - 실상 : 토지 약탈 - 토지 조사령(1912) 공포 : 기한부 신고제 - 결과 : 토지 약탈 및 조선 총독부 재정 수입 증가, 동양 척식 주식회사 보유 토지량 증가 • 회사령(1910) : 허가제 • 삼림령·어업령·광업령·임야 조사령	제1차 조선 교육령(1911) • 초등 교육 - 일본 : 소학교(6년제) - 한국 : 보통학교(4년제) • 조선어 : 국어 X • 실업 교육에 집중(우민화 정책)

● 1920년대 일제의 식민 통치

	민족 분열 통치(기만 통치)		경제 수탈	교육 정책
1920년대 문화 통치 (2기)	문관 총독 임명 가능	실제로 없었음	• 산미 증식 계획(1920~1934) - 목적 : 일본의 부족한 쌀을 한국에서 확보하기 위함 - 과정 : 토지 개간, 밭 → 논, 수리 시설 확충, 품종 개량, 비료 공급 확대 등 - 증산된 양보다 많은 쌀이 일본으로 유출되어 국내 식량 사정 악화 → 만주산 잡곡 수입 - 쌀 증산 비용을 농민에게 전가 → 농민 몰락 • 회사령 폐지 : 신고제 도입 • 관세 철폐(1923)	제2차 조선 교육령(1922) • 초등 교육 - 일본 : 소학교(6년제) - 한국 : 보통학교(6년제) • 조선어·조선사 필수 시행, 시수↓
	보통 경찰 제도 시행	• 경찰 인원수 및 비용 3배 증가 • 치안 유지법 제정(1925)		
	언론·출판·집회·결사의 자유 제한적 허용	『조선일보』·『동아일보』 발행(1920) → 검열하여 기사 삭제·정간·폐간		
	민족 교육 기회 확대	• 보통학교와 고등 보통학교 증설 → but 한국인 취학률이 일본인의 1/6에 그침 • 경성 제국 대학 설립 → 한국인의 대학 설립 억압		
	지방 자치제 시행 (도 평의회, 부·면 협의회 등 설치)	• 의결권 없음 • 일본인이나 친일 인사만 의원이 될 수 있었음		

● 1930~1940년대 일제의 식민 통치

	식민 통치 정책	경제 수탈	교육 정책

1930~ 1940년대 민족 말살 통치 (3기)	• 황국 신민화 정책
	  - 내선일체, 일선동조론
	  - 궁성 요배
	  - 신사 참배
	  - 황국 신민 서사 암송
	  - 소학교 → 황국 신민 학교(국민학교) 개칭
	  - 창씨개명
	• 조선 사상범 보호 관찰령(1936)
	• 우리말 사용 금지
	  - 『조선일보』, 『동아일보』 폐간
	  - 조선어 학회 사건(1942)
	• 농촌 진흥 운동(1932~1940)
	• 조선 농지령(1934)
		• 병참 기지화 정책
		  - 남면북양 정책
		  - 중화학 공업 육성
		• 인적·물적 수탈
		  - 조선 육군 특별 지원병 제도(1938)
		  - 국가 총동원법(1938)
		   ㉠ 국민 징용령(1939)
		   ㉡ 학도 지원병제(1943)
		   ㉢ 징병제(1944)
		   ㉣ 여자 정신 근로령(1944)
		   ㉤ 식량 배급제
		   ㉥ 공출제 : 미곡, 식량, 금속류, 놋그릇, 목재 등
			제3차 조선 교육령(1938)
			
			조선어·조선사 선택 과목화
			
			제4차 조선 교육령(1943)
			
			조선어·조선사 폐지

1 1910년대 일제의 식민 통치

(1) 무단 통치(1기)

① **조선 총독부 설치** : 조선 총독은 육·해군 대장 중에서 선발하였으며, 입법·사법·행정·군사권 등 모든 권한을 부여받았다.

② **중추원 설치** : 조선 총독의 자문 기구로 설치하였으며 주로 친일 인사로 구성되었다.

③ **헌병 경찰제 시행**

    ㉠ 헌병대 사령관이 치안을 총괄하는 경무총감부가 신설되었다.

    ㉡ 헌병이 경찰 업무를 지휘하고 일반 경찰 업무까지 관여하였다.

    ㉢ 경찰범 처벌 규칙과 즉결 처분권(범죄 즉결례)을 이용하여 한국인을 탄압하였다.

④ **일반 관리와 교원도 제복 및 칼을 착용하도록 하여 위압적인 분위기를 조성하였다.**

⑤ **조선 태형령을 제정**하였다(1912).

⑥ 언론·출판·집회·결사의 자유를 억압하여 각종 신문을 폐간하였다.

(2) 경제 수탈

① **토지 조사 사업(1910~1918)**

명분	근대적인 토지 소유권을 확립하기 위함
목적	식민 통치에 필요한 재정을 확보하고 토지를 약탈하기 위함
내용	• **토지 조사령 공포(1912)** : 정해진 기한 안에 신고하는 신고주의 원칙에 따라 임시 토지 조사국에 토지 신고서를 제출하도록 함(기한부 신고제) • 신고 기간을 짧게 정하고 절차를 까다롭게 만들어 놓음
결과	• 조선 총독부가 미신고 토지와 국공유지를 확보함 • 일본인 대지주가 증가함 • **동양 척식 주식회사**의 토지 보유량이 증가함 • 다수의 한국인이 소작농으로 전락함

국사(國史)편찬위원회에서 출제한 자료 ● 토지 조사령(1912)

제4조   토지의 소유자는 조선 총독이 정하는 기간 내에 주소, 씨명, 명칭 및 소유지의 소재, 지목, 자번호, 사표, 등급, 지적, 결수를 임시 토지 조사 국장에게 신고하여야 한다. 다만, 국유지는 보관 관청에서 임시 토지 조사 국장에게 통지하여야 한다.

② **회사령(1910)** : 회사를 설립할 때 반드시 조선 총독의 허가를 받도록 하였다.

국사(國史)편찬위원회에서 출제한 자료 ● 회사령(1910)

제1조   회사의 설립은 조선 총독의 허가를 받아야 한다.
제2조   조선 외에서 설립한 회사가 조선에 본점이나 또는 지점을 설립하고자 할 때는 조선 총독의 허가를 받아야 한다.

③ **삼림령**·어업령·광업령·임야 조사령 등을 제정하여 수탈하였다.

(3) 제1차 조선 교육령(1911)

① 초등 교육 : 일본인이 다니는 소학교의 수업 연한을 6년으로, 한국인이 다니는 보통학교의 수업 연한을 4년으로 정하였다.

② 한국어가 아닌 일본어를 국어로 교육하였다.

③ 전문학교를 설치하였으나 단순한 실업 교육에 집중하는 등 우민화 정책을 시행하였다.

● 동양 척식 주식회사

1908년에 건립되었으며 일제가 시행한 토지 조사 사업에 관여하였다. 1926년 의열단 단원 나석주가 이곳에 폭탄을 투척하였으며, 지금은 목포, 대전, 부산 지점 건물이 남아 있다.

2 1920년대 일제의 식민 통치

(1) 문화 통치(2기, 민족 분열 통치)

내용	실제
문관도 조선 총독에 임명되도록 함	문관 출신 총독은 한 차례도 임명되지 않음
헌병 경찰제에서 보통 경찰제로 전환함	• 경찰 인원수와 비용을 세 배로 늘림 • 치안 유지법을 제정(1925)하여 사회주의자와 민족주의자뿐만 아니라 항일 독립운동도 탄압함
언론 · 출판 · 집회 · 결사의 자유를 일부 허용함	『조선일보』와 『동아일보』가 발행되었으나(1920), 끊임없이 검열하여 기사를 삭제하거나 신문을 정간 또는 폐간시킴
민족의 교육 기회를 확대함	• 보통학교와 고등 보통학교를 증설하였으나 한국인 취학률이 일본인의 6분의 1에 그침 • 경성 제국 대학을 설립하여 한국인의 대학 설립을 억압함
지방 자치제를 시행함	의결권이 없고 일본인이나 친일 인사만 의원이 될 수 있었음

(2) 경제 수탈

① 산미 증식 계획(1920~1934)

배경	• 일본 본토의 식량 생산량이 줄고 쌀값이 폭등함 • 일본 내에 부족한 쌀을 한국에서 가져가고자 함
과정	• 개간 사업과 간척 사업을 시행하여 농지를 확장함 • 밭을 논으로 바꾸고 저수지 등 수리 시설을 확충함 • 품종을 개량하고 비료 공급을 확대함
결과	• 쌀 증산량보다 수탈량이 많아 국내 식량 사정이 악화되자 만주산 잡곡을 수입함 • 비료 대금, 수리 조합비 등 쌀 증산 비용이 농민에게 전가됨 • 몰락하는 농민이 증가함

② 회사령 폐지(1920) : 허가제를 폐지하고 신고제를 도입하여 조선 총독부에 신고만 하면 회사를 설립할 수 있었다.

③ 관세 철폐(1923) : 값싼 일본 상품이 유입되어 한국 기업이 큰 타격을 입었다.

(3) 제2차 조선 교육령(1922)

① 초등 교육 : 소학교와 보통학교의 수업 연한을 모두 6년으로 정하였다.

② 한국어와 한국사를 필수 시행 과목으로 지정하였으나 수업 시수는 적었다.

③ 사범 학교와 대학의 설립을 허용하였으나 실제로는 설립되지 않았다.

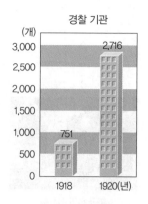

경찰 기관

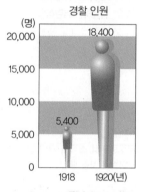

경찰 인원

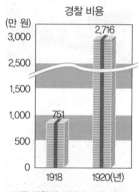

경찰 비용

보통 경찰제 시행에 따른 변화

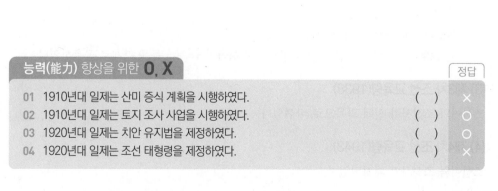

능력(能力) 향상을 위한 **O, X**

			정답
01	1910년대 일제는 산미 증식 계획을 시행하였다.	( )	×
02	1910년대 일제는 토지 조사 사업을 시행하였다.	( )	○
03	1920년대 일제는 치안 유지법을 제정하였다.	( )	○
04	1920년대 일제는 조선 태형령을 제정하였다.	( )	×

3 1930~1940년대 일제의 식민 통치

(1) 민족 말살 통치(3기)

① 황국 신민화 정책 : '내선일체', '일선동조론'을 주장하며 한국인을 일본 천황에 충성하는 백성으로 동화시키려 하였다.

ㄱ 궁성 요배 : 일왕의 거처가 있는 도쿄를 향하여 절을 하도록 강요하였다.

ㄴ **신사 참배** : 전국의 모든 읍과 면에 신사를 설립하여 참배하도록 강요하였다.

ㄷ **황국 신민 서사 암송을 강요**하였다.

ㄹ 국민학교령 : 소학교를 '황국 신민 학교(**국민학교**)'로 개칭하였다.

ㅁ **창씨개명** : 성과 이름을 일본식으로 바꾸도록 강요하였다.

② 조선 사상범 보호 관찰령(1936) : 중·일 전쟁 직전에 사상 통제를 목적으로 일제에 반대하는 모든 사상을 탄압하고자 제정하였다.

③ 우리말 사용 금지

ㄱ 조선어 과목을 폐지하고 우리말로 발행되던 『조선일보』·『동아일보』를 폐간하였다(1940).

ㄴ 조선어 학회 사건(1942) : 치안 유지법을 적용하여 『우리말 큰사전(조선말 큰사전)』을 편찬하던 조선어 학회를 탄압하였다.

④ **농촌 진흥 운동**(1932~1940) : 농민을 구제한다는 명목으로 시행하였으나, 사실은 농촌을 효율적으로 통제하기 위하여 전개한 운동이었다.

⑤ 조선 농지령 제정(1934) : 소작인의 권리를 보호하고 지주와 마름의 횡포를 제한한다는 명목으로 법령이 제정되었으나, 제대로 시행되지 않았다.

(2) 경제 수탈

① 병참 기지화 정책

ㄱ **남면북양 정책** : 남부 지방에서는 면화를, 북부 지방에서는 양을 기르도록 하였다.

ㄴ 중화학 공업 육성 : 군수 산업과 광산 개발에 치중하였다.

② 조선 육군 특별 지원병 제도(1938) : 전투 병력을 동원하기 위하여 시행하였다.

③ **국가 총동원법 제정(1938)** : 일제는 중·일 전쟁(1937)이 발발하자 **본격적인 전시 체제 구축을 위하여 국가 총동원법을 제정**하여 수탈을 강행하였다.

ㄱ 인적 수탈

국민 징용령(1939)	군수 산업에 종사할 노동력을 보강하기 위함
학도 지원병제(1943)	학생을 전쟁에 동원하기 위함
징병제(1944)	강제로 침략 전쟁에 동원하기 위함
여성 정신 근로령(1944)	• 여성을 후방의 병참 지원 인력으로 동원하기 위함 • 일부 인원은 일본군 '위안부'로 끌려감

ㄴ 물적 수탈

ⓐ 식량 배급제를 시행하였다.

ⓑ **공출제** : 전쟁 물자를 조달하기 위하여 **미곡**과 금속류 등을 강제로 공출하였다.

(3) 제3차 조선 교육령(1938)

조선어와 조선사가 선택 과목으로 바뀌었다.

(4) 제4차 조선 교육령(1943)

조선어와 조선사가 폐지되었다.

황국 신민 서사를 암송하는 어린이들

마름
지주로부터 소작지 관리 권한을 부여받은 사람이다.

일제의 강제 징병을 축하하는 마을 잔치

놋그릇 공출

일본군 '위안부' 관련 사실
• 1948년, 바타비아 군사 재판 판결문
• 1991년, 김학순 할머니의 첫 증언
• 1993년, 일본 정부의 고노 담화
• 1996년, 라디카 쿠마라스와미 유엔 보고서

01

(가)~(다)를 일어난 순서대로 옳게 나열한 것은?

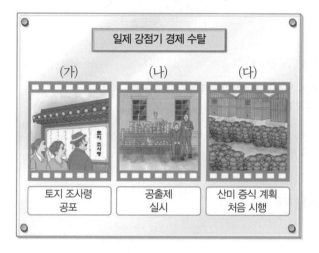

① (가) – (나) – (다) ② (가) – (다) – (나)
③ (나) – (가) – (다) ④ (다) – (나) – (가)

02

(가)에 들어갈 정책으로 옳은 것은?

① 미곡 공출제 ② 새마을 운동
③ 산미 증식 계획 ④ 토지 조사 사업

03

밑줄 그은 '이 시기'에 일제가 추진한 정책으로 옳은 것은?

① 회사령을 공포하였다.
② 미곡 공출제를 시행하였다.
③ 치안 유지법을 제정하였다.
④ 헌병 경찰 제도를 실시하였다.

04

(가)~(다)를 일어난 순서대로 옳게 나열한 것은?

① (가) – (나) – (다) ② (가) – (다) – (나)
③ (다) – (가) – (나) ④ (다) – (나) – (가)

18 │ 3 · 1 운동과 대한민국 임시 정부

설쌤의 **한(韓)판** 정리

● 3·1 운동

배경	국내	일제의 강압적 무단 통치에 대한 반발, 고종의 독살설
	국외	윌슨의 민족 자결주의, 레닌의 식민지·반식민지의 해방 지원 약속, 신한 청년당(김규식을 파리 강화 회의에 파견), 대한 독립 선언서 (무오 독립 선언서), 2·8 독립 선언서

전개 과정	1단계	종교계 중심의 민족 대표 33인 + 학생 준비 → 민족 대표들이 태화관에서 독립 선언서 낭독 → 탑골 공원에서 학생을 중심으로 비폭력 만세 시위 전개
	2단계	전국 주요 도시로 확대
	3단계	농촌 지역으로 확산, 폭력적인 양상을 보임
	국외 확산	만주·연해주·미주·일본 등 국외로 확산

결과
- 일제의 통치 방식 변화 : 무단 통치 → 문화 통치
- 제암리 사건(프랭크 스코필드의 제보)
- 중국의 5·4 운동에 영향
- 대한민국 임시 정부 수립에 영향
- 일제 강점기 최대 규모의 민족 운동

● 대한민국 임시 정부

수립	3·1 운동 이후 국내에 한성 정부, 연해주에 대한 국민 의회, 상하이에 대한민국 임시 정부 수립 → 상하이 대한민국 임시 정부로 통합(삼권 분립)

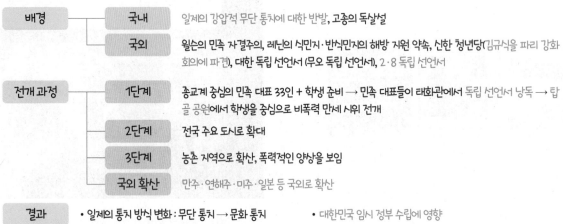

활동	1차 개헌	• 대통령 중심제(1919) • 군자금 모금 : 독립 공채 발행
		 • 연락망 조직 : 연통제·교통국(백산 상회) 운영 • 『독립신문』 발간, 『한·일 관계 사료집』 간행
		 • 외교 활동 : 파리 강화 회의 파견(김규식), 구미 위원부 설치(이승만)
		 • 국민 대표 회의(1923)
		    – 배경 : 이승만의 국제 연맹 위임 통치 청원 사건, 연통제·교통국 발각
		    – 전개 : 임시 정부의 나아갈 방략 논의 → 창조파와 개조파 대립 → 결렬

	2차 개헌	국무령 중심의 내각 책임제(1925)
	3차 개헌	• 국무위원 중심의 집단 지도 체제(1927) • 김구의 한인 애국단 조직(1931) : 이봉창, 윤봉길 의거

······ 상하이 → 충칭 이동(1932 ~ 1940) ······

	4차 개헌	• 한국 독립당 창당(1940)
		 • 주석(김구) 중심제(1940)
		 • 한국광복군 창설(1940)
		    – 대일 선전 포고(1941)
		    – 인도·미얀마 전선에서 영국군과 연합 작전 수행(1943)
		 • 대한민국 임시 정부 건국 강령 발표(1941) : 조소앙의 삼균주의 반영

	5차 개헌	• 주석(김구)·부주석(김규식) 중심제(1944) • 국내 진공 작전 계획 → 미국 전략 정보국(OSS)과 연합 훈련

1 3·1운동

(1) 배경

국내	• **일제의 강압적인 무단 통치에 대한 반발심이 높아짐** • 일제가 고종을 독살하였다는 소문이 퍼지자 국민이 크게 분노함
국외	• 미국 대통령 윌슨이 민족 자결주의를 제창함 • 레닌이 식민지·반식민지의 약소민족에 대한 지원을 약속함 • **신한 청년당이 김규식을 파리 강화 회의에 파견함** • 만주에서 대한 독립 선언서(무오 독립 선언서)를 발표함 • 일본 도쿄에서 유학생들이 조선 청년 독립단을 조직하고 **2·8 독립 선언서**를 발표함

우사 김규식(1881~1950)

(2) 전개 과정

점화	• 종교계의 민족 대표 33인과 학생을 중심으로 고종의 인산일(장례식)에 시위를 계획함 • 시위가 격화될 것을 우려하여 태화관에서 **3·1 독립 선언서(기미 독립 선언서)**를 낭독함 • **탑골 공원에 모인 학생과 시민들은 따로 독립 선언**을 하고 비폭력 **만세 시위**를 전개함
도시 확산	• 전국 주요 도시에서도 만세 시위가 전개됨 • 상인·노동자 등이 합세함
농촌 확산	비폭력적인 만세 시위가 점차 폭력적인 양상을 보임
국외 확산	만주·연해주·미주·일본 등으로 확산됨
탄압	일제는 헌병 경찰과 군대를 동원하여 무자비한 학살을 자행함 예 **제암리 사건**

• 대규모 봉기 지역(참가 인원 1만 명 이상)
• 소규모 시위 지역

3·1 운동 봉기 지역

3·1 운동

◉ **탑골 공원**
과거에는 파고다 공원이라고 불렸다.

◉ **제암리 사건**
3·1 운동 당시 일본군이 수원군 제암리(현 화성시)의 마을 사람 수십 명을 교회에 가두고 불을 질러 학살한 사건이다. 프랭크 스코필드에 의하여 외국 언론에 제보되어 전 세계에 알려졌다.

국사(國史)편찬위원회에서 출제한 자료 ● **기미 독립 선언서**

오등은 자에 아(我) 조선의 독립국임과 조선인의 자주민임을 선언하노라. 세계만방에 고하여 인류 평등의 대의(大義)를 극명하며, 이로써 자손만대에 고하여 민족자존의 정권을 영유케 하노라. ……

〈공약 삼장〉
1. 금일 오인의 거사는 정의, 인도, 생존, 존영을 위하는 민족적 요구이니, 오직 자유적 정신을 발휘할 것이오, 결코 배타적 감정으로 일주하지 말라.
2. 최후의 일인까지, 최후의 일각까지 민족의 정당한 요구를 쾌히 발표하라.
3. 일체의 행동은 가장 질서를 존중하여 오인의 주장과 태도로 하여금 어디까지든지 광명정대케 하라.

– 조선 건국 4252(1919)년 3월 1일 –

유관순

(3) 결과
① 일제의 통치 방식이 무단 통치에서 문화 통치로 바뀌었다.
② **대한민국 임시 정부가 수립되는 계기가 되었다.**

(4) 의의
① **일제 강점기 최대 규모의 민족 운동으로 발전**하였다.
② 중국의 5·4 운동, 인도의 비폭력·불복종 운동에 영향을 끼쳤다.

이승만

이동휘

```
대한민국 임시 정부(1919. 9.)
   │
   ├── 국무원 (행정)
   ├── 임시 의정원 (입법)
   └── 법원 (사법)
      삼권 분립
```

독립 공채(애국 공채)

● 백산 상회
1914년 안희제가 설립한 상회로
대한민국 임시 정부의 독립운동
자금을 지원하였고, 『독립신문』
배포에도 중요한 통로가 되었다.

안창호

2 대한민국 임시 정부

(1) 수립 배경
3·1 운동 이후 독립운동을 이끌 지도부의 필요성이 대두되었다.

(2) 통합 과정
① 국내에 한성 정부, 연해주에 대한 국민 의회, **상하이에 대한민국 임시 정부가 수립**되었다.
② 국내 한성 정부의 법통을 계승하고 연해주의 대한 국민 의회와 상하이 임시 정부를 통합한 대한민국 임시 정부가 탄생하였다.

> **국사(國史)편찬위원회에서 출제한 자료** ● 대한민국 임시 정부의 통합
>
> 1. 상하이와 러시아령에서 설립한 정부들을 일체 해소하고 오직 국내에서 13도 대표가 창설한 한성 정부를 계승할 것이니 국내의 13도 대표가 민족 전체의 대표임을 인정함이다.
> 2. 정부의 위치는 아직 상하이에 둘 것이니 각지의 연락이 비교적 편리하기 때문이다.
> 4. 정부의 명칭은 대한민국 임시 정부라고 할 것이니 독립 선언 이후에 각지를 원만히 대표하여 설립된 역사적 사실을 살리기 위함이다.

(3) 조직
① 대통령에는 이승만, 국무총리에는 이동휘가 선임되었다.
② 삼권 분립의 원칙에 따라 입법 기관인 임시 의정원과 행정 기관인 국무원, 사법 기관인 법원으로 구성되었다.

(4) 지도 체제의 변천과 활동
① 1차 개헌(1919)

군자금 마련	독립 공채를 발행하고 국민 의연금을 모금함
연락망 조직	연통제와 교통국(백산 상회)을 조직함
외교 활동	• 이승만이 미국에 구미 위원부를 설치함 • 김규식을 파리 강화 회의에 대표로 파견함
기타	• 기관지로 『독립신문』을 발행함 • 임시 사료 편찬회에서 『한·일 관계 사료집』을 간행함

② **국민 대표 회의(1923)**

배경	• 연통제와 교통국 조직이 발각되어 국내와 연락이 어려워짐 • 외교 활동이 성과를 거두지 못하는 상황에서 이승만의 국제 연맹 위임 통치 청원 사건이 일어남
개최	• 목적 : 대한민국 임시 정부가 나아갈 방략을 논의하기 위함 • 대립 : 임시 정부를 완전 해체하고 새로운 정부를 수립하자는 창조파(신채호 등)와 조직만 바꾸자는 개조파(안창호 등)가 팽팽하게 대립함
결과	• 회의가 5개월간 지속되었으나 의견 차이를 좁히지 못하고 결렬됨 • 이승만이 탄핵되고 박은식이 제2대 대통령으로 추대됨(1925)

> **국사(國史)편찬위원회에서 출제한 자료** ● 이승만의 위임 통치 청원서
>
> 미국 대통령 각하, …… 한국을 일본의 학정으로부터 벗어나게 하여 장래 완전한 독립을 보증하고 당분간은 한국을 국제 연맹 통치 밑에 두게 할 것을 빌며 ……

③ 2차 개헌(1925)
  ㉠ 내용 : 국무령 중심의 내각 책임제로 개헌하여 김구가 국무령으로 선출되었다.
  ㉡ 침체 : 김구는 체제를 재정비하려고 노력하였으나, 이미 독립운동가 다수가 임시 정부를 이탈하여 내각 구성에 어려움을 겪었다.
④ 3차 개헌(1927)
  ㉠ 김구는 임시 정부를 국무위원 중심의 집단 지도 체제로 개편하여 활동에 활력을 불어넣고자 하였으나, 별다른 성과를 거두지 못하였다.

김구

  ㉡ 김구는 대한민국 임시 정부의 침체를 극복하고자 항일 의거 단체인 한인 애국단을 조직하였다(1931).
  ㉢ 한인 애국단 단원인 이봉창과 윤봉길이 활약하였다.
  ㉣ 이동 : 임시 정부는 윤봉길의 홍커우 공원 의거 이후 일본군을 피하여 상하이에서 충칭으로 8년간 이동하였다.

대한민국 임시 정부 이동로

⑤ 4차 개헌(1940) : 주석 중심제로 개헌하여 김구가 주석으로 선출되었다.

한국 독립당 창당(1940)	충칭에 정착하여 김구와 조소앙을 중심으로 창당함
한국광복군 창설(1940)	• 대일 선전 포고를 함(1941) • 인도·미얀마 전선에서 영국군과 연합 작전을 수행함(1943)
건국 강령 발표(1941)	조소앙의 삼균주의에 기초한 건국 강령을 발표함

⑥ 5차 개헌(1944)
  ㉠ 주석·부주석 중심제로 개편되어 주석에는 김구, 부주석에는 김규식이 선출되었다.
  ㉡ 활동 : 한국광복군이 미국 전략 정보국(OSS)과 연합하여 국내 진공 작전을 준비하였다.

● 삼균주의
조소앙이 신해혁명을 이끈 중국 혁명가 쑨원의 삼민주의를 바탕으로 만든 정치사상이다. '삼균'이란 정치적·경제적·교육적 균등으로, 개인과 민족, 그리고 국가 간 완전한 균등을 실현하기 위하여 필요한 것을 의미한다.

능력(能力) 향상을 위한 O, X　　　　　　　　　　정답

01	3·1 운동의 결과 무단 통치가 시행되었다.	( )	×
02	3·1 운동은 일제 강점기 최대 규모의 민족 운동이다.	( )	○
03	대한민국 임시 정부는 독립운동 자금을 모금하기 위하여 독립 공채를 발행하였다.	( )	○
04	김구는 대한민국 임시 정부의 침체를 극복하고자 한인 애국단을 조직하였다.	( )	○
05	대한민국 임시 정부는 충칭에 정착하여 한국광복군을 창설하였다.	( )	○
06	조소앙은 정치·경제·교육의 균등인 삼균주의를 제창하였다.	( )	○

01

(가) 민족 운동에 대한 설명으로 옳은 것은?

> 가네코 후미코는 일제 강점기 최대 규모의 민족 운동인 (가) 을/를 목격하고 깊은 감동을 받았습니다. 이후 일본에서 박열 등과 함께 반제국주의 활동을 전개하다 체포되어 감옥에서 생을 마감하였습니다.

[외국인 독립 유공자]

로버트 그리어슨   조지 새넌 맥큔

가네코 후미코

후세 다쓰지

화면을 누르면 설명을 들을 수 있습니다.

① 순종의 인산일에 일어났다.
② 대한매일신보의 후원을 받았다.
③ 단발령에 대한 반발로 일어났다.
④ 만주, 연해주, 미주 등지로 시위가 확산되었다.

02

(가)에 들어갈 사건으로 옳은 것은?

역사 속, 오늘

1919년 2월 8일

이날 일본 도쿄에서 우리나라 유학생들이 독립 선언서를 발표하였습니다. 이 사건은 국내에 자극을 주어 일제 강점기 최대의 민족 운동인 (가) 의 도화선이 되었습니다.

① 3·1 운동   ② 브나로드 운동
③ 국채 보상 운동   ④ 동학 농민 운동

03

(가)에 들어갈 인물로 옳은 것은?

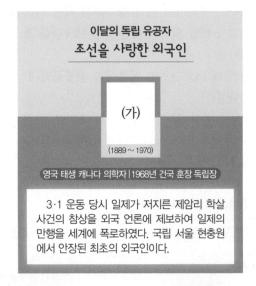

이달의 독립 유공자
조선을 사랑한 외국인

(가)

(1889 ~ 1970)

영국 태생 캐나다 의학자 | 1968년 건국 훈장 독립장

3·1 운동 당시 일제가 저지른 제암리 학살 사건의 참상을 외국 언론에 제보하여 일제의 만행을 세계에 폭로하였다. 국립 서울 현충원에서 안장된 최초의 외국인이다.

①
호머 헐버트

②
메리 스크랜튼

③
어니스트 베델

④
프랭크 스코필드

04

다음 상황이 일어난 시기를 연표에서 옳게 고른 것은?

나는 충격적인 사건이 발생한 제암리에 와 있다. 이곳에서 일본군은 교회에 마을 사람들을 모이게 하고 사격을 가한 후 불을 질렀다고 한다.

소코필드

1875	1897	1910	1932	1945
(가)	(나)	(다)	(라)	
운요호 사건	대한 제국 수립	국권 피탈	윤봉길 의거	8·15 광복

① (가)　　② (나)　　③ (다)　　④ (라)

05

교사의 질문에 대한 학생의 답변으로 옳지 <u>않은</u> 것은?

이것은 대한민국 임시 정부의 이동을 보여 주는 지도입니다. 임시 정부의 활동에 대하여 말해볼까요?

① 신흥 무관 학교를 설립하였습니다.

② 연통제를 운영하였습니다.

③ 미국에 구미 위원부를 두었습니다.

④ 독립 공채를 발행하였습니다.

06

교사의 질문에 대한 답변으로 옳은 것은?

이것은 삼균주의 기념비입니다. 한국 독립당을 결성하고 정치, 경제, 교육의 균등을 통하여 개인과 개인, 민족과 민족, 국가와 국가 사이의 호혜와 평등을 실현하자는 삼균주의를 제창한 이 인물은 누구일까요?

① 박은식입니다.

② 신채호입니다.

③ 조소앙입니다.

④ 한용운입니다.

07

(가)의 활동으로 옳은 것은?

이 기념관은 독립운동가 안희제가 1914년 부산에 설립한 백산 상회의 옛터에 건립되었습니다. 백산 상회는 단순한 상회가 아니라 독립운동에 크게 기여한 조직으로, 특히 1919년 상하이에서 수립된 [(가)]에 독립운동 자금을 지원하였고 독립신문 배포에도 중요한 통로가 되었습니다.

독립운동의 자취를 찾아서

생방송 현재 5,057명 시청 중

백산기념관

① 구미 위원부를 설치하였다.

② 만민 공동회를 개최하였다.

③ 국채 보상 운동을 지원하였다.

④ 신흥 무관 학교를 설립하였다.

19 | 무장 독립 전쟁의 전개

설쌤의 한(韓)판 정리 ☆

● 1910년대 무장 독립 전쟁

1910년대 ──────────────────────────────→

| 국내 | 비밀 결사 |

독립 의군부
- 고종의 밀지를 받은 임병찬이 조직 → 복벽주의 지향
- 국권 반환 요구서 발송과 의병 전쟁 계획

대한 광복회
- 박상진·채기중·김좌진 등이 조직 → 공화정 지향
- 친일 부호 처단, 군자금 모금, 무관 학교 설립 계획

송죽회
평양에서 김경희, 황에스터 등이 조직한 항일 비밀 여성 단체

노인단
강우규의 의거(1919)

국외
독립군 기지 건설 단계

지도:
- 한흥동 / 밀산 / 최재형 묘
- **북간도**
  - 간민회
  - 서전서숙, 명동 학교
  - 중광단 → 북로 군정서
- **서간도**
  - 경학사(이상룡) → 부민단 → 한족회
  - 서로 군정서
  - 신흥 강습소 → 신흥 무관 학교(이회영·이동녕·이상룡 등)
- 용정 / 청진 / 삼원보
- **연해주**
  - 신한촌
  - 성명회, 권업회
  - 『해조신문』, 『권업신문』
  - 대한 광복군 정부, 대한 국민 의회
- 블라디보스토크
- **상하이** 신한 청년당 (여운형, 김규식)
- **일본** 조선 청년 독립단
- **미주**
  - 대한인 국민회
  - 흥사단(안창호)
  - 대조선 국민 군단(박용만)

● 1920년대 무장 독립 전쟁

1920년대 ──────────────────────────────→

| 국내 | 천마산대, 구월산대 등 |

국외 ── 의거 ── **의열단(1919)**
- 조직 : 김원봉을 중심으로 만주 지린에서 결성
- 활동 지침 : 「조선 혁명 선언」(신채호)
- 활동 : 박재혁(부산 경찰서), 김익상(조선 총독부), 김상옥(종로 경찰서), 나석주(조선 식산 은행, 동양 척식 주식회사) 등
- 변화 : 황푸(황포) 군관 학교에 단원 입교 → 조선 혁명 간부 학교 설립 → 민족 혁명당 결성

무장 투쟁

봉오동 전투(1920)	→	훈춘 사건(1920)	→	청산리 대첩(1920)	→	간도 참변(1920)	→
대한 독립군(홍범도)과 여러 독립군 부대가 연합하여 승리		일제가 만주 출병 명분을 위하여 조작한 사건		• 북로 군정서(김좌진)와 대한 독립군(홍범도)이 연합하여 승리 • 백운평·천수평·어랑촌 전투 등		• 봉오동 전투·청산리 대첩에 대한 보복 → 간도의 양민 학살 • 대한 독립 군단(서일) 결성 → 자유시 이동	

자유시 참변(1921)	→	3부 성립	→	미쓰야 협정(1925)	→	3부 통합 운동(1928~1929)
러시아 적군의 배신 → 독립군 희생		• 참의부(1923) • 정의부(1924) • 신민부(1925)		• 만주 군벌 장쮀린 + 경무국장 미쓰야 • 한인 독립군 체포 및 인도 → 탄압		• 배경 : 미쓰야 협정, 민족 유일당 운동 • 결과 : 3부 → 혁신 의회, 국민부 　- 혁신 의회 : 한국 독립당(군) 조직 　- 국민부 : 조선 혁명당(군) 조직

● 1930~1940년대 무장 독립 전쟁

1930년대 초반

| 의거 | 한인 애국단(1931) | | 무장 투쟁 | 한·중 연합 작전 |

한인 애국단(1931)
- 조직 : 김구 주도로 상하이에서 결성
- 목적 : 대한민국 임시 정부의 침체 극복
- 활동 : 이봉창(일왕 폭살 기도), 윤봉길(홍커우 공원 의거 → 중국 국민당 정부의 지원 약속)

한·중 연합 작전
- 배경 : 만주 사변(1931)
- 한국 독립군(지청천) + 중국 호로군 → 쌍성보·대전자령 전투 등
- 조선 혁명군(양세봉) + 중국 의용군 → 영릉가·흥경성 전투

1930년대 중반~1940년대

| 항일 유격 전쟁 | 중국 공산당 : 동북 인민 혁명군 조직 → 동북 항일 연군 개편 |

| 조선 의용대(1938) | |
- 김원봉을 중심으로 중국 측 지원을 받아 중국 관내에서 결성된 최초의 한인 부대
- 조선 의용대 화북 지대 → 조선 의용군으로 개편
- 일부 세력이 한국광복군에 유입 → 한국광복군 전투력 강화

● 국외 이주 동포의 활동

| 만주 | |
- 19세기 후반에 많이 이주
- 독립군 기지 및 학교 건설
- 간도 참변(1920)

| 연해주 | |
- 러시아의 이주 장려
- 자유시 참변(1921)
- 중앙아시아 강제 이주(1937)

| 일본 | |
- 초기 : 유학생(2·8 독립 선언서 발표)
- 관동 대학살(1923) vs. 박열
- 1930년대 : 징용

| 미주 | |
- 하와이 사탕수수 농장 이주, 사진결혼
- 독립운동 자금 지원
- 한인 비행 학교 설립

1 1910년대 무장 독립 전쟁

(1) 국내

일제 헌병 경찰의 감시를 피하고자 비밀 결사를 조직하여 활동하였다.

강우규

독립 의군부 (1912)	• 임병찬 등이 고종의 밀지를 받아 조직함 • 고종을 복위시키려는 등 복벽주의를 지향함 • 국권 반환 요구서 제출과 의병 전쟁을 계획하던 중 발각되어 해체됨
대한 광복회 (1915)	• 박상진·채기중·김좌진 등을 중심으로 대구에서 조직함 • 공화 정체의 근대 국가 건설을 지향함 • 친일 부호를 처단하고 군자금을 모금함 • 만주에 무관 학교를 설립하여 독립군을 양성하고자 함
송죽회	평양에서 김정희·황에스터 등이 조직한 항일 비밀 여성 단체
의거	노인단 대표 강우규 의사가 제3대 총독인 사이토 총독의 마차에 폭탄을 투척함(1919)

(2) 국외

독립운동 기지를 건설하였다.
① 서간도
  ㉠ 이상룡을 중심으로 조직된 경학사는 부민단, 한족회로 발전하였으며, 군사 조직으로 서로 군정서를 조직하였다.
  ㉡ 신민회의 이회영·이동녕·이상룡 등이 삼원보 지역을 개척하여 설립한 신흥 강습소는 이후 신흥 무관 학교로 발전하였다.
② 북간도
  ㉠ 간민회 등 자치 단체를 만들어 독립군을 양성하였다.
  ㉡ 서전서숙과 명동 학교를 세워 민족 교육을 시행하였다.
  ㉢ 대종교가 조직한 중광단은 3·1 운동 이후 북로 군정서로 발전하였다.
③ 밀산 : 이상설 등이 독립운동 기지인 한흥동을 건설하였다.
④ 연해주
  ㉠ 블라디보스토크에 한인촌인 신한촌이 형성되었다.
  ㉡ 성명회, 권업회 등 독립운동 단체가 조직되었다.
  ㉢ 『해조신문』, 『권업신문』 등을 간행하였다.
  ㉣ 권업회가 효과적인 독립운동을 위하여 대한 광복군 정부를 수립하였다.
  ㉤ 3·1 운동 직후 대한 국민 의회가 수립되었다.
⑤ 미주
  ㉠ 장인환·전명운의 의거를 계기로 대한인 국민회가 결성되었다.
  ㉡ 안창호의 주도로 흥사단이 결성되었다.
  ㉢ 박용만이 하와이에서 대조선 국민 군단을 조직하여 목총으로 훈련하였다.
⑥ 일본 : 조선 청년 독립단이 2·8 독립 선언서를 발표하였다.
⑦ 상하이 : 신한 청년당이 파리 강화 회의에 김규식을 대표로 파견하였다.

능력(能力) 향상을 위한 O, X   정답

01	대한 광복회는 공화 정체의 근대 국가 건설을 지향하였다.	(	)	○
02	신민회는 서간도의 삼원보 지역에 신흥 강습소를 설립하였다.	(	)	○
03	북간도에는 대종교가 조직한 중광단이 있었다.	(	)	○

이상룡
일제 강점기에 서간도로 망명하여 독립운동에 앞장섰다. 경상북도 안동에 그의 생가인 임청각이 있다.

서전서숙
이상설이 신학문을 교육하기 위하여 설립한 학교이다.

명동 학교
민족 교육을 시행하기 위하여 북간도 용정촌에 설립된 학교로, 윤동주·나운규 등이 이 학교 출신이다.

권업회
최재형(1860~1920)과 이상설의 주도로 연해주 신한촌에 조직된 독립운동 단체이다. 기관지로 『권업신문』을 창간하였다.

『해조신문』
러시아 연해주에서 한인이 발행한 최초의 한글 신문이다.

신한청년당
여운형과 김규식 등이 주도하여 상하이에서 결성한 단체이다.

2 1920년대 무장 독립 전쟁

(1) 국내

천마산대, 구월산대 등 여러 독립군이 조직되어 일제에 대항하였다.

(2) 국외

① 의열단(1919)

결성	만주 지린에서 김원봉을 중심으로 조직됨	
활동 지침	신채호의 「조선 혁명 선언」을 지침으로 삼아 활동함	
활동 변화	1920년대	• 박재혁 : 부산 경찰서에 폭탄을 투척함 • 김익상 : 조선 총독부에 폭탄을 투척함 • 김상옥 : 종로 경찰서에 폭탄을 투척함 • 나석주 : 조선 식산 은행과 동양 척식 주식회사에 폭탄을 투척함 • 단원을 중국의 황푸(황포) 군관 학교에 입교시켜 체계적인 군사 훈련을 받도록 함
	1930년대	• 중국 국민당 정부의 지원을 받아 조선 혁명 간부 학교를 설립함(1932) • 개인 폭력 투쟁에 한계를 느끼고 조직적 무장 투쟁으로 노선을 전환하여 민족 혁명당 결성을 주도함

김원봉

> **국사(國史)편찬위원회에서 출제한 자료**   ● 신채호의 「조선 혁명 선언」
>
> 우리는 '외교', '준비' 등의 미련한 꿈을 버리고 민중 직접 혁명의 수단을 취함을 선언하노라. ……
> 민중은 우리 혁명의 대본영(大本營)이다.
> 폭력은 우리 혁명의 유일 무기이다.
> 우리는 민중 속에 가서 민중과 손을 잡아 끊임없는 폭력, 암살, 파괴, 폭동으로써 강도 일본의 통치를 타도하고 우리 생활에 불합리한 일체 제도를 개조하여 인류로서 인류를 압박치 못하며 사회로서 사회를 약탈하지 못하는 이상적 조건을 건설할지니라.

② 1920년대 무장 투쟁

봉오동 전투 (1920)	홍범도의 대한 독립군 외 여러 독립군 부대가 활약하여 승리함
훈춘 사건 (1920)	일본은 만주로 출병할 구실을 만들고자 마적단을 매수하여 일본 영사관을 습격하게 한 후 이를 독립군의 소행으로 조작함
청산리 대첩 (1920)	• 김좌진의 북로 군정서와 홍범도의 대한 독립군이 연합하여 6일간 10여 차례 전투에서 승리함 • 대표 전투 : 백운평 · 천수평 · 어랑촌 전투 등
간도 참변 (1920)	• 일본은 봉오동 전투와 청산리 대첩에 대한 보복으로 간도 지역에 거주하는 한국인을 무참히 학살함 • 독립군은 밀산 지역으로 집결하여 서일을 총재로 하는 대한 독립 군단을 조직하고 자유시로 이동함
자유시 참변 (1921)	러시아 적군은 독립군에게 요구한 지휘권 양도를 거부당하자, 한인 부대를 공격하여 무장 해제시킴
3부 성립	만주로 돌아온 독립군은 민정 조직과 군정 기관을 갖춘 임시 정부 직속의 참의부(1923)와 정의부(1924), 신민부(1925)를 조직함

● 홍범도

대한 독립군을 이끌고 봉오동 전투에서 승리하였으며 스탈린의 강제 이주 정책으로 카자흐스탄의 크질오르다로 강제 이주되어 극장 수위로 일하다가 사망하였다.

정의부 ─ 혁신 의회 → 한국 독립당
참의부 ─ (한국 독립군)
신민부 ─ 국민부 → 조선 혁명당
(조선 혁명군)

3부의 통합과 개편

● **불령선인(不逞鮮人)**
일제에 따르지 않는 불온한 조선 사람을 말한다.

미쓰야 협정 (1925)	• 만주 군벌 장쭤린(장작림)과 일본 경무국장 미쓰야가 체결한 협정 • 내용 : 독립군을 체포하여 일본에 인도하도록 함 • 독립군의 활동이 위축되는 계기가 됨

3부 통합 운동 (1928~1929)	• 배경 : 국내외에서 이념의 차이를 넘어 하나로 뭉치자는 민족 유일당 운동이 전개됨
	• 결과 : 3부가 북만주의 혁신 의회와 남만주의 국민부로 재편됨
	  ㉠ 혁신 의회 : 한국 독립당과 한국 독립군을 조직함
	  ㉡ 국민부 : 조선 혁명당과 **조선 혁명군**을 조직함

국사(國史)편찬위원회에서 출제한 자료 ● 미쓰야 협정(1925)

〈불령선인(不逞鮮人)의 단속 방법에 관한 조선 총독부와 봉천성 간의 협정〉
제2조 중국 관헌은 각 현에 명령하여 거류하는 조선인이 무기를 휴대하고 조선에 침입하는 것을 엄금한다.
제3조 불령선인 단체를 해산하고 소유한 총기를 수색하여 이를 몰수하고 무장을 해제한다.

이봉창

윤봉길

한국 독립군 치치할얼
(총사령 지청천)
■ 독립군과 중국군의 활동 지역
■ 1931년 이전의 일본군 점령지
■ 1932년 일본군 점령지
③ 쌍성보 전투(1932)
④ 경박호 전투(1932)
⑤ 사도하자 전투(1933)
⑥ 동경성 전투(1933)
⑦ 대전자령 전투(1933)
조선 혁명군
(총사령 양세봉)
① 영릉가 전투(1932)
② 흥경성 전투(1933)
⑧ 보천보 전투(1937)

한·중 연합 작전

3 1930~1940년대 무장 독립 전쟁

(1) 1930년대 초반

① **한인 애국단(1931)**

결성	김구가 대한민국 임시 정부의 침체를 극복하기 위하여 상하이에서 결성함	
활동	이봉창	도쿄에서 일왕이 타고 가는 마차를 향하여 폭탄을 투척함
	윤봉길	• 상하이 훙커우 공원에서 열린 일왕의 생일 및 상하이 사변 승전 축하 기념 식장에 폭탄을 투척함(1932) • 중국 국민당 정부의 지원을 받는 계기가 됨

② **한·중 연합 작전** : 만주의 독립군은 중국군과 함께 연합 작전을 수행하였다.
  ㉠ 배경 : **일제가 만주를 침략하자(만주 사변, 1931) 중국 내에 반일 감정이 심화되었다.**
  ㉡ 단체

한국 독립군	• 대표 인물 : 지청천 • 활약 : 중국 호로군과 연합하여 쌍성보·대전자령 전투에서 승리함
조선 혁명군	• 대표 인물 : 양세봉 • 활약 : 중국 의용군과 연합하여 영릉가·흥경성 전투에서 승리함

능력(能力) 향상을 위한 O, X	정답
01 의열단은 만주 지린에서 김원봉을 중심으로 결성되었다. ( )	O
02 의열단 단원 나석주는 조석 식산 은행과 동양 척식 주식회사에 폭탄을 던졌다. ( )	O
03 봉오동 전투에서 김좌진의 북로 군정서와 홍범도의 대한 독립군이 연합하여 일본군에게 승리하였다. ( )	X
04 지청천이 이끄는 한국 독립군은 중국 호로군과 연합하여 대전자령 전투에서 일본군을 상대로 승리하였다. ( )	O
05 양세봉의 조선 혁명군은 영릉가 전투에서 일본군을 상대로 승리하였다. ( )	O

(2) 1930년대 중반~1940년대

① 항일 유격 전쟁

㉠ 일제가 만주를 침략한 후 중국 공산당은 동북 인민 혁명군을 조직하여 활동하였다
(1933).

㉡ **중국 공산당이 조직한** 동북 인민 혁명군이 **동북 항일 연군**으로 개편되었다(1935).

② 1935년의 상황

㉠ 난징에서 한국 독립당과 의열단, 조선 혁명당 등 민족주의 계열과 사회주의 계열의 정
당 및 단체들이 뭉쳐 민족 혁명당을 결성하였다.

㉡ 김구 등 임시 정부를 고수하려는 세력은 불참하고 항주에서 한국 국민당을 창당하였다.

㉢ 민족 혁명당 내에서 사회주의 계열인 의열단이 주도권을 잡자 조소앙과 지청천 등 한
국 독립당·조선 혁명당은 빠져나와 김구의 한국 국민당에 합류하였다.

㉣ 민족 혁명당은 김원봉의 의열단을 중심으로 조선 민족 혁명당으로 개편되었다.

③ 1937년 전후의 상황

㉠ 중·일 전쟁이 일어나자 한국 국민당, 한국 독립당, 조선 혁명당 등은 한국 광복 운동
단체 연합회를 결성하였다(1937).

㉡ 조선 민족 혁명당(**김원봉**)은 약화된 통일 전선을 강화하기 위하여 조선 민족 전선 연
맹을 결성하고 그 산하에 **중국 국민당 정부의 지원을 받아 우한의 한커우에서 조선 의
용대를 창설하였다**(1938).

(3) 1940년의 이후의 상황

① 한국 광복 운동 단체 연합회 인사들은 김구를 위원장으로 하는 한국 독립당을 결성하였
다(1940).

② **충칭**에 도착한 대한민국 임시 정부는 산하 부대로 **한국광복군을 창설하였다**(1940).

1941년	대일 선전 포고를 함
1942년	• 김원봉 등 조선 의용대 일부 세력을 흡수하여 화력이 강해짐 • **총사령관은 지청천**, 부사령관은 김원봉이 맡음
1943년	인도·미얀마 전선에서 영국군과 연합 작전을 수행함
1945년	미국 전략 정보국(OSS)과 연합하여 국내 진공 작전을 준비함

③ **조선 의용대 세력 대부분은 화북 지역으로 이동**하여 중국 팔로군과 연합하였으며, 호가
장 전투와 반소탕전 등에서 성과를 거두었다.

④ 조선 의용대 화북 지대는 조선 의용군으로 개편되어 중국 공산당과 연합하였다(1942).

⑤ **조선 의용대 일부 세력이 한국광복군에 합류**하여 전투력이 강화되었다.

능력(能力) 향상을 위한 O, X

			정답
01	한국광복군은 국내 진공 작전을 계획하였다.	( )	○
02	조선 의용대는 1941년에 대일 선전 포고를 하였다.	( )	×
03	한국광복군은 중국 관내에서 조직된 최초의 한인 부대이다.	( )	×
04	조선 의용대 일부 세력은 한국광복군에 합류하였다.	( )	○

4 국외 이주 동포의 활동

(1) 만주

① 주로 19세기 후반에 생계를 위하여 많이 이주하였다.

② 독립군을 양성하기 위하여 독립군 기지를 건설하였고, 민족 교육을 위하여 서전서숙·명동 학교 등을 설립하였다.

③ 시련 : 간도 참변으로 많은 피해를 입었다.

(2) 연해주

① 러시아가 변방 개척을 위하여 조선인의 이주를 허용하였다.

② 시련

    ㉠ **자유시 참변**(1921)으로 많은 독립군이 피해를 입었다.

    ㉡ 스탈린의 한인 강제 이주 정책으로 연해주의 한인들이 중앙아시아로 강제 이주를 당하였다(1937).

연해주 동포의 중앙아시아 강제 이주

(3) 일본

① 초기에는 주로 유학을 목적으로 이주하였으며, 도쿄에서 유학생을 중심으로 2·8 독립 선언서가 발표되었다.

② 시련 : 관동 대학살(1923)로 조선인이 많은 피해를 입었다.

③ 대항 : 박열은 관동 대학살이 일어나는 도중에 일본 국왕을 폭살하려다가 구속되었다.

④ 일제는 1930년대에 징용령을 공포하여 조선인을 강제로 끌고 갔다.

(4) 미주

① 주로 하와이 사탕수수 농장에서 노동자로 일하며 생계를 유지하였고 사진결혼으로 부녀자 이주도 이루어졌다.

② 독립운동 자금을 모금하였으며 한인 비행 학교 설립을 주도하였다.

● **관동 대학살(1923)**
일본 관동 지역에서 발생한 대지진이다. 이때 일본 관원과 민간인은 '조선인이 폭동을 일으킨다.', '우물에 독을 풀었다.' 등 유언비어를 유포하며 한인을 학살하였다.

● **한인 비행 학교**
노백린은 김종림의 재정 지원을 받아 한인 비행 학교를 설립하기 위하여 노력하였다.

능력(能力) 향상을 위한 O, X

		정답
01 만주에는 서전서숙, 명동 학교 등 민족 학교가 설립되었다.	( )	○
02 일본의 한인들은 중앙아시아로 강제 이주되는 시련을 겪었다.	( )	×
03 미주의 한인들은 주로 하와이 사탕수수 농장에서 노동자로 일하였다.	( )	○

검정(檢定)된 기출문제

01

(가)에 들어갈 인물로 옳은 것은?

호외요! 호외! 의열단원 [(가)] 이/가 조선 식산 은행과 동양 척식 주식회사에 폭탄을 던졌다!

① 김규식

② 나석주

③ 안창호

④ 이육사

02

(가) 단체에 대한 설명으로 옳은 것은?

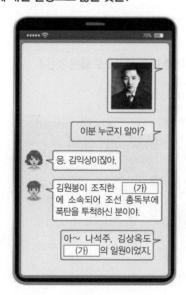

이분 누군지 알아?

응. 김익상이잖아.

김원봉이 조직한 [(가)] 에 소속되어 조선 총독부에 폭탄을 투척하신 분이야.

아~ 나석주, 김상옥도 [(가)] 의 일원이었지.

① 105인 사건으로 해체되었다.

② 고종의 밀지를 받아 결성되었다.

③ 파리 강화 회의에 대표를 파견하였다.

④ 조선 혁명 선언을 활동 지침으로 삼았다.

03

밑줄 그은 '부대'로 옳은 것은?

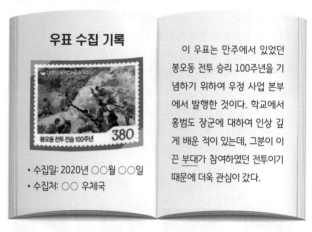

우표 수집 기록

봉오동 전투 전승 100주년
380

• 수집일: 2020년 ○○월 ○○일
• 수집처: ○○ 우체국

이 우표는 만주에서 있었던 봉오동 전투 승리 100주년을 기념하기 위하여 우정 사업 본부에서 발행한 것이다. 학교에서 홍범도 장군에 대하여 인상 깊게 배운 적이 있는데, 그분이 이끈 부대가 참여하였던 전투이기 때문에 더욱 관심이 갔다.

① 대한 독립군

② 조선 의용대

③ 조선 혁명군

④ 한국광복군

04

(가)에 들어갈 군사 조직으로 옳은 것은?

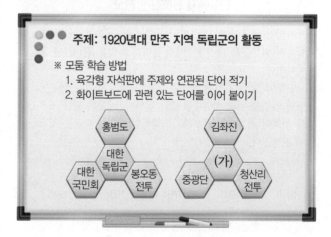

주제: 1920년대 만주 지역 독립군의 활동

※ 모둠 학습 방법
  1. 육각형 자석판에 주제와 연관된 단어 적기
  2. 화이트보드에 관련 있는 단어를 이어 붙이기

홍범도

대한 독립군

대한 국민회

봉오동 전투

김좌진

(가)

중광단

청산리 전투

① 북로 군정서

② 조선 의용대

③ 조선 혁명군

④ 한국광복군

05

(가)에 해당하는 인물로 옳은 것은?

〈다큐멘터리 기획안〉

__(가)__ , 군국주의의 심장을 겨누다

▣ 기획 의도

　평범한 조선 청년이 일제의 민족적 차별에 분노하며 독립운동가로 변해 가는 모습을 통하여 독립운동의 역사적 의미를 재조명해 본다.

▣ 구성

1부 식민지 조선 청년으로 살다.
2부 일제의 민족 차별에 눈을 뜨다
3부 한인 애국단의 단원이 되다.
4부 도쿄에서 일왕에게 수류탄을 던지다.

① 　② 　③ 　④

　김원봉　　　　윤동주　　　　윤봉길　　　　이봉창

06

다음 전투가 일어난 시기를 연표에서 옳게 고른 것은?

역사 신문

제△△호　　　　　　　　　　　○○○○년 ○○월 ○○일

만주에서 전해진 승전보

　지청천 장군이 이끄는 한국 독립군은 중국 호로군과 연합하여 일본군을 대전자령에서 물리치고 많은 전리품을 노획하였다.

　전투에 앞서 지청천 장군은 "대전자령의 공격은 이천만 대한 인민을 위하여 원수를 갚는 것이다. 제군은 만대 자손을 위하여 최후까지 싸우라."고 말하며 사기를 북돋운 것으로 전해진다.

1910	1921	1931	1937	1945
(가)	(나)	(다)	(라)	
국권 피탈	자유시 참변	만주 사변	중·일 전쟁	8·15 광복

① (가)　　　② (나)　　　③ (다)　　　④ (라)

07

교사의 질문에 대한 답변으로 옳은 것은?

일제는 만주 사변을 일으키고 지도에 표시된 것과 같이 자신들의 꼭두각시 정권인 만주국을 세웠습니다. 이 지역에서 독립운동을 펼치던 세력은 당시 일제의 만주 침략에 어떻게 대응하였을까요?

① 신간회를 결성하였습니다.
② 국민 대표 회의를 소집하였습니다.
③ 신흥 무관 학교를 설립하였습니다.
④ 한·중 연합 작전을 전개하였습니다.

08

(가) 독립군 부대에 대한 설명으로 옳은 것은?

이 사진은 대한민국 임시 정부가 1940년에 중국 충칭에서 창설한 __(가)__ 의 훈련 모습입니다.

① 국내 진공 작전을 준비하였다.
② 고종의 밀지를 받아 조직되었다.
③ 간도 참변 이후 자유시로 이동하였다.
④ 청산리 전투에서 일본군에 승리하였다.

20 | 국내의 사회 · 경제적 민족 운동

설쌤의 **한(韓)판** 정리

● 사회·경제적 민족 운동

3·1운동

사회주의 →

청년 운동

- 6·10 만세 운동(1926)
  - 배경 : 일제의 수탈, 식민 교육
  - 전개 : 사회주의계 + 천도교계 + 학생들이 순종의 인산일에 맞추어 시위 준비 → 사회주의계 + 천도교계 사전 검거 → 학생(조선 학생 과학 연구회) 중심 시위 전개
  - 결과 : 민족 유일당 운동(신간회 결성)의 계기
- 광주 학생 항일 운동(1929)
  - 발단 : 한·일 학생 간 충돌(박준채)
  - 전개 : 광주 학생 총궐기, 동맹 휴학 → 신간회의 지원으로 전국 확산

형평 운동

- 배경 : 갑오개혁으로 신분제가 폐지되었으나 여전히 백정을 향한 사회적 차별 존재
- 조선 형평사(1923) : 진주에서 백정 이학찬 등이 조직

소년 운동

- 주도 : 방정환의 천도교 소년회
- 활동 : 어린이날 제정, 잡지 『어린이』 발간

여성 운동

- 배경 : 여성 계몽과 차별 철폐 추구
- 목표 : 여성의 단결과 지위 향상 도모
- 근우회(1927) : 신간회 자매단체, 『근우』 발간

농민·노동 운동

- 1920년대 농민·노동 운동(생존권 투쟁)
  - 대표 사건 : 암태도 소작 쟁의(1923)
  - 대표 사건 : 원산 총파업(1929)
- 1930년대 농민·노동 운동(항일 투쟁)
  - 대표 사건 : 강주룡의 평양 을밀대 고공 농성(1931)

민족주의 →

산업↑	물산 장려 운동	• 배경 : 회사령 철폐, 관세 철폐의 움직임 • 전개 : 평양에서 조만식 등을 중심으로 시작(조선 물산 장려회, 토산 애용 부인회 등 설립) → 전국 확산 • 구호 : '내 살림 내 것으로' 등 • 한계 : 일제의 탄압으로 구매력 저조, 사회주의자의 비판
교육↑		
고등	민립 대학 설립 운동	• 배경 : 고등 교육 기관의 필요성 • 전개 : 1920년대 초반 이상재·이승훈 등 주도, 조선 민립 대학 기성회 조직 • 구호 : '한민족 1천만이 한 사람이 1원씩' • 실패 : 일제의 감시와 탄압, 일제의 경성 제국 대학 설립 → 실패
대중	문맹 퇴치 운동	• 배경 : 식민지 차별 교육으로 문맹자 증가 • 문자 보급 운동 : 『조선일보』 주도, 『한글원본』 발간, '아는 것이 힘이다. 배워야 산다.' • 브나로드 운동 : 『동아일보』 주도, 농촌 계몽 운동 전개, '배우자, 가르치자, 다함께 브나로드'

신간회

- 결성 계기 : 6·10 만세 운동, 정우회 선언
- 조직 : 사회주의자 + 비타협적 민족주의자
- 초대 회장 이상재, 부회장 홍명희
- 강령
  - 정치적·경제적 각성을 촉구함
  - 단결을 공고히 함
  - 기회주의를 일체 부인함
- 활동 : 광주 학생 항일 운동 외 다수 운동 지원
- 해소 : 내부적 이념 갈등, 사회주의자의 이탈

1 사회주의 운동의 전개

(1) 사회주의의 유입

① 3·1 운동 이후 유입된 사회주의 사상은 일부 청년과 지식인에게 적극 수용되었다.

② 일제를 타도하려는 목적 때문에 1925년 일제가 제정한 치안 유지법에 따라 탄압을 받았다.

③ 사유 재산 제도를 인정하는 자본주의 체제를 부정하였기 때문에 지주와 자본가가 중심이 된 민족주의 운동과 대립하였다.

(2) 사회 운동의 전개

① 청년 운동

6·10 만세 운동 (1926)	배경	일제의 수탈과 식민 교육 정책에 반발함
	전개	• 사회주의 계열 단체와 천도교, 학생 단체 등이 순종의 인산일에 맞추어 만세 시위운동을 계획함 • 시위 준비 과정에서 일제 경찰에 발각되어 사회주의 계열 단체와 천도교 계열 인사들이 검거됨 • 조선 학생 과학 연구회 등 학생 단체를 중심으로 시위가 전개됨
	의의	민족 유일당 운동(신간회 결성)의 계기가 됨
광주 학생 항일 운동 (1929)	배경	• 광주 통학 기차 안에서 일본인 남학생이 한국인 여학생을 희롱한 일(나주역 사건)을 계기로 한·일 학생들 사이에 싸움이 일어남 • 일본 경찰은 한국인 학생들만 검거함
	전개	• 광주 지역 학생들이 연대하여 대규모 가두시위를 전개하고 동맹 휴학을 실행함 • 신간회로부터 진상 조사단 파견 등의 지원을 받아 전국적인 시위로 발전함
	의의	3·1 운동 이후 최대 규모의 항일 민족 운동

> **국사(國史)편찬위원회에서 출제한 자료** ●광주 학생 학일 운동
>
> "학생, 대중이여 궐기하라!
> 검거된 학생은 우리 손으로 탈환하자."

② 소년 운동

ⓐ 주도 : **방정환**은 천도교 소년회를 창립하여 소년 운동을 주도하였다.

ⓑ 활동

　ⓐ 방정환은 색동회를 조직하여 어린이의 인권 신장을 위하여 힘썼으며 어린이날을 제정하고 잡지 『어린이』를 발간하였다.

　ⓑ 전국적인 조직으로 조선 소년 연합회를 결성하였다.

③ 여성 운동

ⓐ 배경 : 여성의 사회적 진출이 활발해지며 여성 계몽과 여성 차별 철폐를 주장하는 여성 운동이 일어났다.

ⓑ 목표 : 여성의 공고한 단결과 지위 향상을 도모하였다.

ⓒ 조선 여자 교육회(1920) : 차미리사에 의하여 조직된 여성 계몽 교육 단체이다.

ⓓ 근우회(1927) : 신간회의 자매단체로 여성 계몽을 위하여 여러 지역에 지회를 두고 강연회 등을 개최하였으며 기관지로 『근우』를 발간하였다.

● **민족 유일당 운동**
민족주의 세력과 사회주의 세력이 연대하여 전개하는 운동이다.

● **한·일 학생 간 싸움**
일본인 학생 후쿠다가 한국인 여학생 박기옥과 이광춘 등의 댕기를 잡아당긴 일을 목격한 박기옥의 사촌동생 박준채 등 한국인 학생들과 후쿠다 등 일본 학생들 간에 싸움이 벌어졌다. 이때 일본 경찰이 한국인 학생들만 검거하자, 분노한 광주 고보와 광주 중학교 학생들이 가두시위를 전개하였다.

어린이날 표어

『근우』와 『여자시론』

④ 형평 운동

　　㉠ 배경 : 갑오개혁으로 신분제가 폐지되었으나 백정을 향한 사회적 차별이 여전히 존재 하였다. 이에 **백정들이 저울처럼 평등한 사회를 만들고자 형평 운동을 일으켰다.**

　　㉡ **조선 형평사(1923)**

　　　　ⓐ 진주에서 백정 이학찬 등을 중심으로 조직되었으며, **"모욕적인 칭호의 철폐"** 등을 주장하며 형평 운동을 전개하였다.

　　　　ⓑ 전국적인 조직으로 확대되었고 다른 사회 운동 단체와 연대하여 항일 운동을 전개 하였다.

형평 운동 포스터
저울을 뜻하는 글자를 찾아볼 수 있다.

국사(國史)편찬위원회에서 출제한 자료 ● 조선 형평사 취지문

공평은 사회의 근본이고 애정은 인류의 본령이다. 그러한 까닭으로 우리는 계급을 타파하고 모욕적 칭호를 폐지하여, 우리도 참다운 인간이 되는 것을 기하자는 것이 우리의 주장이다. 지금까지 조선의 백정은 어떠한 지위와 압박을 받아 왔는가? …… 직업의 구별이 있다고 한다면 금수의 생명을 빼앗는 자는 우리만이 아니다.

국사(國史)편찬위원회에서 출제한 자료 ● 형평 운동

다 같은 조선 민족이지만 '백정'이니 '피쟁이'니 '갓바치'니 '천인'이니 하여 그 무엇이 특별한 조건이나 있는 것처럼 왜 천대와 학대를 하며 멸시를 하는가. …… 다 같은 인생으로, 다 같은 조선 사람으로, 다 같은 남자로, 다 같은 여자로서, 짐승이나 또는 저 무엇으로 대우할 이유가 무엇이며 무슨 도리인가. 우리들은 이와 같은 생각에, 없던 눈을 뜨였으며 없던 귀가 뚫렸으며 없던 입이 벌어졌다.　　－『정진』 창간호 －

---

⑤ 농민 · 노동 운동

구분	1920년대	1930년대
농민 운동	• 성격 : 소작료 인하, 소작권 이동 반대 등 생존권 투쟁을 전개함 • 암태도 소작 쟁의(1923) : 1년간 투쟁하여 소작료를 낮추는 성과를 거둠	사회주의 세력과 연계하여 식민지 지주제의 철폐를 요구 및 항일 투쟁을 전개함
노동 운동	• 성격 : 임금 인상, 노동 조건 개선 등 생존권 투쟁을 전개함 • 원산 총파업(1929) : 국내외 단체로부터 격려와 지지를 받음	• 일제의 탄압에 반발하며 사회주의 세력과 연대하여 항일 투쟁을 전개함 • 대표적 사건 : 강주룡의 평양 을밀대 고공 농성(1931)

● 암태도 소작 쟁의(1923)
전남 신안군 암태도 소작인회를 중심으로 전개되었다. 70%가 넘는 고율 소작료를 징수하는 지주 문재철의 횡포에 맞서, 1년여에 걸친 투쟁 끝에 소작료를 40%로 인하하는 등 요구를 대부분 관철하였다.

● 원산 총파업
1928년 9월에 원산 인근의 영국계 석유 회사 '라이징 선'에서 일본인 현장 감독이 한국인 노동자를 자주 구타하는 사건이 발생하였다. 이에 분노한 노동자들은 열악한 노동 조건 개선과 감독 파면을 요구하며 파업을 벌였다.

능력(能力) 향상을 위한 O, X　　　　　　　　　　　　　　정답

01 6 · 10 만세 운동은 고종의 인산일에 일어났다.　　　　　　(　)　×

02 광주 학생 항일 운동은 신간회 결성에 영향을 주었다.　　　(　)　×

03 방정환은 천도교 소년회를 조직하여 잡지 『어린이』를 발간하였다.　(　)　○

04 1920년대에는 암태도 소작 쟁의, 원산 총파업 등이 일어났다.　　(　)　○

2 실력 양성 운동의 전개

(1) 실력 양성론의 대두

① 3·1 운동 이후 국외 정세와 조선 총독부의 통치 방식이 변화하였다.

② 즉각적인 독립이 어렵다고 판단한 일부 지식인은 사회 진화론을 수용하여 독립에 앞서 실력을 양성하여야 한다고 판단하였다.

(2) 전개

① 물산 장려 운동

물산 장려 운동 포스터

배경	• 회사령이 철폐되며 경성 방직 주식회사 등 민족 기업이 설립됨 • 조선과 일본 사이에 관세가 철폐된다는 소식이 전해짐
전개	• 평양에서 조만식을 중심으로 시작되어 전국으로 확대됨 • 조선 물산 장려회, 토산 애용 부인회 등을 조직함
구호	'내 살림 내 것으로', '조선인이 만든 것을 먹고, 입고, 쓰자'
한계	• 일제의 탄압으로 구매력이 저조함 • 사회주의자들이 '중산 계급의 이기적인 운동'이라 비판함

② 민립 대학 설립 운동

조선 민립 대학 기성회

배경	• 일제의 식민지 우민화 교육에 반발함 • 고등 교육을 시행하여 민족의 실력을 양성할 필요성이 대두됨
전개	1920년대 초에 이상재, 이승훈 등이 설립한 조선 민립 대학 기성회가 주도하여 대학 설립을 위한 모금 활동을 전개함
구호	'한민족 1천만이 한 사람이 1원씩'
결과	• 일제의 감시 및 탄압과 지속된 자연 재해로 성과가 저조함 • 일제가 경성 제국 대학을 설립하여 실패함

③ 문맹 퇴치 운동

한글 교재

㉠ 배경 : 일제가 조선인에게 우민화 교육 정책을 시행함에 따라 문맹자가 증가하였다.

㉡ 전개 : 언론 기관을 중심으로 문맹 퇴치를 위한 농촌 계몽 운동이 전개되었다.

문자 보급 운동 (1929~1934)	주도	『조선일보』
	구호	'아는 것이 힘이다. 배워야 산다'
	전개	한글 교재(『한글원본』)를 보급하고 순회강연을 개최함
브나로드 운동 (1931~1934)	주도	『동아일보』의 적극적인 지원을 받아 진행됨
	구호	'배우자 가르치자, 다함께 브나로드'
	전개	• 농촌 계몽 운동을 전개함 • 브나로드 운동을 배경으로 심훈의 『상록수』 등 계몽 소설이 등장함

브나로드 운동 포스터

'브나로드'는 러시아어로 '민중 속으로'라는 의미이다.

> **국사(國史)편찬위원회에서 출제한 자료 ●『동아일보』의 브나로드 운동**
>
> 배우자! 가르치자! 다함께 우리 조선의 문맹을 퇴치하자. 그리하여 문화의 조선을 건설하자! 이러한 깃발 아래 본사가 주최한 브나로드 운동은 전조선 사십여 학교 이천여 명의 학생들이 장곡천정(長谷川町) 공회당에서 발대식을 거행함으로써 마침내 시작하게 되었다.

3 민족 유일당 운동의 전개

(1) 국내 정세

① 일제의 식민 정책에 타협하는 타협적 민족주의자(자치론)가 등장하였다.

② 일제는 치안 유지법을 제정하여 사회 운동을 탄압하였다.

③ 민족주의 진영과 사회주의 진영은 이념과 노선에 따른 갈등을 해소하고 민족 운동을 단일화하고자 하였다.

(2) 국외 정세

중국의 제1차 국공 합작에 힘입어 민족 유일당 운동이 가속화되었다.

(3) 신간회의 창립

① 배경

　㉠ 6·10 만세 운동을 계기로 민족주의 진영과 사회주의 진영이 단결할 수 있는 공감대가 형성되었다.

　㉡ 사회주의 진영은 정우회 선언을 발표하여 민족주의 진영과의 연대를 주장하였다.

신간회 결성 포스터

> **국사(國史)편찬위원회에서 출제한 자료** ●정우회 선언
>
> 민족주의적 세력에 대하여는 그 부르주아 민주주의적 성질을 명백하게 인식하는 동시에 또 과정적 동맹을 맺을 수 있음을 충분히 인정하여 그것이 타락한 형태로 나타나지 아니하는 것에 한하여 적극적으로 제휴하여 대중의 개량적 이익을 위해서도 종래의 소극적 태도를 버리고 분연히 싸워야 할 것이다.

② 조직

　㉠ 비타협적 민족주의자와 사회주의자가 연대하여 창립하였다(1927).

　㉡ **초대 회장에 이상재**, 부회장에 홍명희를 선출하였다.

③ **강령**

> 1. 우리는 정치적·경제적 각성을 촉구한다.
> 1. 우리는 단결을 공고히 한다.
> 1. 우리는 기회주의를 일체 부인한다.

(혜성, 제1권 4호, 1931. 6.)

신간회 회원의 직업별 구성

④ 활동

　㉠ 전국을 돌며 순회강연을 하고 노동 야학에 참여하는 등 민중 계몽 활동을 하였다.

　㉡ 노동·농민·청년·여성·형평 운동 등 여러 사회 운동을 적극적으로 지원하였다.

　㉢ **광주 학생 항일 운동에 진상 조사단을 파견하고**, 진상 보고를 위한 민중 대회를 개최하려 하였다.

⑤ 해소 : 내부적 이념 갈등과 코민테른의 노선 변경으로 사회주의자들이 이탈하며 해소되었다.

⑥ 의의 : 국내 최대의 **민족 유일당(민족 협동 전선) 단체**였다.

능력(能力) 향상을 위한 O, X　　　　　　　　　　　　　　정답

01 물산 장려 운동은 평양에서 조만식 등을 중심으로 시작되었다. ( )　○

02 '내 살림 내 것으로'는 민립 대학 설립 운동의 구호이다. ( )　×

03 신간회는 정우회 선언을 계기로 결성되었다. ( )　○

04 신간회는 광주 학생 항일 운동에 진상 조사단을 파견하였다. ( )　○

01

(가)에 대한 설명으로 옳은 것은?

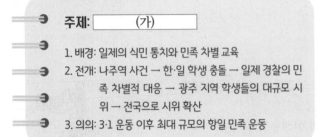

주제: ____(가)____

1. 배경: 일제의 식민 통치와 민족 차별 교육
2. 전개: 나주역 사건 → 한·일 학생 충돌 → 일제 경찰의 민족 차별적 대응 → 광주 지역 학생들의 대규모 시위 → 전국으로 시위 확산
3. 의의: 3·1 운동 이후 최대 규모의 항일 민족 운동

① 순종의 인산일을 계기로 일어났다.
② 국민 대표 회의 개최의 배경이 되었다.
③ 신간회에서 진상 조사단을 파견하였다.
④ 통감부의 방해와 탄압으로 실패하였다.

02

(가)에 들어갈 자료로 옳은 것은?

일제 강점기에 백성들이 저울처럼 평등한 사회를 만들고자 일으켰던 운동을 기념하는 탑이야.

이것은 이 운동을 주도한 단체의 포스터야. 저울을 뜻하는 글자를 볼 수 있어.

① ② ③ ④

03

밑줄 그은 '이 운동'으로 옳은 것은?

이 동상의 주인공은 무슨 일을 하셨나요?

'내 살림 내 것으로'라는 표어 등을 내세운 이 운동을 주도하였어요.

① 브나로드 운동
② 문자 보급 운동
③ 물산 장려 운동
④ 민립 대학 설립 운동

04

(가) 단체의 활동으로 옳은 것은?

강령
1. 우리는 정치적·경제적 각성을 촉진함
1. 우리는 단결을 공고히 함
1. 우리는 기회주의를 일체 부인함

(가) 창립 총회
1927. 2. 15.

① 독립 공채를 발행하였다.
② 정부에 헌의 6조를 건의하였다.
③ 한글 맞춤법 통일안을 발표하였다.
④ 광주 학생 항일 운동에 진상 조사단을 파견하였다.

21 | 민족 문화 수호 운동

● 한국사 연구

식민 사학	사회 경제 사학	민족주의 사학
• 조선사 편수회 • 청구 학회		• 박은식(혼) • 신채호(낭가) • 정인보(얼) • 문일평(심)

식민 사관	vs.	• 백남운 • 유물 사관
• 정체성론 • 당파성론 • 타율성론		

실증 사학
• 이병도(진단 학회)
• 실증·객관성 중시

박은식	• 근대사 연구 :『한국통사』·『한국독립운동지혈사』등 저술 • 대한민국 임시 정부 제2대 대통령
신채호	• 고대사 연구 :『독사신론』·『조선상고사』·『조선사 연구초』등 저술 • 「조선 혁명 선언」작성
조선학 운동	• 다산 정약용 서거 99주년을 기념하며 추진 • 주도 : 문일평, 안재홍, 정인보 • 『여유당전서』간행, 실학 재평가
백남운	식민 사관 중 정체성론 비판
이병도	진단 학회 조직 →『진단학보』발간

● 한글 연구

국문 연구소(1907)	조선어 연구회(1921)	조선어 학회(1931)	조선어 학회 사건(1942)
• 학부에 설치된 최초의 국어 연구 기관 • 주시경 :『국어문법』, 호 '한힌샘' • 지석영 :「국문 연구 의정안」	• '가갸날(한글날)' 제정 • 잡지『한글』간행	• 표준어 제정 • 「외래어 표기법 통일안」마련 • 「한글 맞춤법 통일안」제정(1933) • 『우리말 큰사전(조선말 큰사전)』편찬 착수 → 광복 이후 완성	일제가 조선어 학회를 독립운동 단체로 규정하고 치안유지법 위반을 적용하여 탄압 → 조선어 학회 해산

● 문예 활동

1910년대	문학 :『무정』(이광수)
1920년대	• 저항 문학 :「진달래꽃」(김소월),「님의 침묵」(한용운),「빼앗긴 들에도 봄은 오는가」(이상화) • 신경향파 문학(프로 문학) : 사회주의의 영향, 문학 단체 카프(KAPF) 결성 → 계급 문학 확산 • 동인지 :『창조』,『폐허』등 • 연극 : 토월회 • 영화 :「아리랑」(1926, 나운규)
1930년대	• 순수 문학 : 청록파(조지훈, 박두진, 박목월) • 농촌 소설 :『봄봄』·『동백꽃』(김유정) • 『상록수』(심훈) • 작곡 :「애국가」(안익태)
1940년대	• 친일 문학 : 최남선, 이광수, 서정주 • 저항 문학 :「광야」·「절정」(이육사),「별 헤는 밤」·「서시」(윤동주),『하늘과 바람과 별과 시』(윤동주 유고 시집) • 미술 :「소」(이중섭)

● 종교 활동

불교	사찰령 폐지 운동 전개,『조선불교유신론』저술(한용운)
대종교	• 나철 창시 • 중광단 결성 → 북로 군정서 조직
천도교	• 손병희 : 동학 → 천도교 개칭 • 제2의 독립 선언 운동 계획, 소년 운동 주도, 잡지『개벽』·『신여성』간행
개신교	일제의 신사 참배 강요에 거부하는 운동 전개
천주교	의민단 조직, 항일 무장 투쟁 전개
원불교	• 박중빈 창시 • 새 생활 운동 전개, 간척 사업

1 한국사 연구

(1) 식민 사관

① 일제는 식민 사관을 날조하여 한국 강점과 식민 통치를 합리화하려 하였다.
  ㉠ 정체성론 : 한국사가 봉건 사회를 거치지 못하고 고대 사회에 머물러 있다는 주장이다.
  ㉡ 당파성론 : 우리 민족이 서로 헐뜯고 분열하며 단결할 줄 모른다는 주장이다.
  ㉢ 타율성론 : 한국사가 주변 역사의 영향을 받아 변화하였다는 주장이다.
② 우리 역사를 왜곡함으로써 한국사의 자율적·주체적 발전을 부정하였으며, 어둡고 부정적인 면을 강조하였다.
③ 식민 사관을 체계적으로 날조하고 퍼뜨리기 위하여 조선 총독부 산하에 조선사 편수회를 설치하였다.
④ 조선사 편수회와 경성 제국 대학의 교수들은 청구 학회를 결성하여 식민 사관을 퍼뜨리는 데 앞장섰다.

(2) 민족주의 사학

박은식

신채호

정인보

박은식	· 근대사를 중심으로 연구함
	· 『한국통사』 저술
	  ㉠ 일본의 침략 과정을 서술함
	  ㉡ 민족 혼 중시 : "국가는 형(形)이요, 역사는 신(神)이다."
	· 『한국독립운동지혈사』 저술 : 한국의 독립운동 과정을 서술함
	· 대한민국 임시 정부의 제2대 대통령을 역임함
	· 유교 구신론을 주장함	

신채호	· 고대사를 중심으로 연구함 · '낭가' 정신을 강조함 · 『독사신론』 저술 : 왕조 중심의 역사 서술 방식을 극복하고자 함 · 『조선상고사』 저술 : 역사를 '아(我)와 비아(非我)의 투쟁'으로 정의함 · 『조선사연구초』 저술 : 묘청의 난을 '일천년래제일대사건'이라 표현함 · 의열단의 행동 강령인 「조선 혁명 선언」을 저술함	
정인보	'얼' 강조	조선학 운동
문일평	'조선 심' 강조	· 전개 : 다산 정약용 서거 99주년을 기념하여 추진됨 · 주도 : 문일평, 안재홍, 정인보 등이 주도함 · 특징 : 정약용의 저서 『여유당전서』를 발간하여 실학을 재평가함

(3) 백남운의 사회 경제 사학

① 마르크스의 유물 사관의 영향을 받아 사회 경제 사학을 내세웠다.
② 식민 사관 중 정체성론 비판 : 『조선사회경제사』를 지어 우리 역사도 서양이나 일본처럼 '고대 노예제 사회, 중세 봉건 사회, 근대 자본주의 사회'의 발전 단계를 거치며 발전하였다고 기술하였다.

(4) 이병도의 실증 사학

① 역사가의 주관적인 판단 없이 사실을 있는 그대로 기술하여야 한다고 주장하였다.
② 진단 학회를 조직하여 『진단학보』를 발간하고, 문헌을 고증하여 역사를 객관적으로 서술하려 하였다.

백남운

2 한글 연구

국문 연구소(1907)	• 학부에 설치된 최초의 국어 연구 기관 • **주시경**:『국어문법』을 저술함 • 지석영:「국문 연구 의정안」을 작성함
조선어 연구회 (1921)	• '가갸날(한글날)'을 제정하고 잡지『한글』을 간행하여 한글 연구와 보급에 힘씀 • 이후 조선어 학회로 발전함
조선어 학회(1931)	• 표준어와「**한글 맞춤법 통일안**」(1933), 「외래어 표기법 통일안」을 제정함 • 『**우리말 큰사전(조선말 큰사전)**』편찬 작업을 시작하였으나 완간하지 못함
조선어 학회 사건 (1942)	• 일제가 조선어 학회를 독립운동 단체로 간주하고 치안 유지법을 적용하여 탄압함 • 조선어 학회가 강제로 해산됨

3 문예 활동

(1) 1910년대

이광수가 최초의 현대적 장편 소설인『무정』을 저술하였다.

(2) 1920년대

① 문학
  ㉠ 저항 문학 : 김소월의「진달래꽃」, **한용운의「님의 침묵」**, **이상화**의「빼앗긴 들에도 봄은 오는가」등이 쓰였다.
  ㉡ 신경향파 문학(프로 문학)
    ⓐ 1920년대 중반에 사회주의의 영향을 받아 등장하였다.
    ⓑ 임화 등이 카프(KAPF)라는 문학 단체를 결성하여 계급 문학을 확산하였다.
② 동인지 :『창조』,『폐허』등이 간행되었다.
③ 연극 : **토월회가 조직되어 근대 연극이 시작되었다**(1923).
④ 영화 : **단성사에서 우리나라 최초의 영화인 나운규의「아리랑」**이 발표되었다(1926).

(3) 1930년대

① 문학
  ㉠ 청록파 시인인 조지훈·박두진·박목월이 순수 문학을 추구하였다.
  ㉡ 김유정이『봄봄』,『동백꽃』등 농촌 문학을 집필하였다.
  ㉢ **심훈**이『상록수』를 집필하였다.
② 음악 : 안익태가「코리아 환상곡」에 들어 있는 합창곡인「애국가」를 작곡하였다.

(4) 1940년대

① 문학
  ㉠ 친일 문학 : 최남선, 이광수 등은 일제의 강요를 받아 친일 문학가로 활동하였다.
  ㉡ 저항 문학 : **이육사의「광야」**·「절정」, **윤동주의「별 헤는 밤」,「서시」,「쉽게 씌어진 시」** 등이 쓰였다. 윤동주의 유고 시집으로『하늘과 바람과 별과 시』가 있다.
② 그림 : **이중섭**이 '소'를 소재로 민족의 아픔을 표현하였다.

4 종교 활동

(1) 불교

『조선불교유신론』을 저술한 한용운을 중심으로 사찰령 폐지 운동을 전개하였다.

(2) 대종교

① 나철 등이 단군 신앙을 기반으로 창시하였다.
② 대종교도들이 북간도에서 중광단을 결성하여 북로 군정서를 조직하는 등 항일 무장 투쟁을 전개하였다.
③ 제3대 교주 윤세복 등은 만주에 농장을 설립하는 등 독립운동 근거지를 마련하기 위하여 활동하다가 체포되었다.

(3) 천도교

① 동학 계승 : 동학의 제3대 교주 손병희는 동학의 이름을 천도교로 바꾸었다.
② 제2의 독립 선언 운동을 계획하고 소년 운동 등을 주도하였으며, 잡지 『개벽』·『신여성』을 발행하였다.

(4) 개신교

일제가 신사 참배를 강요하자 이에 거부하는 운동을 펼쳤다.

(5) 천주교

의민단을 조직하여 항일 무장 투쟁을 전개하였다.

(6) 원불교

① 박중빈이 창시한 종교로 새 생활 운동을 추진하였다.
② 창시 초기에 간척 사업을 시행하였다.

5 기타

손기정	1936년 베를린 올림픽에 출전하여 가슴에 일장기를 달고 금메달을 획득함
남승룡	손기정과 함께 베를린 올림픽에 참여하여 동메달을 획득함
안창남	한국 최초의 비행사
전형필	• 일제 강점기에 훈민정음 해례본 등 수많은 문화재를 수집함 • 수집한 문화재를 보관하고자 보화각을 세움

● 손기정
조선중앙일보와 동아일보는 손기정의 우승 소식을 보도하며 유니폼에 그려진 일장기를 삭제하여 일제의 탄압을 받았다.

능력(能力) 향상을 위한 O, X

정답

01 박은식은 『조선상고사』, 『조선사 연구초』 등을 저술하여 한국 고대사를 연구하였다. ( ) ×
02 신채호는 『한국통사』를 저술하였다. ( ) ×
03 나운규는 영화 「아리랑」을 제작하였다. ( ) ○
04 단군 신앙을 기반으로 창시된 종교는 새 생활 운동을 추진하였다. ( ) ×
05 천도교는 잡지 『개벽』, 『신여성』 등을 발행하였다. ( ) ○

01

밑줄 그은 '이 책'으로 옳은 것은?

① 제왕운기   ② 동사강목   ③ 연려실기술   ④ 조선상고사

02

다음 인물의 활동으로 옳은 것은?

나는 오랜 시간 한글 연구에 힘썼지요. 한글 보급을 위하여 순우리말로 한힌샘이라는 호를 사용하였어요. 별명은 주보따리입니다. 큰 보자기에 책을 싸서 여러 학교에 강의를 다녔기 때문에 얻게 되었지요.

① 토월회를 결성하여 신극 운동을 펼쳤다.
② 국문 연구소 위원으로 국문법을 정리하였다.
③ 원불교를 창시하고 새 생활 운동을 전개하였다.
④ 일제의 침략 과정을 다룬 한국통사를 저술하였다.

03

(가)에 들어갈 단체로 옳은 것은?

특별 기획전

한글, 민족을 지키다

이윤재, 최현배 등을 중심으로 우리말과 글을 지키기 위하여 노력한 [(가)]의 자료를 특별 전시합니다. 일제의 탄압 속에서도 지켜낸 한글의 소중함을 느끼고 한글 수호에 앞장선 사람들을 기억하는 자리가 되기를 바랍니다.

- 기간: 2022년 ○○월 ○○일~○○월 ○○일
- 장소: △△ 박물관 특별 전시실
- 주요 전시 자료

조선말 큰사전 원고   한글 맞춤법 통일안

① 토월회   ② 독립 협회
③ 대한 자강회   ④ 조선어 학회

04

(가)에 들어갈 내용으로 옳은 것은?

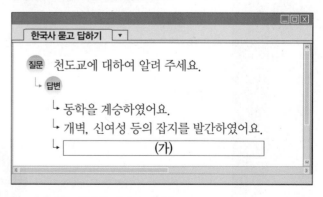

한국사 묻고 답하기 ▼

질문 천도교에 대하여 알려 주세요.
ㄴ 답변
  ㄴ 동학을 계승하였어요.
  ㄴ 개벽, 신여성 등의 잡지를 발간하였어요.
  ㄴ   (가)

① 어린이날 제정에 기여하였어요.
② 여성 교육을 위하여 이화 학당을 설립하였어요.
③ 을사오적 처단을 위하여 자신회를 결성하였어요.
④ 항일 무장 투쟁 단체인 의민단을 조직하였어요.

설민석
한국사능력검정시험
개념완성

___

기본편

VI

VI

대한민국의 발전과 현대 세계의 변화

설쌤의

학습 가이드

일제 강점기를 지나 남북한이 분단되는 가슴 아픈 이야기를 배우게 됩니다. 엎친 데 덮친 격으로 전쟁까지 벌어집니다. 슬프게도 어제의 동지가 오늘의 적이 되었죠. 대한민국과 북한이 분단된 이유를 함께 알아봐요.

대한민국 정부가 수립되고 이승만 대통령부터 문재인 대통령까지 각 대통령이 재임한 기간에 어떤 일이 있었는지 확인해 볼 거예요. 민주주의를 발전시키기 위한 여러 노력을 함께 살펴봐요.

6·25 전쟁을 겪으며 많은 사람들이 죽고 다치고 산업 기반 시설도 파괴되었지만, 우리 민족이 이를 극복하고 오늘날 대한민국을 만들기까지 어떤 과정을 거쳤는지 배울 거예요. 분단을 극복하고 통일을 이루기 위하여 각 대통령이 펼친 정책도 함께 알아봐요.

대한민국의 수립과 6·25 전쟁

자유 민주주의의 시련과 발전

고도성장과
사회·문화의 변화와 통일 정책

● 대한민국의 수립

1945년 8월 15일

카이로 회담 (1943. 11.)	얄타 회담 (1945. 2.)	포츠담 회담 (1945. 7.)	미 · 소의 38도선 분할 점령	모스크바 3국 외상 회의 (1945. 12.)
• 미 · 영 · 중 참여 • 최초로 한국의 독립 약속("적절한 시기")	• 미 · 영 · 소 참여 • 소련의 대일전 참전 약속 • 신탁 통치 밀약	• 미 · 영 · 중 참여 → 선언문에 소련도 승인 • 일본의 무조건 항복 요구 • 한국의 독립 재확인	• 소련 : 북(8월) • 미국 : 남(9월)	• 미 · 영 · 소 참여 • 결정 사항 - 임시 정부 수립 - 미 · 소 공동 위원회 설치 - 최고 5년간 신탁 통치 시행 → 찬탁(좌익) vs. 반탁(우익)

광복

대한민국 임시 정부 (충칭)	조선 독립 동맹 (옌안)	조선 건국 동맹 (경성)	조선 건국 준비 위원회	한국 민주당
• 대표 인물 : 김구 • 조소앙의 삼균주의 • 한국광복군	• 대표 인물 : 김두봉 • 조선 의용군	대표 인물 : 여운형	• 배경 : 여운형과 조선 총독부의 행정권 이양 교섭 • 결성 : 여운형(위원장), 안재홍(부위원장) • 활동 : 치안대 조직, 전국 지부 설치 • 해체 : 안재홍 등 우익 세력 이탈 → 조선 인민 공화국 수립 → 미군정 인정 X	• 결성 : 송진우 등 • 미군정 인정 X

대한민국 임시 정부
• 미군정 인정 X
• 개인 자격으로 입국

이승만
미국에서 귀국하여 활동

1946년

1947년

1948년

제1차 미 · 소 공동 위원회 개최(1946. 3.)	좌우 합작 운동(1946. 7. ~ 1947. 12.)	제2차 미 · 소 공동 위원회 개최(1947. 5.)
• 덕수궁 석조전에서 개최 • 의견 차이로 무기한 휴회 : 소련(찬탁 세력만 참여) vs. 미국(모든 단체 참여)	• 여운형, 김규식 등 중도파 주도 • 미군정의 지원을 받아 좌우 합작 위원회 결성 • 좌우 합작 7원칙 발표 - 임시 정부 수립 - 미 · 소 공동 위원회 속개 - 토지 개혁 - 친일파 처단 • 실패 : 미군정 지원 철회, 극우파 · 극좌파 불참, 여운형 피살 등	성과 없이 결렬

이승만의 정읍 발언(1946. 6.)
남한 단독 정부 수립 주장

유엔(UN) 총회 결의(1947. 11.)
미국의 한반도 문제 유엔 상정 → 남북한 인구 비례 총선거 결정

유엔 소총회 결의(1948. 2.)
소련의 유엔 한국 임시 위원단 입북 거부 → 시행 가능한 지역만의 총선거 결의

1948년

제주 4·3 사건	남북 협상(1948. 4.)	대한민국 정부 수립(1948. 8. 15.)	여수·순천 10·19 사건
• 남한만의 단독 정부 수립에 반대하는 무장대와 토벌대 간 무력 충돌 • 토벌대 진압 과정에서 많은 주민 희생 • 제주 4·3 사건 진상 규명 및 희생자 명예 회복에 관한 특별법 제정(2000)	• 배경 : 분단 위기, 김구·김규식의 협상 제의 • 결정 사항 : 남한 단독 선거 반대, 미·소 양국 군대 철수 • 관련 자료 : 김구의 「삼천만 동포에게 읍고함」	유엔 감시하에 5·10 총선거 시행(최초의 보통 선거) → 초대 국회 구성(임기 2년) → 제헌 헌법 제정(1948. 7. 17.) → 대통령 이승만·부통령 이시영 선출 → 정부 수립	

● 친일파 청산과 토지 개혁

	친일파 처단	토지 개혁
북한	성공	무상 몰수, 무상 분배

남한	• 반민족 행위 처벌법(반민법) 제정(제헌 국회, 1948. 9.)
	• 활동 : 반민족 행위 특별 조사 위원회(반민 특위) 구성 → 친일파 청산 위한 노력 → 법안 시효 단축 개정 → 이승만 정부의 소극적 태도, 경찰의 습격
	• 결과 : 실패
		• 농지 개혁법 제정(제헌 국회, 1949)
		• 내용
		  - 경자유전 원칙
		  - 가구당 농지 소유를 3정보로 제한
		  - 유상 매입 유상 분배 : 지가 증권 발행, 연 평균 수확량의 1.5배를 5년간 나누어 상환
		• 결과 : 자작농이 증가하였으나 크게 성과를 거두지는 못함

● 6·25 전쟁(1950)

배경
• 미·소 양국 군대 철수 → 북한과 소련, 중국의 군사 비밀 협정 체결
• 애치슨 선언 : 미국의 극동 방위선에서 한반도와 타이완 제외

전개 과정

결과
국토의 황폐화, 인적·물적 피해

영향
한·미 상호 방위 조약 체결(1953)

(1) 열강의 국제회의

카이로 회담

얄타 회담

포츠담 회담

카이로 회담 (1943. 11.)	• 미국·영국·중국이 이집트 카이로에서 회담을 함 • 최초로 한국의 독립을 약속하였으나 '적절한 시기'에 독립을 보장하겠다는 표현을 사용하여 훗날 신탁 통치의 근거가 됨
얄타 회담 (1945. 2.)	• 미국·영국·소련이 얄타에서 소련의 대일전 참전 문제를 논의함 • 미국과 소련이 한국에 대한 신탁 통치를 밀약함
포츠담 회담 (1945. 7.)	• 미국·영국·중국이 포츠담에서 일본의 전후 처리 방침을 논의하고 일본군의 무조건 항복을 권고하는 대일 정책을 결정하였으며, 이후 소련도 이를 승인함 • 카이로 회담에서 결의한 한국의 독립을 재확인함
모스크바 3국 외상 회의 (1945. 12.)	• 미국·영국·소련이 모스크바에서 전후 문제를 처리하기 위하여 개최함 • 주요 결정 사항 　㉠ 한국을 독립 국가로 재건하기 위하여 민주적 임시 정부를 수립한다. 　㉡ 한국 임시 정부를 수립하기 위하여 미·소 공동 위원회를 설치한다. 　㉢ 미국·영국·중국·소련의 4개국이 공동 관리하는 최고 5년 기한의 신탁 통치를 시행한다. • 신탁 통치안을 둘러싼 좌익과 우익의 분열 　㉠ 좌익(찬탁) : 처음에는 반대하였으나 소련 측 제안에 따라 신탁 통치를 한국에 대한 연합국의 후원으로 해석하여 총체적 지지를 표명함 　㉡ 우익(반탁) : 신탁 통치를 또 다른 식민지 지배로 보고 강력하게 반대함

신탁 통치 반대 운동

국사(國史)편찬위원회에서 출제한 자료 ● **모스크바 3국 외상 회의 결정안**

1. 조선을 독립 국가로 재건하여 민주주의적 원칙하에 발전시키는 동시에 일본의 가혹한 정치의 잔재를 급속히 청소하기 위하여 조선 민주주의 임시 정부를 수립한다.
2. 조선에 임시 정부 수립을 실현하며 이에 대한 방침을 강구하기 위하여 남조선의 미국군 사령부 대표와 북조선의 소련군 사령부 대표로서 공동 위원회를 설치한다. 이에 대한 제안을 준비하기 위하여 동 위원회는 조선 민주주의 정당과 사회단체와 협의할 것이다.
3. 위 공동 위원회는 조선 민주주의 임시 정부를 기타 각 민주주의 단체와 협력하여 조선을 정치적, 사회적 및 경제적으로 발전시키며 …… 공동 위원회 제안은 조선 임시 정부와 타협한 후 미·소·영·중 정부에 제출하여 최고 5년간의 4개국 조선 신탁 통치에 관한 협정을 할 것이다.

(2) 건국 준비 활동

① 대한민국 임시 정부
　㉠ 김구가 이끄는 대한민국 임시 정부는 **조소앙의 삼균주의**를 바탕으로 대한민국 건국 강령을 발표하였다.
　㉡ 중국 충칭에서 미국 전략 정보국(OSS)과 연합하여 국내 진공 작전을 추진하였다.
② 조선 독립 동맹
　㉠ 김두봉을 중심으로 중국 옌안(연안) 지역에서 활동하였다.
　㉡ 조선 의용군이 항일 투쟁을 전개하였다.
③ 조선 건국 동맹 : 여운형의 주도로 국내에서 비밀리에 결성되었다.
④ **8·15 광복** : 1945년 8월 15일에 일왕이 항복하며 한국은 일제의 식민 지배에서 벗어났다.
⑤ 38도선 설정과 미·소 군정
　㉠ 미국은 38도선을 기준으로 분할 점령을 제안하였다.
　㉡ 소련은 8월에 38도선 이북을 차지하고 군정을 시행하였다.

8·15 광복

ⓒ 미국은 9월에 38도선 이남 지역 일본군의 무장을 해제시키고 군정을 시행하였으며 국내외 모든 정당과 단체를 인정하지 않았다.

(3) 광복 직후 국내 정치 세력

① 조선 건국 준비 위원회

배경	조선 총독부는 일제 패망 전 조선 건국 동맹의 여운형과 행정권 이양 문제를 교섭함
결성	• **여운형**이 정치범 석방, 식량 3개월분 확보 등을 약속받고 **조선 건국 준비 위원회를 결성함** • **위원장은 여운형**, 부위원장은 안재홍이 맡음
활동	• 질서 유지를 위하여 치안대를 조직함 • 전국에 지부를 두어 과도기 상태에서 정부의 역할을 대신함
해체	• 좌익 세력을 중심으로 운영되자 안재홍 등 우익 세력이 이탈함 • 미군정이 들어온다는 소식을 듣고 국가 체제를 갖추기 위하여 조선 인민 공화국을 수립함 • 미군정이 조선 인민 공화국을 인정하지 않음

국사(國史)편찬위원회에서 출제한 **자료** ● **조선 건국 준비 위원회 강령**

1. 우리는 완전한 독립 국가의 건설을 기함
1. 우리는 전 민족의 정치적 · 경제적 · 사회적 기본 요구를 실현할 수 있는 민주주의적 정권의 수립을 기함
1. 우리는 일시적 과도기에 있어서 국내 질서를 자주적으로 유지하며 대중 생활의 확보를 기함
－ 민주주의민족전선 사무국 편, 『조선해방연보』 －

② **한국 민주당** : 송진우 등이 조선 건국 준비 위원회에 참여하지 않고 결성하여 대한민국 임시 정부의 귀환을 기다렸다.

③ **대한민국 임시 정부** : 미군정의 방침에 따라 개인 자격으로 입국하였다.

④ **이승만** : 미국에서 한국으로 귀국하여 활동하였다.

(4) 남북 분단 과정

제1차 미 · 소 공동 위원회 (1946. 3.)	• 덕수궁 석조전에서 개최함 • 의견 차이로 무기한 휴회함 　ⓐ 소련 : 임시 정부 수립을 위한 협상 대상에 모스크바 3국 외상 회의의 　결정을 지지하는 세력만 참여시키자고 주장함 　ⓑ 미국 : 신탁 통치에 반대하는 세력까지 포함시키자고 주장함
이승만의 정읍 발언(1946. 6.)	남한만의 단독 정부 수립을 주장함

국사(國史)편찬위원회에서 출제한 **자료** ● **이승만의 정읍 발언(1946)**

이제 우리는 무기 휴회된 미 · 소 공동 위원회가 다시 열릴 기색도 보이지 않으며, 통일 정부를 고대하나 여의치 않게 되었다. 우리는 남한만이라도 임시 정부 또는 위원회 같은 것을 조직하여 38도선 이북에서 소련이 물러나도록 세계 여론에 호소하여야 될 것이니, 여러분도 결심하여야 할 것이다.

능력(能力) 향상을 위한 O, X [정답]

01	카이로 회담에서 최초로 한국의 독립을 약속하였다.	( )	○
02	여운형은 광복 직후 조선 건국 준비 위원회를 결성하였다.	( )	○
03	제1차 미 · 소 공동 위원회가 개최된 결과 신탁 통치 반대 운동이 전개되었다.	( )	×
04	제1차 미 · 소 공동 위원회는 덕수궁 석조전에서 개최되었다.	( )	○

● 여운형
• 호 : 몽양
• 1886년 경기도 양평군 출생
• 1918년 신한청년당 결성
• 1945년 조선 건국 준비 위원회 위원장 취임
• 1947년 좌우 합작 위원회 조직
• 1947년 서울 혜화동에서 피살

제1차 미 · 소 공동 위원회

이승만의 정읍 발언

좌우 합작 운동 (1946~1947)	• **여운형**·김규식 등 중도파가 주도함
	• 미군정의 지원을 받아 **좌우 합작 위원회를 구성함**
	• **좌우 합작 7원칙 발표**
	  ㉠ 좌우 합작으로 민주주의 임시 정부를 수립할 것
	  ㉡ 미·소 공동 위원회의 속개를 요청하는 공동 성명을 발표할 것
	  ㉢ 농민에게 토지를 무상으로 나누어 줄 것
	  ㉣ 친일파, 민족 반역자를 처리할 조례를 제안하여 입법 기구가 시행할 것
	• **실패**
	  ㉠ 극우파와 극좌파가 불참함
	  ㉡ 트루먼 독트린 발표(1947. 3.) 이후 냉전이 심화되고 미군정의 지원이 철회됨
	  ㉢ 제2차 미·소 공동 위원회가 성과 없이 끝남(1947. 5.)
	  ㉣ **여운형이 피살됨**(1947. 7.)

유엔 총회 결의 (1947. 11.)	• 미국이 한반도 문제를 유엔에 상정함 • 유엔 총회 결정 : 인구 비례에 의한 남북한 총선거를 결정함 • 선거를 관리·감독하기 위하여 **유엔 한국 임시 위원단을 파견함** • 소련이 유엔 한국 임시 위원단의 입북을 거부함
유엔 소총회 결의 (1948. 2.)	선거 가능한 지역에서만 총선거를 시행하기로 결정함
남북 협상 (1948. 4.)	• 배경 : 남북이 분단될 위기가 오자 **김구와 김규식이 남북 협상을 제안함** • 결정 사항 : 남한 단독 선거 반대, 미·소 양국 군대 철수 • 관련 자료 : **김구의 「삼천만 동포에게 읍고함」**

남북 협상을 위하여 평양으로 떠나는 김구

● 김구
• 1931년 한인 애국단 조직
• 1940년 대한민국 임시 정부 주석 역임
• 1948년 남북 협상 추진
• 1949년 경교장에서 안두희에게 살해됨

● 김규식
• 생몰 : 1881~1950년
• 호 : 우사
• 1919년 신한청년당 대표로 파리 강화 회의 파견
• 1944년 대한민국 임시 정부의 부주석 역임
• 1946년 좌우 합작 운동 주도
• 1948년 남북 협상 참여

국사(國史)편찬위원회에서 출제한 자료 ● 남북 협상 전 김구의 담화문

내가 30년 동안 조국을 그리다가 겨우 이 반쪽에 들어온 지도 벌써 만 2년 반에 가까웠다. 그동안에 또다시 안타깝게 그리던 조국의 반쪽을 찾아서 이제 38선을 넘게 되었다. …… 이번 회담에 방책이 무엇이냐고 묻는 친구들이 많다. 그러나 우리는 미리부터 특별한 방안을 작성하지 아니하고 피차에 백지로 임하기로 약속되었다. …… 조국을 위하여 민주 자주의 통일 독립을 전취하는 현 단계에 처한 우리에게는 벌써 우리의 원칙과 노선이 명백히 규정되어 있는 까닭이다.

(5) 대한민국 정부 수립(1948. 8. 15.)

① **제주 4·3 사건(1948. 4. 3.)**
  ㉠ 제주도의 좌익 세력이 5·10 총선거를 앞두고 **남한만의 단독 선거 반대**와 통일 정부 수립을 내세우며 **무장 봉기하였다.**
  ㉡ **제주도의 무장대와 이를 진압하려는 토벌대 간에 무력 충돌이 일어나 수많은 주민이 희생되었다.**
  ㉢ 선거구 세 곳 중 두 곳에서 선거가 시행되지 못하였다.
  ㉣ **여수·순천 10·19 사건(1948. 10. 19.)** : 이승만 정부가 여수에 주둔한 군부대에 제주도로 출동하라는 명령을 내리자 부대 내 좌익 세력이 '제주도 출동 반대', '통일 정부 수립' 등을 구호로 내세우며 무장 봉기하였다.
  ㉤ 2000년에 군경에 의하여 무고하게 희생당한 양민들의 명예를 회복시키기 위하여 **제주 4·3 사건 진상 규명 및 희생자 명예 회복에 관한 특별법**이 제정되었다.

② **5·10 총선거(1948. 5. 10.)**
  ㉠ 유엔 한국 임시 위원단의 감시 아래 최초의 민주적 보통 선거가 시행되었다.
  ㉡ 제주도의 선거구 두 곳을 제외하고 국회 의원 198명이 선출되었다.

5·10 총선거

③ 초대 국회(제헌 국회)
　　㉠ 임기 2년의 초대 국회는 국호를 '대한민국'으로 정하고 7월 17일에 헌법을 제정하였다.
　　㉡ 간선제를 시행하여 이승만을 대통령으로, 이시영을 부통령으로 선출하였다.
　　㉢ 1948년 12월에 국가 보안법을 제정하였다.

2 친일파 청산과 토지 개혁

(1) 북한
김일성은 북조선 임시 인민 위원회 위원장이 되어 친일 민족 반역자를 처단하였고, 지주가 5정보를 초과하여 소유한 토지를 무상 몰수하여 농민에게 무상 분배하였다.

(2) 남한
① 친일파 청산
　　㉠ **초대 국회가 반민족 행위 처벌법(반민법)을 제정하였다**(1948. 9.).
　　㉡ 일부 경찰은 **반민족 행위 특별 조사 위원회(반민 특위)** 사무실을 습격하여 위원들을 불법 연행하기도 하였으며, 반민 특위에 소속된 국회 의원 중 일부가 남로당의 지시를 받은 프락치라고 주장하며 이들 중 10명을 체포하는 사건도 발생하였다.
　　㉢ **이승만 정부의 비협조적인 태도** 속에 반민족 행위자에 대한 공소 시효를 1950년 6월에서 1949년 8월로 단축하는 개정안이 통과되며 친일파 청산이 사실상 좌절되었다.

국사(國史)편찬위원회에서 출제한 자료 ● 반민족 행위 처벌법(1948)

제1조 일본 정부와 통모하여 한·일 병합에 적극 협력한 자, 한국의 주권을 침해하는 조약 또는 문서에 조인한 자와 모의한 자는 사형 또는 무기 징역에 처하고, 그 재산과 유산의 전부 혹은 2분의 1 이상을 몰수한다.
제2조 일본 정부로부터 작위를 받은 자, 또는 일본 제국 의회의 의원이 되었던 자는 무기 또는 5년 이상의 징역에 처하고, 그 재산과 유산의 전부 혹은 2분의 1 이상을 몰수한다.
제3조 일본 치하 독립운동자나 그 가족을 악의로 살상 박해한 자 또는 이를 지휘한 자는 사형, 무기 또는 5년 이상의 징역에 처하고 그 재산의 전부 혹은 일부를 몰수한다.

② 농지 개혁
　　㉠ 초대 국회에서 **농지 개혁법을 제정하였다**(1949).
　　㉡ **유상 매입·유상 분배** : 경자유전의 원칙에 따라 국가가 **지가 증권**을 발행하여 3정보를 초과하는 토지를 매수하고, 이 토지를 소작농에게 분배하여 연 평균 생산량의 1.5배를 5년 동안 현물로 상환하도록 하였다.
　　㉢ 결과 : **자작농이 증가하는 계기가 되었다.**
　　㉣ 한계 : 큰 성과를 거두지는 못하였다.

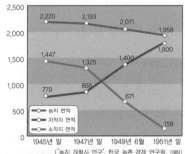

('농지 개혁사 연구', 한국 농촌 경제 연구원, 1989)
농지 개혁 시행 전후의 소작 면적 변화

국사(國史)편찬위원회에서 출제한 자료 ● 농지 개혁법

12. 농지의 분배는 농지의 종목, 등급 및 농가의 능력 기타에 기준한 점수제에 의거하되 1가구당 총 경영 면적 3정보를 초과하지 못한다.
18. 정부는 피보상자 또는 그가 선정한 대표자에게 지가 증권을 발급한다.

한강 인도교 폭파

인천 상륙 작전

흥남 철수

정전 협정 조인

3 6·25 전쟁(1950~1953)

(1) 배경

① 미국과 소련이 군대를 철수시켰고, 북한이 소련과 중국으로부터 군사적 지원을 약속받았다.

② **애치슨 선언** : 미국이 애치슨 선언을 발표하여 태평양 지역 방위선에서 한국과 타이완을 제외하였다.

(2) 전개 과정

북한군의 남침	· 북한군이 무력으로 불법 남침함 · 서울이 함락되었으며 부산이 임시 수도로 결정됨 · **유엔군이 참전**을 결정함 · 국군과 유엔군이 낙동강 방어선을 구축함
국군과 유엔군의 반격	· 16개국으로 구성된 **유엔군이 인천 상륙 작전을 성공**함 · 국군과 유엔군이 서울을 수복하고 압록강으로 진격함
중국군의 개입	· **흥남 철수** : 동부 전선의 국군과 피난민이 중국군의 반격을 피하여 흥남 부두에서 해상 철수함 · 1·4 후퇴 : 서울을 빼앗기고 후퇴함 · 국군과 유엔군이 서울을 재수복함 · 전선이 38도선 부근에서 교착 상태를 보임
정전 협정 체결	· 소련의 제안에 따라 판문점에서 휴전 회담이 시작됨 · 이승만 정부는 휴전 회담 진행에 반발하여 거제 포로수용소의 **반공 포로를 석방**함 · 군사 분계선 설정과 포로 교환 방식을 두고 2년 동안 회담함 · **정전 협정을 체결함**(1953. 7. 27.)

국사(國史)편찬위원회에서 출제한 **자료**   ● 정전 협정

· 하나의 군사 분계선을 긋고 그로부터 쌍방이 2km씩 후퇴하여 비무장 지대를 설정한다.

· 한반도의 외부로부터 어떠한 무기도 추가로 반입할 수 없다.

· 정전 상태의 감시와 유지를 위하여 군사 정전 위원회와 중립국 감독 위원회를 운영한다.

(3) 결과

① 생산 시설 및 경제 기반이 파괴되고 국토가 황폐해졌다.

② 수많은 인명 피해와 함께 전쟁고아, **이산가족**이 발생하였다.

(4) 영향

① 남북 간 적대감이 심화되고 분단이 고착화되었다.

② **한·미 상호 방위 조약(1953)이 체결**되어 미군이 한국에 계속 주둔하게 되었다.

능력(能力) 향상을 위한 **O, X**   정답

01 이승만의 정읍 발언 이후 여운형, 김규식 등 중도파는 좌우 합작 운동을 주도하였다. (   )   O

02 남북이 분단될 위기에 처하자 김구, 김규식 등은 남북 협상을 제안하였다. (   )   O

03 2000년에 제주 4·3 사건에 관련된 특별법이 제정되었다. (   )   O

04 반민족 행위 처벌법을 제정한 국회는 농지 개혁법을 제정하였다. (   )   O

05 1·4 후퇴 후 인천 상륙 작전을 성공시켜 전세가 역전되었다. (   )   ×

01

밑줄 그은 '위원회'로 옳은 것은?

이곳 덕수궁 석조전에서는 모스크바 3국 외상 회의에서 결정된 한반도의 임시 민주 정부 수립 문제를 협의하기 위하여 위원회가 열렸습니다.

① 남북 조절 위원회
② 미·소 공동 위원회
③ 조선 건국 준비 위원회
④ 반민족 행위 특별 조사 위원회

02

다음 인물 카드의 (가)에 들어갈 인물로 옳은 것은?

(가)

(앞면)

〈연보〉

• 1886년 경기도 양평군 출생
• 1918년 신한 청년당 결성
• 1945년 조선 건국 준비 위원회 위원장에 취임
• 1947년 좌우 합작 위원회 조직
• 1947년 서울 혜화동에서 피살

(뒷면)

① 안창호
②  여운형
③ 김구
④ 김규식

03

밑줄 그은 '선거'가 실시된 시기를 연표에서 옳게 고른 것은?

이것은 제헌 국회 의원을 선출하기 위하여 치러진 선거를 홍보하는 포스터야.

김구, 김규식 등 단독 정부 수립에 반대한 인사들과 좌익 세력은 참여하지 않았다고 해.

1945	1950	1960	1972	1979
(가)	(나)	(다)	(라)	

8·15 광복 / 6·25 전쟁 발발 / 4·19 혁명 / 7·4 남북 공동 성명 / 12·12 군사 반란

① (가)　　② (나)　　③ (다)　　④ (라)

04

밑줄 그은 '전쟁'에 대한 설명으로 옳은 것은?

1950년 일어난 전쟁 때 폭탄을 맞아 생겨난 흔적이란다. 이 전쟁으로 많은 이산가족이 아픔을 겪고 있지.

경의선 장단역 증기 기관차

이 기관차에는 왜 구멍이 많은 거예요?

① 인천 상륙 작전을 전개하였다.
② 김원봉이 의열단을 조직하였다.
③ 미·소 공동 위원회를 개최하였다.
④ 쌍성보에서 한·중 연합 작전을 펼쳤다.

23 | 자유 민주주의의 시련과 발전

● 제1공화국(이승만 정부)

- 자유당 창당(1951)
- 1차 개헌(발췌 개헌, 1952) : 대통령 간선제 → 대통령 직선제
- 제2대 대통령 선거(1952) : 이승만 당선
- 2차 개헌(사사오입 개헌, 1954) : 초대 대통령에 한하여 중임 제한 철폐
- 제3대 대통령 선거(1956)

	자유당	민주당	무소속
대통령	이승만(당선)	신익희 → 선거 전 사망	조봉암(약 30% 득표)
부통령	이기붕	장면(당선)	

- 결과 : 이승만 당선 → 조봉암 사형(진보당 사건), 『경향신문』 폐간
- 3·15 부정 선거 → 제4대 대통령 선거(1960) : 대통령에 이승만, 부통령에 이기붕 당선 → 4·19 혁명

	자유당	민주당
대통령	이승만(당선)	조병옥 → 선거 전 사망
부통령	이기붕(당선)	장면

- 4·19 혁명(1960)
  - 배경 : 3·15 부정 선거
  - 전개 과정 : 마산에서 부정 선거 규탄 시위 전개 → 김주열 시신 발견 → 시위가 전국으로 확산 → 경찰의 무차별 총격, 비상계엄령 선포 → 대학교수단의 시국 선언 및 시위 → 이승만 하야
  - 결과 : 허정 과도 정부 수립, 3차 개헌
- 3차 개헌(1960) : 내각 책임제, 양원제(민의원, 참의원)
- 제4대 대통령 선거 재시행(1960) : 대통령에 윤보선, 국무총리에 장면 선출

● 제2공화국(장면 내각)

- 4차 개헌(1960) : 3·15 부정 선거 및 부정 축재자 처벌 소급 특별법 제정
- 제1차 경제 개발 5개년 계획 수립
- 각계각층의 민주화 요구 표출
- 민주당 내부 분열 : 구파(윤보선) vs. 신파(장면)

● 5·16 군사 정변

- 5·16 군사 정변(1961) → 박정희의 군정 시행(민정 이양 약속)
  - 국가 재건 최고 회의 설치
  - 구 정치인 활동 금지
  - 중앙정보부 설치
  - 화폐 개혁(환 → 원)
  - 제1차 경제 개발 5개년 계획 시행
- 5차 개헌(1962) : 대통령 중심제, 단원제, 국민 투표로 개헌
- 민주 공화당 창당, 박정희가 육군 대장으로 전역
- 제5대 대통령 선거(1963) : 박정희 당선

● 제3공화국(박정희 정부)

- 한·일 국교 정상화 추진
  - 6·3 시위(1964) : 굴욕적인 한일 회담 반대
  - 한·일 협정 체결(한·일 기본 조약, 1965)
- 베트남 파병 → 브라운 각서
- 독일에 간호사·광부 파견
- 제6대 대통령 선거(1967) : 박정희 vs. 윤보선 → 박정희 당선
- 6차 개헌(3선 개헌, 1969) : 대통령 3선 연임 가능 vs. 3선 개헌 반대 운동
- 제7대 대통령 선거(1971) : 박정희 vs. 김대중(40대 기수론) → 박정희 당선
- 7차 개헌(유신 헌법, 1972)
  - 배경 : 닉슨 독트린, 7·4 남북 공동 성명
  - 내용 : 대통령 간선제(통일 주체 국민 회의), 임기 6년, 긴급 조치권, 국회 해산권, 국회 의원의 1/3 추천 등
- 제8대 대통령 선거(1972) : 간선제(통일 주체 국민 회의) → 박정희 당선

● 제4공화국

- 제9대 대통령 선거(1978) : 간선제(통일 주체 국민 회의) → 박정희 당선
- YH 무역 사건 → 김영삼의 국회 의원직 제명 → 부·마 민주 항쟁(부·마 민주화 운동, 1979) → 10·26 사태
- 제10대 대통령 선거(1979) : 간선제(통일 주체 국민 회의) → 최규하 당선
- 신군부의 등장 : 최규하 정부 수립 → 12·12 사태(전두환) → 신군부 퇴진 요구 시위 전개
- 5·18 민주화 운동(1980)
  - 배경 : 신군부의 정권 장악, 비상계엄 확대
  - 전개 과정 : 시위대를 무자비하게 진압 → 시민군 결성 → 계엄군과 대립 → 계엄군이 무력으로 진압
  - 특징 : 관련 기록물이 유네스코 세계 기록 유산으로 등재(2011), 5·18 민주화 운동 진상 규명을 위한 특별법 제정
- 국가 보위 비상 대책 위원회 설치(1980) : 삼청 계획, 삼청 교육대 설치 등
- 제11대 대통령 선거(1980) : 간선제(통일 주체 국민 회의) → 전두환 당선
- 8차 개헌(1980) : 대통령 간선제(대통령 선거인단), 임기 7년, 단임제
- 제12대 대통령 선거(1981) : 간선제(대통령 선거인단) → 전두환 당선

● 제5공화국(전두환 정부)

- 유화책 : '국풍' 81 개최, 두발 및 교복 자율화, 해외여행 자유화, 야간 통행금지 해제, 프로 야구 출범
- 6월 민주 항쟁(1987)
  - 배경 : 국민의 대통령 직선제 요구 확산
  - 구호 : '호헌 철폐', '독재 타도'
  - 전개 과정 : 박종철 고문치사 사건 → 4·13 호헌 조치 → 이한열이 최루탄을 맞고 쓰러짐 → 6·10 국민 대회 → 6·29 민주화 선언
  - 결과 : 9차 개헌(대통령 직선제, 임기 5년, 단임제)
- 제13대 대통령 선거(1987) : 직선제 → 노태우 당선

● 제6공화국

노태우 정부(1988~1993)

- 서울 올림픽 개최 → 북방 외교(소련, 중국 등 공산주의 국가와 수교)
- '여소야대' → 5공 청문회
- 3당 합당(민주 정의당 노태우 + 통일 민주당 김영삼 + 신민주 공화당 김종필) → 민주 자유당 창당
- 제14대 대통령 선거(1992) : 김영삼 당선

김영삼 정부(1993~1998)

- 지방 자치제 전면 시행
- 역사 바로 세우기 운동 → 조선 총독부 청사 철거, 전두환·노태우 구속, 국민학교 → 초등학교
- 금융 실명제 시행
- WTO 가입(1995)
- 경제 협력 개발 기구(OECD) 가입(1996)
- IMF 외환 위기(1997)
- 제15대 대통령 선거(1997) : 김대중 당선

김대중 정부(1998~2003)

- 최초의 평화적 여·야 정권 교체
- 햇볕 정책 → 남북 정상 회담(6·15 공동 선언, 2000)
- 외환 위기 극복(IMF 조기 상환, 2001 : 금 모으기 운동 등
- 국민 기초 생활 보장법 제정
- 제16대 대통령 선거(2002) : 노무현 당선

노무현 정부(2003~2008)

- 아시아·태평양 경제 협력체(APEC) 정상 회의 개최
- 제2차 남북 정상 회담(10·4 남북 공동 선언, 2007)
- 미국과 자유 무역 협정(FTA) 체결, 칠레와 자유 무역 협정 체결
- 호주제 폐지(2005), 가족 관계 등록법 제정(2007)
- 제17대 대통령 선거(2007) : 이명박 당선

이명박 정부(2008~2013)

- 미국과 자유 무역 협정(FTA) 추가 체결
- G20 정상 회의 개최(2010)
- 제18대 대통령 선거(2012) : 박근혜 당선

박근혜 정부(2013~2017)

- 최초의 여성 대통령
- 제19대 대통령 선거(2017) : 문재인 당선

문재인 정부(2017~2022)

- 제3차 남북 정상 회담 개최
- 평창 동계 올림픽 개최

1 제1공화국(이승만 정부, 1948~1960)

(1) 1차 개헌(발췌 개헌, 1952)

배경	간선제로는 이승만의 대통령 당선이 어려워짐
과정	• **임시 수도 부산**에서 자유당을 창당함(1951) • 개헌을 반대하는 야당 의원을 설득하거나 협박함 • **부산 정치 파동** : 이승만 정부는 비상계엄을 선포하고 개헌에 반대하는 야당 의원의 통근 버스를 크레인으로 견인하여 헌병대에 연행하는 등 파동을 일으킴 • 기립 표결로 대통령 직선제를 골자로 하는 개헌안을 통과시킴

(2) 제2대 대통령 선거(1952)

이승만이 직선제로 대통령에 당선되었다.

(3) 2차 개헌(사사오입 개헌, 1954)

배경	이승만은 헌법에 따라 더 이상 대통령에 출마할 수 없게 됨
과정	• **초대 대통령에 한하여 중임 제한을 두지 않는다**는 내용을 골자로 하는 개헌을 추진함 • 국회 의원 총 203명 중 3분의 2의 동의를 얻어야 하나 정족수에서 1표가 부족하여 부결됨 • 사사오입 논리를 내세워 개헌안을 통과시킴

(4) 제3대 대통령 선거(1956)

	자유당	민주당	무소속
대통령	이승만(당선)	신익희(선거 전 사망)	조봉암(약 30% 득표)
부통령	이기붕	장면(당선)	

① 신익희 후보가 사망함으로써 이승만이 대통령에 당선되었다.
② 무소속으로 출마한 조봉암이 200만 표 이상을 득표하였고 부통령에 민주당 소속인 장면이 당선되었다.
③ **진보당 사건** : 위기를 느낀 이승만 정부는 진보당을 창당한 조봉암에게 간첩 혐의를 씌워 사형에 처하였다.
④ 정부에 비판적인 『경향신문』을 폐간시켰다.

진보당 사건으로 재판을 받는 조봉암

(5) 3·15 부정 선거(1960)

	자유당	민주당
대통령	이승만(당선)	조병옥(선거 전 사망)
부통령	이기붕(당선)	장면

① 선거 전 야당 후보 조병옥이 사망하며 이승만의 대통령 당선이 확실시되었다.
② 당시 이승만은 85세의 고령으로 대통령 승계를 위하여 무조건 이기붕을 부통령에 당선시켜야 했고, 이에 4할 사전 투표, 대리 투표 등 부정 선거를 저질렀다.
③ 제4대 대통령 선거 : 대통령에 이승만, 부통령에 이기붕이 당선되었다.

능력(能力) 향상을 위한 O, X
정답

01 이승만 정부는 초대 대통령에 한하여 중임 제한을 철폐하는 사사오입 개헌을 단행하였다. (   )　O

2 · 28 대구 학생 시위(2 · 28 민주 운동)
대구의 고등학생들이 야당의 선거 유세장에 가지 못하도록 일요일에 등교 조치를 한 이승만 정부에 반발하여 시위를 벌인 사건이다.

4 · 19 혁명 당시 대학교수단의 시국 선언

(6) 4 · 19 혁명(1960)

배경	이승만 정부가 3 · 15 부정 선거를 저지름
전개 과정	· 마산에서 부정 선거를 규탄하는 시위가 벌어짐 · 김주열의 시신이 발견되며 시위가 전국으로 확산됨 · 경찰이 시위대를 향하여 무차별 총격을 가함 · 이승만이 전국에 비상계엄령을 선포함 · 대학교수단이 시국 선언을 하고 시위를 전개함 · 이승만이 하야 성명을 발표함
결과	· 허정을 수반으로 하는 과도 정부가 수립됨 · 3차 개헌 : 내각 책임제와 양원제(민의원, 참의원)를 골자로 하는 개헌안이 통과됨 · 제4대 대통령 선거 재시행 : 대통령에 윤보선, 국무총리에 장면이 선출됨

국사(國史)편찬위원회에서 출제한 자료 ● 이승만 하야 성명

첫째는 국민이 원하면 대통령직을 사임할 것이며, 둘째는 3 · 15 정 · 부통령 선거에 많은 부정이 있었다고 하니 선거를 다시 하도록 지시하였고, 셋째는 선거로 인한 모든 불미스러운 것을 없애기 위해서 이미 이기붕 의장이 공직에서 완전히 물러나겠다고 결정한 것이다.

2 제2공화국(장면 내각, 1960 ~ 1961)

① 4차 개헌(1960) : 3 · 15 부정 선거 및 부정 축재자 처벌 소급 특별법을 제정하였다.
② 제1차 경제 개발 5개년 계획을 수립하였다.
③ 그동안 억압되었던 민주화 운동이 각계각층에서 활발히 일어났다.
④ 민주당은 신파와 구파로 갈려 파벌 싸움을 벌이며 장면 내각의 정치적 기반을 약화시켰다.

장면

5 · 16 군사 정변

3 5 · 16 군사 정변과 제3 · 4공화국

(1) 5 · 16 군사 정변(1961)

① 배경 : 박정희를 중심으로 한 군부 세력은 장면 내각의 무능과 사회 혼란을 이유로 군사 정변을 일으켜 정권을 장악하였다.
② 전개 : 군부는 반공을 천명하고 과업을 성취한 후 민정에 정권을 이양하겠다는 내용을 담은 혁명 공약을 발표하였다.

(2) 군정(1961 ~ 1963)

① 국가 재건 최고 회의와 중앙정보부를 설치하였다.
② 구 정치인의 정치 활동을 금지시켰다.
③ 경제 개발을 위하여 환을 원으로 바꾸는 화폐 개혁을 단행하였다.
④ 제1차 경제 개발 5개년 계획을 시행하였다.
⑤ 5차 개헌(1962) : 대통령 중심제와 단원제 국회 구성을 골자로 하는 개헌안을 통과시켰다.

(3) 제5대 대통령 선거(1963)

육군 대장으로 전역한 박정희가 대통령에 당선되었고, 결국 민정 이양은 형식적인 것에 불과하였다.

(4) 제3공화국(박정희 정부, 1963~1972)

① 한·일 국교 정상화

배경	경제 개발 자금을 확보하기 위하여 한·일 국교 정상화를 추진함
과정	• 중앙정보부장 김종필은 일본 외무 장관 오히라와 비밀 교섭을 하여 배상액으로 무상 3억 달러, 유상 2억 달러, 민관 차관 1억 달러를 받기로 함 • 6·3 시위(1964) : 국민들이 굴욕적인 대일 외교에 반대함 • 박정희 정부가 계엄령을 선포하여 시위대를 해산시킴 • 한·일 협정(한·일 기본 조약, 1965) 체결 : 한·일 간 국교 정상화가 이루어짐

② 간호사·광부 서독 파견 : 이들의 임금을 담보로 서독으로부터 차관을 받기 위하여 파견하였다.

③ **베트남 파병(1964~1973)** : 미국이 브라운 각서를 통하여 베트남 파병의 대가로 우리나라에 군사적·경제적 지원을 약속하였다.

④ 제6대 대통령 선거(1967) : 경제 개발에 성공한 박정희가 많은 표 차이로 당선되었다.

⑤ **6차 개헌(3선 개헌, 1969)**

  ㉠ 배경 : 박정희는 헌법에 따라 대통령에 출마할 수 없었다.

  ㉡ 과정 : 국가 안보와 경제 성장을 내세워 대통령의 **3선 연임을 허용하는 개헌안을 통과시켰다.**

  ㉢ 결과 : **3선 개헌 반대 운동**이 전개되었다.

⑥ 제7대 대통령 선거(1971) : 박정희가 야당 후보 김대중을 근소한 격차로 누르고 당선되었다.

⑦ 7차 개헌(**유신 헌법**, 1972)

배경	• 닉슨 독트린(1969)으로 냉전 체제가 완화됨 • 박정희 정부가 북한과 평화 통일 원칙에 합의한 7·4 남북 공동 성명을 발표함
과정	• 비상계엄령을 선포하고 국회를 해산시킨 뒤 유신 헌법을 제정함 • 국민 투표로 개헌안이 확정됨
내용	• 대통령의 임기를 6년으로 늘리고 출마 횟수에 제한을 없앰 • 간선제 : 대통령은 통일 주체 국민 회의에서 선출하도록 함 • 대통령이 국회 의원의 1/3을 추천할 수 있고 국회 해산권을 행사할 수 있음 • 대통령이 국민의 기본권을 제한할 수 있는 **긴급 조치권**을 행사할 수 있음

> **국사(國史)편찬위원회에서 출제한 자료** ●유신 헌법
>
> 제39조 ① 대통령은 통일 주체 국민 회의에서 토론 없이 무기명 투표로 선거한다.
> 제53조 ② 대통령은 …… 국민의 자유와 권리를 잠정적으로 정지하는 긴급 조치를 할 수 있고, 정부나 법원의 권한에 관하여 긴급 조치를 할 수 있다.

⑧ 제8대 대통령 선거(1972) : 통일 주체 국민 회의에서 박정희를 선출하였다.

박정희 대통령

6·3 시위

3선 개헌 반대 운동

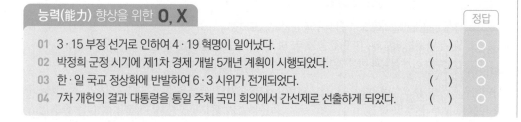

능력(能力) 향상을 위한 O, X

			정답
01	3·15 부정 선거로 인하여 4·19 혁명이 일어났다.	( )	○
02	박정희 군정 시기에 제1차 경제 개발 5개년 계획이 시행되었다.	( )	○
03	한·일 국교 정상화에 반발하여 6·3 시위가 전개되었다.	( )	○
04	7차 개헌의 결과 대통령을 통일 주체 국민 회의에서 간선제로 선출하게 되었다.	( )	○

개헌 청원 100만 인 서명 운동 당시 유신 반대 성명을 발표하는 장준하

인민 혁명당 재건 위원회 사건
유신 반대 운동이 거세게 일어나자, 중앙정부는 1974년 유신 체제를 비판하던 전국 대학생들이 조직한 전국 민주 청년 학생 총연맹(민청학련)이 정부의 전복을 꾀하였다고 발표하였다. 그리고 그 배후에 북한의 지령을 받은 인민 혁명당 재건위가 있다고 조작하고, 많은 사람을 구속 및 기소하였다. 1975년 이들 중 8명이 사형에 처해졌는데, 대법원의 선고 후 18시간여 만에 사형이 집행되어 국제적으로 '사법 살인'이라는 비판을 받았다. 이들은 지난 2007년 재심 결과 모두 무죄 판결을 받았다.

10·26 사태의 결과

광주 금남로 시위

(5) 제4공화국(1972~1979)

① 유신 반대 운동
   ㉠ 개헌 청원 100만 인 서명 운동(1973) : 장준하·함석헌·김수환 추기경 등은 서울 YMCA에서 개헌 청원 운동 본부를 발족하고 100만 인 서명 운동을 전개하였다.
   ㉡ 3·1 민주 구국 선언(1976) : 유신 헌법에 반대하는 함석헌·김대중·윤보선 등은 박정희 정권의 퇴진과 민주 인사 및 학생들의 석방을 요구하며 명동 성당에서 3·1 민주 구국 선언을 발표하였다.
② 경범죄 처벌법 개정(1973) : 장발과 미니스커트를 단속하였다.
③ 제9대 대통령 선거(1978) : 통일 주체 국민 회의에서 박정희를 선출하였다.
④ YH 무역 사건(1979)
   ㉠ 가발 제조 업체인 YH 무역이 부당한 폐업을 공고하자 회사 노동조합원들이 신민당 당사에서 농성을 벌였다.
   ㉡ 야당 총재 김영삼이 기자 회견에서 국가를 모독하였다는 이유로 의원직에서 제명되었다.
⑤ 부·마 민주 항쟁(부·마 민주화 운동, 1979) : 학생과 시민이 부산과 마산 일대에서 유신 독재에 저항하며 반정부 시위를 일으켰다.
⑥ 10·26 사태(1979) : 중앙정보부장 김재규가 대통령 박정희와 대통령 경호실장 차지철을 저격하였다.

(6) 신군부의 등장

① 제10대 대통령 선거(1979) : 통일 주체 국민 회의에서 최규하를 선출하였다.
② 12·12 사태 : 전두환과 노태우 등 신군부 세력이 정권을 장악하였다.
③ 서울의 봄(1980. 5.)
   ㉠ 국민들이 유신 철폐와 신군부 퇴진, 계엄 철폐를 요구하며 민주화 운동을 전개하였다.
   ㉡ 신군부는 오히려 비상계엄을 전국으로 확대하고 모든 정치 활동을 금지하였다.
④ 5·18 민주화 운동(1980)

배경	신군부의 정권 장악과 비상계엄령의 전국 확대에 반발함
전개	• 광주의 학생과 시민이 신군부의 퇴진을 요구하여 시위를 전개함 • 계엄군의 발포로 많은 사상자가 발생함 • 시위대는 시민군을 조직하여 계엄군에 대항하였으나 계엄군에게 진압됨
특징	• 5·18 민주화 운동 등에 관한 특별법이 제정됨(1995) • 관련 기록물이 유네스코 세계 기록 유산으로 등재됨(2011) • 5·18 민주화 운동 진상 규명을 위한 특별법이 제정됨(2019)

⑤ 신군부가 국가 보위 비상 대책 위원회(1980)를 설치하고 삼청 교육대(1980)를 설치하였다.
⑥ 제11대 대통령 선거(1980) : 신군부의 압박으로 최규하 대통령이 사퇴하였고, 통일 주체 국민 회의에서 전두환이 선출되었다.

능력(能力) 향상을 위한 O, X   정답

01 유신 헌법에 반발하여 3·1 민주 구국 선언이 발표되었다.   ( )   O
02 YH 무역 사건 이후 부·마 민주 항쟁(부·마 민주화 운동)이 일어났다.   ( )   O
03 신군부의 정권 장악과 비상계엄령의 전국 확대에 반발하여 5·18 민주화 운동이 일어났다.   ( )   O
04 5·18 민주화 운동 관련 기록물은 유네스코 세계 기록 유산으로 등재되었다. ( )   O

⑦ 8차 개헌(1980) : 대통령의 임기 7년과 대통령 선거인단에 의한 간선제를 규정한 개헌안이 통과되었다.
⑧ 제12대 대통령 선거(1981) : 대통령 선거인단이 전두환을 선출하였다.

4 제5공화국(전두환 정부, 1981~1988)

(1) 유화책과 탄압책

① 유화책 : 국풍 81(대규모 예술제) 개최, 두발 및 교복 자율화, 해외여행 자율화 시행, 야간 통행금지 해제, 프로 야구 출범 등 유화 정책을 펼쳤다.
② 탄압책 : 언론을 통제하고 민주화 운동을 탄압하였다.

(2) 6월 민주 항쟁(1987)

배경	국민들의 대통령 직선제 요구가 확산됨
전개	• 박종철 고문치사 사건 : 박종철이 고문으로 사망하는 사건이 발생함 • 전두환이 7년 단임의 간선제를 고수하는 4·13 호헌 조치를 발표함 • 이한열이 경찰이 쏜 최루탄을 맞고 쓰러지는 사진이 파문을 일으킴 • 국민들이 호헌 철폐와 독재 타도를 요구하며 6·10 국민 대회 등 시위를 전개함 • 여당 대표 노태우가 대통령 직선제 개헌 등을 주요 내용으로 하는 6·29 민주화 선언을 발표함
결과	9차 개헌(1987) : 5년 단임의 대통령 직선제 개헌이 이루어짐

국사(國史)편찬위원회에서 출제한 자료 ●6·10 국민 대회 행동 요강

(1) 오후 6시 국가 하강식을 기하여 전 국민은 있는 자리에서 애국가를 제창하고,
(2) 애국가가 끝난 후 자동차는 경적을 울리고,
(3) 전국 사찰, 성당, 교회는 타종을 하고,
(4) 국민들은 형편에 따라 만세 삼창(민주 헌법 쟁취 만세, 민주주의 만세, 대한민국 만세)을 하든지 제자리에서 1분간 묵념을 함으로써 민주 쟁취의 결의를 다진다.

국사(國史)편찬위원회에서 출제한 자료 ●6·29 민주화 선언

1. 여야 합의하에 조속히 대통령 직선제 개헌을 하고 새 헌법에 의한 대통령 선거를 통하여 1988년 2월 평화적 정부 이양을 실현토록 해야 하겠습니다. …… 국민은 나라의 주인이며, 국민의 뜻은 모든 것에 우선하는 것입니다.

5 제6공화국(1988~현재)

(1) 노태우 정부(1988~1993)

① 서울 올림픽을 개최하고 이를 계기로 북방 외교를 추진하여 소련 및 중국과 수교하였다.
② 여소야대 국회가 구성되어 야당 주도로 5공 청문회가 개최되었다.
③ 3당(민주 정의당·통일 민주당·신민주 공화당) 합당을 통하여 여대야소 정국으로 개편하였다.
④ 제14대 대통령 선거(1992) : 김영삼이 직선제로 당선되었다.

6월 민주 항쟁

● 박종철 고문치사 사건

1987년에 서울대학교 학생 박종철이 치안 본부 남영동 대공분실에서 물고문을 받던 중 사망하는 사건이 발생하였다.

서울 올림픽(1988)

김영삼 대통령

법정에 선 노태우(좌), 전두환(우)

노벨 평화상을 수상하는
김대중 대통령

노무현 대통령

문재인 대통령

(2) 김영삼 정부(1993~1998)

① 지방 자치제를 전면 시행하였다.

② **역사 바로 세우기 운동**

   ㉠ **조선 총독부 청사를 철거**하였다.

   ㉡ 5·18 민주화 운동 등에 관한 특별법을 제정(1995)하여 신군부 세력을 내란 및 내란 목적 살인죄로 기소함으로써 전두환과 노태우를 구속하였다.

   ㉢ **국민학교 명칭이 초등학교로 변경**되었다.

③ 탈세와 부정부패를 뿌리 뽑기 위하여 **금융 실명제를 시행**하였다.

④ 세계 무역 기구(WTO)에 가입하였다(1995).

⑤ **경제 협력 개발 기구(OECD)에 가입**하였다(1996).

⑥ 국제 통화 기금(IMF)에 긴급 구제 금융을 요청하며 외환 위기를 초래하였다(1997).

⑦ 제15대 대통령 선거(1997) : 김대중이 직선제로 당선되었다.

(3) 김대중 정부(1998~2003)

① 처음으로 여야 간에 평화적인 정권 교체가 이루어졌다.

② **평양에서 최초로 남북 정상 회담을 개최**하여 6·15 남북 공동 선언을 발표하였다(2000).

③ 민주주의 발전 및 남북 화해 협력에 기여한 점을 인정받아 노벨 평화상을 수상하였다(2000).

④ 외환 위기로 어려워진 국민의 생활을 위하여 **국민 기초 생활 보장법을 제정**하였다(1999).

⑤ **금 모으기 운동 등을 시행하여 외환을 조기 상환함으로써 국제 통화 기금(IMF)의 관리 체제를 극복**하였다(2001).

⑥ 제16대 대통령 선거(2002) : 노무현이 직선제로 당선되었다.

(4) 노무현 정부(2003~2008)

① 부산에서 **아시아·태평양 경제 협력체(APEC) 정상 회의를 개최**하였다(2005).

② 제2차 남북 정상 회담을 개최하고 10·4 남북 공동 선언을 발표하였다(2007).

③ 칠레·유럽 연합(EU)·**미국 등과 자유 무역 협정(FTA)을 체결**하였다.

④ 호주제를 폐지하고 가족 관계 등록법을 제정하였다.

⑤ 제17대 대통령 선거(2007) : 이명박이 직선제로 당선되었다.

(5) 이명박 정부(2008~2013)

① **미국과 자유 무역 협정(FTA)을 추가로 체결하였다.**

② 20개국이 참여하는 세계 경제 협의 기구인 **G20 정상 회의를 서울에서 개최하였다**(2010).

③ 제18대 대통령 선거(2012) : 박근혜가 직선제로 당선되었다.

(6) 박근혜 정부(2013~2017)

제19대 대통령 선거(2017)에서 문재인이 직선제로 당선되었다.

(7) 문재인 정부(2017~2022)

① 제3차 남북 정상 회담을 개최하였다(2018).

② **평창 동계 올림픽을 개최하였다**(2018).

01

다음 일기를 통하여 알 수 있는 민주화 운동으로 옳은 것은?

> 1960년 ○○월 ○○일
>
> 나는 망설임 없이 옆에 있는 어느 여자 대학생에게 그동안 외쳤던 구호들을 적어 달라고 했다. 그는 쾌히 몇 개의 구호를 적어 주었다.
>
> 학원 자유 보장하여 구국 애족 선봉 되자!
> 3·15 부정 선거 다시 해라!
> 발포 경찰을 처단하라!
> 학생들에게 총을 쏘지 마라!

① 4·19 혁명　　　　　② 6월 민주 항쟁
③ 부·마 민주 항쟁　　④ 5·18 민주화 운동

02

밑줄 그은 '이 사건'으로 옳은 것은?

> 이 문서가 미국 정부에서 공개한 자료인가요?

> 네. 우리 정부의 요청으로 추가 공개된 기밀문서입니다. 이 문서는 40년 전 이 사건 당시 광주 시민들이 민주주의의 회복과 계엄령 철폐를 요구하며 신군부에게 저항하였던 상황을 조금 더 구체적으로 파악하는 데 도움을 줄 것으로 기대됩니다.

① 4·19 혁명　　　　　② 6월 민주 항쟁
③ 부·마 민주화 운동　④ 5·18 민주화 운동

03

다음 대화에 나타난 민주화 운동으로 옳은 것은?

> 이것은 1979년 야당 총재의 국회 의원직 제명으로 촉발되어 유신 독재에 저항한 민주화 운동을 기념한 조형물입니다.

> 2019년 정부는 이 운동이 민주화에 기여한 점을 인정하여 시위가 시작된 날을 국가 기념일로 지정하였습니다.

① 4·19 혁명　　　　　② 6월 민주 항쟁
③ 부·마 민주화 운동　④ 5·18 민주화 운동

04

(가) 민주화 운동에 대한 설명으로 옳은 것은?

답사 계획서

△학년 △반 이름: △△△

• 주제: (가)
• 날짜: 2020년 ○○월 ○○일
• 답사 장소

장소	사진	설명
구 남영동 치안본부 대공분실		박종철 학생이 물고문을 당한 끝에 사망한 장소
이한열 기념관		경찰이 쏜 최루탄에 맞아 사망한 이한열 학생의 민주 항쟁을 기념하기 위한 장소
대한성공회 서울주교좌 성당		'박종철 군 고문 살인 은폐·조작 규탄 및 민주 헌법 쟁취 범국민 대회'가 개최된 장소

① 대통령이 하야하는 결과를 가져왔다.
② 유신 체제가 붕괴되는 계기가 되었다.
③ 5년 단임의 대통령 직선제 개헌을 이끌어냈다.
④ 신군부의 비상계엄 확대에 반대하여 일어났다.

설쌤의 **한(韓)판** 정리

● 현대의 경제 성장과 사회 변화

이승만 정부	박정희 정부

이승만 정부
- 원조 경제
- 삼백 산업(제분 · 제당 · 면방직)

박정희 정부

1960년대	1970년대

1960년대
- 경공업 중심
- 베트남 파병, 서독 광부 · 간호사 파견 →
  경제 개발 자본 획득
- 제1차 · 제2차 경제 개발 5개년 계획 추진
  → 도로 · 항만 등 사회 간접 자본 확충, 수출
  위주의 경공업 발전에 주력

1970년대
- 중화학 공업 중심
- 경부 고속 국도 개통(1970)
- 포항 종합 제철 공장 준공
- 제1차 석유 파동 → 중동 건설로 극복
- 제3차 경제 개발 5개년 계획 추진
- 수출 100억 달러 달성(1977)
- 제2차 석유 파동
- 제4차 경제 개발 5개년 계획 추진
- 새마을 운동(1970) : 농촌 근대화
- 전태일 분신자살(1970) : 근로 기준법 준수
  요구

전두환 정부	김영삼 정부	김대중 정부	노무현 정부

전두환 정부

3저 호황 : 저금리 · 저유가 · 저환율

김영삼 정부
- 대전 엑스포 개최(1993)
- 금융 실명제 시행(1993)
- 세계 무역 기구(WTO) 가입(1995)
- 경제 협력 개발 기구(OECD) 가입(1996)
- IMF 외환 위기 초래(1997)

김대중 정부
- 신자유주의 정책 : 기업 구조
  조정, 노사정 위원회 설치,
  금 모으기 운동 → IMF 외환
  위기 극복
- 2002 한 · 일 월드컵 개최

노무현 정부
- 경부 고속 철도(KTX) 개통
- 한 · 미 자유 무역 협정
  (FTA) 체결

● 통일 정책

장면 내각	박정희 정부	전두환 정부	노태우 정부

장면 내각

남북 학생 회담 요구 집회
(1961) : "가자 북으로, 오라
남으로"

박정희 정부
- 7 · 4 남북 공동 성명(1972)
  - 원칙 : 자주, 평화, 민족적 대단결
  - 특징 : 서울과 평양 동시 발표
- 남북 조절 위원회 설치

전두환 정부

이산가족 고향 방문단 · 예술 공연
단(1985) : 최초의 남북 이산가족
상봉 성사

노태우 정부
- 남북한 유엔(UN) 동시 가입
- 남북 기본 합의서(1991) : 남북 사이의
  화해와 불가침 및 교류 협력에 관한
  합의서, 제5차 고위급 회담의 결실
- 한반도 비핵화 공동 선언(1991)

김대중 정부	노무현 정부	문재인 정부

김대중 정부
- 햇볕 정책 : 금강산 관광 시작(1998)
- 제1차 남북 정상 회담
  - 6 · 15 남북 공동 선언(2000)
  - 내용 : 남한의 연합제 안과 북한의 낮은 단계
    로의 연방제 안이 서로 공통성이 있음을 인정
- 경의선 복구 사업, 개성 공단 조성 합의
- 부산 아시안게임에서 남북 동시 입장(2002)

노무현 정부
- 경의선 복구 완성
- 개성 공단 착공 및 완공
- 제2차 남북 정상 회담(2007) : 10 · 4 남
  북 공동 선언(남북 관계 발전과 평화 번
  영을 위한 선언)

문재인 정부

제3차 남북 정상 회담(2018) : 판문점 선언

1 현대의 경제 성장과 사회 변화

이승만 정부	원조 경제		6·25 전쟁 직후 경제를 재건하기 위하여 미국의 원조에 의존함
	삼백 산업		제분·제당·면방직을 중심으로 하는 소비재 산업이 발달함
박정희 정부	1960년대		• 경공업 중심 • 제1차·제2차 경제 개발 5개년 계획 추진 : 도로·항만 등 사회 간접 자본 확충과 수출 위주의 경공업 발전에 주력함 • 베트남 파병과 서독 광부·간호사 파견으로 경제 개발 자본을 획득함
	1970년대	경제	• 중화학 공업 중심 • 경부 고속 국도를 개통함(1970) • 포항 종합 제철 공장을 준공함 • 제1차 석유 파동을 중동 건설 사업으로 극복함 • 제3차 경제 개발 5개년 계획을 추진함 • 수출액 100억 달러를 달성함(1977) • 제2차 석유 파동으로 위기를 맞이함 • 제4차 경제 개발 5개년 계획을 추진함
		사회	• 농촌 근대화를 위해 새마을 운동을 추진함(1970) • 전태일이 근로 기준법 준수를 요구하며 분신자살함(1970)
전두환 정부			저금리·저유가·저환율의 3저 호황을 맞이하여 수출 부진과 외채 위기를 극복함
김영삼 정부			• 대전 엑스포를 개최함(1993) • 금융 실명제를 시행함(1993) • 세계 무역 기구(WTO)에 가입함(1995) • 경제 협력 개발 기구(OECD)에 가입함(1996) • IMF 외환 위기를 초래함(1997)
김대중 정부	경제		신자유주의 정책 추진 : 기업 구조 조정과 금 모으기 운동 등을 시행하여 외환 위기를 극복하였으며, 그 과정에서 노사정 위원회가 구성됨
	사회		2002 한·일 월드컵을 개최함
노무현 정부	경제		• 경부 고속 철도(KTX)를 개통함 • 한·미 자유 무역 협정(FTA)을 체결함

독일에 파견된 광부

경부 고속 국도 개통

수출 100억 달러 달성(1977)

새마을 운동

● 전태일(1948~1970)
서울 평화 시장 삼일사의 재단사로 일하며 목격한 열악한 노동 조건에 항거하여 "근로 기준법을 준수하라.", "우리는 기계가 아니다." 라고 외치며 분신자살하였다.

국사(國史)편찬위원회에서 출제한 자료 ●전태일 열사가 박정희 대통령에게 보내는 편지

존경하시는 대통령 각하! …… 저는 서울특별시 성북구 쌍문동 208번지 2통 5반에 거주하는 22살 된 청년입니다. 직업은 의류 계통의 재단사로서 5년의 경력을 가지고 있습니다. …… 저희들은 근로 기준법의 혜택을 조금도 못 받으며 더구나 2만여 명을 넘는 종업원의 90% 이상이 평균 연령 18세의 여성입니다. 기준법이 없다고 하더라도 인간으로서 어떻게 여자에게 하루 15시간의 작업을 강요합니까? 또한 2만여 명 중 40%를 차지하는 시다공들은 전부가 다 영세민의 자녀들로서 굶주림과 어려운 현실을 이기려고 하루 16시간의 작업을 합니다.

능력(能力) 향상을 위한 O, X | 정답

01 이승만 정부 때 제1차 경제 개발 5개년 계획이 추진되었다. ( ) ×
02 경부 고속 국도가 개통된 정부 때 전태일이 분신자살하는 사건이 발생하였다. ( ) ○
03 3저 호황이 있던 정부 때 경제 협력 개발 기구(OECD)에 가입하였다. ( ) ×

2 평화 통일을 위한 노력

(1) 장면 내각

민족 통일 연맹에서 '가자 북으로! 오라 남으로!' 등을 슬로건으로 내걸고 남북 학생 회담을 요구하는 학생 집회를 전개하였다(1961).

(2) 박정희 정부

① 7·4 남북 공동 성명(1972)
  ㉠ 배경
    ⓐ 닉슨 독트린이 발표되어 냉전이 완화되었다.
    ⓑ 이산가족 상봉을 위하여 남북 적십자 회담을 개최하였다(1971).
  ㉡ 발표 : **평화 통일 원칙(자주·평화·민족적 대단결)에 합의**한 사실을 **서울과 평양에서 동시에 발표**하였다.
  ㉢ 이후 : **남북 조절 위원회를 설치**하여 3대 원칙을 실현하고자 하였다.
  ㉣ 한계 : 남북한 정권을 강화하는 데 이용되어 대한민국에서는 유신 헌법이, 북한에서는 사회주의 헌법이 제정되었다.

7·4 남북 공동 성명을 발표하는
이후락 중앙정보부장

> **국사(國史)편찬위원회에서 출제한 자료** ●7·4 남북 공동 성명(1972)
>
> 1. 통일은 외세에 의존하거나 외세의 간섭을 받음이 없이 자주적으로 해결한다.
> 2. 통일은 서로 상대방을 반대하는 무력행사에 의거하지 않고 평화적인 방법으로 실현한다.
> 3. 사상과 이념, 제도의 차이를 초월하여 우선 하나의 민족으로서 민족적 대단결을 도모한다.

(3) 전두환 정부

① 서울에 수해가 발생하자 북한이 원조 물자를 보냈다(1984).
② 분단 이후 **최초로 남북의 이산가족 및 예술단이 판문점을 통과하여 서울과 평양을 방문하였다(1985).**

이산가족 고향 방문

(4) 노태우 정부

① **남북한이 유엔에 동시 가입하였다(1991).**
② **남북 기본 합의서 채택(1991)**
  ㉠ 내용 : 남북한 사이의 화해와 불가침 및 교류 협력을 명시하고 남북한을 잠정적 특수 관계로 규정하였다.
  ㉡ 특징 : 제5차 고위급 회담의 결과로 채택된 최초의 공식 합의서이다.

남북 기본 합의서 채택

> **국사(國史)편찬위원회에서 출제한 자료** ●남북 기본 합의서(1991)
>
> 〈전문〉
> 남과 북은 분단된 조국의 평화적 통일을 염원하는 온 겨레의 뜻에 따라 …… 쌍방 사이의 관계가 나라와 나라 사이의 관계가 아닌 통일을 지향하는 과정에서 잠정적으로 형성되는 특수관계라는 것을 인정하고 …… 다음과 같이 합의하였다.
> 제1장 남북 화해
>   〈제1조〉 남과 북은 서로 상대방의 체제를 인정하고 존중한다.
> 제2장 남북 불가침
>   〈제9조〉 남과 북은 상대방에 대하여 무력을 사용하지 않으며 무력으로 침략하지 아니한다.

③ 한반도 비핵화 공동 선언에 합의하였다(1991).

(5) 김대중 정부

① 햇볕 정책을 펼쳐 금강산 관광 사업을 시작하였다.

② 6·15 남북 공동 선언(2000)

    ㉠ 특징 : 최초의 남북 정상 회담에서 발표하였다.

    ㉡ 내용 : 남한의 연합제 안과 북한의 낮은 단계로의 연방제 안이 서로 공통성이 있음을 인정하였다.

    ㉢ 결과 : 경의선 복구 사업, 개성 공단 조성에 합의하였다.

> **국사(國史)편찬위원회에서 출제한 자료 ● 6·15 남북 공동 선언(2000)**
>
> 1. 남과 북은 나라의 통일 문제를 그 주인인 우리 민족끼리 서로 힘을 합쳐 자주적으로 해결해 나가기로 하였다.
> 2. 남과 북은 나라의 통일을 위한 남측의 연합제 안과 북측의 낮은 단계의 연방제 안이 서로 공통성이 있다고 인정하고 앞으로 이 방향에서 통일을 지향해 나가기로 하였다.
> 3. 남과 북은 올해 8·15에 즈음하여 흩어진 가족, 친척 방문단을 교환하며 비전향 장기수 문제를 해결하는 등 인도적 문제를 조속히 풀어나가기로 하였다.

③ 부산 아시안게임에서 남북한 선수단이 동시에 입장하였다(2002).

(6) 노무현 정부

① 경의선을 복구하고 개성 공단을 완공하였다.

② 제2차 남북 정상 회담을 개최하여 10·4 남북 공동 선언(남북 관계 발전과 평화 번영을 위한 선언)을 발표하였다(2007).

> **국사(國史)편찬위원회에서 출제한 자료 ● 10·4 남북 공동 선언(남북 관계 발전과 평화 번영을 위한 선언, 2007)**
>
> 1. 6·15 공동 선언을 고수하고 적극 구현해 나간다.
> 5. 경제 협력 사업을 적극 활성화하기로 하였다.
>   • 서해 평화 협력 특별 지대를 설치하여 공동어로 구역과 평화 수역 설정, 민간 선박의 해주 직항로 통과, 한강 하구 공동 이용 등을 적극 추진해 나가기로 하였다.
>   • 개성–신의주 철도와 개성–평양 고속 도로를 공동으로 이용하기 위해 개보수 문제를 협의·추진하기로 하였다.
> 6. 역사, 언어, 교육, 과학 기술, 문화 예술, 체육 등 사회 문화 분야의 교류와 협력을 발전시켜 나가기로 하였다.

(7) 문재인 정부

제3차 남북 정상 회담을 개최하여 판문점 선언을 발표하였다(2018).

● 햇볕 정책

김대중 정부가 추진한 대북 화해 협력 정책으로 이를 계기로 남북 관계는 전환점을 맞이하였다. 이러한 평화의 분위기 속에서 기업가 정주영이 소 떼를 몰고 북한을 방문하였고, 금강산 관광도 시작되었다.

능력(能力) 향상을 위한 O, X		정답
01 7·4 남북 공동 성명에 합의한 정부 때 남북 기본 합의서를 채택하였다.	( )	×
02 남북한이 유엔에 동시 가입한 정부 때 최초의 이산가족 상봉이 이루어졌다.	( )	×
03 최초의 남북 정상 회담이 이루어진 정부 때 개성 공단 조성에 합의하였다.	( )	○

01

(가)에 들어갈 사진으로 옳은 것은?

1970년대 대한민국 사진전
- 경제 분야 -

경부 고속 도로 개통

포항 종합 제철 공장 준공

(가)

① 수출 100억 달러 달성

② 서울 올림픽 대회 개최

③ 경제 협력 개발 기구 (OECD) 가입

④ 아시아·태평양 경제 협력체 (APEC) 정상 회의 개최

02

(가)에 해당하는 인물로 옳은 것은?

□□신문

제△△호   1970년 11월 14일 토요일

평화 시장 재단사, 병원서 끝내 숨져

13일 오후 2시경 서울 청계천 부근 평화 시장에서 기업주의 근로 기준법 준수를 요구하는 노동자들의 시위가 벌어졌다. 그 과정에서 온 몸에 기름을 뒤집어쓰고 분신한 ⸢(가)⸥이 병원으로 옮겨졌으나 끝내 사망하였다.

① 김주열

② 박종철

③ 이한열

④ 전태일

03

(가) 시기에 있었던 사실로 옳은 것은?

1985   (가)   1998

남북 이산가족 최초 상봉

정주영의 소 떼 방북

① 개성 공단 조성에 합의하였다.
② 남북 기본 합의서가 채택되었다.
③ 남북 조절 위원회가 설치되었다.
④ 6·15 남북 공동 선언이 발표되었다.

04

(가)에 들어갈 내용으로 옳은 것은?

기록으로 보는 평화 통일 노력

1990년대   2000년대

(가)   기록물 #10

2000년, 남북한의 정상인 김대중 대통령과 김정일 국방 위원장이 분단 이후 처음으로 만나 평양에서 회담을 진행하였다.

① 남북 기본 합의서
② 7·4 남북 공동 성명
③ 6·15 남북 공동 선언
④ 한반도 비핵화 공동 선언

05

(가)에 들어갈 내용으로 옳은 것은?

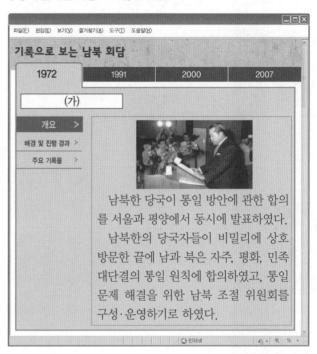

파일(F) 편집(E) 보기(V) 즐겨찾기(A) 도구(T) 도움말(H)

기록으로 보는 남북 회담

1972   1991   2000   2007

(가)

개요   >
배경 및 진행 경과 >
주요 기록물 >

남북한 당국이 통일 방안에 관한 합의를 서울과 평양에서 동시에 발표하였다. 남북한의 당국자들이 비밀리에 상호 방문한 끝에 남과 북은 자주, 평화, 민족 대단결의 통일 원칙에 합의하였고, 통일 문제 해결을 위한 남북 조절 위원회를 구성·운영하기로 하였다.

인터넷

① 남북 기본 합의서
② 7·4 남북 공동 성명
③ 6·15 남북 공동 선언
④ 10·4 남북 정상 선언

06

(가)~(다)를 일어난 순서대로 옳게 나열한 것은?

평화 통일을 위하여 걸어온 길

(가)   (나)   (다)

7·4 남북 공동 성명 발표   남북한 정상의 만남   남북 기본 합의서 채택

① (가) - (나) - (다)
② (가) - (다) - (나)
③ (나) - (가) - (다)
④ (다) - (가) - (나)

설민석
한국사능력검정시험
개념완성

기본편

부록

01 | 유네스코 세계 유산

 유네스코(UNESCO) 세계 유산이란?

세계 유산은 우리가 선조로부터 물려받아 앞으로 우리 자손에게 물려주어야 할 중요한 자산이다. 이에 유네스코는 인류가 함께 보존할 가치가 있는 귀중한 유산을 세계 유산, 인류 무형 문화유산, 세계 기록 유산으로 나누어 보호하고 있다.

1 세계 유산(문화유산 · 자연유산 · 복합유산)

※ 2023년 9월, 고대 가야를 대표하는 '가야 고분군' 7개의 유네스코 세계 유산 등재가 확정됨(전북 남원 유곡리와 두락리 고분군, 경북 고령 지산동 고분군, 경남 김해 대성동 고분군, 경남 함안 말이산 고분군, 경남 창녕 교동과 송현동 고분군, 경남 고성 송학동 고분군, 경남 합천 옥전 고분군).

유네스코는 자연재해나 전쟁 등으로 위험에 처한 유산을 보호하고 복구 활동을 하여 인류의 문화유산 및 자연 유산을 지키기 위하여 세계 유산을 지정하고 있다. 세계 유산은 '문화유산'과 '자연유산', 그리고 문화와 자연의 특수성을 모두 가진 '복합유산'으로 분류하며, 유적이나 자연물을 대상으로 한다.

해인사 장경판전(1995)

경남 합천군 가야산에 위치하며, 13세기에 제작된 팔만대장경을 보관하기 위하여 지은 목판 보관용 건축물이다. 이곳에 팔만대장경이라고 불리는 대장경판 81,258장이 보관되어 있다.

종묘(1995)

조선 왕조 역대 왕과 왕비의 신주를 모신 사당으로, 조선 시대를 대표하는 웅장하고 엄숙한 건축물이다. 정전과 영녕전 등으로 구성되었으며, 정면이 매우 길고 수평성을 강조한 모습이다.

석굴암   불국사

석굴암과 불국사(1995)

신라 시대에 건축한 고대 불교 유적으로, 두 유산 모두 경주 토함산에 있다. 석굴암은 토함산 언덕의 암벽 위에 만든 인공 석굴이며, 불국사는 인공적으로 쌓은 석조 기단 위에 지은 목조 건축물이다.

창덕궁 인정전

창덕궁(1997)

태종 5년(1405)에 경복궁의 이궁(離宮)으로 지은 궁궐이다. 흥선 대원군이 선조 25년(1592)에 임진왜란으로 불에 탄 경복궁을 다시 만들기 전까지 조선의 법궁(法宮) 역할을 하였다.

수원 화성 팔달문(남문)

수원 화성(1997)

경기도 수원시에 있는 조선 시대 성곽이다. 조선 제22대 왕 정조가 아버지 사도(장헌) 세자의 묘를 옮기며 신도시를 건설하기 위하여 만들었다. 수원 화성은 군사적 기능과 상업적 기능을 함께 지녔으며, 구조가 과학적이고 실용적이다.

강화 고인돌(북방식)

고창 · 화순 · 강화의 고인돌 유적(2000)

우리나라의 고인돌은 거대한 바위를 이용하여 만든 거석 기념물로서 일종의 무덤이다. 고창 · 화순 · 강화의 고인돌 유적에는 많은 고인돌이 밀집되었으며, 다양한 형식의 고인돌이 발견되고 있다.

포석정

경주 역사 유적 지구(2000)

조각·탑·절터·궁궐터·왕릉과 같은 신라 시대의 여러 뛰어난 불교 유적과 생활 유적이 집중적으로 분포되어 있다.
- **남산 지구** : 경주 배동 석조여래 삼존 입상, 나정, 포석정
- **월성 지구** : 계림, 첨성대, 동궁과 월지, 내물왕릉
- **대릉원 지구** : 황남 대총, 노동리 고분군, 노서리 고분군, 천마총, 미추왕릉, 재매정
- **황룡사 지구** : 황룡사지, 분황사
- **산성 지구** : 명활산성

성산 일출봉

제주 화산섬과 용암 동굴(2007)

제주도의 화산섬과 용암 동굴은 세계에서 가장 아름다운 동굴계로 꼽히는 거문오름 용암 동굴계, 바다에서 솟아올라 마치 천연 요새처럼 장관을 연출하는 성산 일출봉, 한국에서 가장 높은 한라산 천연보호구역으로 구성된다. 제주도의 자연 유산은 빼어난 아름다움과 생물의 다양성 보전 측면에서 가치를 인정받았다.

건릉(조선 제22대 왕 정조의 능)

조선 왕릉(2009)

조선의 왕과 왕비 및 추존된 왕과 왕비의 무덤을 일컫는다. 우리나라 18개 지역에 흩어져 있고 총 40기에 달한다(북한에 있는 2기와 광해군·연산군 묘는 제외한다). 왕릉은 대체로 남쪽에는 물이 흐르고, 뒤로는 언덕에 둘러싸인 이상적인 곳에 위치해 있다.

안동 하회마을

한국의 역사 마을 : 하회와 양동(2010)

한국을 대표하는 역사적인 씨족 마을로 14~15세기에 조성되었다. 하회마을은 17세기부터 류 씨 단독 씨족 마을이 되었으며, 양동마을은 이 씨와 손 씨의 혼인으로 형성되었다.

남한산성 남문

남한산성(2014)

조선 시대에 유사시를 대비하여 임시 수도로서 역할을 하도록 건설되었다. 백제 온조왕의 성으로도 알려져 있으며, 병자호란 때 인조가 이곳으로 피신하기도 하였다. 17세기 초에는 청의 위협에 맞서기 위하여 여러 차례 개축(改築)하였다.

익산 미륵사지

백제 역사 유적 지구(2015)

백제의 주요 도시인 공주시·부여군·익산시 3개 지역은 백제의 화려한 문화와 역사를 보여 준다.
- **공주 역사 지구** : **공산성**, 송산리 고분군
- **부여 역사 지구** : 관북리 유적, 부소산성, 정림사지, 능산리 고분군, 부여 나성
- **익산 역사 지구** : 왕궁리 유적, 미륵사지

영주 부석사 무량수전

산사, 한국의 산지 승원
[한국의 산사(山寺) 7곳, 2018]

통도사·**부석사**·봉정사·법주사·마곡사·선암사·대흥사 등 전국에 분포하는 7개 사찰로 구성되었다. 승가 공동체의 신앙·수행·일상생활 기능을 가진다.

도산 서원

한국의 서원(2019)

소수 서원(경북 영주), 남계 서원(경남 함양), 옥산 서원(경북 경주), **도산 서원(경북 안동)**, 필암 서원(전남 장성), 도동 서원(대구 달성), 병산 서원(경북 안동), 무성 서원(전북 정읍), 돈암 서원(충남 논산)이 등재되었다. 서원은 조선 시대에 성리학을 교육하던 시설로, 주로 사림에 의해 16세기 중반부터 17세기 중반까지 만들어졌다.

한국의 갯벌(2021)

서천 갯벌, 고창 갯벌, 신안 갯벌, 보성·순천 갯벌이 세계 자연 유산으로 등재되었다. 한국의 갯벌은 생태계 보전과 다양한 생물의 서식지로서 가치를 인정받았다.

종묘 제례 및 종묘 제례악(2001)
종묘 제례란 조선의 역대 왕과 왕비 및 추존된 왕과 왕비의 신주를 모신 사당에서 지냈던 의례이다. 종묘 제례악은 종묘에서 제사를 지낼 때 연주하는 기악과 노래, 춤 등을 말한다.

판소리(2003)
소리꾼 한 명과 고수(북치는 사람) 한 명이 음악으로 이야기를 엮어 가는 장르이다. 초기 판소리에는 열두 마당이 있었지만, 현재는 춘향가 · 심청가 · 수궁가 · 흥보가 · 적벽가의 다섯 마당만 전한다.

관노 가면극

강릉 단오제(2005)
단오를 전후로 펼쳐지는 강릉 지방만의 의식이다. 산신령과 여러 수호신에게 제사를 지내며, 전통 음악과 민요, 그네, 씨름, 관노 가면극, 수리취떡 만들어 먹기, 창포물에 머리 감기 등 다양한 민속놀이가 개최된다.

강강술래(2009)
우리나라 남서부 지방에서 풍작과 풍요를 기원하며 행하던 풍속이다. 음력 8월 한가위에 보름달이 뜨면 마을 처녀 수십 명이 모여 손을 맞잡아 둥글게 원을 만들어 돌며 '강강술래' 노래를 불렀다.

남사당놀이(2009)
'남자들로 구성된 유랑 광대극'이라는 뜻으로 본래 유랑 예인들이 여기저기 떠돌면서 행하던 전통 민속 공연이다.

영산재(2009)
한국 불교문화의 중심 요소로서 부처가 영취산에서 불법을 가르치던 모습을 재현한 불교 의식이다. 주로 사람이 죽은 지 49일이 되는 날 영혼을 극락으로 이끄는 의식을 말한다.

제주 칠머리당 영등굿(2009)
바다의 평온과 풍작 및 풍어를 기원하기 위하여 음력 2월에 행하는 제주의 풍속이다. 대표적으로 제주시 건입동 칠머리당에서는 바람의 여신(영등할망) · 용왕 · 산신 등을 위하여 제사를 지낸다.

처용무(2009)
궁중 연례에서 악귀를 몰아내고 평온을 기원하거나 음력 섣달그믐에 악귀를 쫓는 의식인 나례를 행할 때 추는 탈춤이다. '처용'은 동해 용왕의 아들로 태어나 사람의 모습으로 노래를 부르고 춤을 추어 천연두를 옮기는 나쁜 귀신으로부터 인간 아내를 구해 냈다는 설화의 주인공이다.

가곡, 국악 관현반주로 부르는 서정적 노래(2010)
소규모 관현악 반주에 맞추어 남성이나 여성이 부르던 한국 전통 성악이다. 처음에 가곡은 상류층이 즐기던 음악 장르였으나, 점차 대중음악으로 발전하였다. 현재 전승되는 가곡은 남창 26곡, 여창 15곡 등 모두 41곡이다.

대목장, 한국의 전통 목조 건축(2010)
과거에는 나무를 이용하여 무언가를 만드는 사람을 주로 목장 · 목공 · 목수라고 불렀다. 이 가운데 궁궐이나 사찰 · 가옥 등 건축과 관계된 일을 하는 사람을 '대목' 또는 '대목장'이라고 불렀다.

매사냥, 살아있는 인류 유산(2010)
매나 기타 맹금류를 길들여 야생 상태에 있는 사냥감을 잡도록 하는 정통 사냥법이다. 야산에 매 그물을 쳐서 매를 잡고, 숙달된 봉받이(매 조련사)가 야성이 강한 매를 길들인 후 사냥감을 모는 몰이꾼(털이꾼), 매를 다루는 봉받이, 매가 날아가는 방향을 봐 주는 배꾼이 매를 활용해 사냥을 한다.

줄타기(2011)
우리나라의 전통 공연 예술로 두 지점 사이에 매단 줄 가운데서 노래 · 춤 · 곡예 등을 늘어놓는 예술이다. 주로 단오, 추석 등 명절에 공연이 이루어졌다.

택견, 한국의 전통 무술(2011)
몸의 탄력을 이용하여 유연한 동작으로 상대를 제압하거나 자신을 방어하는 우리나라 전통 무술이다. 삼국 시대 이전부터 행하였다고 추정되며, 조선 시대에는 서민을 포함한 더 폭넓은 계층에서 성행하였다.

실잣기

한산 모시 짜기(2011)
충남 서천군 한산 지역에서 만드는 한산 모시는 다른 지역보다 품질이 우수하여 모시의 대명사로 불린다. 모시 짜기는 수확, 모시풀 삶기, 표백, 실잣기, 베틀 짜기 등 여러 과정으로 이루어진다.

영화 「아리랑」 포스터

아리랑, 한국의 서정민요(2012)
우리나라의 대표 민요로서 예로부터 여러 세대를 거치며 대중의 공동 노력으로 창조한 결과물이다. 시대와 지역에 따라 다양한 후렴구와 리듬 등이 발달하여 전승되고 있다. 현재 전승되는 아리랑은 약 60여 종, 3,600여 곡으로 추정된다.

김장, 한국의 김치를 담그고 나누는 문화(2013)
한국인이 겨울을 나기 위하여 많은 양의 김치를 담그는 일련의 과정이다. 기록에 따르면 760년 이전에도 한국인의 식단에 김치가 있었다고 한다. 김장은 공동체 간 협력을 증진시키고 정체성을 확인하는 중요한 행사이기도 하다.

농악(2014)
공동체 의식과 농촌 사회의 여흥 활동에서 유래한 대중 공연 예술이다. 각 지역 농악 연주자들은 화려한 의상을 입고 타악기를 연주하며 농사의 풍요와 마을의 번성을 기원하기 위하여 공연하였다.

영산 줄다리기

줄다리기(2015)
풍요로운 농사를 기원하며 행하는 행사이다. 두 팀으로 나뉜 사람들은 줄을 반대 방향으로 당겼는데, 이때 승부에 연연하기보다는 공동체의 풍요와 편안을 바라는 데 집중하였다. 또한 공동체 구성원들은 줄다리기를 하며 결속과 단결을 강화하였다.

제주 해녀 문화(2016)
제주 해녀는 산소 공급 장치 없이 10미터 정도 깊이의 바닷속으로 약 1분간 잠수하여 해산물을 채취한다. 해녀는 한 번 잠수한 후 숨을 길게 내뱉으며 매우 특이한 소리를 내는데, 이를 '숨비 소리'라고 한다. 현재는 노를 저어 바다로 물질을 나가던 시절에 부른 '해녀 노래'가 전승되고 있다.

씨름, 한국의 전통 레슬링(2018)
한국 전역에서 널리 향유되는 대중적 놀이로서 선수 두 명이 서로의 허리띠를 잡고 상대를 바닥에 넘어뜨리기 위하여 여러 기술을 사용하는 일종의 레슬링이다. 씨름은 마을에 있는 모래밭 어디에서나 이루어지며, 축제, 명절 등 다양한 시기에 행하였다. 또한 모든 연령이 참여할 수 있어 마을 구성원의 협동심을 강하게 하였다. 최초로 인류 무형 유산에 남북 공동 등재되었다.

연등회(2020)
신라에서 시작되어 고려 시대에 국가적 행사로 자리 잡은 불교 행사이다. 석가모니의 탄생을 기념하는 종교 의식이었으나 현재는 남녀노소 참여할 수 있는 대표적인 봄 축제가 되었다.

한국의 탈춤(2022)
춤, 노래, 연극을 아우르는 종합 예술로, 관객과 적극적인 환호와 야유를 주고받으며 비판할 것은 비판하되 크게 하나 됨을 지향하는 유쾌한 상호 존중의 공동체 유산이다.

『훈민정음(해례본)』(1997)

조선 시대에는 세종의 명으로 한글이 창제되고 정인지 등 집현전 학사들이 한글에 대한 해설과 용례를 작성하였는데, 이를 『훈민정음(해례본)』이라 한다. 현재 간송 미술관에 보관되어 있다.

『조선왕조실록』(1997)

조선을 건립한 태조 이성계부터 제25대 임금인 철종까지 472년간의 역사를 편년체로 기록한 책이다. 사초와 시정기, 『승정원일기』, 조보 등을 모아 편찬하였으므로, 당시 정치·외교·군사·제도·법률 등 각 분야의 정보를 망라한다.

『승정원일기』(2001)

승정원에서 왕과 신하 간에 오고 간 문서와 왕의 일과를 매일 기록한 책이다. 『승정원일기』는 원본이 한 부밖에 없는 세계 최대의 연대 기록물이며, 당시의 정치·경제·사회·문화 등 생생한 역사를 그대로 기록하였다는 점을 인정받았다.

『불조직지심체요절』 하권(2001)

고려 공민왕 때 백운 화상이 저술한 『불조직지심체요절』을 1377년 7월에 청주 흥덕사에서 금속 활자로 인쇄한 것이다. 현존하는 세계에서 가장 오래된 금속 활자본으로 공인되었다. 현재 프랑스 국립 도서관에 보관되어 있다.

황태자가례도감

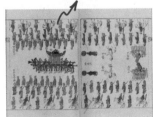

조선 왕조 『의궤』(2007)

조선 왕실의 주요 행사와 나라의 건축 사업 진행 과정 등을 그림과 글로 기록한 책으로, 행사에 사용된 도구·복식이 그림으로 상세히 표현되었다.

고려대장경판 및 제경판(2007)

부처님의 가르침을 담은 경장, 승단의 계율을 담은 율장, 고승과 불교 학자들이 남긴 주석을 모은 논장을 집대성하여 재구성한 것이다. '고려대장경'은 아시아 본토에 현전하는 유일하고 완전한 경전이다.

『동의보감』(2009)

1613년에 조선 시대 의학자 허준이 선조의 명으로 저술한 백과사전식 의서이다. 일반 민중이 쉽게 이용할 수 있는 최초의 보건 의서로서 가치를 인정받아 세계 기록 유산에 등재되었다.

『일성록』(2011)

『일성록』은 조선 정조가 세손 시절 쓴 일기인 『존현각일기』에서 유래한 것으로, 1760년~1910년까지 국왕의 동정과 국정에 관한 제반 사항을 기록하였다.

1980년 인권기록유산 5·18 광주 민주화 운동 기록물(2011)

5·18 민주화 운동의 발발과 진압, 그리고 이후 진상 규명 및 보상 과정과 관련하여 정부·국회·시민단체, 그리고 미국 정부 등에서 생산한 방대한 자료의 모음이다.

『난중일기』 이순신 장군의 진중일기(2013)

이순신 장군이 임진왜란이 발발한 1592년 1월부터 노량 해전에서 전사하기 직전인 1598년 11월까지 거의 날마다 적은 기록으로, 총 7책 205장의 필사본으로 엮어져 있다. 상세한 전투 과정과 당시 기후·지형·일반 서민의 삶이 자세히 기록되었다.

새마을 운동 깃발

새마을 운동 기록물(2013)

1970년~1979년까지 대한민국에서 전개된 새마을 운동에 관한 기록물이다. 대통령 연설문과 결재 문서, 행정 부처의 새마을 사업 공문, 마을 단위의 사업 서류, 새마을 지도자들의 성공 사례와 편지 등 관련 사진과 문서, 영상 자료들을 총칭한다.

배자예부 운략 판목

한국의 유교 책판(2015)

조선 시대에 유교 서적 718종을 간행하기 위하여 판각한 책판으로, 305개 문중과 서원에서 기탁한 책판 총 64,226장으로 구성되었다.

KBS 특별 생방송 '이산가족을 찾습니다' 방송기념 음반(LP)

KBS 특별 생방송 '이산가족을 찾습니다' 기록물(2015)
KBS가 1983년 6월 30일 밤 10시 15분부터 11월 14일 새벽 4시까지 138일 453시간 45분 동안 생방송한 비디오 녹화 원본 테이프 463개와 담당 프로듀서의 업무 수첩, 이산가족이 직접 작성한 신청서, 일일 방송 진행표, 큐시트, 기념 음반, 사진 등 20,522건의 기록물을 총칭한다.

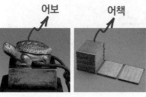

어보   어책

조선 왕실 어보와 어책(2017)
조선 왕실에서 왕비나 왕세자 등에게 봉작을 내리기 위하여 제작한 예물이다. 어보는 재질에 따라 금보·옥보로도 불렸으며, 봉작의 정통성과 권위를 증명하기 위하여 어책과 함께 내려졌다. 어보를 주석한 어책은 당대 문화를 파악하는 중요한 자료로 활용되기도 한다.

국채 보상 운동 기록물(2017)
1907년부터 1910년까지 일어난 국채 보상 운동의 전 과정을 보여 주는 기록물이다. 당시 남성들은 술과 담배를 끊었고 여성들은 반지와 비녀를 내어놓았으며, 기생과 거지, 심지어 도적들까지도 참여하였다. 국가적 위기에 대응하는 시민 의식의 진면목을 보여 주는 역사적 기록물로서 매우 큰 의미를 지닌다.

「조선 통신사 행렬도」

조선 통신사에 관한 기록(2017)
1607년부터 1811년까지, 일본에도 막부의 초청으로 12회에 걸쳐 일본으로 파견된 외교 사절단에 관한 자료를 총칭한다. 조선 통신사는 임진왜란 이후 단절된 국교를 회복하고, 양국 사이에 평화적인 관계를 만들고 유지하는 데 크게 공헌하였다. 이 기록은 외교뿐만 아니라 여정 기록·문화 기록 등을 포함하는 종합 자산이며, 이를 통하여 당시의 상업·문화도 알 수 있다.

4·19 혁명 기록물(2023)
1960년대 봄, 대한민국에서 학생들이 주도한 민주화 운동 관련 기록물 1019점으로, 1960년대 세계 학생 운동에 미친 중요성을 인정받아 등재되었다.

동학 농민 혁명 기록물(2023)
1894~1895년 조선에서 발발한 동학 농민 혁명 관련 기록물 185점으로, 백성이 주체가 되어 자유·평등·인권의 보편적 가치를 지향하며 공정 사회를 건설하기 위해 노력했던 세계사적 중요성을 인정받았다.

02 | 우리나라의 세시 풍속

 세시 풍속이란?

- 우리나라의 세시 풍속은 매년 주기적으로 반복되는 농경의례를 모태로 한다. 즉, 1년 동안의 생산 과정과 그 중간에 해당하는 휴식 과정이 지역 풍토에 맞게 전승되며 형성된 것이다.
- 우리나라는 사계절이 뚜렷하여 계절 및 농업 생산 활동과 밀접하게 연관된 월령(月令)에 따라 매달 명절 풍습이 정해진다.

1 주요 농사 일정

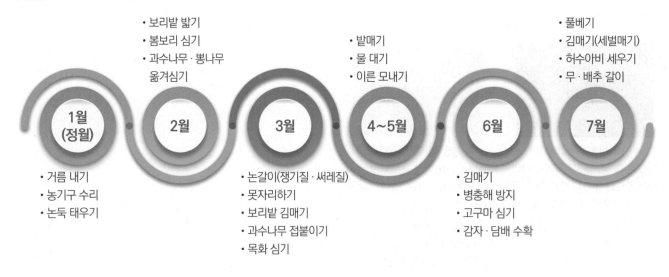

1월(정월)
- 거름 내기
- 농기구 수리
- 논둑 태우기

2월
- 보리밭 밟기
- 봄보리 심기
- 과수나무 · 뽕나무 옮겨심기

3월
- 논갈이(쟁기질 · 써레질)
- 못자리하기
- 보리밭 김매기
- 과수나무 접붙이기
- 목화 심기

4~5월
- 밭매기
- 물 대기
- 이른 모내기

6월
- 김매기
- 병충해 방지
- 고구마 심기
- 감자 · 담배 수확

7월
- 풀베기
- 김매기(세벌매기)
- 허수아비 세우기
- 무 · 배추 갈이

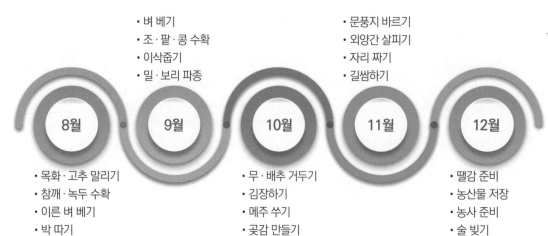

8월
- 목화 · 고추 말리기
- 참깨 · 녹두 수확
- 이른 벼 베기
- 박 따기

9월
- 벼 베기
- 조 · 팥 · 콩 수확
- 이삭줍기
- 밀 · 보리 파종

10월
- 무 · 배추 거두기
- 김장하기
- 메주 쑤기
- 곶감 만들기
- 초가 이엉이기

11월
- 문풍지 바르기
- 외양간 살피기
- 자리 짜기
- 길쌈하기

12월
- 땔감 준비
- 농산물 저장
- 농사 준비
- 술 빚기
- 두부 만들기

명칭과 시기	내용
설날 (음력 1월 1일)	• 음력 정월 초하룻날 • 설빔을 지어 입고 웃어른들에게 세배를 올리며 덕담을 나눈다. 성묘를 하고, 새해 운수를 점치기도 한다. • 풍습 : 차례, 세배, 성묘, 복조리 걸기, 떡국 먹기, 윷놀이, 널뛰기
정월 대보름 (음력 1월 15일)	• 음력 1월 14일 밤에는 액년이 든 사람들이 짚으로 사람 모양 인형인 '제웅'을 만들어 길가에 버린다. • 음력 1월 15일에는 건강을 기원하며 밤·호두·잣 등 부럼을 깨물고 오곡밥을 지어 먹는다. 또 귀밝이술이라 하여 데우지 않은 술을 한 잔 마신다. 아침에 일어나 처음 만난 사람에게 "내 더위~!" 하고 더위를 팔면 그해 여름에는 더위를 타지 않는다고 한다. 밤이 되면 아이들은 들에 나가 쥐불놀이를 한다. • 풍습 : 귀밝이술, 널뛰기, 투호, 줄다리기, 쥐불놀이, 연날리기, 달집 태우기, 오곡밥 먹기, 볏가릿대 세우기, 다리밟기, 부럼 깨기
입춘 (양력 2월 4일 혹은 5일 즈음)	• 24절기 가운데 첫 절기 • 새해의 봄이 시작되는 날을 기리고 다가오는 일 년 동안 대길(大吉)·다경(多慶)하기를 기원하는 뜻에서 갖가지 의례를 베푼다. • 풍습 : 입춘첩(입춘대길), 세화 붙이기
머슴날 (음력 2월 1일)	• 음력 2월 초하룻날 • 겨우내 쉬던 머슴들을 농가에 다시 불러들여 일 년 농사를 부탁하고 위로하는 뜻에서 술과 음식을 푸짐하게 대접하여 하루를 즐기도록 한 머슴들의 명절이다. 지역에 따라 머슴날·노비일·일꾼날·하리아드랫날·영등할머니 제삿날이라고도 부른다. • 풍습 : 볏가릿대 내리기, 콩 볶아 먹기, 나이떡 해먹기, 영등굿
경칩 (양력 3월 5일 혹은 6일 즈음)	• 동지에서 74일째 되는 날 • 우수와 경칩이 지나면 대동강물이 풀려 완연한 봄을 느끼며, 초목의 싹이 돋아나고 동면하던 벌레들도 땅속에서 나온다고 믿는다. 이날 농촌에서는 산이나 논의 물이 고인 곳을 찾아 몸이 건강해지기를 바라며 개구리(혹은 도롱뇽)알을 건져다 먹는다. • 풍습 : 개구리알 먹기
한식 (양력 4월 5일 혹은 6일 즈음)	• 동지에서 105일째 되는 날 • 설날·단오·추석과 함께 우리나라의 4대 명절 중 하나로, 일정 기간 동안 불의 사용을 금하며 찬 음식을 먹는 중국 풍습에서 유래되었다. • 음력을 기준으로 하는 명절이 아니다 보니 음력 2월 또는 음력 3월에 있을 수 있어 이 둘을 구분하기도 한다. • 풍습 : 성묘, 산신제, 개사초(묘에 잔디를 입히는 것), 제기차기, 그네타기, 갈고리 던지기
삼짇날 (답청절, 음력 3월 3일)	• 봄을 알리는 명절로서 이날 장을 담그면 맛이 좋다고 하였으며, 화전을 먹으며 집을 수리하기도 하고 농경제를 지내 풍년을 기원하기도 하였다. • 이날을 답청절이라고도 하는데, 들판에 나가 꽃놀이를 하고 새 풀을 밟으며 봄을 즐기기 때문에 붙여진 이름이다. • 풍습 : 활쏘기, 닭쌈, 화전 지져 먹기(화전 놀이), 장 담그기, 국수·쑥떡 먹기
초파일 (부처님 오신 날, 음력 4월 8일)	• 불교의 개조(開祖)인 석가모니의 탄생일이다. 이날은 '부처님 오신 날'이라고도 하며 각지에서 불교 행사 또는 연등 축제를 거행한다. • 불교 기념일인 초파일이 민족 명절로 자리 잡은 것은 예전부터 전래되어 온 연등 행사와 불교의 연등 공양이 합쳐진 때부터이다. • 풍습 : 연등 달기, 탑돌이

제웅

투호

신윤복의 「연소답청」

연등

단오 (음력 5월 5일)	• 음력 5월 초닷새 • **수릿날** · 천중절이라고도 하며, 숫자 '5'가 두 번 겹쳐 일 년 중 양기가 가장 왕성한 날이라고 여겼다. • 씨뿌리기가 끝난 5월에 신에게 풍년을 기원하며 벌이는 축제이자 환절기에 나쁜 기운을 막고자 하는 주술적 성격을 담고 있다. • 왕이 무더위를 잘 견디라는 의미로 신하들에게 부채를 선물하였다는 기록이 있다. • **풍속** : **씨름**, 그네뛰기, 널뛰기, **창포물에 머리감기**, **수리취떡 만들기**, 강릉 단오굿	신윤복의 「단오풍정」
유두 (음력 6월 15일)	• 음력 6월 보름날 • 물과 관련 깊은 명절로, 이날은 일가친지가 맑은 시내나 폭포에서 목욕을 하였다. 또한 가지고 간 음식을 먹고 나서 하루 동안 서늘하게 지내면 여름에 질병을 물리치고 더위를 먹지 않는다고 믿었다. • **풍습** : 흐르는 물에 머리 감기, 탁족 놀이, 수단 만들기, 유두천신, 천렵, 물맞이	
삼복 (음력 6월에서 7월 사이 절기)	• '삼복'은 초복 · 중복 · 말복을 통틀어 이르는 말로, 복날은 장차 일어나고자 하는 음기가 양기에 억눌려 있는 날이라는 뜻이다. 이날은 개를 잡아먹으며 몸을 보신하였는데, 성안의 개를 잡아 해충을 방지하고자 한 이유도 있었다. • **풍습** : 농신제, 복달임(개장, 삼계탕)	
칠석 (음력 7월 7일)	• 칠석은 헤어져 있던 견우와 직녀가 만나는 날이라고도 한다. 이날 여인들은 별을 보며 바느질 솜씨가 좋아지게 해 달라고 기원하였다. • **풍습** : 칠석고사	
백중 (음력 7월 15일)	• 여름철 농사를 쉬는 기간에 농부들이 휴식을 취하는 날이다. 이날은 남녀가 모두 모여 온갖 음식을 갖추어 먹으며 노래를 부르고 춤추었다. 또한 머슴들에게도 일손을 쉬게 하고 돈을 주어 하루를 즐기도록 하였다. • **풍습** : 백중놀이, 호미씻이, 백중장, 우란분재	백중놀이(밀양)
추석 (음력 8월 15일)	• 추석은 음력 8월 보름 가을의 한가운데 달 또는 팔월의 한가운데 날이라는 뜻을 지닌다. 또한 1년 중 가장 으뜸으로 치는 명절이다. • 가배 · 가배일 · 가위 · 한가위 · 중추 · 중추절 · 중추가절이라고도 한다. • **풍습** : **차례 지내기**, **성묘하기**, **송편 만들기**, **보름달 소원 쓰기**, **강강술래** · 줄다리기 · 거북놀이 · 소싸움 · 닭싸움, 소놀이굿	송편
중양절 (음력 9월 9일)	• 중국에서 유래한 명절이다. 우리나라에서도 고려 시대부터 과거 시험과 같은 국가적 행사를 중양절에 행하였다. • **풍습** : 중양제, 국화전 해 먹기, 국화주 마시기, 단풍놀이	국화전
상달 (음력 10월)	• 음력 10월을 1년 중 가장 신성하게 여겨 '시월상달'이라고 부른다. 일 년 농사가 마무리되는 이날은 햇곡식과 햇과일을 수확하여 하늘과 조상에게 감사의 제사를 올린다. • 우리나라에서는 전통적으로 고구려의 동맹 · 동예의 무천 · 마한의 계절제 등이 추수에 감사하는 의미를 담아 10월에 행해졌다. • **풍습** : 성주맞이	
동지 (양력 12월 22일이나 23일 즈음)	• 24절기 중에 스물두 번째 절기 • **일 년 중 밤이 가장 길고 낮이 가장 짧은 날**로 민간에서는 동지를 아세(亞歲) 또는 작은설이라고도 하였다. 또한 동지는 '호랑이 장가가는 날'이라고도 한다. 이날은 나쁜 기운을 물리치기 위하여 팥죽을 쑤어 먹거나 집안 곳곳에 뿌리기도 하였다. • **풍습** : 동지 고사, **팥죽 쑤어 먹기**	팥죽
섣달그믐 (음력으로 한 해의 마지막 날)	• 새벽닭이 울 때까지 잠을 자지 않고 새해를 맞이한다. '수세'라고 하는 이러한 풍습은 옛 것을 보내고 새로운 것을 맞이한다는 의미로 우리나라에 역법(曆法)이 들어온 후 지속되었다. 또한 지나간 시간을 반성하고 새해를 설계하고 맞이하는 의례로서, 마지막이 아닌 새로운 시작이라는 의미가 담겨 있다 • **풍습** : 묵은세배, 수세, 만두 차례, 나례, 약 태우기, 대청소, 학질 예방	

03 | 도성과 문화유산

서울 시내 조선의 도성과 문화유산

(가) 덕수궁 중화전

(가) 덕수궁 석조전

(나) 경복궁 근정전

(다) 운현궁

도성/문화유산	내용
(가) 덕수궁	원래는 정릉동 행궁이라고 불리다가 임진왜란 때 피난을 떠났다 돌아온 선조가 머무르며 궁으로 사용되었고, 광해군 때 경운궁이라는 이름으로 불렸다. 광해군 때 선조의 계비인 인목 대비가 유폐된 장소이자 훗날 조선 고종이 러시아 공사관에서 환궁한 장소이기도 하다. 고종은 대한 제국을 선포하고 이곳을 법궁으로 삼았으며, 고종이 순종에게 양위한 1907년에 이름을 덕수궁으로 바꾸었다. 특히 덕수궁 석조전은 대표적인 서양식 건축물로, 후일 미·소 공동 위원회가 이곳에서 개최되었다. 덕수궁 중명전에서 1905년에 을사늑약이 체결되기도 하였다.
(나) 경복궁	조선 왕조 최초의 궁궐이자 법궁이다. 그러나 임진왜란으로 불타면서 조선 후기 법궁의 기능은 창덕궁으로 이어졌다. 후일 고종이 즉위하면서 흥선 대원군이 경복궁을 중건하였으나, 대한 제국이 성립되면서 법궁의 기능이 다시 덕수궁으로 이어졌다.
(다) 운현궁	흥선 대원군의 사저로 고종 재위 초에 흥선 대원군의 개혁 정책이 실현된 장소이다.
(라) 창덕궁	조선의 역대 왕들이 가장 많이 머문 궁궐로서 임진왜란 때 소실된 경복궁을 대신하여 조선 후기에 정궁의 기능을 담당하였다. 창덕궁 후원에 위치한 주합루는 정조가 왕실 도서관인 규장각으로 활용하였다. 구성된 건물로는 국가적 중요 행사를 담당하는 정전인 인정전, 왕의 편전인 희정당, 왕비가 거처하는 대조전, 순조의 아들인 효명 세자가 지은 접견실인 연경당 등이 있다(유네스코 세계 문화유산으로 지정). 또한 숙종 때 명의 신종을 제사하려고 지은 대보단이 있고, 어진(임금의 초상)을 봉안한 선원전이 있다. 부용지 일곽에 있는 건물은 정원의 일부이며, 물 위에 반쯤 떠 있는 부용정은 정원이자 자연 그 자체이다.
(마) 창경궁	창경궁은 조선 시대에 창덕궁과 함께 동궐로 불렸으며, 본래 이름은 수강궁이다. 세종이 상왕인 태종을 모시기 위하여 지었으나, 성종이 세 대비[세조 비 정희 왕후, 덕종 비 소혜 왕후(인수 대비), 예종 비 안순 왕후]를 모시기 위하여 수강궁을 수리하고 이름을 창경궁으로 바꾸었다. 일제 강점기에 일제에 의하여 동물원과 식물원이 설치되어 원래 모습을 잃었으나 다시 본 모습을 찾아가고 있다.
(바) 경희궁	인조의 아버지인 정원군의 집이 있던 곳으로 광해군 때 왕궁을 지어 경덕궁이라 불렀다. 1760년에 경희궁으로 이름을 바꾸었고, 280여 년 동안 동궐인 창덕궁, 창경궁과 더불어 서궐의 위치에서 양대 궁궐의 자리를 지켜 왔다.
(사) 종묘	조선 왕조 역대 왕과 왕비의 신주를 모신 조선 왕조의 사당이다. 태조가 한양으로 도읍을 옮긴 뒤 완공하였다. 임진왜란 이후 불탔으나 광해군 때 재건되었다.
(아) 사직단	농업이 주 산업인 조선에서 토지신(사)과 곡물신(직)에게 제사를 지낸 공간이다.
(자) 장충단	을미사변 때 죽은 이경직과 홍계훈 등 충신·열사의 넋을 기리는 제단이다.
(차) 동관왕묘	촉의 장수인 관우에게 제사를 지내는 사당이다.
(카) 선농단	왕이 신농씨·후직씨에게 풍년을 기원하는 곳이다.
(타) 황궁우	환구단 안에 하늘과 땅의 모든 신령의 위패를 모신 곳이다.

01

(가)에 들어갈 문화유산으로 옳은 것은?

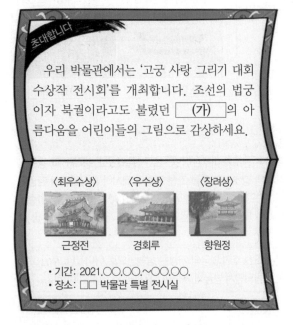

초대합니다

우리 박물관에서는 '고궁 사랑 그리기 대회 수상작 전시회'를 개최합니다. 조선의 법궁이자 북궐이라고도 불렸던 [(가)]의 아름다움을 어린이들의 그림으로 감상하세요.

〈최우수상〉　〈우수상〉　〈장려상〉

근정전　　경회루　　향원정

• 기간: 2021.○○.○○.~○○.○○.
• 장소: □□ 박물관 특별 전시실

① 경복궁　　　　② 덕수궁
③ 창경궁　　　　④ 창덕궁

02

다음 행사에 해당하는 세시 풍속으로 옳은 것은?

수릿날 맞이 체험 행사
2020년 6월 25일(음력 5월 5일)

창포물에 머리 감기 체험

수리취떡 만들기 체험

① 설날　　　　② 단오
③ 추석　　　　④ 한식

03

(가)에 들어갈 명절로 옳은 것은?

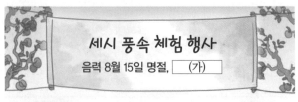

세시 풍속 체험 행사
음력 8월 15일 명절, [(가)]

보름달 소원 쓰기

송편 만들기

① 단오　　　　② 동지
③ 추석　　　　④ 한식

04

(가)에 들어갈 문화유산으로 옳은 것은?

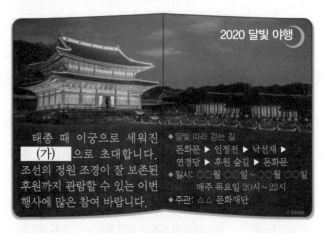

2020 달빛 야행

태종 때 이궁으로 세워진 [(가)]으로 초대합니다. 조선의 정원 조경이 잘 보존된 후원까지 관람할 수 있는 이번 행사에 많은 참여 바랍니다.

◆ 달빛 따라 걷는 길
돈화문 ▶ 인정전 ▶ 낙선재 ▶ 연경당 ▶ 후원 숲길 ▶ 돈화문
◆ 일시: ○○월 ○○일 ~○○월 ○○일
매주 목요일 20시 ~ 22시
◆ 주관: △△ 문화재단

① 경복궁　　　　② 경희궁
③ 덕수궁　　　　④ 창덕궁

정답 및 해설

01 선사 시대의 문화

정답 01 ② 02 ② 03 ②

01 구석기 시대 생활 모습

자료분석

구석기 시대의 문화재와 관련된 안내문이다. 구석기 시대에는 주로 동굴이나 바위 그늘에 거주하거나 강가에 막집을 짓고 살았으며, 불을 이용하여 동굴 속을 밝히거나 음식을 익혀 먹고 추위를 이겨 냈다.

정답찾기

② 구석기 시대에는 주먹도끼와 찍개, 슴베찌르개 등으로 사냥을 하였고, 긁개, 밀개 등을 이용하여 음식을 조리해 먹었다.

오답피하기

① 신석기 시대에는 실을 뽑는 도구인 가락바퀴와 뼈바늘을 이용하여 옷이나 그물을 만들었다.
③ 신석기 시대에는 빗살무늬 토기 등의 토기를 사용하기 시작하였다.
④ 청동기 시대에는 비파형 동검, 거친무늬 거울, 청동 방울, 청동 도끼, 거푸집 등의 청동기를 사용하였다.

02 청동기 시대 생활 모습

자료분석

'고인돌과 민무늬 토기'는 청동기 시대를 대표하는 문화유산이다.

정답찾기

② 청동기 시대 사람들은 거푸집을 이용하여 비파형 동검을 제작하였으며, 비파형 동검을 무기나 의례용으로 사용하였다.

오답피하기

① 철기 시대에는 소를 이용하여 농사를 짓는 우경이 널리 보급되었다.
③ 철기 시대에는 철제 농기구로 농사를 지어 농업 생산량이 증가하였다.
④ 구석기 시대 사람들은 주로 동굴이나 강가의 막집에서 거주하였다.

03 신석기 시대 생활 모습

자료분석

'농경과 정착 생활이 시작'되었으며 '움집'에 거주하고 '가락바퀴' 및 '갈돌과 갈판'을 사용한 시대는 신석기 시대이다.

정답찾기

② 신석기 시대에는 빗살무늬 토기 등 토기를 만들어 사용하기 시작하였다.

오답피하기

① 구석기 시대에 사용된 주먹 도끼이다.
③ 청동기 시대에 사용된 청동 방울이다.
④ 대가야 유적인 고령 지산동 고분군에서 출토된 판갑옷과 투구로, 철기 시대부터 철제 무기가 사용되며 정복 전쟁이 활발해졌다.

02 고조선과 여러 나라의 성장

정답 01 ④ 02 ④ 03 ③ 04 ④

01 고조선

자료분석

'단군왕검이 아사달에 도읍을 정하였다', '왕검성', '우거가 성을 지키고 있다' 등을 통하여 해당 나라가 고조선임을 알 수 있다. 고조선은 우리 민족 최초의 국가로서 청동기 문화를 바탕으로 성립하였다. 고조선은 요서 지방을 경계로 중국 연과 대적할 만큼 성장하였고, 위만 조선 성립 이후에는 중국 한의 침략을 받아 1년간 잘 막아 냈으나 지배층 사이에 내분이 발생하여 기원전 108년 멸망하였다.

정답찾기

④ 고조선은 사회 질서를 유지하기 위하여 범금 8조(8조법)를 두었는데, 오늘날에는 이 중 3개 조목만 전한다.

오답피하기

① 삼한은 신지·읍차 등 군장이 각 부족을 지배하였고, 이와 별도로 제사장인 천군과 신성 지역인 소도가 있었다.
② 삼한의 구성국 중 하나인 변한은 철이 많이 생산되어 덩이쇠를 화폐처럼 사용하였고 철을 낙랑과 왜에 수출하였다.
③ 신라의 귀족 회의인 화백 회의는 만장일치제로 운영되었고 국왕과 귀족 사이에서 권력을 조절하는 역할을 하였다.

02 부여

자료분석

'만주 쑹화강 유역의 평야 지대에 위치'하였으며, '12월에 영고라는 제천 행사'를 치르고 '도둑질한 자는 훔친 것의 12배'로 갚게 하는 1책 12법이 있었던 나라는 부여이다.

정답찾기

④ 부여에는 왕 아래에 가축 이름을 딴 마가·우가·구가·저가 등 여러 가(加)들이 있어 이들이 별도로 사출도를 다스렸다.

오답피하기

① 삼한은 신지·읍차 등의 군장이 각 부족을 다스렸고, 이와 별도로 제사장인 천군과 신성 지역인 소도가 있었다.
② 동예는 읍락 간의 경계를 중시하여 다른 부족의 영역을 함부로 침범하였을 때 노비나 소, 말로 배상하도록 하는 풍습인 책화가 있었다.
③ 고조선은 사회 질서를 유지하기 위하여 범금 8조(8조법)를 두었는데, 오늘날에는 이 중 3개 조목만 전한다.

03 옥저

자료분석

'여자가 열 살이 되기 전에 혼인을 약속하고, 신랑 집에서 여자를 데려와 기른 후 성인이 되면 신부 집에 대가를 주고 며느리로 삼는 풍속'은 옥저의 혼인 풍습인 민며느리제이며, '가족이 죽으면 뼈만 추려 보관하는 장례 풍습'은 옥저의 장례 풍습인 골장제(가족 공동 무덤)이다.

정답찾기

③ 함경도 일대에 위치한 옥저에는 혼인 풍습인 민며느리제와 함께 장례 풍습으로 가족이 죽으면 뼈만 추려 가족 공동 무덤에 안치하는 골장제가

있었다.

오답피하기
① (가) 쑹화강(송화강) 일대에 자리 잡은 부여에는 남의 물건을 훔치면 12배로 배상하는 1책 12법이 있었다.
② (나) 압록강 유역에 자리 잡은 고구려에는 서옥제라는 혼인 풍속이 있었다.
④ (라) 강원도 북부 동해안 일대에 자리 잡은 동예에는 남의 영역을 침입하면 소나 말로 배상하는 풍습인 책화가 있었다.

04 삼한

자료분석
신성 지역인 '소도'와 '제사장인 천군'이 있었던 나라는 삼한이다.

정답찾기
④ 삼한에는 제사장인 천군과 군장인 신지·읍차 등의 지배자가 있었으며, 이를 통하여 삼한이 제정 분리 사회임을 알 수 있다.

오답피하기
① 고조선에는 사회 질서를 유지하기 위한 범금 8조가 있었다.
② 부여는 매년 12월에 영고라는 제천 행사를 개최하였다.
③ 고구려에는 남성이 여성 집 뒤편에 작은 별채를 짓고 살다가 자식이 장성하면 남성 집으로 돌아오는 혼인 풍습인 서옥제가 있었다.

03 삼국 및 가야의 성립과 발전
정답 01 ③ 02 ② 03 ② 04 ①

01 고구려의 발전 과정

자료분석
'고구려의 발전 과정'을 시기순으로 나열할 수 있어야 한다.

정답찾기
③ (나) 4세기 고구려 소수림왕은 인재를 양성하기 위하여 국립 대학인 태학을 설립하였다. (가) 5세기 고구려 광개토 대왕은 '영락'이라는 독자적인 연호를 사용하였다. (다) 5세기 고구려 장수왕은 남진 정책의 일환으로 수도를 평양으로 옮겼다.

02 5세기 삼국의 상황

자료분석
'고구려가 도읍을 평양으로 옮겼다는군.', '왕성이 함락되고 왕께서도 목숨을 잃으셨다고 하네.', '문주왕께서 이곳 웅진으로 오신다는군.' 등을 통하여 고구려 장수왕의 평양 천도(427)와 백제 개로왕의 피살 및 문주왕의 웅진 천도(475) 사이의 시기에 있었던 사실을 찾는 문제임을 알 수 있다. 5세기에 고구려 장수왕은 국내성에서 평양성으로 수도를 옮기면서 남진 정책을 펼쳤고, 그 결과 백제의 수도 한성이 함락되고 백제 개로왕이 살해되었다. 이후 백제 문주왕은 수도를 웅진(공주)으로 옮겼다.

정답찾기
② 433년 고구려 장수왕의 남진 정책에 대항하여 백제 비유왕과 신라 눌지 마립간이 나·제 동맹을 체결하였다.

오답피하기
① 1~2세기 고구려 태조왕은 옥저를 복속시켰다.
③ 백제 성왕은 신라 진흥왕과 함께 한강 유역을 일시적으로 수복하였으나 곧 신라의 배신으로 한강 유역을 상실하였다. 이에 백제 성왕은 신라의 관산성을 공격하였다가 전사하였다(554, 관산성 전투).
④ 고구려와 당의 전쟁 도중 고구려는 안시성 전투(645)에서 당 태종의 군대를 물리쳤다.

03 신라 법흥왕

자료분석
'신라의 제23대 왕'으로 '병부를 설치하고 율령을 반포'한 왕은 신라 법흥왕이다.

정답찾기
② 신라 법흥왕은 이차돈의 순교를 계기로 불교를 공인하였다.

오답피하기
① 통일 신라 신문왕은 관료전을 지급하고 녹읍을 폐지하였다.
③ 통일 신라 원성왕은 독서삼품과를 시행하였으나 귀족들의 반발로 실패하였다.
④ 신라 진흥왕은 한강 상류 지역을 차지한 뒤 북한산에 순수비를 세웠다.

04 금관가야

자료분석
알에서 태어나 아유타국의 공주 허황옥과 혼인한 김수로왕은 금관가야를 건국하였다.

정답찾기
① 금관가야는 철 생산량이 많아 철을 낙랑과 왜에 수출하였다.

오답피하기
② 조선 후기에 모내기법이 전국으로 확산되어 광작이 성행하였다.
③ 고려 성종은 개경과 서경, 12목에 물가 조절 기관인 상평창을 두었다.
④ 고려 시대에는 은 1근으로 고가의 화폐인 활구(은병)를 제작하였다.

04 통일 신라와 발해의 발전
정답 01 ④ 02 ② 03 ① 04 ③

01 안시성 전투(안시성 싸움)

자료분석
고구려군이 당군에 맞서 치열하게 싸우는 모습과 '안시성 전투'로 해당 사건이 7세기 고구려와 당 사이에 벌어진 안시성 전투(안시성 싸움)임을 알 수 있다.

정답찾기
④ 당은 수의 뒤를 이어 건국되었고 연표의 '살수 대첩'은 고구려와 수가 싸운 전투이므로, 고구려와 당 사이에 안시성 전투가 벌어진 시기는 (라)에 해당한다.

02 검모잠

자료분석

'고구려 부흥을 위하여', '안승을 왕으로 세워 당에 대항'한 인물은 검모잠이다.

정답찾기

② 검모잠은 황해도 재령의 한성에서 안승을 왕으로 추대하여 당에 대항하는 고구려 부흥 운동을 전개하였다.

오답피하기

① 백제의 계백은 황산벌 전투에서 김유신이 이끄는 신라의 5만 대군에 맞서 항전하였다.

③ 김유신은 황산벌 전투에서 계백의 결사대에 맞서 승리하며 신라의 삼국 통일에 앞장섰다.

④ 흑치상지는 임존성에서 백제 부흥 운동을 전개하였다.

03 신라 하대의 상황

자료분석

(가)는 통일 신라(신라 하대) 헌덕왕 시기에 일어난 김헌창의 난에 대한 설명이며, (나)는 통일 신라(신라 하대) 진성 여왕 때 최치원이 시무 10여 조를 올리는 상황이다.

정답찾기

① 통일 신라 진성 여왕 3년에 원종과 애노의 난이 일어나는 등 사회가 혼란하자, 최치원은 당에서 신라로 귀국하여 진성 여왕에게 시무 10여 조를 올렸다.

오답피하기

② 통일 신라 신문왕 때 김흠돌이 반란을 도모하다 진압되었다. 이후 신문왕은 귀족들의 경제적 기반을 약화시키고자 관료전을 지급하고 녹읍을 폐지하였다.

③ 신라 지증왕은 이사부를 보내 오늘날 울릉도에 해당하는 우산국을 차지하였다.

④ 고구려 영양왕 때인 612년에 을지문덕이 살수에서 수의 대군을 막아 냈다(살수 대첩).

04 발해

자료분석

'대조영이 건국'하고 '해동성국'이라 불린 나라는 발해이다.

정답찾기

③ 발해 무왕은 장문휴로 하여금 수군을 이끌고 당의 등주를 공격하도록 명하였다.

오답피하기

① 조선 세종 때 김종서는 여진을 정벌하고 6진을 개척하였다.

② 몽골의 제2차 침입 당시 김윤후는 처인성 전투에서 적장 살리타를 물리쳤다.

④ 프랑스는 조선 고종 때 일어난 병인박해를 구실로 병인양요를 일으켰으며, 당시 정족산성에서 양헌수가 활약하여 프랑스군을 막아냈다.

01 진대법

자료분석

'을파소'가 '고국천왕'에게 봄에 곡식을 빌려주고 가을 또는 겨울에 갚게 하는 제도를 건의하는 내용에서 해당 제도가 고구려의 진대법임을 알 수 있다.

정답찾기

④ 고구려 고국천왕은 을파소의 건의에 따라 봄에 곡식을 빌려주고 가을에 돌려받는(춘대추납) 구휼 제도인 진대법을 시행하였다.

오답피하기

① 고려 성종은 고려 태조가 빈민을 구제하기 위하여 설치한 흑창을 의창으로 개편하였다.

② 환곡은 조선 시대에 국가에서 의창과 상평창을 설치하여 흉년이 든 때나 춘궁기에 곡식을 빌려주고 추수 후에 갚게 한 제도이다.

③ 조선 고종 때 흥선 대원군은 큰 마을 단위로 사창을 설치하고 경제적으로 부유한 마을 사람에게 사수를 맡기는 사창제를 시행하였다.

02 민정 문서(신라 촌락 문서)

자료분석

민정 문서는 '신라 촌락 문서'라고도 불리며 '일본 도다이사 쇼소인'에서 발견되었다.

정답찾기

④ 민정 문서는 노동력 동원과 세금 징수를 목적으로 작성되었기 때문에 인구수 · 나무 수 · 가축의 수 등이 상세히 기록되었다.

오답피하기

① 일연이 편찬한 『삼국유사』와 이승휴가 편찬한 『제왕운기』 등에는 단군의 건국 이야기가 수록되어 있다.

② 병인양요 때 조선을 침입한 프랑스군은 외규장각에 보관되어 있던 왕실의 보물인 의궤를 약탈하였다.

③ 『직지심체요절』은 현존하는 가장 오래된 금속 활자본으로서 유네스코 세계 기록 유산으로 등재되었다.

03 장보고

자료분석

'완도 청해진'에서 '해적을 소탕하고 당, 일본과의 해상 무역을 주도'한 인물은 장보고이다.

정답찾기

③ 통일 신라 흥덕왕 때 활동한 장보고는 완도에 청해진을 설치하여 황해와 남해의 해상 무역권을 장악하였다.

오답피하기

① 통일 신라의 승려 원효는 「무애가」를 지어 불교 대중화에 힘썼다.

② 통일 신라의 설총은 6두품 출신으로 이두를 정리하였다.

④ 통일 신라의 최치원은 6두품 출신으로 통일 신라 진성 여왕에게 시무 10여 조를 올렸으나 거절당하였다.

04 발해

자료분석

'영광탑'과 '정효 공주 무덤' 등을 통하여 (가) 국가가 발해임을 알 수 있다. 발해는 당의 영향을 받아 벽돌탑(전탑)인 발해 영광탑을 제작하였으며, 정효 공주의 묘는 벽돌무덤으로서 당의 영향을 받아 제작되었다.

정답찾기

④ 발해는 당의 3성 6부제를 수용하였고 정당성을 관장하는 대내상이 국정을 총괄하였다.

오답피하기

① 후고구려는 국호를 '마진'으로 변경하고 수도를 철원으로 옮겼다.
② 고구려는 수의 군대를 살수에서 크게 격파하였다.
③ 통일 신라 원성왕은 독서삼품과를 시행하여 관리를 등용하고자 하였다.

05 백제

자료분석

'정림사지 5층 석탑', '금동 대향로', '산수무늬 벽돌'은 모두 백제의 문화유산이다.

정답찾기

③ 백제는 지방 요지에 22담로를 설치하였으며, 백제 무령왕 때는 22담로에 왕족을 파견하여 지방을 통제하고자 하였다.

오답피하기

① 고구려 고국천왕은 을파소의 건의에 따라 춘대추납의 빈민 구휼 제도인 진대법을 시행하였다.
② 통일 신라에는 유력한 지방 세력의 자제를 수도에 머물도록 한 일종의 인질 제도인 상수리 제도가 있었다.
④ 신라에는 관등 승진과 일상생활까지 규제하는 신분 제도인 골품제가 있었다.

06 최치원

자료분석

신라의 6두품 출신으로 당의 빈공과에 합격하였으며, 귀국하여 진성 여왕에게 10여 조의 개혁안을 올린 인물은 최치원이다.

정답찾기

④ 최치원은 당의 빈공과에 급제하여 관직 생활을 하였으며, 귀국하여 통일 신라 진성 여왕에게 시무 10여 조를 올렸으나 받아들여지지 않았다.

오답피하기

① 통일 신라의 강수는 6두품 출신으로 외교 문서를 잘 지어 당에 여러 외교 문서를 보냈다.
② 통일 신라의 설총은 6두품 출신이자 원효의 아들로 알려져 있으며, 이두를 정리하였다.
③ 고려의 최승로는 고려 성종에게 유교적 정치 이념을 담은 시무 28조를 건의하였다.

07 금동 연가 칠년명 여래 입상

자료분석

'고구려의 불상'으로서 '연가 7년이라는 글자로 불상의 제작 시기를 추정'할 수 있는 문화유산은 고구려의 금동 연가 칠년명 여래 입상이다.

정답찾기

③ 고구려의 금동 연가 칠년명 여래 입상으로 뒷면에 '연가 7년'이라는 명문이 새겨져 불상의 제작 연도를 알 수 있다.

오답피하기

① 삼국 시대에 널리 만들어진 금동 미륵보살 반가 사유상으로 일본 고류사 목조 미륵보살 반가 사유상에 영향을 주었다.
② 통일 신라의 석굴암 본존불상으로 신체의 균형과 정교함이 두드러진다.
④ 발해의 이불병좌상으로 고구려의 불상 조각 기술을 계승하여 제작되었다.

08 원효

자료분석

모든 진리는 한마음에서 비롯된다는 '일심 사상'을 강조하였으며, '무애가'로 '불교 대중화'를 이끌고 『대승기신론소』를 지은 인물은 통일 신라의 승려인 원효이다.

정답찾기

② 원효는 『십문화쟁론』을 저술하였다.

오답피하기

① 신라의 승려 원광은 화랑도의 규율인 세속 5계를 만들었다.
③ 고려의 승려 지눌은 수선사를 중심으로 결사 운동을 전개하였다.
④ 통일 신라의 승려 의상은 부석사·낙산사 등 여러 사찰을 건립하였다.

II 고려 귀족 사회의 형성과 변천

06 고려의 건국과 정치 발전

정답 01 ① 02 ① 03 ① 04 ③
05 ② 06 ② 07 ① 08 ①

01 고려의 후삼국 통일 과정

자료분석

'금성(나주) 점령', '경순왕의 항복', '일리천 전투'는 모두 고려 왕건이 후삼국을 통일하는 과정에서 발생한 사건이다.

정답찾기

① 왕건이 이끄는 고려군은 고창(경상북도 안동) 전투에서 후백제군을 상대로 대승을 거두었다.

오답피하기

② 고려 우왕 때 최무선은 화포를 제작하여 나세·심덕부 등과 함께 진포에서 왜구를 격퇴하였다(진포 대첩).
③ 고려 최씨 무신 정권의 사병 집단이던 삼별초는 고려 정부의 개경 환도에 반발하여 진도와 제주도를 근거지로 삼고 항쟁하였다.
④ 고려 우왕 때 최영이 요동 정벌을 계획하였으나, 요동 정벌에 반대한 이성계가 위화도에서 회군하여 최영을 제거한 뒤 권력을 장악하였다(위화도 회군).

02 고려 태조

자료분석

'신라 왕 김부가 항복', '경주의 사심관으로 임명' 등을 통하여 (가) 왕이 고려 태조 왕건임을 알 수 있다. 태조 왕건은 신라 경순왕(김부)이 항복하자 그를 경주의 사심관으로 삼았다.

정답찾기

① 고려 태조 왕건은 훈요 10조를 지어 후대 왕들이 지켜야 할 정책 방향을 제시하였다.

오답피하기

② 고려 광종은 쌍기의 건의를 받아들여 과거제를 시행하였다.

③ 고려 충선왕은 원의 연경에 만권당을 설치하여 이제현으로 하여금 원의 학자들과 교류하도록 하였다.

④ 전시과 제도를 마련한 왕은 고려 경종으로 관리의 복무 대가로 품계에 따라 전지와 시지를 지급하였다. 전시과는 이후 고려 목종과 문종을 거치며 변화를 거듭하였다.

03 고려 성종

자료분석

'시무 28조 수용', '국자감 정비', '경학박사 지방 파견', '2성 6부제 마련' 등은 모두 고려 성종의 업적이다.

정답찾기

① 고려 성종은 전국 주요 지역에 12목을 설치하고 지방관을 파견하였다.

오답피하기

② 조선 세종은 집현전을 설치 및 확대 개편하여 학문과 정책 연구를 담당하도록 하였다.

③ 조선의 기본 법전인 『경국대전』은 조선 세조 때 편찬되기 시작하여 조선 성종 때 완성되었다.

④ 통일 신라 원성왕은 독서삼품과를 시행하여 관리를 등용하고자 하였으나, 귀족들의 반발로 인하여 제대로 시행하지 못하였다.

04 강감찬

자료분석

'거란의 3차 침입' 때 '귀주에서 적의 대군을 격파하고 큰 승리'를 거둔 인물은 강감찬이다.

정답찾기

③ 거란의 제3차 침입 당시 강감찬은 귀주에서 적의 대군을 크게 물리치고 개경에 나성을 축조할 것을 왕에게 건의하였다.

오답피하기

① 거란의 제1차 침입 당시 서희는 적장 소손녕과 담판을 벌여 강동 6주를 획득하였다.

② 윤관은 별무반을 이끌고 여진을 정벌한 뒤 동북 9성을 축조하였다.

④ 최무선은 자신이 습득한 화약과 화약 무기 제조법을 바탕으로 무기를 제작한 뒤 진포에서 왜구를 격퇴하였다.

05 무신 정변과 삼별초의 항쟁 사이 시기의 사실

자료분석

첫 번째 삽화는 문신을 없애라는 '정중부'의 지시로 무신 정변과 관련 있음

을, 두 번째 삽화는 진도에서 삼별초가 끝까지 항쟁할 것이라는 '배중손'의 말로 삼별초가 몽골과 강화를 맺은 고려 정부의 개경 환도에 반발하여 항쟁한 것과 관련 있음을 알 수 있다.

정답찾기

② 고려 무신 정권기에 정권을 잡은 최우는 자신의 집에 정방을 설치하여 인사권을 장악하였다.

오답피하기

① 통일 신라 헌덕왕 때 김헌창은 아버지 김주원이 왕이 되지 못한 것에 반발하여 난을 일으켰다.

③ 무신 정변이 일어나기 전인 고려 인종 때 묘청은 칭제건원과 금국 정벌을 주장하며 서경 천도 운동을 추진하였다.

④ 거란의 제1차 침입(고려 성종) 때 서희는 거란의 장수 소손녕과 회담하여 강동 6주를 획득하였다.

06 고려 말 왜구의 침략과 격퇴

자료분석

최영의 '홍산 대첩', 최무선의 '진포 대첩', 이성계의 '황산 대첩'은 모두 왜구의 침략 및 격퇴와 관련된 전투이다.

정답찾기

② 고려 말에 왜구가 침입하자 최영은 홍산에서, 최무선은 진포에서, 이성계는 황산에서 왜구를 격퇴하였다.

오답피하기

① 몽골의 수차례 침입에 저항하여 발생한 고려의 대표적 항쟁으로 몽골의 제2차 침입 때 김윤후의 처인성 전투를 꼽을 수 있다. 김윤후는 이 전투에서 적장 살리타를 사살하였다.

③ 고려의 윤관은 별무반을 이끌고 여진을 정벌한 뒤 동북 9성을 축조하였다.

④ 조선 고종 때 흥선 대원군은 신미양요 직후 전국 각지에 척화비를 건립하였다.

07 고려 공민왕

자료분석

'노국 대장 공주', '원의 간섭에서 벗어나 왕권 강화', '정동행성이문소를 혁파', '원의 연호 사용을 중지' 등을 통하여 고려 공민왕의 개혁 정치에 대한 내용임을 알 수 있다.

정답찾기

① 조선 정조는 자신의 정치적 이상을 실현하기 위하여 수원 화성을 건설하였다.

오답피하기

② 고려 공민왕은 쌍성총관부를 무력으로 탈환하여 철령 이북 땅을 수복하였다.

③ 고려 공민왕은 기철 등 친원 세력을 숙청하고 왕권을 강화하였다.

④ 고려 공민왕은 인사권을 장악하기 위하여 정방을 폐지하였다.

08 고려의 어사대

자료분석

고려 시대의 중앙 정치 기구로서 관리들의 비리를 감찰하고 정치의 잘잘못을 논하였으며, 중서문하성의 낭사와 함께 대간으로 불린 기구는 어사대이다.

정답찾기
① 어사대의 관원은 중서문하성의 낭사와 함께 대간을 이루어 서경(관리 임명과 법령 개폐에 동의), 간쟁(왕의 과오와 비행 등 잘못을 논함), 봉박(잘못된 왕명 거부)의 권한을 행사하였다.

오답피하기
② 의정부는 조선의 최고 정책 기구로서 3정승의 합의로 정책을 결정하였다.
③ 고려의 중추원은 왕명 출납과 군사 기밀을 담당하였다.
④ 도병마사는 고려만의 독자적인 기구로서 재신과 추밀의 합의로 운영되었으며, 국방·군사 문제를 담당하였다.

07 고려의 경제와 사회

정답 01 ① 02 ④ 03 ② 04 ②

01 고려의 경제

자료분석
'건원중보', '은병(활구)'은 모두 고려 시대에 사용된 화폐이다.

정답찾기
① 고려 시대에는 예성강 하류의 벽란도가 국제 무역항으로 발전하여 아라비아(이슬람) 상인이 왕래하기도 하였다.

오답피하기
② 조선 후기에 담배·인삼·고추 등의 상품 작물이 널리 재배되었다.
③ 조선 후기 대동법 시행의 결과 관청에 물품을 조달하는 상인인 공인이 등장하였다.
④ 신라 지증왕 때 시장을 감독하기 위한 기구인 동시전과 시장인 동시가 설치되었다.

02 고려의 경제

자료분석
'벽란정'으로 (가) 국가는 고려임을 알 수 있다. 고려 시대에는 벽란도가 국제 무역항으로 발전하였으며, 벽란정은 벽란도에서 외국 사신들을 접대하던 관사였다.

정답찾기
④ 고려는 입구가 넓어 '활구'라고도 불리는 은병을 화폐로 사용하였다. 은병은 은 1근을 사용하여 만든 고가의 화폐였다.

오답피하기
① 조선 후기에는 모내기법이 전국적으로 보급되었다.
② 조선 후기에는 보부상이 전국의 장시를 하나의 유통망으로 연결하였다.
③ 조선 후기에는 담배·면화 등 상품 작물이 재배되었다.

03 고려의 경제

자료분석
고려의 경제 상황으로 옳지 않은 것을 골라야 한다.

정답찾기
② 농민들이 고추나 담배 등의 외래종 작물을 재배하며 상품화한 시기는 조선 후기이다.

오답피하기
① 고려 시대에는 예성강 하류의 벽란도가 국제 무역항으로 발전하여 아라비아(이슬람) 상인이 왕래하기도 하였다.
③ 고려 시대에는 시전 상인들이 개경에서 물품을 거래하였으며 상행위를 감독하기 위하여 경시서가 설치되었다.
④ 고려 시대에는 사원에서 종이와 기와를 제작하여 민간에 판매하였다.

04 목화

자료분석
'문익점이 원에 갔다가 돌아오는 길에' 가져온 작물은 목화이다.

정답찾기
② 고려 공민왕 때 문익점은 목화씨를 원에서 고려로 들여와 재배하였다.

오답피하기
① 인삼은 삼국 시대부터 우리나라에서 재배되었으며 외국으로 수출을 하였다.
③ 고구마는 임진왜란 이후 우리나라에 유입되었다.
④ 옥수수는 조선 후기에 상품 작물이 활발하게 유통되며 널리 재배되었다.

08 고려의 문화

정답 01 ③ 02 ② 03 ② 04 ④ 05 ③ 06 ①

01 상감 청자

자료분석
'고려 시대를 대표하는 도자기'이며 '표면에 무늬를 새겨 파내고 다른 재질의 재료를 넣어 제작'한 것은 상감 청자이다.

정답찾기
③ 청자 상감 운학문 매병은 상감 청자의 일종으로, 고려는 독자적인 도자기 제작 기법인 상감 기법(표면에 무늬를 새겨 파내고 다른 재질의 재료를 넣어 제작하는 기법)을 이용하여 상감 청자를 제작하였다.

오답피하기
① 분청사기 철화 어문 항아리는 고려 말부터 조선 초까지 유행한 분청사기이다.
② 백자 철화 끈무늬 병은 조선 시대에 만들어진 백자이다.
④ 청자 참외모양 병은 단정한 선과 비취색의 조화가 잘 나타나며 고려의 비색을 대표하는 청자이다.

02 고려의 불상

자료분석
'고려의 문화유산', '불상'이라는 힌트를 통하여 고려의 불상으로 옳은 것을 찾아야 한다.

정답찾기
② 고려의 안동 이천동 마애여래 입상은 몸체의 비율이 맞지 않는 등 고려 시대 지방화된 불상의 모습을 하고 있다.

① 발해의 이불병좌상은 고구려 문화의 영향을 받아 제작되었다.
③ 통일 신라의 석굴암 본존불상은 몸체의 균형이 잘 잡혀 있다.
④ 백제의 서산 용현리 마애여래 삼존상은 '백제인의 미소'라고도 불린다.

03 『직지심체요절』

자료분석
'청주 흥덕사에서 간행된 금속 활자본'으로서 '프랑스 국립 도서관에서 발
견'된 문화유산은 『직지심체요절』이다.

정답찾기
② 『직지심체요절』은 청주 흥덕사에서 간행한 현존하는 세계에서 가장 오
래된 금속 활자본으로, 유네스코 세계 기록 유산으로 등재되었으며 현재
프랑스 국립 도서관에 보관되어 있다.

오답피하기
① 조선 중종 때 『동국여지승람』의 내용을 보충한 지리서인 『신증동국여지
승람』이 편찬되었다.
③ 통일 신라의 승려 혜초는 『왕오천축국전』을 지어 인도와 중앙아시아의
풍물을 기록으로 남겼다.
④ 경주 불국사 삼층 석탑의 내부에서 현존하는 가장 오래된 목판 인쇄물인
『무구정광대다라니경』이 발견되었다.

04 팔만대장경판(재조대장경판)

자료분석
오늘날 합천 해인사 장경판전에는 고려 시대에 제작된 팔만대장경판(재조
대장경판)이 보관되어 있다.

정답찾기
④ 팔만대장경판은 몽골의 침입 당시 부처의 힘으로 외세를 물리치려는 염원
을 담아 제작되었으며 현재 유네스코 세계 기록 유산으로 등재되어 있다.

오답피하기
① 승정원에서는 업무 일지 형식의 『승정원일기』를 편찬하였다.
② 『조선왕조실록』은 기초 자료인 사초와 시정기를 바탕으로 편년체 역사
서술 방식에 따라 제작되었다.
③ 『직지심체요절』은 현존하는 가장 오래된 금속 활자본으로 현재 프랑스
국립 도서관에 소장되어 있다.

05 김부식

자료분석
고려의 유학자이자 정치가이며, 묘청의 난을 진압하고 『삼국사기』를 편찬
한 인물은 김부식이다.

정답찾기
③ 고려 인종 때 김부식은 관군을 이끌고 묘청의 난을 진압하였으며, 인종
의 명을 받아 우리나라에서 현존하는 가장 오래된 역사서인 『삼국사기』
를 편찬하였다.

오답피하기
① 거란의 제2차 침입 당시 양규가 활약하였다.
② 일연은 원 간섭기에 『삼국유사』를 편찬하여 고조선 계승 의식을 나타냈다.
④ 이제현은 원 간섭기 공민왕 때 『사략』을 편찬하였다.

06 고려의 교육 기관

자료분석
(가) 고려 성종은 유학부와 기술학부로 구성된 국자감을 설치(정비)하였다.
(나) 고려 문종 때 최충은 해동공자라 불렸으며, 9재 학당(문헌공도)을 세워
유학을 가르쳤다. (다) 고려 공민왕은 이색을 성균 대사성으로 삼고 성균관
을 순수 유교 교육 기관으로 개편하였다. 이로써 성균관에서 기술학부는 폐
지되었다.

정답찾기
① (가) 국자감 설치(고려 성종) – (나) 9재 학당 설립(고려 문종) – (다) 성균
관 정비(고려 공민왕) 순으로 전개되었다.

III 조선 유교 사회의 성립과 변화

09 조선의 정치

정답 01 ③ 02 ④ 03 ① 04 ②
05 ② 06 ④ 07 ① 08 ④

01 정도전

자료분석
'조선의 개국 공신', '조선경국전을 저술함', '불씨잡변을 지어 불교 교리를
비판함' 등을 통하여 (가)에 들어갈 인물이 정도전임을 알 수 있다.

정답찾기
③ 조선의 개국 공신인 정도전에 의하여 조선에 성리학적 정치 이념이 확립
되었다. 정도전은 『조선경국전』을 편찬하여 조선 왕조의 통치 규범을 제
시하였으며, 『불씨잡변』을 지어 불교의 폐단을 비판하였다.

오답피하기
① 이이는 조선의 성리학자로 주리론을 주장하였으며, 『성학십도』를 지어
군주 스스로 인격과 학식의 수양을 위하여 노력할 것을 강조하였다.
② 송시열은 조선 시대에 서인의 영수로 활약하였다.
④ 정몽주는 고려 후기 온건 개혁파 신진 사대부로, 권문세족의 부정부패를
시정하는 일에는 동의하였으나 고려 왕조를 유지하고자 하였다.

02 조선 태종

자료분석
조선 시대 여러 왕 중 조선 태종의 업적을 찾아야 한다.

정답찾기
④ 조선 태종은 왕권 강화 정책의 일환으로 6조에서 의정부를 거치지 않고
곧바로 왕에게 재가를 받도록 하는 6조 직계제를 시행하였다.

오답피하기
① 조선 영조는 백성의 군포 부담을 줄여 주기 위하여 군포를 2필에서 1필
로 축소하는 균역법을 시행하였다.
② 조선 세조는 관리의 복무 대가로 지급할 토지가 부족해지자 현직 관리에
게만 수조권을 지급하는 직전법을 시행하였으며, 수신전과 휼양전을 폐
지하였다.

③ 조선 숙종 때 금위영이 조직되어 훈련도감·어영청·총융청·수어청·금위영의 5군영 체제가 완성되었다.

03 조선 세종

자료분석

'훈민정음을 창제'하고 '농사직설을 편찬'한 왕은 조선 세종이다.

정답찾기

① 조선 세종 때 최윤덕과 김종서가 여진을 토벌하고 4군 6진을 개척하였다.

오답피하기

② 조선 성종 때 조선 시대 최고의 법전인 『경국대전』이 완성되었다.
③ 조선 철종 때 김정호는 우리나라 전국 지도인 「대동여지도」를 제작하였다.
④ 조선 숙종 때 청과 조선 사이의 국경을 정하고 백두산정계비를 건립하였다.

04 조선 세조

자료분석

'6조 직계제를 다시 시행'한 왕은 조선 세조이다. 세조는 왕권을 강화하기 위하여 정치 실무를 6조에서 담당하게 하였으며, 6조에서 의정부를 거치지 않고 곧바로 국왕에게 업무를 보고하여 처리하게 하는 6조 직계제를 재시행하였다.

정답찾기

② 조선 세조는 새로운 현직 관리에게 지급할 토지가 부족해지자 현직 관리만을 대상으로 수조권을 지급하는 직전법을 시행하였다.

오답피하기

① 조선 고종 때 흥선 대원군은 실추된 왕실의 권위를 복원하기 위하여 경복궁을 중건하였다.
③ 조선 정조는 왕권을 강화하기 위하여 신하들을 재교육하는 초계문신제를 시행하였다.
④ 조선 숙종은 금위영을 설치함으로써 5군영 체제를 완성하였다.

05 무오사화

자료분석

'조의제문', '김종직', '연산군' 등으로 해당 사건이 조선 연산군 때 일어난 무오사화임을 알 수 있다.

정답찾기

② 조선 연산군 때 김종직이 쓴 「조의제문」이 문제가 되어 무오사화가 일어났다.

오답피하기

① 조선 숙종 때 경신환국이 일어나 남인이 몰락하고 서인이 정국을 주도하였다.
③ 조선 광해군 때 서인과 남인이 인조반정을 일으켜 광해군을 폐하고 인조를 옹립하였다.
④ 1882년 구식 군인들이 차별 대우에 반발하여 난을 일으켰다(임오군란).

06 동인과 서인의 분화

자료분석

이조 전랑 김효원의 후임으로 심충겸을 추천하였으나, 심충겸이 외척이라는 이유로 반대하는 대화 내용으로 조선 선조 때 이조 전랑 관직을 두고 사

림파 내에 대립이 발생한 상황임을 알 수 있다.

정답찾기

④ 조선 선조 때 이조 전랑의 임명 문제를 둘러싸고 사림이 동인과 서인으로 분화되었다.

오답피하기

① 조선 중종 때 조광조의 위훈 삭제 사건을 계기로 기묘사화가 발생하였다.
② 고려 말에 중소 향리의 자제가 과거제를 통하여 중앙 정계에 진출하며 새로운 계층인 신진 사대부가 형성되었다.
③ 조선 단종 때 수양 대군은 계유정난을 일으켜 권력을 장악하였다.

07 조선 정조

자료분석

'아버지 사도 세자'로 밑줄 그은 '왕'은 조선 정조임을 알 수 있다. 정조는 사도 세자의 아들로서, 할아버지인 조선 영조의 뒤를 이어 조선의 제22대 왕이 되었다.

정답찾기

① 조선 정조는 왕권을 강화하기 위하여 내영과 외영으로 구성된 국왕의 친위 부대인 장용영을 설치하였다.

오답피하기

② 조선 세종은 학문과 정책을 연구하기 위하여 집현전을 설치하였다.
③ 조선 고종 때 흥선 대원군은 통상 수교 거부 의지를 명확히 하고자 전국에 척화비를 건립하였다.
④ 조선 성종은 조선 시대 최고의 법전인 『경국대전』을 완성하여 반포하였다.

08 홍경래의 난

자료분석

'광부를 모집'한다는 내용과 '우군칙, 홍경래' 등의 인물로 밑줄 그은 '거사'는 홍경래의 난임을 알 수 있다. 홍경래의 난은 조선 순조 때 몰락 양반 홍경래가 신흥 상공업 세력과 광산 노동자, 빈농 등을 규합하여 봉기한 사건이다.

정답찾기

④ 홍경래는 서북민에 대한 차별 대우에 반발하여 난을 일으켰다(홍경래의 난).

오답피하기

① 조선 고종 때 신미양요가 일어나자 조선군은 강화도 초지진에서 미군을 상대로 항전하였다.
② 고려 인종 때 묘청은 풍수지리설을 바탕으로 서경 천도와 금국 정벌을 주장하였다.
③ 임오군란의 결과 일본 공사관에 경비병 주둔을 허용하는 제물포 조약이 체결되었다.

10 조선의 경제와 사회

01 대동법

자료분석

'선혜청에서 주관'하였으며 '특산물 대신 쌀, 베, 동전으로 납부'하게 하고, '토지 결수를 기준으로 공납을 부과'한 제도는 대동법이다.

정답찾기

③ 조선 광해군 때 처음 시행된 대동법은 선혜청에서 담당하였다. 또한 대동법의 시행으로 토산물 대신 지주에게 쌀 1결당 12두에 해당하는 쌀·베·동전 등을 거두었다.

오답피하기

① 고려 말 공양왕 때부터 시행된 과전법은 전직·현직 관리의 복무 대가로 경기 지방 토지의 수조권을 지급한 제도이다.

② 조선 영조는 군포 부담을 2필에서 1필로 줄이는 균역법을 시행하였다.

④ 조선 인조는 조세(전세)로 풍흉에 관계없이 1결당 4~6두를 거두는 영정법을 시행하였다.

02 조선 후기의 경제

자료분석

'군포를 2필에서 1필로 감면'을 통하여 조선 영조 때 백성의 군역 부담을 줄여 주기 위하여 균역법을 시행하는 상황임을 알 수 있다. 따라서 균역법이 시행된 조선 후기의 경제 상황으로 옳은 것을 골라야 한다.

정답찾기

④ 조선 후기에는 모내기법(이앙법)이 전국적으로 확산되어 노동력이 절감되고 광작이 유행하였다.

오답피하기

① 흥선 대원군은 왕실의 권위를 세우고자 경복궁을 중건하였고, 중건에 필요한 재정을 확보하기 위하여 상평통보의 100배의 가치에 해당하는 당백전을 발행하여 물가 상승을 초래하였다. 흥선 대원군 집권기에는 군정의 문란을 해소하고자 양반에게도 군포를 부과하는 호포제를 시행하였다.

② 신라 지증왕은 시장을 관리하기 위한 관청으로 동시전을 설치하였다.

③ 고려 공민왕 때 문익점이 국내에 목화를 전래하여 목화 재배가 시작되었다.

03 균역법

자료분석

'군포 납부액을 2필에서 1필'로 줄이고 '줄어든 재정 수입은 결작 등으로 보충'한 정책은 균역법이다.

정답찾기

① 조선 영조는 백성들의 군포 부담을 줄이기 위하여 균역법을 시행하였다.

오답피하기

② 조선 광해군 때 대동법이 시행되어 토산물 대신 지주에게 쌀 1결당 12두에 해당하는 쌀·베·동전 등을 거두었다.

③ 조선 인조는 조세(전세)로 풍흉에 관계없이 1결당 4~6두를 거두는 영정법을 시행하였다.

④ 조선 세조는 새로운 현직 관리에게 지급할 토지가 부족해지자 현직 관리만을 대상으로 수조권을 지급하는 직전법을 시행하였다.

04 납속책

자료분석

조선 정부가 부족한 국가 재정을 보충하기 위하여 곡물, 돈 등을 받고 그 대가로 신분을 상승시켜 주거나 벼슬을 내린 정책은 납속책이다.

정답찾기

① 조선 정부는 임진왜란을 거치며 부족한 국가 재정을 보충하기 위하여 곡물이나 돈을 받고 신분을 상승시켜 주는 납속책을 시행하였고, 그 결과 신분 질서가 동요하였다.

오답피하기

② 조선 고종 때 흥선 대원군은 환곡의 폐단을 바로잡기 위하여 사창제를 시행하였다.

③ 조선 인조는 풍흉에 관계없이 1결당 4 ~ 6두의 전세를 부과하는 영정법을 시행하였다.

④ 조선 고종 때 흥선 대원군은 군역의 폐단을 바로잡기 위하여 호포제를 시행하였다.

11 조선의 문화

01 퇴계 이황

자료분석

'풍기 군수'를 지냈으며 '예안 향약'을 만든 인물은 퇴계 이황이다. 이황은 풍기 군수 시절 백운동 서원에 편액을 내려 줄 것을 건의하였으며, 이로써 백운동 서원은 최초의 사액 서원인 소수 서원이 되었다. 또한 이황은 예안 지역에서 시행할 예안 향약을 만들기도 하였다.

정답찾기

③ 이황은 군주 스스로 성학을 깨우칠 것을 강조하는 『성학십도』를 저술하였다.

오답피하기

① 정약용은 수원 화성의 건설을 위하여 외국 서적인 『기기도설』를 참고하여 거중기를 설계하였다.

② 조선 세종 때 이종무는 군사를 이끌고 대마도를 정벌하였다.

④ 김정호는 10리마다 눈금을 표기한 전국 지도인 「대동여지도」를 제작하였다.

02 박제가

자료분석

'북학의를 저술'한 인물은 박제가이다. 그는 청에 네 차례 연행을 다녀오며 조선 후기 실학자 가운데 중국을 가장 많이 다녀온 인물로 평가받기도 한다.

정답찾기

③ 박제가는 저서 『북학의』에서 소비를 통한 생산력 증대를 주장하였고, 수레와 선박의 이용을 주장하였다.

오답피하기
① 중농학파 실학자 이익은 토지 소유의 하한선을 정하여야 한다는 한전론을 주장하였으며, 『성호사설』, 『곽우록』 등을 저술하였다.
② 김정희는 북한산비가 신라 진흥왕 순수비임을 고증하고 『금석과안록』을 저술하였다.
④ 유성룡은 임진왜란 때 있었던 일을 기록한 『징비록』을 편찬하였다.

03 정약용

자료분석
'마을 단위로 농민이 함께 경작하고 세금을 제외한 나머지 생산물을 일한 양에 따라 분배하자는 여전론을 주장'한 인물은 다산 정약용이다.

정답찾기
③ 정약용은 목민관이 지켜야 할 도리를 담은 『목민심서』를 저술하였다.

오답피하기
① 조선 철종 때 몰락 양반 최제우는 유·불·선을 바탕으로 민간 요소를 포함한 동학을 창시하였다.
② 조선 후기 김정희는 추사체라는 독창적인 글씨체를 창안하였다.
④ 조선 후기 이제마는 사상 의학을 확립하고 『동의수세보원』을 저술하였다.

04 『칠정산』

자료분석
'세종'이 우리 실정에 맞는 역법서를 만들라고 명하는 내용으로 밑줄 그은 '역법서'는 『칠정산』임을 알 수 있다. 『칠정산』은 한양을 기준으로 천체 운동을 정확하게 계산하기 위하여 편찬한 역법서이다.

정답찾기
④ 조선 세종 때 편찬된 『칠정산』은 내편과 외편으로 구성되었다.

오답피하기
① 『금양잡록』은 조선 성종 때 강희맹 등이 저술한 농서이다.
② 『농사직설』은 조선 세종 때 정초 등이 편찬한 농서이다.
③ 『삼강행실도』는 조선 세종 때 편찬된 윤리서이다.

05 천주교

자료분석
유교 윤리를 어겼다는 이유로 이승훈을 비롯한 신자들을 처형하였다는 내용으로 (가) 종교는 천주교임을 알 수 있다. 이승훈은 조선 순조 때 일어난 신유박해로 처형당하였다.

정답찾기
③ 천주교는 조선 후기 청에 사신으로 파견된 관리들에 의하여 서학으로 소개되었으며, 이후 일부 남인들이 이를 신앙으로 받아들였다.

오답피하기
① 나철 등이 창시한 대종교는 1910년대 중광단을 결성하여 무장 투쟁에 앞장섰다.
② 동학의 후신인 천도교는 1906년에 기관지로 『만세보』를 발간하였다.
④ 동학의 제2대 교주 최시형은 『동경대전』을 간행하여 교리를 정리하였다.

06 조선 후기의 문화

자료분석
이야기책을 전문으로 읽어 주는 '전기수'가 활동하고 '상평통보'가 유통된 시기는 조선 후기이다.

정답찾기
④ 고려 충렬왕 때 이승휴는 단군의 건국 이야기를 담은 『제왕운기』를 편찬하였다.

오답피하기
① 조선 후기에는 중인들이 시사를 조직하여 문예 활동을 전개하였다.
②, ③ 조선 후기에는 「춘향가」 등의 판소리와 함께 기존 형식에서 벗어난 사설시조 등 서민 문화가 발달하였다.

07 진경산수화

자료분석
진경산수화는 조선 후기에 중국 화풍을 모사하는 데서 벗어나 독자적인 화풍으로 경관을 그린 그림이다.

정답찾기
② 겸재 정선의 「인왕제색도」로 우리나라 산천을 소재로 한 진경산수화이다.

오답피하기
① 고구려의 고분 벽화인 「수렵도」로 무용총에 그려져 있다.
③ 조선 전기 도화서 화원 안견의 「몽유도원도」로, 조선 세종의 셋째 아들인 안평 대군이 꿈에서 본 장면을 그린 그림이다.
④ 조선 전기에 강희안이 그린 「고사관수도」로 선비의 고뇌를 담은 그림이다.

08 『동의보감』

자료분석
'광해군 때 허준이 편찬', '중국과 우리나라 의서를 망라하여 전통 의학을 집대성', '유네스코 세계 기록 유산' 등을 통하여 해당 책이 허준의 『동의보감』임을 알 수 있다.

정답찾기
① 『동의보감』은 조선 광해군 때 허준이 편찬한 의서로 2009년에 유네스코 세계 기록 유산으로 등재되었다.

오답피하기
② 『목민심서』는 정약용의 저서로 목민관이 백성을 다스리는 데 필요한 도리를 저술하였다.
③ 『열하일기』는 박지원의 저서로 청의 문물을 소개하고 상공업의 진흥을 강조하였다.
④ 『향약집성방』은 조선 세종 때 편찬된 의서로 우리 풍토에 알맞은 약재와 치료 방법을 정리하였다.

12 제국주의 열강의 침략적 접근과 조선의 대응

정답 01 ① 02 ④ 03 ① 04 ②

01 흥선 대원군

자료분석

'흥선 대원군, 통치 체제를 정비'로 다큐멘터리에서 볼 수 있는 장면은 조선 고종 때 흥선 대원군이 추진한 개혁 정책과 관련 있음을 알 수 있다.

정답찾기

① 조선 고종 때 흥선 대원군은 국가 재정 확충과 민생 안정을 위하여 서원을 47개만 남기고 모두 철폐하였다.

오답피하기

② 1880년대 미국인 선교사 아펜젤러는 근대 교육을 위한 기관으로 배재 학당을 설립하였다.
③ 조선 영조는 탕평의 정신을 알리고자 성균관 앞에 탕평비를 건립하였다.
④ 독립 협회는 만민 공동회를 개최하여 자주 국권 운동을 전개하였다.

02 흥선 대원군

자료분석

당백전의 남발로 물가가 크게 올라 백성들의 형편이 매우 어려워진 것은 조선 고종 때 상황이다.

정답찾기

④ 조선 고종 때 흥선 대원군은 실추된 왕실의 위엄을 바로 세우고자 경복궁을 중건하였다. 흥선 대원군은 부족한 공사비를 충당하고자 당백전을 발행하여 물가 상승의 원인이 되었고, 농민들을 공사에 동원하기도 하였다.

오답피하기

① 고려 원 간섭기에 고려의 여성들이 공녀로 선발되어 원으로 끌려갔다.
② 1929년 라이징선 회사에서 일본인 감독관이 한국인을 구타한 사건을 계기로 원산 총파업이 일어났다.
③ 1910년대 일제는 무단 통치의 일환으로 헌병 경찰제를 시행하였다.

03 병인양요

자료분석

'양헌수 장군'이 '정족산성에서 프랑스군과 벌인 전투'라는 내용으로 밑줄 그은 '이 사건'이 병인양요임을 알 수 있다.

정답찾기

① 1866년 흥선 대원군이 프랑스 선교사를 비롯한 천주교 신자들을 처형한 사건인 병인박해는 이후 프랑스가 병인양요를 일으키는 원인이 되었다.

오답피하기

② 1885년 영국은 러시아의 남하 정책을 견제하기 위하여 거문도에 불법으로 군대를 주둔시키고 이곳을 군사 기지로 삼았다.
③ 독일인 오페르트는 조선과의 통상 교섭에 실패하자 1868년 흥선 대원군의 아버지인 남연군의 묘를 도굴하려 하였으나 실패하였다.
④ 조선 광해군의 중립 외교에 반발한 서인은 남인과 인조반정을 일으키고

친명 배금 정책을 추진하였다.

04 신미양요

자료분석

밑줄 그은 '이 사건'은 미군이 통상을 강요하며 강화도를 침략한 신미양요로, 당시 어재연 장군이 광성보에서 미군에 맞서 싸우다 전사하였다.

정답찾기

② 미국은 1866년에 발생한 제너럴셔먼호 사건을 빌미로 1871년에 강화도를 침략하는 신미양요를 일으켰다.

오답피하기

① 청 · 일 전쟁에서 일본이 승리하고 청과 일본 사이에 시모노세키 조약이 체결되자, 러시아는 독일 및 프랑스와 함께 삼국 간섭을 하여 일본으로 하여금 랴오둥반도를 청에 반환하도록 하였다.
③ 1875년에 일본 군함 운요호가 강화도 초지진을 공격한 운요호 사건을 계기로 1876년 조선과 일본 사이에 강화도 조약이 체결되었다.
④ 구식 군인에 대한 차별 대우에 반발하여 일어난 임오군란의 결과 조선과 일본 사이에 제물포 조약이 체결되었다.

13 문호 개방과 근대적 개혁의 추진

정답 01 ① 02 ④ 03 ④ 04 ③

01 조 · 미 수호 통상 조약

자료분석

『조선책략』의 유포 및 청의 적극적 알선이라는 체결 배경과 서양 국가와 맺은 최초의 근대적 조약이라는 설명으로 (가) 조약은 1882년에 체결된 조 · 미 수호 통상 조약임을 알 수 있다.

정답찾기

① 조 · 미 수호 통상 조약의 결과 미국은 조선에 공사를 파견하였고, 조선은 이에 대한 답례로 1883년 미국에 보빙사를 파견하였다.

오답피하기

② 1881년 조선 정부는 개화 정책의 일환으로 신식 군대인 별기군을 창설하였다.
③ 조선 영조는 탕평의 정신을 알리고자 성균관 앞에 탕평비를 건립하였다.
④ 1880년 조선 정부는 개화 정책을 총괄하는 기구인 통리기무아문을 설치하였다.

02 통리기무아문

자료분석

'1880년대 조선 정부의 개화 정책'으로 설치된 '정책 총괄 기구'는 통리기무아문이다.

정답찾기

④ 1880년 조선 정부는 개화 정책을 총괄하는 기구로 통리기무아문을 설치하고 그 아래 12사를 두었다.

오답피하기

① 제1차 동학 농민 운동의 결과 농민군과 조선 정부 사이에 전주 화약이

체결되었고, 조선 정부는 폐정을 개혁하기 위한 기구로 교정청을 설치하였다.

② 1894년 제1차 갑오개혁의 추진을 위한 초정부적 기구로 군국기무처가 설치되었다.

③ 고려만의 독자적인 기구인 도병마사는 고려 충렬왕 때 도평의사사로 확대 개편되었다.

03 임오군란

자료분석

신식 군대인 별기군에 비하여 차별 대우를 받던 구식 군인들이 밀린 봉급을 겨와 모래가 섞인 쌀로 지급받게 된 데 분노하여 일으킨 난은 임오군란이다.

정답찾기

④ 임오군란은 청의 개입으로 진압되어 이후 청이 조선에 고문을 파견하는 등 청의 내정 간섭이 심화되는 계기가 되었다.

오답피하기

① 1875년에 일어난 운요호 사건의 결과 1876년에 외국과 체결한 최초의 근대적 조약인 강화도 조약이 체결되었다.

② 조선 정부는 1880년 개화 정책의 일환으로 개화 업무를 총괄하는 기구인 통리기무아문을 설치하였다.

③ 1866년 일어난 병인양요 당시 프랑스군이 외규장각 도서를 약탈하였다.

04 조사 시찰단 파견 이후의 사실

자료분석

'일본에 조사 시찰단'이 파견된 시점은 개화 정책이 추진되던 1881년이다.

정답찾기

③ 신식 군대인 별기군에 비하여 차별 대우를 받던 구식 군인들은 밀린 봉급을 겨와 모래가 섞인 쌀로 지급받게 된 데 분노하여 1882년 임오군란을 일으켰다.

오답피하기

① 조선 철종 때 일어난 임술 농민 봉기의 결과 삼정이정청이 설치되었다.

② 1871년 신미양요가 일어나자 어재연 부대가 강화도에서 미군에 맞서 싸웠다.

④ 1866년 미국 상선 제너럴셔먼호가 평양에서 민가를 약탈하자 평양 관민이 제너럴셔먼호를 불태웠다.

14 구국 운동과 근대 국가 수립 운동의 전개

정답 01 ④ 02 ④ 03 ② 04 ④

01 동학 농민 운동

자료분석

'농민군이 황토현에서 관군을 물리'치고 '1894년 제폭구민과 보국안민을 기치'로 삼아 봉기한 사건은 동학 농민 운동이다. 동학 농민군은 백산에서 보국안민과 제폭구민을 내용으로 하는 격문을 발표하였으며, 이후 황토현과 황룡촌에서 관군을 상대로 승리를 거두었다.

정답찾기

④ 제1차 동학 농민 운동의 결과 조선 정부와 농민군 사이에 전주 화약이

체결되었고, 이후 농민군은 집강소를 설치하여 폐정 개혁안을 실천하였다.

오답피하기

① 1881년 조선 정부는 개화 정책의 일환으로 신식 군대인 별기군을 창설하였다.

② 일본에 진 빚을 갚고자 대구에서 시작된 국채 보상 운동은 『대한매일신보』 등 언론사의 지원을 받아 전국으로 확산되었다.

③ 조선 총독부는 1910년 국권 피탈 이후에 설치되었고 동학 농민 운동은 1894년에 전개되었다. 조선 총독부의 방해로 실패한 운동으로는 민립 대학 설립 운동 등이 있다.

02 제1차 갑오개혁과 광무개혁 사이의 사실

자료분석

왼쪽 대화는 '과거제가 폐지', '군국기무처'로 제1차 갑오개혁 때 상황임을, 오른쪽 대화는 '지계를 발급'으로 광무개혁 때 상황임을 알 수 있다.

정답찾기

④ 을미개혁 때 태양력이 채택되었다.

오답피하기

① 조선 고종 때 흥선 대원군은 경복궁 중건에 필요한 경비를 충당하기 위하여 당백전을 발행하였다.

② 신라 지증왕 때 상행위를 감독하기 위한 기구로 동시전이 설치되었다.

③ 조선 영조 때 기존 법전의 미비한 점을 보완하여 『속대전』이 편찬되었다.

03 독립 협회

자료분석

'옛 영은문 자리에 독립문을 새로 세우고, 옛 모화관을 고쳐 독립관'으로 하는 활동을 펼친 단체는 독립 협회이다.

정답찾기

② 독립 협회는 만민 공동회를 개최하여 러시아의 절영도 조차 요구를 저지하였으며, 러시아의 군사 교련단과 재정 고문을 철수시켰다.

오답피하기

① 1923년 진주에서 이학찬 등이 중심이 되어 조직된 조선 형평사는 형평 운동을 전개하였다.

③ 대한민국 임시 정부는 중국 국민당 정부의 지원을 받아 1940년 한국광복군을 창설하였다.

④ 조선어 학회는 표준어와 한글 맞춤법 통일안을 제정하였다.

04 환구단

자료분석

'1897년 고종이 하늘에 제사 지내고 황제 즉위식을 거행한 장소'는 환구단이다.

정답찾기

④ 고종은 1897년 환구단에서 황제 즉위식을 거행하고 국호를 '대한 제국', 연호를 '광무'라 정하였다.

오답피하기

① 종묘는 조선의 역대 국왕과 왕비의 신주를 모신 조선 왕조의 사당으로, 고종은 양력 1895년 1월에 종묘에서 홍범 14조를 반포하였다.

② 1885년에 설립된 서양식 병원인 광혜원은 알렌이 운영하였으며, 이후 제중원으로 이름이 바뀌었다.

③ 사직단은 조선 시대에 토지신과 곡물신에게 제사를 드리기 위하여 만든 제단이다.

15 일제의 침략과 국권 수호 운동의 전개

정답 01 ③ 02 ③ 03 ④ 04 ①
05 ② 06 ③ 07 ③ 08 ①

01 을사늑약(제2차 한·일 협약)

'대한 제국의 외교권을 일본에 넘겨준' '새 조약'은 을사늑약(제2차 한·일 협약)이다.

정답찾기

③ 을사늑약(제2차 한·일 협약) 체결의 결과 통감부가 설치되고 초대 통감으로 이토 히로부미가 파견되었다.

오답피하기

① 운요호 사건을 계기로 강화도 조약이 체결되었다.
② 최혜국 대우를 처음으로 규정한 조약은 조·미 수호 통상 조약이다.
④ 외국과 맺은 최초의 근대적 조약은 운요호 사건을 계기로 체결된 강화도 조약이다.

02 1907년의 정치적 상황

자료분석

'군대 해산', '헤이그 특사' 파견 및 '고종'의 '강제 퇴위'는 모두 1907년에 일어난 사건이다.

정답찾기

③ (나) 1907년 고종은 네덜란드 헤이그에서 열리는 만국 평화 회의에 특사를 파견하여 을사늑약(제2차 한·일 협약) 체결의 부당함을 알리고자 하였다. (다) 1907년 일제는 헤이그 특사 파견에 대한 책임을 물어 고종 황제를 강제 퇴위시켰다. (가) 1907년 일제가 대한 제국 군대를 강제로 해산시키자 이에 비분강개한 박승환 대대장이 순국하였다.

03 최익현

자료분석

'흥선 대원군을 비판하는 상소' 및 '일본과의 조약 체결에 반대하는 상소'를 올렸다가 유배되었으며, '항일 의병 운동을 전개'한 인물은 최익현이다.

정답찾기

④ 최익현은 흥선 대원군의 탄핵 상소를 올리고 제주도로 유배되었으며, 강화도 조약 체결 직전에는 조약 체결에 반대하는 상소를 올려 흑산도로 유배되었다. 이후 을사의병을 일으켰으나 일본에 의하여 쓰시마섬에 유배되었고, 이곳에서 순국하였다.

오답피하기

① 허위는 정미의병 이후 1908년에 일어난 서울 진공 작전 당시 군사장을 맡았다.
② 신돌석은 을사의병 때 최초의 평민 출신 의병장으로 활약하였다.
③ 유인석은 을미의병 때 의병장으로 활약하였다.

04 정미의병

자료분석

'1907년', '의병'으로 교사의 질문은 정미의병과 관련 있음을 알 수 있다.

정답찾기

① 정미의병 이후인 1908년에 유생 의병장들의 주도로 13도 창의군이 결성되었고 서울 진공 작전이 전개되었다.

오답피하기

② 독립 협회는 입헌 군주제 내용을 담은 헌의 6조를 정부에 건의하였다.
③ 제1차 동학 농민 운동 당시 농민군은 백산에 집결하여 4대 강령과 창의문을 발표하였다.
④ 임진왜란 당시 곽재우·고경명·조헌 등이 의병장으로서 일본군에 맞서 항전하였다.

05 안중근

자료분석

'이토 히로부미를 처단한 후 뤼순 감옥에서 순국'한 인물은 안중근 의사이다.

정답찾기

② 만주 하얼빈에서 이토 히로부미를 사살한 안중근 의사는 뤼순 감옥에서 이토 히로부미가 제창한 동양평화론을 반박하는 내용을 담은 『동양평화론』을 집필하였다.

오답피하기

① 1909년 나철·오기호 등은 단군을 신앙으로 하는 대종교를 창시하였다.
③ 신채호는 의열단의 행동 지침인 「조선 혁명 선언」을 작성하여 민중 직접의 혁명을 강조하였다.
④ 신한청년당 소속 김규식은 파리 강화 회의에 대표로 파견되었다.

06 보안회

자료분석

'일본은 황무지 개간권 요구를 철회하라!' 등의 주장을 펼친 단체는 보안회이다.

정답찾기

③ 1904년에 설립된 보안회는 일제의 황무지 개간권 요구 저지 운동을 전개하였다.

오답피하기

① 권업회는 1911년에 연해주 신한촌에서 결성된 항일 독립운동 단체이다.
② 1927년에 신간회의 자매단체로 설립된 근우회는 여성 운동을 주도하였다.
④ 토월회는 1923년에 도쿄의 유학생들이 중심이 되어 결성한 신극 운동 단체이다.

07 신민회

자료분석

안창호, 양기탁 등이 중심이 되어 조직한 비밀 결사로서 국권 회복과 공화 정체의 근대 국가 건설을 목표로 하였으며, 일제가 날조한 105인 사건으로 국내 조직이 해산된 단체는 신민회이다.

정답찾기

③ 신민회는 산업의 발전을 위하여 태극 서관과 자기 회사를 운영하였다.

① 서재필은 손상된 나라의 권위를 회복하고 민중의 지지를 확보하고자 윤치호 등 관료 및 개화 지식인들과 함께『독립신문』을 발간하였다.
② 조선 정부는 제2차 갑오개혁 당시 근대 교육을 위한 교원을 양성하기 위하여 한성 사범 학교를 설립하였다.
④ 1904년에 조직된 보안회는 일본의 황무지 개간권 요구를 저지하였다.

08 독도

자료분석
조선 숙종 때 안용복이 일본에 건너가 울릉도와 함께 우리 영토임을 확실하게 밝힌 섬은 독도이다.

정답찾기
① 독도는 우리나라 가장 동쪽에 위치한 섬으로, 조선 숙종 때 안용복은 두 차례 일본으로 건너가 독도가 우리나라 영토임을 확인받고 돌아왔다.

오답피하기
② 삼별초는 배중손의 지휘하에 진도의 용장산성에서 항몽 활동을 전개하였다.
③ 1885년 영국은 러시아의 남하를 견제하기 위하여 거문도를 불법 점령하였다.
④ 1948년 4월 3일 제주도에서 남한만의 단독 선거에 반대하는 무장대와 이를 진압하려는 토벌대 간에 무력 충돌이 발생하여 수많은 주민이 희생되었다(제주 4·3 사건).

16 개항 이후의 경제와 사회·문화의 변화

정답 01 ② 02 ① 03 ④ 04 ③

01 방곡령

자료분석
'조·일 통상 장정'에는 '조선의 지방관이 직권으로 그 지방에서 생산된 곡식을 타지방이나 타국으로 유출하는 것을 금지하는 조치'인 방곡령 조항이 포함되었다.

정답찾기
② 함경도 관찰사 조병식이 방곡령을 선포하였으나, 일본은 1개월 전 통보하는 규정을 위반하였다는 구실로 방곡령을 철회시키고 배상금을 요구하였다.

오답피하기
① 을미개혁이 추진됨에 따라 단발령이 시행되었고, 이에 반발하여 을미의병이 일어났다.
③ 1910년대 일제는 식민지 산림 정책을 수행하고자 삼림령을 제정하였다.
④ 1910년대 일제는 회사를 설립할 때 조선 총독의 허가를 받도록 하는 회사령을 제정하였다.

02 『독립신문』

자료분석
'1896년 서재필 등이 창간'하였으며 '한글판과 영문판으로 발행'된 '우리나라 최초의 민간 신문'은 『독립신문』이다.

정답찾기
①『독립신문』은 서재필이 주도하여 만든 우리나라 최초의 민간 신문으로서 한글판과 영문판으로 발행되었다.

오답피하기
②『제국신문』은 이종일이 부녀자층을 대상으로 발행한 순 한글 신문이다.
③『해조신문』은 해외에서 우리말로 발행된 최초의 일간 신문으로 연해주에서 발행되었다.
④『대한매일신보』는 베델과 양기탁 등이 발행한 신문으로 국채 보상 운동을 적극 지원하였다.

03 국채 보상 운동

자료분석
'국채 보상 운동'은 대한 제국의 국채 1,300만 원을 갚기 위하여 일어난 운동으로 대구에서 김광제, 서상돈 등의 주도로 시작되어 전국적으로 확산되었다. 당시 백성들은 금주·금연·비녀·가락지 모으기 등 여러 모금 운동을 전개하였다.

정답찾기
④ 대구에서 시작된 국채 보상 운동은 『대한매일신보』 등 언론의 지원을 받아 전국적으로 확산되었다.

오답피하기
① 여성의 공고한 단결과 지위 향상을 위한 여성 운동은 근우회의 후원으로 확산되었다.
② 국채 보상 운동은 일본 통감부의 방해로 실패하였다. 조선 총독부의 방해로 실패한 운동으로는 민립 대학 설립 운동 등이 있다.
③ 제1차 갑오개혁, 제2차 갑오개혁, 을미개혁은 김홍집 등을 중심으로 추진되었다.

04 육영 공원

자료분석
'1886년', '공립 학교', '헐버트, 길모어, 벙커' 등을 통하여 (가)에 들어갈 근대 교육 기관은 육영 공원임을 알 수 있다.

정답찾기
③ 육영 공원은 1886년에 설치된 우리나라 최초의 근대식 공립 교육 기관으로서 현직 관료나 고관 등 상류층 자제를 대상으로 하였으며, 헐버트와 길모어 등 미국인 교사를 초빙하였다.

오답피하기
① 서전서숙(1906)은 이상설 등이 북간도에 설립한 민족 교육 기관이다.
② 배재 학당(1885)은 아펜젤러가 설립한 개신교 학교이다.
④ 이화 학당(1886)은 스크랜튼이 설립한 개신교 학교이다.

V 일제의 강점과 민족 운동의 전개

17 일제의 식민 정책과 민족의 수난

정답 01 ② 02 ③ 03 ② 04 ②

01 일제 강점기 경제 수탈

자료분석

일제 강점기에 시행된 '토지 조사령', '공출제', 최초의 '산미 증식 계획'을 시기순으로 구분하여야 한다.

정답찾기

② (가) 1910년대 일제는 토지 조사 사업의 구체적인 방안을 담은 토지 조사령을 공포하였다. (다) 1920년대 일제는 자국 내 부족한 쌀을 한국에서 보충하기 위하여 산미 증식 계획을 처음 시행하였다. (나) 1930~1940년대 일제는 전쟁에 필요한 물자를 확보하기 위하여 공출제를 시행하였다.

02 산미 증식 계획

자료분석

'일제가 조선을 자국의 식량 공급 기지로 만들기 위하여 1920년부터 추진한 농업 정책'은 산미 증식 계획이다.

정답찾기

③ 1920년 일제는 급격한 공업화와 농촌의 황폐화로 자국의 식량 사정이 악화되자, 산미 증식 계획을 시행하여 식량 부족 문제를 해결하고자 하였다.

오답피하기

① 1930~1940년대 일제는 국가 총동원법에 따라 미곡 공출제를 시행하였다.
② 1970년대 박정희 정부는 농촌 근대화를 위하여 새마을 운동을 전개하였다.
④ 1910년대 일제는 토지 조사 사업을 시행하여 토지를 약탈하였다.

03 1930~1940년대 일제의 정책

자료분석

'국가 총동원법'은 일제가 1938년에 제정 및 시행하였으며, 밑줄 그은 '이 시기'는 1930~1940년대 일제의 식민 통치가 시행되던 때이다.

정답찾기

② 일제는 전쟁 물자를 조달하기 위하여 1930~1940년대에 미곡과 금속류 등을 강제로 공출하였다.

오답피하기

① 회사령은 무단 통치 시기인 1910년에 공포되었다.
③ 치안 유지법은 문화 통치 시기인 1925년에 제정되었다.
④ 헌병 경찰 제도는 1910년대 무단 통치 시기에 실시되었다.

04 근대 정치적 사건의 흐름

정답찾기

② (가) 1876년 조선은 일본과 강화도 조약을 체결하였다. 강화도 조약은

우리나라가 외국과 체결한 최초의 근대적 조약이다. (다) 1905년 일본은 강제로 을사늑약(제2차 한·일 협약)을 체결하여 대한 제국의 외교권을 박탈하였다. (나) 일본은 1910년 한·일 병합 조약을 체결한 뒤 조선 총독부를 설치하였다.

18 3·1 운동과 대한민국 임시 정부

정답 01 ④ 02 ① 03 ④ 04 ③
05 ① 06 ③ 07 ①

01 3·1 운동

자료분석

'일제 강점기 최대 규모의 민족 운동'은 1919년에 일어난 3·1 운동이다.

정답찾기

④ 3·1 운동은 도시에서 시작되어 농촌으로 확산되었으며, 이후 시위가 만주·연해주·미주 등지로 확산되었다.

오답피하기

① 1926년 순종의 인산일을 계기로 6·10 만세 운동이 일어났다. 당시 사회주의계 인사와 천도교계 인사, 그리고 학생들이 시위를 계획하였으나, 사회주의계와 천도교계 인사들이 사전에 발각되어 학생들을 중심으로 시위가 전개되었다.
② 대구에서 시작된 국채 보상 운동은 『대한매일신보』의 후원을 받아 전국적으로 확산되었다.
③ 유인석과 이소응 등은 을미사변과 단발령에 반발하여 을미의병을 일으켰다.

02 3·1 운동

자료분석

일본 도쿄에서 발표된 유학생들의 독립 선언서를 계기로 국내에서 일어난 일제 강점기 최대의 민족 운동은 3·1 운동이다.

정답찾기

① 3·1 운동은 만주에서 발표된 대한 독립 선언서(무오 독립 선언서), 일본 도쿄에서 발표된 2·8 독립 선언서 등에 영향을 받아 일어났다.

오답피하기

② 브나로드 운동은 1930년대 『동아일보』가 주도한 농촌 계몽 운동이다.
③ 국채 보상 운동은 1907년에 대한 제국의 국채를 갚기 위하여 일어난 경제적 구국 운동이다.
④ 동학 농민 운동은 동학교도를 중심으로 일어난 반봉건·반외세 운동이다.

03 프랭크 스코필드

자료분석

'제암리 학살 사건의 참상을 외국 언론에 제보하여 일제의 만행을 세계에 폭로'한 인물은 프랭크 스코필드이다.

정답찾기

④ 프랭크 스코필드는 3·1 운동 때 자행된 일제의 만행을 세계에 알린 인물로 그 공로를 인정받아 외국인 최초로 서울 현충원에 안장되었다.

오답피하기
① 호머 헐버트는 육영 공원의 교사로 초빙되어 근대 교육을 가르쳤다.
② 메리 스크랜튼은 여성에게 근대 교육을 보급하고자 이화 학당을 설립하였다.
③ 어니스트 베델은 양기탁과 함께 『대한매일신보』를 창간하였다.

04 제암리 사건

자료분석
스코필드는 3·1 운동 당시 제암리 학살 사건의 참상을 외국 언론에 제보하여 일제의 만행을 세계에 폭로하였다.

정답찾기
③ 1919년 3·1 운동이 일어나자 일제는 제암리 사건을 일으키는 등 이를 무자비하게 진압하였다.

05 대한민국 임시 정부

자료분석
대한민국 임시 정부의 활동으로 옳지 않은 것을 찾아야 한다.

정답찾기
① 신민회가 독립군을 양성하기 위하여 삼원보 지역에 설립한 신흥 강습소는 이후 신흥 무관 학교로 발전하였다.

오답피하기
② 대한민국 임시 정부는 비밀 행정 조직망인 연통제를 운영하였다.
③ 대한민국 임시 정부는 외교 활동을 위하여 미국에 구미 위원부를 설치하였다.
④ 대한민국 임시 정부는 독립 자금을 마련하기 위하여 독립 공채를 발행하였다.

06 조소앙

자료분석
'한국 독립당을 결성하고 정치, 경제, 교육의 균등을 통하여 개인과 개인, 민족과 민족, 국가와 국가 사이의 호혜와 평등을 실현하자는 삼균주의를 제창'한 인물은 조소앙이다.

정답찾기
③ 조소앙이 제창한 삼균주의는 대한민국 임시 정부 건국 강령의 기초가 되었다.

오답피하기
① 박은식은 근대사를 중심으로 연구하여 『한국독립운동지혈사』를 저술하였다.
② 신채호는 고대사를 중심으로 연구하여 『조선상고사』를 저술하였다.
④ 한용운은 조선 불교 유신회를 조직하고 『조선불교유신론』을 저술하였다.

07 대한민국 임시 정부

자료분석
'백산 상회', '1919년 상하이에서 수립' 등을 통하여 (가)가 대한민국 임시 정부임을 알 수 있다. 대한민국 임시 정부는 3·1 운동의 영향으로 1919년에 상하이에서 수립되었으며, 백산 상회는 국내 독립운동 단체와의 연락망 역할과 군자금을 임시 정부에 전달하는 역할을 담당하였다.

정답찾기
① 대한민국 임시 정부는 외교 활동을 위하여 미국에 구미 위원부를 설치하였다.

오답피하기
② 독립 협회는 만민 공동회를 개최하여 러시아의 내정 간섭과 이권 침탈을 규탄하였다.
③ 국채 보상 운동은 대한 제국의 국채를 갚고자 1907년 대구에서 서상돈 등이 주도하였으며, 『대한매일신보』 등이 이를 지원하였다.
④ 신민회의 이회영 등이 삼원보 지역을 개척하여 설립한 신흥 강습소는 이후 신흥 무관 학교로 발전하였다.

정답 01 ② 02 ④ 03 ① 04 ①
05 ④ 06 ③ 07 ④ 08 ①

01 나석주

자료분석
'의열단원'으로서 '조선 식산 은행과 동양 척식 주식회사에 폭탄'을 던진 인물은 나석주이다.

정답찾기
② 의열단 단원 나석주는 우리나라 사람들에게 시련을 안겨 준 조선 식산 은행과 동양 척식 주식회사에 폭탄을 투척하였다.

오답피하기
① 김규식은 신한청년당의 일원으로서 파리 강화 회의에 파견되었다.
③ 신민회 회원 안창호는 근대 교육을 위하여 평양에 대성 학교를 설립하였다.
④ 이육사는 식민지 체제하의 민족적 비운을 소재로 삼아 강렬한 저항 의지를 담은 시를 지었다.

02 의열단

자료분석
'김익상'은 '김원봉이 조직'한 의열단 단원으로서 조선 총독부에 폭탄을 투척하였으며, '나석주', '김상옥' 또한 의열단 단원으로 활동하였다.

정답찾기
④ 의열단은 신채호가 작성한 「조선 혁명 선언」을 활동 지침으로 삼았다.

오답피하기
① 안창호, 양기탁 등이 결성한 비밀 결사 조직인 신민회는 일제가 조작한 105인 사건으로 해체되었다.
② 임병찬 등은 고종의 밀명을 받아 독립 의군부를 조직하였다.
③ 상하이의 신한청년당은 김규식을 파리 강화 회의에 대표로 파견하였다.

03 대한 독립군

자료분석
'봉오동 전투'에서 승리하였으며 '홍범도 장군'이 이끈 부대는 대한 독립군이다.

정답찾기

① 홍범도의 대한 독립군은 봉오동 전투에서 일본군을 상대로 대승을 거두었다.

오답피하기

② 1938년 김원봉 등이 중국 우한에서 조직한 조선 의용대는 중국 관내에서 조직된 최초의 한인 무장 부대이다.

③ 양세봉이 이끄는 조선 혁명군은 중국 의용군과 연합하여 영릉가·흥경성 전투에서 일본군을 상대로 승리를 거두었다.

④ 1940년 대한민국 임시 정부의 산하 부대로 조직된 한국광복군은 1941년 대일 선전 포고를 하였으며, 지청천이 총사령관을 맡았다.

04 북로 군정서

자료분석

'1920년대'에 활동한 독립군으로서 '김좌진' 장군의 지휘하에 '청산리 전투'에서 대승을 거둔 군사 조직은 북로 군정서이다.

정답찾기

① 김좌진이 이끄는 북로 군정서는 홍범도의 대한 독립군 등과 연합하여 1920년 청산리 대첩에서 일본군을 상대로 대승을 거두었다.

오답피하기

② 조선 의용대는 1938년 김원봉 등의 주도로 중국 관내에서 조직된 최초의 한인 무장 부대이다.

③ 양세봉이 이끄는 조선 혁명군은 중국 의용군과 연합하여 영릉가·흥경성 전투에서 승리하였다.

④ 한국광복군은 대한민국 임시 정부의 산하 부대로서 지청천이 총사령관으로 활동하였으며, 1941년에는 대일 선전 포고를 하였다.

05 이봉창

자료분석

'한인 애국단의 단원'으로서 '도쿄에서 일왕에게 수류탄'을 던진 인물은 이봉창이다.

정답찾기

④ 이봉창은 한인 애국단 단원으로서 일본 도쿄에서 일왕에게 수류탄을 던졌으나 실패하였다.

오답피하기

① 김원봉은 1919년 만주 지린(길림)에서 의열단을 조직하였다.

② 윤동주는 일제 강점기에 활동한 저항 문인으로서 자신의 생애와 시의 전모를 단적으로 보여 주는 작품인 「서시」를 지었다.

③ 윤봉길은 한인 애국단 단원으로서 중국 훙커우 공원에 폭탄을 던져 일본 군인에게 많은 피해를 주었다.

06 1930년대 초반 한·중 연합 작전

자료분석

'지청천 장군이 이끄는 한국 독립군'이 '중국 호로군과 연합'하여 일본군을 대전자령에서 물리친 전투는 1930년대 초반에 발생한 대전자령 전투이다.

정답찾기

③ (다) 1931년 일제가 만주 사변을 일으키자 중국 내에 반일 감정이 고조되었고, 이에 1930년대 초반 한·중 연합 작전이 전개되었다. 이때 지청천이 이끄는 한국 독립군은 중국 호로군과 연합하여 대전자령·쌍성보

등지에서 일본군을 상대로 승리를 거두었다.

07 한·중 연합 작전

자료분석

'만주 사변'은 1931년에 일어났으므로, 1930년대 만주 지역에서 독립운동을 펼친 세력이 일제의 만주 침략에 어떻게 대응하였는지를 찾아야 한다.

정답찾기

④ 1930년대 만주 지역에서 활동하던 독립군은 일제가 일으킨 만주 사변으로 피해를 입은 중국과 연합하여 한·중 연합 작전을 전개하였다.

오답피하기

① 신간회는 6·10 만세 운동과 정우회 선언을 계기로 1927년 국내에서 결성된 민족 유일당 단체이다.

② 1923년 대한민국 임시 정부가 임시 정부가 나아갈 방략을 논의하기 위하여 상하이에서 국민 대표 회의를 개최하였다.

③ 신민회는 독립군을 양성하기 위하여 남만주(서간도) 삼원보 지역에 신흥 무관 학교를 설립하였다.

08 한국광복군

자료분석

'대한민국 임시 정부가 1940년에 중국 충칭에서 창설'한 독립군 부대는 한국광복군으로, 중국 국민당 정부의 지원을 받아 창설되었다.

정답찾기

① 1945년 한국광복군은 미국 전략 정보국(OSS)과 함께 국내 진공 작전을 준비하였다.

오답피하기

② 1912년 임병찬은 고종의 밀지를 받아 독립 의군부를 조직하였다.

③ 서일을 총재로 하는 대한 독립 군단은 간도 참변 이후 자유시로 이동하였다.

④ 김좌진의 북로 군정서와 홍범도의 대한 독립군은 청산리에서 일본군을 상대로 대승을 거두었다(청산리 대첩).

---

20 국내의 사회·경제적 민족 운동

정답 01 ③ 02 ① 03 ③ 04 ④

01 광주 학생 항일 운동

자료분석

'한·일 학생 충돌', '일제 경찰의 민족 차별적 대응', '광주 지역 학생' 등으로 (가)는 광주 학생 항일 운동임을 알 수 있다. 광주 통학 기차 안에서 한·일 학생 간 충돌이 발생한 후, 일본 경찰이 한국인 학생들만 검거한 일을 계기로 광주 학생 항일 운동이 전개되었다.

정답찾기

③ 광주 학생 항일 운동은 신간회의 지원을 받아 전국적으로 확산되었다.

오답피하기

① 6·10 만세 운동은 순종의 인산일을 계기로 일어났다.

② 대한민국 임시 정부는 이승만의 위임 통치 청원서 사건과 대한민국 임시

정부가 운영하던 연통제와 교통국이 일제에 적발된 일을 계기로 임시 정부가 나아갈 방략을 논의하고자 국민 대표 회의를 개최하였다.
④ 대구에서 시작되어 전국적으로 확산된 국채 보상 운동은 통감부의 방해와 탄압으로 실패하였다.

02 형평 운동

자료분석
'일제 강점기에 백정들이 저울처럼 평등한 사회를 만들고자 일으켰던 운동'은 형평 운동이다.

정답찾기
① 형평 운동 때 사용된 포스터이다.

오답피하기
② 물산 장려 운동 때 사용된 포스터이다.
③ 어린이날 제정과 관련된 포스터이다.
④ 브나로드 운동 때 사용된 포스터이다.

03 물산 장려 운동

자료분석
'내 살림 내 것으로'는 물산 장려 운동 때 사용된 표어이다.

정답찾기
③ 물산 장려 운동은 평양에서 조만식 등을 중심으로 시작되어 전국적으로 확산되었다.

오답피하기
① 브나로드 운동은 『동아일보』의 주도로 전개된 농촌 계몽 운동으로 '배우자! 가르치자! 다 함께 브나로드!'라는 구호를 내세웠다.
② 문자 보급 운동은 『조선일보』의 주도로 전개된 문맹 퇴치 운동으로 '아는 것이 힘이다. 배워야 산다.'라는 구호를 내세웠다.
④ 민립 대학 설립 운동은 1920년대 초반에 전개된 실력 양성 운동으로 '한민족 1천만이, 한 사람이 1원씩'이라는 구호를 내세웠다.

04 신간회

자료분석
'우리는 정치적·경제적 각성을 촉진함', '우리는 단결을 공고히 함', '우리는 기회주의를 일체 부인함'은 신간회의 강령이다.

정답찾기
④ 민족 유일당 운동의 일환으로 조직된 신간회는 진상 조사단을 파견하고 민중 대회를 계획하는 등 광주 학생 항일 운동을 적극 지원하였다.

오답피하기
① 대한민국 임시 정부는 독립 자금을 마련하기 위하여 독립 공채를 발행하였다.
② 독립 협회는 관민 공동회를 개최하여 정부에 헌의 6조를 건의하였다.
③ 조선어 학회는 표준어를 제정하고 한글 맞춤법 통일안을 발표하였다.

21 민족 문화 수호 운동

01 『조선상고사』

자료분석
'단재 신채호가 저술'하였으며 '역사를 아(我)와 비아(非我)의 투쟁을 기록한 것으로 정의'한 책은 『조선상고사』이다.

정답찾기
④ 민족주의 역사학자인 신채호는 『조선상고사』를 지어 투쟁의 역사를 강조하였다.

오답피하기
① 고려 시대 이승휴는 고조선 계승 의식이 담긴 『제왕운기』를 편찬하였다.
② 조선 후기 안정복은 고조선부터 고려 말까지의 역사적 내용을 담은 『동사강목』을 편찬하였다.
③ 조선 후기 이긍익은 조선 시대의 정치·사회·문화를 담은 『연려실기술』을 저술하였다.

02 주시경

자료분석
'한글 연구'에 힘썼으며 호가 '한힌샘'인 인물은 주시경이다.

정답찾기
② 주시경은 1907년에 설립된 국문 연구소의 위원으로 활동하였으며, 국문법을 정리하여 『국어문법』을 편찬하였다.

오답피하기
① 토월회는 1923년 도쿄 유학생 김기진 등이 중심이 되어 결성한 신극 운동 단체이다.
③ 박중빈은 원불교를 창시하고 개간 사업, 남녀평등 운동 등을 주요 내용으로 하는 새 생활 운동을 전개하였다.
④ 박은식은 일제 강점기 일제의 침략 과정을 다룬 『한국통사』를 저술하였다.

03 조선어 학회

자료분석
'이윤재, 최현배', '조선말 큰사전', '한글 맞춤법 통일안' 등을 통하여 (가)에 들어갈 단체가 조선어 학회임을 알 수 있다.

정답찾기
④ 조선어 학회(1931)는 「한글 맞춤법 통일안」을 제정하였으며 『우리말 큰사전(조선말 큰사전)』 편찬 작업을 시작하였으나 완간하지 못하였다.

오답피하기
① 1923년 토월회가 조직되어 근대 연극이 시작되었다.
② 독립 협회(1896~1898)는 만민 공동회와 관민 공동회를 개최하고 헌의 6조를 건의하였다.
③ 대한 자강회(1906)는 고종의 강제 퇴위 반대 운동을 벌이다가 일제의 탄압으로 해산되었다.

04 천도교

자료분석

'개벽, 신여성 등의 잡지를 발간' 등 '천도교'의 활동 내용으로 옳은 것을 찾아야 한다.

정답찾기

① 천도교 소년회의 방정환은 어린이날을 제정하고 잡지 『어린이』를 발행하였다.

오답피하기

② 1880년대 미국인 개신교 선교사 스크랜튼은 여성 교육을 위하여 이화학당을 설립하였다.

③ 나철, 오기호 등이 창시한 대종교는 을사오적 처단을 위하여 자신회를 조직하였다.

④ 천주교는 일제 강점기의 항일 무장 투쟁 단체인 의민단을 조직하였다.

Ⅵ 대한민국의 발전과 현대 세계의 변화

22 대한민국의 수립과 6·25 전쟁

정답 01 ② 02 ② 03 ① 04 ①

01 미·소 공동 위원회

자료분석

'덕수궁 석조전'에서 '모스크바 3국 외상 회의에서 결정된 한반도의 임시 민주 정부 수립 문제를 협의하기 위하여' 열린 것은 미·소 공동 위원회이다.

정답찾기

② 미·소 공동 위원회는 모스크바 3국 외상 회의의 결정안에 따라 덕수궁 석조전에서 총 두 차례 열렸는데, 의견 차이를 좁히지 못하고 모두 결렬되었다.

오답피하기

① 박정희 정부 때 남북한 당국은 7·4 남북 공동 성명을 발표하고 남북 조절 위원회 설치에 합의하였다.

③ 여운형은 1945년 8월 15일 광복과 동시에 조선 건국 동맹을 조선 건국 준비 위원회로 개편하였다.

④ 이승만 정부 때인 1948년 9월에 친일파를 처단하기 위하여 반민족 행위 처벌법이 제정되었고, 1948년 10월에는 반민족 행위 특별 조사 위원회가 조직되었다.

02 여운형

자료분석

'조선 건국 준비 위원회 위원장'으로 활동하였으며 '좌우 합작 위원회'를 조직한 인물은 여운형이다.

정답찾기

② 여운형은 광복 직후 조선 건국 준비 위원회를 조직하여 위원장을 맡았으며, 1946년에는 김규식과 함께 좌우 합작 위원회를 조직하여 좌우 합작 운동을 전개하였다.

오답피하기

① 안창호는 양기탁 등과 함께 신민회를 조직하였다.

③ 김구는 대한민국 임시 정부의 침체를 타개하고자 한인 애국단을 조직하였다.

④ 김규식은 신한청년당의 대표로 파리 강화 회의에 파견되었으며, 대한민국 임시 정부 수립 이후에는 임시 정부의 전권 대사로 임명되었다.

03 5·10 총선거

자료분석

'제헌 국회 의원을 선출' 등을 통하여 밑줄 그은 '선거'가 5·10 총선거임을 알 수 있다. 5·10 총선거는 우리나라에서 시행한 최초의 보통 선거로, 이를 통하여 임기 2년의 제헌 국회가 구성되었다.

정답찾기

① (가) 5·10 총선거는 1948년에 시행되었다.

04 6·25 전쟁

자료분석

'1950년'에 일어나 수많은 '이산가족'을 낳은 전쟁은 6·25 전쟁이다.

정답찾기

① 6·25 전쟁 당시 유엔군과 국군은 인천 상륙 작전을 계기로 전세를 역전시켰다.

오답피하기

② 김원봉은 1919년 만주 지린(길림)에서 의열단을 조직하였으며, 1920년대에는 국내에 잠입하여 일제의 주요 기관에 폭탄을 투척하였다.

③ 미·소 공동 위원회는 모스크바 3국 외상 회의의 결과 1946년과 1947년에 각각 개최되었으나 의견 차이로 모두 결렬되었다.

④ 1930년대 초반 일제가 만주 사변을 일으키자 중국 내에 반일 감정이 심화되었고, 한국 독립군은 이를 계기로 중국 호로군과 연합하여 쌍성보 전투에서 일본군을 상대로 승리하였다.

---

23 자유 민주주의의 시련과 발전

정답 01 ① 02 ④ 03 ③ 04 ③

01 4·19 혁명

자료분석

'3·15 부정 선거 다시 해라!'라는 구호를 내세우며 전개된 민주화 운동은 4·19 혁명(1960)이다.

정답찾기

① 3·15 부정 선거에 반발하여 일어난 4·19 혁명의 결과 이승만 대통령이 하야하였다.

오답피하기

② 국민들이 호헌 철폐와 독재 타도를 요구하며 전개된 6월 민주 항쟁(1987)은 6·29 민주화 선언으로 일단락되었으며, 5년 단임의 대통령 직선제 개헌(9차 개헌)으로 이어졌다.

③ 1979년 신민당 총재 김영삼의 국회 의원직 제명 사건을 빌미로 일어난 부·마 민주화 운동은 유신 체제가 붕괴되는 계기가 되었다.

④ 5·18 민주화 운동(1980)은 광주 시민들이 신군부의 퇴진과 비상계엄령 철회를 요구하며 일어났다.

02 5·18 민주화 운동

자료분석
'광주 시민들이 민주주의의 회복과 계엄령 철폐를 요구하며 신군부에게 저항'한 사건은 5·18 민주화 운동(1980)이다.

정답찾기
④ 5·18 민주화 운동은 광주 시민들이 신군부의 퇴진과 비상계엄령 철회를 요구하며 일어났다. 5·18 민주화 운동 관련 기록물은 2011년 유네스코 세계 기록 유산에 등재되었다.

오답피하기
① 1960년 3·15 부정 선거에 반발하여 4·19 혁명이 일어났다.
② 1987년 4·13 호헌 조치에 반발하여 6월 민주 항쟁이 일어났다.
③ YH 무역 사건 당시 신민당 총재 김영삼이 국회 의원직에서 제명되자 김영삼의 정치적 본거지인 부산과 마산 일대에서 대규모 시위가 일어났다(부·마 민주화 운동, 1979).

03 부·마 민주화 운동

자료분석
'1979년 야당 총재의 국회 의원직 제명으로 촉발되어 유신 독재에 저항한 민주화 운동'은 부·마 민주화 운동이다.

정답찾기
③ 1979년 신민당 총재 김영삼의 국회 의원직 제명 사건을 빌미로 일어난 부·마 민주화 운동은 유신 체제가 붕괴되는 계기가 되었다.

오답피하기
① 3·15 부정 선거에 반발하여 일어난 4·19 혁명(1960)의 결과 이승만 대통령이 하야하였다.
② 국민들이 호헌 철폐와 독재 타도를 요구하며 전개된 6월 민주 항쟁(1987)은 6·29 민주화 선언으로 일단락되었으며 5년 단임의 대통령 직선제 개헌(9차 개헌)으로 이어졌다.
④ 5·18 민주화 운동(1980)은 신군부의 비상계엄 확대에 반발하여 일어났으며, 신군부는 계엄군을 파견하여 운동을 무력으로 진압하였다.

04 6월 민주 항쟁

자료분석
'이한열', '박종철 군 고문 살인 은폐·조작 규탄' 등을 통하여 (가) 민주화 운동은 6월 민주 항쟁임을 알 수 있다.

정답찾기
③ 국민들이 호헌 철폐와 독재 타도를 요구하며 전개된 6월 민주 항쟁(1987)은 6·29 민주화 선언으로 일단락되었으며, 5년 단임의 대통령 직선제 개헌(9차 개헌)으로 이어졌다.

오답피하기
① 3·15 부정 선거에 반발하여 일어난 4·19 혁명(1960)의 결과 이승만 대통령이 하야하였다.
② 박정희 정부가 김영삼을 국회 의원직에서 제명한 사건으로 촉발된 부·마 민주화 운동(1979)은 유신 체제가 붕괴되는 계기가 되었다.

④ 5·18 민주화 운동(1980)은 신군부의 비상계엄 확대에 반대하여 일어났으며, 신군부는 이를 무력으로 진압하였다.

24 고도성장과 사회·문화의 변화와 통일 정책

정답 01 ① 02 ④ 03 ② 04 ③ 05 ② 06 ②

01 1970년대 박정희 정부의 경제 상황

자료분석
(가)에 들어갈 사진으로 1970년대 박정희 정부 시기에 발생한 일을 골라야 한다.

정답찾기
① 박정희 정부 시기인 1977년에 수출 100억 달러를 달성하였다.

오답피하기
② 노태우 정부 시기인 1988년에 서울 올림픽이 개최되었다.
③ 김영삼 정부 시기인 1996년에 경제 협력 개발 기구(OECD)에 가입하였다.
④ 노무현 정부 시기인 2005년에 아시아·태평양 경제 협력체(APEC) 정상 회의가 부산에서 개최되었다.

02 전태일

자료분석
노동자들이 평화 시장에서 기업주의 근로 기준법 준수를 요구하는 시위를 벌이는 중 '온 몸에 기름을 뒤집어쓰고 분신한' 인물은 전태일이다.

정답찾기
④ 1970년 전태일은 근로 기준법 준수를 요구하는 노동자들의 시위에 참여하였다가 온몸에 기름을 뒤집어쓰고 분신하였다.

오답피하기
① 김주열은 1960년 부정 선거 규탄 시위에 참여하였다가 날아오는 최루탄에 맞아 사망하였다. 이후 마산 앞바다에서 김주열의 시신이 떠오른 일을 계기로 4·19 혁명이 더욱 확산되었다.
② 1987년 박종철은 경찰의 고문 도중 사망하였는데, 당시 경찰은 책상을 탁 치니 억 하고 죽었다고 거짓 발표를 하여 시민들의 공분을 샀다.
③ 1987년 6월 민주 항쟁 때 이한열은 날아오는 최루탄에 맞아 병원으로 이송되었으나 사망하였다.

03 노태우 정부의 통일 노력

자료분석
1985년 전두환 정부 때 이루어진 '남북 이산가족 최초 상봉'과 1998년 김대중 정부 때 이루어진 '정주영의 소 떼 방북' 사이 시기에 있었던 사실을 골라야 한다.

정답찾기
② 1991년 노태우 정부는 남북 기본 합의서를 채택하였다.

오답피하기
① 2000년 김대중 정부는 제1차 남북 정상 회담을 개최하여 개성 공단 조성에 합의하였다.

③ 박정희 정부는 7·4 남북 공동 성명을 실현하기 위하여 남북 조절 위원회를 설치하였다.
④ 2000년 김대중 정부는 제1차 남북 정상 회담에서 6·15 남북 공동 선언을 발표하였다.

04 김대중 정부의 통일 노력

자료분석
김대중 정부 시기인 2000년에 남북 정상이 평양에서 분단 이후 최초로 만나 회담을 가졌으며, 그 결과 6·15 남북 공동 선언이 채택되었다.

정답찾기
③ 김대중 정부 때 개최된 제1차 남북 정상 회담에서 6·15 남북 공동 선언이 발표되었으며, 남북은 개성 공단 건설과 경의선 복구 사업에 합의하였다.

오답피하기
① 노태우 정부 때 제5차 남북 고위급 회담을 개최하여 남북 기본 합의서를 채택하였다.
② 박정희 정부 때 자주·평화·민족적 대단결의 통일 3대 원칙을 명시한 7·4 남북 공동 성명이 발표되었다.
④ 노태우 정부 때 한반도 비핵화 공동 선언이 채택되었다.

05 7·4 남북 공동 성명

자료분석
박정희 정부 때 자주, 평화, 민족적 대단결의 통일 3대 원칙을 명시한 7·4 남북 공동 성명이 발표되었다.

정답찾기
② 박정희 정부는 7·4 남북 공동 성명의 통일 3대 원칙을 실현하기 위하여 남북 조절 위원회를 설치하였다.

오답피하기
① 노태우 정부는 제5차 남북 고위급 회담을 개최하여 남북 기본 합의서를 채택하였다.
③ 2000년 김대중 정부는 제1차 남북 정상 회담에서 6·15 남북 공동 선언을 발표하였다.
④ 2007년 노무현 정부는 제2차 남북 정상 회담에서 10·4 남북 정상 선언을 발표하였다.

06 통일 정책의 흐름

자료분석
(가) '7·4 남북 공동 성명'은 박정희 정부 때 남북한이 자주·평화·민족적 대단결의 평화 통일 원칙에 합의하여 발표한 공동 성명이다. (나) '남북한 정상의 만남'은 김대중 정부 때 분단 이후 처음으로 남북 정상 회담이 개최되어 성사되었다. (다) '남북 기본 합의서'는 노태우 정부 때 제5차 고위급 회담의 결과 채택된 최초의 공식 합의서이다.

정답찾기
② (가) 7·4 남북 공동 성명은 박정희 정부 때인 1972년에 발표되었다. (다) 남북 기본 합의서는 노태우 정부 때인 1991년에 채택되었다. (나) 남북한 간 최초의 정상 회담은 김대중 정부 때인 2000년에 성사되었다.

01 유네스코 세계 유산 ~ 03 도성과 문화유산
정답 01 ① 02 ② 03 ③ 04 ④

01 경복궁

'조선의 법궁이자 북궐이라고도 불렸던' 궁은 경복궁이다.

정답찾기
① 조선 태조는 수도를 한양으로 정하고 경복궁을 건립하였다. 경복궁에는 근정전, 경회루, 향원정 등이 있었다.

오답피하기
② 대한 제국의 법궁인 경운궁은 고종의 강제 퇴위 직후인 1907년에 덕수궁으로 개칭되었다.
③ 창경궁의 본래 이름은 수강궁으로 세종이 상왕인 태종을 모시기 위하여 지었으나 성종이 세 대비[세조 비 정희 왕후, 덕종 비 소혜 왕후(인수 대비), 예종 비 인순 왕후]를 모시기 위하여 이름을 창경궁으로 바꾸었다.
④ 조선 태종 때 이궁으로 세워진 창덕궁은 조선의 정원 조경이 잘 보존되어 유네스코 세계 문화유산으로 등재되었다.

02 단오

자료분석
'수릿날'이라고도 불리며 '음력 5월 5일'에 '창포물에 머리 감기' 등을 행하는 세시 풍속은 단오이다.

정답찾기
② 단오는 음력 5월 5일로 수릿날이라고도 하며, 모내기를 끝내고 풍년을 기원하는 제사를 지냈다. 또한 창포물에 머리를 감고 수리취떡을 만들어 먹기도 하였다.

오답피하기
① 설날은 한 해의 시작인 음력 1월 1일로 이날은 설빔을 지어 웃어른께 세배를 올리며 덕담을 나누었다.
③ 추석은 음력 8월 15일로 1년 중 가장 으뜸으로 치는 명절이다. 이날은 송편을 만들어 먹고 차례를 지냈다.
④ 한식은 동지 후 105일째 되는 날이자 우리나라 4대 명절 중 하나로, 양력 4월 5일경이다. 이날은 일정 기간 불의 사용을 금하며 찬 음식을 먹었다.

03 추석

자료분석
'음력 8월 15일', '보름달', '송편' 등으로 (가)에 들어갈 명절이 추석임을 알 수 있다.

정답찾기
③ 추석은 한가위라고도 하며 음력 8월 15일로 1년 중 가장 으뜸으로 치는 명절이다. 추석에는 송편을 만들어 먹고 차례를 지냈다.

오답피하기
① 단오는 음력 5월 5일로 수릿날이라고도 하며, 모내기를 끝내고 풍년을 기원하는 축제이자 환절기에 액운을 막고자 하는 주술적 성격을 띠었다.

이날은 창포물에 머리를 감고 수리취떡을 만들어 먹었다.

② 동지는 일 년 중 밤이 가장 길고 낮이 가장 짧은 날로 이날은 나쁜 기운을 물리치기 위하여 팥죽을 쑤어 먹거나 집안 곳곳에 뿌리기도 하였다.

④ 한식은 동지 후 105일째 되는 날로 양력 4월 5일 즈음이다. 우리나라 4대 명절 중 하나이며, 이날은 일정 기간 불의 사용을 금하며 찬 음식을 먹었다.

04 창덕궁

자료분석

'태종 때 이궁'으로 세워졌으며 '조선의 정원 조경이 잘 보존된 후원'을 갖춘 문화유산은 창덕궁이다.

정답찾기

④ 조선 태종 때 이궁으로 세워진 창덕궁은 조선의 정원 조경이 잘 보존되어 유네스코 세계 문화유산으로 등재되었다.

오답피하기

① 조선 태조는 수도를 한양으로 정하고 경복궁을 건립하였다.

② 조선 광해군 때 세워진 경덕궁은 조선 영조 때 경희궁으로 개칭되었다.

③ 대한 제국의 법궁이던 경운궁은 고종의 강제 퇴위 직후인 1907년에 덕수궁으로 개칭되었다.

memo

memo

설민석 한국사능력검정시험 개념완성 기본(4·5·6급)

발행일	2024년 6월 24일 개정4판 2쇄
저자	설민석
발행인	설민석
발행처	(주)단꿈아이
기획·구성	김준창, 박정환
편집	신민용, 집현전팀
영업	박민준, 최연수, 황단비
디자인·제작	성림기획
출판등록	제 2019-000111호
주소	경기도 성남시 분당구 판교로 242, 씨동 701호 일부 701-2호(삼평동)
대표전화	1670-0285
팩스	031-602-1277
ISBN	979-11-93031-59-9 (13910)